Zivilprozeßordnung für das Deutsche Reich (Fassung der Bekanntmachung von 8. 11. 33), Textausgabe mit Inhaltsverzeichnis und Sachregister 318 Seiten. Preis geb. 2,50 RM.

Strafrecht.

Fuhse, Wilhelm. **Militärstrafgesetzbuch.** Zweite Auflage. XV und 338 Seiten. Preis in Ganzleinen geb. 7,20 RM.

Hellwig, Albert. **Jugendgerichtsgesetz.** 368 Seiten. Preis geh. 5,40 RM.

Hoche, Werner, und Schönner, Kurt. **Gesetz gegen Waffenmißbrauch.** 55 Seiten. Preis kart. 1,45 RM.

Wagemann, Gustav, und Kranold. **Das Feld- und Forstpolizeigesetz** i. d. F. vom 21. 1. 26, **Das Forstdiebstahlsgesetz.** VIII und 273 Seiten. Preis in Ganzleinen geb. 9,— RM.

Staatsrecht und allgemeine Staatslehre.

Anschütz, Gerhard. **Die Verfassung des Deutschen Reiches** vom 11. 8. 19. Vierte Bearbeitung. 14. Auflage. XXXXVIII und 800 Seiten. Preis in Ganzleinen geb. 10,— RM.

Schätzel, Walter. **Das Deutsche Staatsangehörigkeitsrecht.** 191 Seiten. Preis in Ganzleinen geb. 4,50 RM.

Schätzel, Walter. **Die Regelung der Staatsangehörigkeit nach dem Weltkrieg.** 391 Seiten. Preis in Ganzleinen geb. 7,20 RM.

Schlottmann, Rudolf. **Die Verfassungen Englands, Nordamerikas, Frankreichs, der Schweiz und Deutschlands** in objektiver Darstellung, deutschen Verfassungstexten und ausländischer Kritik. XV und 314 Seiten. Preis in Ganzleinen geb. 9,— RM.

Waldecker, Ludwig. **Die Verfassung des Freistaates Preußen** vom 30. 11. 20. Zweite Auflage. 295 Seiten. Preis in Ganzleinen geb. 7,20 RM.

Verwaltungsrecht.

Arendts, Carl. **Das Reichsversorgungsgesetz, Altrentnergesetz** und **Kriegspersonenschädengesetz.** 593 Seiten. Preis in Ganzleinen geb. 13,50 RM.

Arendts, Carl. **Die Versorgung der ehemaligen aktiven Offiziere (einschließlich ihrer Hinterbliebenen) der alten Wehrmacht (Heer und Marine).** Mit Nachtrag. XII, 500 und 114 Seiten. Preis in Ganzleinen geb. 14,30 RM.

Stilkes Rechtsbibliothek Nr. 105
Die Gesetze des Deutschen Reichs und der deutschen Länder
mit systematischen Erläuterungen

Die Einzelgläubigeranfechtung

auf der Grundlage des Reichsgesetzes betreffend die Anfechtung von Rechtshandlungen eines Schuldners außerhalb des Konkursverfahrens vom 21. Juli 1879, in der Fassung der Bekanntmachung des Reichskanzlers vom 20. Mai 1898

unter Berücksichtigung
der Abänderung durch die Vergleichsordnung vom 5. Juli 1927

erläutert von

Dr. Paul Schaefer,
Amtsgerichtsrat in Berlin-Schöneberg

1930
Verlag von Georg Stilke in Berlin

Gedruckt bei A. Heine GmbH., Gräfenhainichen.

Vorwort

Das tägliche Leben zeigt, daß zahlungsunfähige, bedrängte Schuldner mit den verschiedenartigsten und oft genug verwerflichsten Mitteln die Befriedigung ihrer Gläubiger zu vereiteln bestrebt sind. Sie veräußern Vermögensstücke an Bekannte oder Verwandte, vergrößern künstlich ihre Schuldenlast, bevorzugen einzelne Forderungsberechtigte. Kurz, sie „verschieben" ihre Vermögenswerte und schädigen ihre Gläubiger. Unablässig versuchen es, wie Hartmann-Meikel ausführt, gerissene Schuldner, das wirtschaftlich Gewollte durch immer wieder andere rechtliche Gewänder zu verschleiern (vgl. auch LeipzZ. 1918 S. 230), und, wie der Weinpanscher seine Weine analysenfest, ihre Rechtsgeschäfte anfechtungssicher zu machen. Kriegs- und Nachkriegszeit fordern zwar gebieterisch den Schutz des wirtschaftlich Schwächeren. Es ist aber, wie Jhering im „Kampf ums Recht" (ebenso Senf) ausführt, das Zeichen einer schwachen Zeit, mit dem Schuldner zu sympathisieren. Unverkennbar führt der durch die Zeitverhältnisse gebotene Schutz des Schuldners zu der gefährlichen Neigung, „die Strenge gegen den Schuldner über das Maß des Erforderlichen hinaus außer acht zu lassen". Schiebungen erfreuen sich einer „gefährlichen Popularität". (Vgl. Callmann in JurW. 1930 S. 127.)

Dieser Gefahr gegenüber bedarf der ständig wachsende Personalkredit einer gesetzlichen Sicherstellung. Eines der wichtigsten Mittel, um den Rechtsschutz wirksam durchzuführen, bildet die Anfechtung von Rechtshandlungen, die der Schuldner vor der Konkurseröffnung oder vor einer ihm drohenden Zwangsvollstreckung noch vorgenommen hat. In der Konkursordnung ist die Anfechtung innerhalb eines schwebenden Konkursverfahrens geregelt. Das Gesetz vom 21. Juli 1879 in der Fassung vom 20. Mai 1898 regelt die Anfechtung von Rechtshandlungen eines Schuldners außerhalb des Konkursverfahrens. Es wird kurz „Anfechtungsgesetz" genannt.

Im folgenden wird in erster Linie das Anfechtungsgesetz erörtert, die Vorschriften der Konkursordnung nur gelegentlich gestreift. Die folgenden Erläuterungen sollen dem in praktischer Tätigkeit stehenden Juristen das Nachschlagen in den einzelnen Sammlungen und Zeitschriften ersparen. Sie sollen aber auch dem nicht juristisch gebildeten Gläubiger im Bedarfsfalle ein Ratgeber und Wegweiser sein, wie er einem unredlichen Schuldner wirksam entgegentreten kann. Mit Rücksicht auf den beschränkten Umfang ist bei Entscheidungen, welche in mehreren Sammlungen oder Zeitschriften abgedruckt sind, nur eine Stelle, wo die Entscheidung zu finden ist, angegeben. Aus dem gleichen Grunde kann zu mancher interessanten Streitfrage, die in den im Literaturverzeichnis aufgeführten Einzelabhandlungen ausführlich erörtert ist, nur kurz Stellung genommen werden.

Der Verfasser

Inhaltsverzeichnis

Einleitung

I. Geschichtliche Bemerkungen

Anm. 1.

Schon das römische Recht schützte den Gläubiger gegen Vermögensveräußerungen, welche der Schuldner in der Absicht der Gläubigerbenachteiligung vorgenommen hat (vgl. Lenel, Anfechtung von Rechtshandlungen des Schuldners im klassischen römischen Recht, 1903). Es kannte aber den Unterschied zwischen der konkursmäßigen und der außerkonkursmäßigen Anfechtung noch nicht. Im alten deutschen Recht war das Anfechtungsrecht noch nicht bekannt. Der ständig wachsende Kreditverkehr brachte es zur Sicherung der Gläubiger mit sich, daß in einzelnen Ländern Wissenschaft und Rechtsprechung auf römischrechtlicher Grundlage ein System der Gläubigeranfechtung aufbauten. Erst im Laufe des 19. Jahrhunderts begannen einzelne deutsche Länder mit besonderen Gesetzen über das Anfechtungsrecht. Zu erwähnen sind §§ 1509—1518 des sächsischen Bürgerlichen Gesetzbuchs und dazu das Gesetz vom 30. 6. 1868 gegen Vermögensentäußerungen eines Ehegatten.

Anm. 2.

Die Preußische Gesetzgebung von 1855 unterscheidet bereits die Konkursanfechtung in der Konkursordnung vom 8. Mai 1855 und die Einzelanfechtung in dem Gesetze betreffend die Befugnis der Gläubiger zur Anfechtung der Rechtshandlungen zahlungsunfähiger Schuldner außerhalb des Konkursverfahrens vom 9. Mai 1855. Auch einzelne andere deutsche Staaten haben ähnliche Bestimmungen erlassen. Auf den Preußischen Gesetzen beruht das Reichsanfechtungsrecht. Dieses ist später zum Vorbilde des österreichischen Anfechtungsgesetzes vom 16. März 1884 und der jetzt geltenden Anfechtungsordnung (KaisVerord. v. 10. 12. 1914) geworden.

Anm. 3.

Nach der Reichsgründung entstanden mit einzelnen Bundesstaaten, besonders Bayern und Württemberg, Streitfragen darüber, ob das Reich zum Erlaß von Anfechtungsgesetzen zuständig ist. Schließlich kam aber zunächst die Konkursordnung vom 10. Februar 1877, einige Zeit später, am 21. Juli 1879, das Gesetz betreffend die Anfechtung von Rechtshandlungen eines Schuldners außerhalb des Konkursverfahrens als Reichsgesetze zustande. Beide Gesetze traten gleichzeitig mit den übrigen Reichsjustizgesetzen am 1. Oktober 1879 in Kraft. Auf der Insel Helgoland gilt es seit dem 1. April 1891.

Anm. 4.

Bei der Neuordnung des bürgerlichen Rechtes, insbesondere Schaffung des Bürgerlichen Gesetzbuchs, mußten die Konkursordnung und das Anfechtungsgesetz den neuen bürgerlich-rechtlichen Gesetzen angepaßt werden. Diese Neuerungen sind enthalten in den Gesetzen vom 17. Mai 1898 betreffend Änderungen der Konkursordnung und dem dazu gehörenden Einführungsgesetze vom gleichen Tage. Durch ein weiteres Gesetz vom gleichen Tage wurde der Reichskanzler ermächtigt, die Texte verschiedener Reichsgesetze, darunter auch des Anfechtungsgesetzes, neu zu veröffentlichen. Es geschah am 20. Mai 1898. Dieses Gesetz ist am 1. Januar 1900 in Kraft getreten. Um welche Änderungen es sich im einzelnen handelt, wird bei den in Frage kommenden Paragraphen erörtert werden.

Anm. 5.

Die Materialien zu der Konkursordnung und zum Anfechtungsgesetz sind auf amtliche Veranlassung von C. Hahn gesammelt und von B. Mugdan ergänzt.

Anm. 6.

Seitdem ist das Anfechtungsgesetz unverändert geblieben. Nur ist dem § 3 ein zweiter Absatz durch das Gesetz über den Vergleich zur Abwendung des Konkurses (Vergleichsordnung) vom 5. Juli 1927 beigefügt worden. Darüber Näheres § 3 Anm. 3.

Anm. 7.

Mehrfach sind Vorschläge zu Abänderungen des Anfechtungsgesetzes gemacht worden. Zu erwähnen ist dabei besonders Levin. Sein Gutachten war für den 32. Deutschen Juristentag (DJT. 1. S. 35) bestimmt. Er behandelt das Thema: „Empfiehlt es sich, das Recht der Gläubigeranfechtung, insbesondere auch mit Rücksicht auf die Verträge unter

Ehegatten oder eines Ehegatten mit einem Dritten zugunsten des anderen Ehegatten einer Änderung zu unterziehen?" Levin empfiehlt einige Änderungen, insbesondere den Wegfall des Erfordernisses des vollstreckbaren Titels für die Anfechtung im Wege der Einrede Darauf hat Jaeger (Lohnverträge zugunsten der Ehefrau, in der LeipzZ. 1914 S. 1065) erwidert und ist mit eingehender Begründung und unter Warnung gegen jede kasuistische Ausgestaltung des Rechtes der Gläubigeranfechtung den Vorschlägen Levins entgegengetreten Mit weiser Zurückhaltung hat, wie Jaeger dabei ausführt, der Gesetzgeber sich auf allgemeine Grundsätze beschränkt und die Entfaltung ihres Inhalts der Auslegung überlassen Die Erfindungsgabe böswilliger Schuldner ist unerschöpflich; es wäre ein vergebliches Bemühen, alle Arten der Schiebung gesetzlich regeln zu wollen; auch bildet die Gläubigeranfechtung nicht immer den geeigneten und nicht den einzigen Gläubigerschutz.

Weitere Abänderungsvorschläge machen Bovensiepen, Karger und Cohn in den im Literaturverzeichnis genannten Artikeln. Sie wünschen eine Ausdehnung des Kreises der verdächtigen Personen des § 3 Ziffer 2. (Vgl. Anm. 35 zu § 3.) (Vgl. auch Josef, Die Verwandtenanfechtung bei juristischen Personen, Württ RV. 27, 1.) Auch Verlängerung der Frist aus § 3 Ziffer 2 auf 2 Jahre wird gewünscht.

II. Literatur zum Anfechtungsgesetz.

Von neuerer Literatur ist zu erwähnen:

I. Kommentare.

a) welche das Anfechtungsgesetz als Anhang zur Konkursordnung behandeln:
   1. Jaeger, Kommentar zur Konkursordnung und zu den Einführungsgesetzen nebst Anhang, enthaltend das Anfechtungsgesetz, die Vergleichsordnung, Auszüge aus den Kostengesetzen, Ausführungsgesetze und Geschäftsordnungen, 6. Auflage 1930 im Erscheinen;
   2. Sydow-Busch-Krieg, Konkursordnung und Anfechtungsgesetz, 15. Auflage 1929.

b) welche nur das Anfechtungsgesetz behandeln:
   1. Jaeger, Die Gläubigeranfechtung außerhalb des Konkurses 1905 (im Buchhandel vergriffen);
   2. Hartmann-Meikel, Gesetz betreffend die Anfechtung von Rechtshandlungen eines Schuldners außerhalb des Konkursverfahrens, 6. Auflage 1913;

3. **Stiebeling**, Das Recht der Anfechtung nach dem Reichsgesetz vom 21. 7. 1897, auf Grund der Rechtsprechung des Reichsgerichts systematisch und in Auszügen aus den Entscheidungen dargestellt, 1907.
4. **Bernhardi**, Gesetz betr. die Anfechtung von Rechtshandlungen des Schuldners außerhalb des Konkursverfahrens, 1903.

II. Systematische Literatur.

a) Gesamtdarstellungen des Anfechtungsrechtes:

1. **Riehl**, Das System der Gläubigeranfechtung, in Gruchots Beiträgen Band 53, S. 161—229 und 497—555;

b) Einzelabhandlungen:

1. **Asch**, Rechtsbehelfe des Gläubigers bei Rechtsgeschäften des Schuldners zum Nachteil des Gläubigers in JW. 1912, S. 65;
2. **Bovensiepen**, Erweiterung der Familienpauliana, in LeipzZ. 1927, S. 1255;
3. **Geib**, Die Zwangsvollstreckung in den anfechtbaren Erwerb eines Kriegsteilnehmers im ArchzivPrax. 113, 335—375;
4. **Geib**, Die Gläubigeranfechtung und § 864, 2 ZPO. im ArchzivPrax. 115, S. 58—83;
5. **Geib**, Gläubigeranfechtung durch Einrede im ArchzivPrax. 119, S. 157—285;
6. **Hellwig**, Gläubigernot, Sicherungs-Übereignungen und andere Schiebungen, 1912;
7. **Jaeger**, Die Pfändung anfechtbar veräußerter Gegenstände, ein Beitrag zum Streit über die Natur der Gläubigeranfechtung, in ZeipzZ. 1913, S. 23;
8. **Jaeger** in der LeipzZ. 1914, S. 1065 (Titel vgl. Anm. 7 der Einl.);
9. **Karger** in der LeipzZ. 1927, S. 1462 dass. Thema wie Bovensiepen: auch Cohn in LeipzZ. 28, 103;
10. **Kaufmann**, Einstweilige Verfügung und Arrest zum Schutze des Gläubigeranspruchs, JurW. 1920, S. 1023;
11. **König**, Klageanträge bei Hypothekenanfechtungen, Sächs. Rspr. A 17, 361 ff.;
12. **Levin** in 32. DJT 1, S. 35 (Titel vgl. Anm. 7 der Einl.);
13. **Lübtow**, Klageantrag und Urteilsformel bei Anfechtung von Grundstücksbelastungen in JurW. 1930, S. 1480;
14. **Mönnesheim**, Der Umfang der Rückgewährpflicht des Anfechtungsgegners nach dem Anfechtungsgesetz (Diss.), 1919;
15. **Schneider**, Gläubigeranfechtung und § 1124 BGB. in LeipzZ. 1909, S. 422;
16. **Schulin**, Das Problem der Gläubigeranfechtung (eine Kritik der herrschenden Meinung) in LeipzZ. 1922, S. 601;
17. **Senf**, Die Abwehr von Schiebungen, 1929;

18. Walsmann, Einfluß der Konkurseröffnung über das Vermögen des Schuldners auf die Einrede des Gläubigeranfechtungsrechts, in Iherings Jahrb. 49, S. 297 ff.;
19. Werner, Vollstreckungs-, Duldungs-, Anfechtungsanspruch in Sächs. Rechtspf. A. 21, 14.

Weiter sind benutzt: Die Kommentare zum BGB. u. a. von Reichsgerichtsräten, von Staudinger und Warneyer, zur ZPO. von (Gaupp-) Stein-Jonas, für die österreich. Anfechtungsordnung Ehrenzweig, System des österreichischen allgemeinen Privatrechts, Band II, 1 §§ 411, 412, S. 705 ff.

Gelegentlich sind in den Erläuterungen noch andere Abhandlungen, insbesondere über die sog. 1500 Mark-Verträge, erwähnt.

Die Gläubigeranfechtung im schweizerischen Recht unter Berücksichtigung ihrer Entwicklung in den letzten zwei Dezennien ist von Hargartner in einer 1930 erschienenen Arbeit behandelt.

2*

Gesetz,

betreffend die Anfechtung von Rechtshandlungen eines Schuldners außerhalb des Konkursverfahrens.

§ 1

Rechtshandlungen eines Schuldners können außerhalb des Konkursverfahrens zum Zwecke der Befriedigung eines Gläubigers als diesem gegenüber unwirksam nach Maßgabe der folgenden Bestimmungen angefochten werden.

§ 2

Zur Anfechtung ist jeder Gläubiger, welcher einen vollstreckbaren Schuldtitel erlangt hat, und dessen Forderung fällig ist, befugt, sofern die Zwangsvollstreckung in das Vermögen des Schuldners zu einer vollständigen Befriedigung des Gläubigers nicht geführt hat oder anzunehmen ist, daß sie zu einer solchen nicht führen würde.

§ 3

Anfechtbar sind:

1. Rechtshandlungen, welche der Schuldner in der dem anderen Teile bekannten Absicht, seine Gläubiger zu benachteiligen, vorgenommen hat;
2. die in dem letzten Jahre vor der Anfechtung geschlossenen entgeltlichen Verträge des Schuldners

   mit seinem Ehegatten, vor oder während der Ehe, mit seinen oder seines Ehegatten Verwandten in auf- und absteigender Linie, mit seinen oder seines Ehegatten voll- und halbbürtigen Geschwistern, oder mit dem Ehegatten einer dieser Personen,

   sofern durch den Abschluß des Vertrages die Gläubiger des Schuldners benachteiligt werden und der andere Teil nicht beweist, daß ihm zur Zeit des Vertragsabschlusses eine Absicht des Schuldners, die Gläubiger zu benachteiligen, nicht bekannt war;

3. die in dem letzten Jahre vor der Anfechtung von dem Schuldner vorgenommenen unentgeltlichen Verfügungen, sofern nicht dieselben gebräuchliche Gelegenheitsgeschenke zum Gegenstande hatten;
4. die in den letzten zwei Jahren vor der Anfechtung von dem Schuldner vorgenommenen unentgeltlichen Verfügungen zugunsten seines Ehegatten.

In die Fristen wird die Zeit nicht eingerechnet, während der ein Verfahren auf Herbeiführung eines Vergleichs zum Zwecke der Abwendung des Konkursverfahrens anhängig war.

§ 3a

Hat der Erbe aus dem Nachlasse Pflichtteilsansprüche, Vermächtnisse oder Auflagen erfüllt, so kann ein Nachlaßgläubiger, der im Konkursverfahren über den Nachlaß dem Empfänger der Leistung im Range vorgehen oder gleichstehen würde, die Leistung in gleicher Weise anfechten wie eine unentgeltliche Verfügung des Erben.

§ 4

Hat der Gläubiger, bevor er einen vollstreckbaren Schuldtitel erlangt hatte oder seine Forderung fällig war, denjenigen, welchem gegenüber eine im § 3 Nr. 2 bis 4 bezeichnete Rechtshandlung vorgenommen ist, von seiner Absicht, die Handlung anzufechten, durch Zustellung eines Schriftsatzes in Kenntnis gesetzt, so wird die Frist von dem Zeitpunkte der Zustellung zurückgerechnet, sofern schon zu dieser Zeit der Schuldner zahlungsunfähig war und bis zum Ablaufe von zwei Jahren seit diesem Zeitpunkte die Anfechtung erfolgt ist.

§ 5

Die Erhebung des Anfechtungsanspruchs im Wege der Einrede kann erfolgen, bevor ein vollstreckbarer Schuldtitel für die Forderung erlangt ist; der Gläubiger hat denselben jedoch vor der Entscheidung binnen einer von dem Gerichte zu bestimmenden Frist beizubringen.

§ 6

Die Anfechtung wird dadurch nicht ausgeschlossen, daß für die anzufechtende Rechtshandlung ein vollstreckbarer Schuldtitel erlangt, oder daß dieselbe durch Zwangsvollstreckung oder durch Vollziehung eines Arrestes erwirkt worden ist.

§ 7

Der Gläubiger kann, soweit es zu seiner Befriedigung erforderlich ist, beanspruchen, daß dasjenige, was durch die anfechtbare Handlung aus dem Vermögen des Schuldners veräußert, weggegeben oder aufgegeben ist, als noch zu demselben gehörig von dem Empfänger zurückgewährt werde.

Der gutgläubige Empfänger einer unentgeltlichen Leistung hat dieselbe nur soweit zurückzugewähren, als er durch sie bereichert ist.

§ 8

Wegen Erstattung einer Gegenleistung oder im Fall einer anfechtbaren Leistung wegen seiner Forderung kann der Empfänger sich nur an den Schuldner halten.

§ 9

Erfolgt die Anfechtung im Wege der Klage, so hat der Klageantrag bestimmt zu bezeichnen, in welchem Umfange und in welcher Weise die Rückgewähr seitens des Empfängers bewirkt werden soll.

§ 10

Liegt ein nur vorläufig vollstreckbarer Schuldtitel des Gläubigers oder ein unter Vorbehalt ergangenes Urteil (Zivilprozeßordnung §§ 540, 599) vor, so ist in dem den Anfechtungsanspruch für begründet erklärenden Urteile die Vollstreckung desselben davon abhängig zu machen, daß die gegen den Schuldner ergangene Entscheidung rechtskräftig oder vorbehaltslos wird.

§ 11

Die gegen den Erblasser begründete Anfechtung findet gegen den Erben statt.

Gegen einen anderen Rechtsnachfolger desjenigen, welchem gegenüber die anfechtbare Handlung vorgenommen ist, findet die gegen den letzteren begründete Anfechtung statt:

1. wenn ihm zur Zeit seines Erwerbes die Umstände, welche die Anfechtbarkeit des Erwerbes seines Rechtsvorgängers begründen, bekannt waren;
2. wenn er zu den im § 3 Nr. 2 genannten Personen gehört, es sei denn, daß ihm zur Zeit seines Erwerbes die Umstände, welche die Anfechtbarkeit des Erwerbes seines Rechtsvorgängers begründen, unbekannt waren;
3. wenn ihm das Erlangte unentgeltlich zugewendet worden ist.

Im Falle des Abs. 2 Nr. 3 findet auf die Haftung des Rechtsnachfolgers die Vorschrift des § 7 Abs. 2 Anwendung.

Zur Erstreckung der Fristen in Gemäßheit des § 4 genügt die Zustellung des Schriftsatzes an den Rechtsnachfolger, gegen welchen die Anfechtung erfolgen soll.

§ 12

Die Anfechtung einer nach § 3 Nr. 1 anfechtbaren Handlung kann nur binnen zehn Jahren erfolgen. Auf den Lauf der Frist finden die für die Verjährung geltenden Vorschriften des § 203 Abs. 2 und der §§ 206, 207 des Bürgerlichen Gesetzbuchs entsprechende Anwendung.

Die Frist beginnt mit dem Zeitpunkt, in welchem der Gläubiger den vollstreckbaren Schuldtitel erlangt hatte und seine Forderung fällig war, wenn aber die Rechtshandlung nach diesem Zeitpunkte vorgenommen ist, mit der Vornahme der Handlung.

Die Anfechtung ist ausgeschlossen, wenn seit der Vornahme der Rechtshandlung 30 Jahre verstrichen sind.

§ 13

Wird über das Vermögen des Schuldners das Konkursverfahren eröffnet, so steht die Verfolgung der von Konkursgläubigern erhobenen Anfechtungsansprüche dem Konkursverwalter zu. Aus dem Erstrittenen sind dem Gläubiger die Prozeßkosten vorweg zu erstatten.

Ist das Verfahren über den Anfechtungsanspruch noch rechtshängig, so wird dasselbe unterbrochen. Im Fall einer Verzögerung der Aufnahme kommen die Bestimmungen der Zivilprozeßordnung § 239 zur entsprechenden Anwendung. Der Konkursverwalter kann den Anspruch nach den Vorschriften der Konkursordnung §§ 37—39, 41 in Gemäßheit der §§ 268, 529 der Zivilprozeßordnung erweitern. Lehnt der Verwalter die Aufnahme des Rechtsstreits ab, so kann derselbe rücksichtlich der Prozeßkosten von jeder Partei aufgenommen werden. Durch die Ablehnung der Aufnahme wird die Befugnis des Verwalters, nach den Vorschriften der Konkursordnung das Anfechtungsrecht auszuüben, nicht ausgeschlossen.

Soweit der Gläubiger aus dem Zurückzugewährenden eine Sicherung oder Befriedigung erlangt hatte, finden auf die Anfechtung derselben die Vorschriften des § 30 Nr. 1 der Konkursordnung entsprechende Anwendung.

Nach der Beendigung des Konkursverfahrens können Anfechtungsrechte, deren Ausübung dem Konkursverwalter zustand, von den einzelnen Gläubigern nach Maßgabe dieses Gesetzes verfolgt werden, soweit nicht dem Anspruch entgegenstehende Einreden gegen den Verwalter erlangt sind. War die Anfechtung nicht schon zur Zeit der Eröffnung des Konkursverfahrens erfolgt, so wird die im § 3 Nr. 2—4 bestimmte Frist von diesem Zeitpunkte berechnet, sofern die Anfechtung bis zum Ablaufe eines Jahres seit der Beendigung des Konkursverfahrens erfolgt.

Rechtshandlungen, welche der Gemeinschuldner rücksichtlich seines nicht zur Konkursmasse gehörigen Vermögens vorgenommen hat, können von den Konkursgläubigern auch während des Konkursverfahrens nach Maßgabe dieses Gesetzes angefochten werden.

§ 14

Dieses Gesetz tritt im ganzen Umfange des Reichs gleichzeitig mit der Konkursordnung in Kraft.

Dasselbe findet auch auf die vor diesem Zeitpunkte vorgenommenen Rechtshandlungen Anwendung, sofern sie nicht nach den Vorschriften der bisherigen Gesetze der Anfechtung entzogen oder in geringerem Umfange unterworfen sind.

Ist der Anfechtungsanspruch zur Zeit des Inkrafttretens dieses Gesetzes rechtshängig, so bleiben für die Entscheidung des Rechtsstreits die Vorschriften der bisherigen Gesetze maßgebend.

Die Fassung der §§ 1—13 ist die durch die Bekanntmachung des Reichskanzlers vom 20. 5. 1898 (RGBl. 709) festgestellte. Der Abs. 2 des § 3 ist durch § 98 der Vergleichsordnung vom 5. 7. 1927 (RGBl. I, 139) beigefügt. § 14 findet sich nur im Gesetz vom 21. 7. 1879 (RGBl. 277).

§ 1

Rechtshandlungen eines Schuldners können außerhalb des Konkursverfahrens zum Zwecke der Befriedigung eines Gläubigers als diesem gegenüber unwirksam nach Maßgabe der folgenden Bestimmungen angefochten werden.

Allgemeines.

Anm. 1.

Unveränderter § 1 der ursprünglichen Fassung. Materialien und Begründung S. 11 ff.; Protokolle S. 2268. In der KO. entspricht diesem Paragraph der § 29 mit folgendem Wortlaut: „Rechtshandlungen, welche vor der Eröffnung des Konkursverfahrens vorgenommen sind, können als den Konkursgläubigern gegenüber unwirksam nach Maßgabe der folgenden Bestimmungen angefochten werden."

Anm. 2.

Auch das BGB. kennt eine „Anfechtung", nämlich die Anfechtung eines Rechtsgeschäftes wegen Irrtums, Täuschung oder Drohung (§§ 119 ff.). Auf die im Familien- und Erbrecht vorgesehenen Anfechtungsrechte ist hier nicht einzugehen, weil sie von wesentlich anderen Voraussetzungen ausgehen und andere Wirkungen haben. Auf die Anfechtung der §§ 119 ff. wird hier gelegentlich eingegangen, um den Unterschied der Gläubigeranfechtung von der Anfechtung des BGB. hervorzuheben. Die Anfechtung wegen Gläubigerbenachteiligung ist von der Anfechtung wegen Irrtums völlig verschieden; beide Rechtsbehelfe berühren sich nicht (RG. bei Gruch. 49, 1092). Grundsätzlich wird nur das Gläubigeranfechtungsrecht besprochen.

Anm. 3.

Wie der Begriff „Recht" eine doppelte Bedeutung hat, je nachdem man es vom Standpunkte des einzelnen oder dem der Allgemeinheit betrachtet, so hat auch das Wort „Anfechtungsrecht" eine doppelte Bedeutung. Im subjektiven Sinne bedeutet es das Recht des Gläubigers, unter bestimmten Voraussetzungen eine Rechtshandlung seines Schuldners als ihm gegenüber unwirksam anzufechten. Im objektiven Sinne ist darunter zu verstehen die Gesamtheit der Bestimmungen über das Verhalten des Anfechtungsgläubigers, des Anfechtungsgegners und des Schuldners zueinander, die Gesamtheit der Rechtsregeln über die Voraussetzungen und den Inhalt der Anfechtungsrechte im subjektiven Sinne.

Wegen Irrtums, Täuschung oder Drohung von einem der Vertragschließenden anfechtbare Rechtsgeschäfte können unter Umständen auch von einem durch das Rechtsgeschäft benachteiligten Gläubiger wegen Gläubigerbenachteiligung angefochten werden. (Vgl. Riezler, Anfechtung anfechtbarer Rechtsgeschäfte, in LeipzZ. 1928 S. 155).

Anm. 4.

Die verschiedenen Gesetzgebungen haben in verschiedener Weise und in verschiedenem Umfange das Gläubigeranfechtungsrecht ausgestaltet. Dabei sind eine Reihe widerstreitender Interessen gegeneinander abzuwägen. Grundsätzlich sind die Rechtsgeschäfte eines Vollgeschäftsfähigen vollwirksam und im Interesse der Verkehrssicherheit aufrechtzuerhalten. Einem Schuldner kann nicht lediglich deshalb, weil er Schuldner ist, die Verfügung über sein Vermögen entzogen werden. Um eine einzelne Rechtshandlung eines Schuldners einem Gläubiger gegenüber rechtsunwirksam zu machen, müssen bestimmte im Gesetz vorgeschriebene Voraussetzungen erfüllt sein.

Anm. 5.

Wenn auch im Anfechtungsgesetz die auf das Anfechtungsrecht bezüglichen Vorschriften der Landesgesetze nicht ausdrücklich aufgehoben sind, so ergibt sich die Beseitigung der landesgesetzlichen Vorschriften daraus, daß das Anfechtungsrecht für das ganze Reichsgebiet einheitlich und erschöpfend geregelt ist. Der Landesgesetzgebung ist das Recht entzogen, die Anfechtbarkeit einzelner Handlungen in anderer Weise zu regeln; durch Landesrecht kann das Anfechtungsrecht weder erleichtert noch beschränkt werden. (Vgl. dazu RG. 9, 147; 28, 129; 51, 65 und § 14.) Im § 1 heißt es, daß nur nach Maßgabe der folgenden Bestimmungen angefochten werden könne. Das Anfechtungsrecht ist durch das Anfechtungsgesetz so erschöpfend geordnet, daß andere Reichsgesetze, z. B. BGB., für die hier aufgestellten Tatbestände nicht in Betracht kommen.

Die Konkursordnung und das Anfechtungsgesetz sind zwar auf einheitlichen Grundsätzen aufgebaut. Es muß aber folgendes berücksichtigt werden. Die Konkursanfechtung wirkt zugunsten der Konkursmasse, zugunsten aller Konkursgläubiger; die Gläubigeranfechtung außerhalb des Konkursverfahrens wirkt nur zugunsten des anfechtenden Gläubigers. Daher können die Vorschriften der Konkursordnung, soweit sie überhaupt bei der Gläubigeranfechtung auf Grund des Anfechtungsgesetzes Anwendung finden, doch nur mit entsprechender Einschränkung übertragen werden (RG. 35, 95).

Anm. 6.

Ein ernstlich gemeintes Veräußerungsgeschäft, durch das ein Schuldner Vermögensstücke dem Zugriffe seiner Gläubiger entzieht, unterliegt in erster Linie der Anfechtung durch die Gläubiger nach dem Anf.Ges.; insofern lediglich einer der Tatbestände vorliegt, die nach diesem Gesetze den Gläubiger zur Anfechtung von Rechtshandlungen seines Schuldners berechtigen, ist auch zur Beseitigung des Veräußerungsgeschäfts nur der Weg dieses Gesetzes gegeben. (Vgl. LeipzZ. 1928 S. 1324, RG. v. 4. 6. 1928.) Insoweit ein neben dem BGB. in Kraft gebliebenes Reichsgesetz (Art. 32 EGBGB.) an ein von ihm mißbilligtes Geschäft nur die Anfechtbarkeit knüpft, hier das Anf.Ges., kann für dasselbe Geschäft nicht die Nichtigkeit auf Grund der §§ 134, 138 BGB. geltend gemacht werden, weil der gesetzliche Tatbestand des anfechtbaren Geschäfts ein solcher sei, der auch gegen die guten Sitten verstoße (vgl. RG. JW. 04, S. 499 Nr. 32; RG. 56, 230; 69, 143; 225; JW. 1912, 854; 14, 835; ferner die Komm. von Planck, Oertmann, Staudinger, Warneyer u. RGR. zu §§ 134, 138). Darüber, ob beim Vorliegen der entsprechenden Tatbestandsmerkmale eine Klage auf § 138 BGB. und gleichzeitig auch auf das Anf.Ges. gestützt werden kann, vgl. Anm. 27.

Begriff und Wesen der Anfechtung.

Anm. 7.

Die Anfechtung bildet ein Hilfsmittel der Geldvollstreckung. (Näheres bei § 2). Über die rechtliche Gestaltung des Anfechtungsrechtes bestehen lebhafte Streitfragen. Auf die weitgehende praktische Bedeutung dieser Streitfragen wird noch einzugehen sein (vgl. auch den Abschnitt über die rechtliche Natur der Haftung des Anfechtungsgegners, Anm. 63 ff.). Die Anfechtung im BGB. erfolgt durch Erklärung gegenüber dem Anfechtungsgegner (§ 143) und hat zur Folge, daß das Geschäft als von Anfang an nichtig anzusehen ist. Wenn der Berechtigte von dem ihm nach BGB. zustehenden Anfechtungsrechte Gebrauch macht, dann entsteht ein Anspruch auf Herbeiführung des der nunmehrigen Nichtigkeit des Geschäfts entsprechenden Zustandes, alsdann aber mit absoluter Kraft. Die Gläubigeranfechtung im Sinne des Anfechtungsgesetzes wirkt nur zugunsten des anfechtenden Gläubigers.

Anm. 8.

Mit der herrschenden und insbesondere auch vom Reichsgericht (RGZ. 44, 95) vertretenen Ansicht ist anzunehmen, daß die Gläubigeranfechtung von der im BGB. erwähnten Anfechtung eines in sich mangelhaften Rechtsgeschäftes in Wesen und Ausgestaltung verschieden ist. Es handelt sich, wie nach altem Rechte, auch nach den neuen behufs Anpassung an das BGB. vorgenommenen Änderungen um eine „singuläre, besonders geartete, selbständig geordnete Materie".

Anm. 9.

Der Anfechtungsanspruch ist ein reines Privatrecht, auf welches der Gläubiger verzichten kann. (Vgl. OLG. Hamburg v. 29. 1. 14 OLG. 35, 266; Hamburg 27. 10. 13 LeipzZ. S. 793). Wird er aber geltend gemacht, dann wird der Erwerber der angefochtenen Leistung dem Anfechtungsgläubiger gegenüber verpflichtet zu einer die vereitelte Zwangsvollstreckung wieder ermöglichenden Rückgewähr. Während die Anfechtung nach BGB. ohne die Voraussetzung einer fruchtlosen Zwangsvollstreckung möglich ist, ist die Gläubigeranfechtung nur zulässig, wenn die Zwangsvollstreckung ohne Erfolg versucht ist.

Anm. 10.

Wie bei der Bürgenhaftung (BGB. §§ 765 ff., HGB. §§ 350, 351) wird eine Hauptverbindlichkeit vorausgesetzt. Darin zeigt sich die akzessorische Natur der Anfechtung. Bei der Bürgenhaftung handelt es sich um eine bestimmte Hauptverbindlichkeit, bestimmt insofern, als der Bürge von vornherein schon bei der Bürgschaftserklärung weiß, für welche Schuld und welchem Gläubiger er haften muß; das Anfechtungsrecht sichert aber die Befriedigung einer unbestimmten Anzahl gegenwärtiger und selbst zukünftiger Verbindlichkeiten, hier weiß der Anfechtungsgegner beim Empfange des anfechtbaren Erwerbs nicht, für welche Forderungen und von welchen Gläubigern er noch in Anspruch genommen werden wird; erst wenn er vom Anfechtungsgläubiger in Anspruch genommen wird, erfährt er, um welche bestimmte Forderung es sich handelt.

Anm. 11.

Die Unterscheidung eines „Anfechtungsrechtes" und eines erst kraft besonderer Anfechtungserklärung entstehenden „Anfechtungsanspruchs" ist dem Gesetz fremd (vgl. Anm. 69).

Anm. 12.

Zweck der Gläubigeranfechtung ist die Befriedigung eines Gläubigers außerhalb des Konkursverfahrens. Der Gläubiger, welcher keine dingliche Sicherheit hat, ist bei einer Zwangsvollstreckung auf das zur Zeit der Zwangsvollstreckung vorhandene Vermögen angewiesen (vgl. dazu Schreiber, Schuld und Haftung). Da aber, wie bereits in dem Vorwort gesagt, die Schuldner bei einem drohenden wirtschaftlichen Zusammenbruch alles zu verschieben bestrebt sind, ist der Gläubiger in seiner Aussicht auf Befriedigung gekürzt. Das Anfechtungsgesetz gibt ihm das Recht, von dem Anfechtungsgegner zu verlangen, daß gewisse Zugriffsbeeinträchtigungen wieder beseitigt werden und daß der Gläubiger so gestellt wird, als ob die das Vermögen des Schuldners kürzende Handlung nicht vorgenommen worden wäre.

Anm. 13.

Das Anf.Ges. „gibt dem Gläubiger zwar eine erweiterte Vollstreckungsmöglichkeit" (RG. in JW. 1930 S. 553 Nr. 14). Die Anfechtung ist aber nicht etwa ein „Akt der Zwangsvollstreckung", wie zunächst das Reichsgericht (RG. 7, 189) annahm; sie ist auch nicht „Ausfluß eines publizistischen Vollstreckungsrechtes" (RG. 41, 91). Sie dient allerdings der Zwangsbefriedigung und ist ein Hilfsmittel der Vollstreckung, und zwar, wie im § 2 auszuführen ist, der Geldvollstreckung. Sie dient lediglich der Vorbereitung der Zwangsvollstreckung, indem sie die Ausdehnung des Kreises derjenigen Gegenstände ermöglicht, welche der dem Schuldner, nicht gegenüber dem Anfechtungsbeklagten zu betreibenden Vollstreckung unterliegen (vgl. RG. 41, 91; 57, 105; 68, 139; 110, 354; vgl. auch Anm. 9 und OLG. Hamburg in LeipzZ. 1913, 793). Da die Zwangsvollstreckung, wie bei § 2 noch auszuführen ist, bereits fruchtlos versucht sein muß, ehe die Anfechtungsklage erhoben werden kann, so dient die Anfechtung der Vorbereitung einer weiteren erfolgreichen Zwangsvollstreckung.

Anm. 14.

Ein Anfechtungsrecht ist nur dann gegeben, wenn anzunehmen ist, daß der Gläubiger durch die Anfechtung wenigstens teilweise Befriedigung wird erlangen können. Ist die Befriedigung des Gläubigers wegen seiner Forderung durch übermäßige Hypothekenbelastung des fraudulös veräußerten Grundstücks unmöglich, so liegt ein Rechtsschutzinteresse des Gläubigers nicht vor. Das rechtliche Interesse des Klägers fehlt, wenn die Möglichkeit einer auch nur teilweisen Befriedigung des Klägers aus dem mit der angefochtenen Hypothek belasteten Grundstücke für den Fall des Obsiegens gänzlich ausgeschlossen wäre (vgl. JW. 86 S. 414 Nr 6; 92 S. 312 Nr. 13). Das rechtliche Interesse muß der Anfechtungsgläubiger im Rechtsstreit darlegen und beweisen. Daß ihm theoretisch ein Recht auf vollständige Befriedigung zustand und er diese, falls es nicht zum Konkursverfahren gekommen wäre, ohne den angefochtenen Vertrag und ohne das Dazwischenkommen anderer Gläubiger vielleicht hätte erreichen können, genügt nicht zur Begründung der Anfechtungsklage (vgl. RG. 29, 89; JW. 97, 401 Nr. 6).

Anm. 15.

Der Gläubiger kann einen Vertrag nur insoweit für unwirksam erklären lassen, als sein Anfechtungsanspruch reicht.

Dieser reicht aber nicht weiter, als durch die anfechtbare Handlung der Vermögenszustand des Schuldners, wie er vor der Handlung bestand, zum Nachteil des Gläubigers verändert worden ist. Soweit dem Gläubiger ohnehin der Zugriff auf die veräußerten Gegenstände verschlossen gewesen wäre, soll er ihm auch nicht im Wege der Anfechtung eröffnet werden. (RG. in LeipzZ. 1914 S. 1378 Nr. 11.) Waren die Mobilien vor Abschluß des Vertrages bereits durch Verpfändungen von anderen Gläubigern zu ihrem vollen Werte in Anspruch genommen, so wurde der Anfechtungsgläubiger durch Übertragung dieser Mobilien an den Anfechtungsgegner nicht benachteiligt. Diese Übertragung ist daher dem Anfechtungsrechte nicht unterworfen. Vielmehr beschränkt sich dieses Recht auf diejenigen Objekte, welche noch ein Befriedigungsmittel für den Gläubiger bieten können. (RG. 21, 99; JW. 88 S. 44 Nr. 12.) Der Gläubiger muß wenigstens teilweise Befriedigung beim Obsiegen erlangen können. Ist auch eine solche teilweise Befriedigung nicht zu erwarten, dann fehlt es für den Gläubiger an dem erforderlichen Rechtsschutzinteresse. Eine Anfechtungsklage hätte keinen Zweck. Besteht schon zur Zeit der Erhebung der Anfechtungsklage nur die Möglichkeit einer teilweisen Befriedigung, so kann der Gläubiger doch wegen seiner ganzen Forderung anfechten; er braucht nicht erst einen Teil seiner Forderung im Beitreibungswege einzuziehen (RG. 22, 48).

Anm. 16.

Ohne weiteres ergibt sich, daß die Gläubigeranfechtung außerhalb des Konkursverfahrens in Betracht kommt in allen Fällen, in welchen über das Vermögen des Schuldners ein Konkursverfahren noch nicht eröffnet ist, aus Mangel an Masse nicht eröffnet werden kann oder wenn das Konkursverfahren bereits beendet ist. Wenn die Eröffnung mangels Masse nicht erfolgt, dann wird es sich nur um Verschiebungen von geringerem Werte handeln. Steht fest, daß größere Werte anfechtbar verschoben sind, dann kann der Konkurs eröffnet werden; der Konkursverwalter könnte zugunsten aller Gläubiger anfechten. Die Folgen des Umstandes, daß während des Anfechtungsprozesses über das Vermögen des Schuldners das Konkursverfahren eröffnet wird, sind noch bei § 13 zu erörtern.

Anm. 17.

Auch während des Schuldnerkonkurses kann eine Rechtshandlung des Schuldners angefochten werden, wenn es sich um die Befriedigung von Gläubigern handelt, welche außerhalb des Konkursverfahrens zu erfolgen hat. Dazu gehören

1. Gläubiger, welche erst nach der Eröffnung des Konkursverfahrens einen Anspruch gegen den Gemeinschuldner erlangt haben,
2. Gläubiger wegen der Forderungen, welche im Konkursverfahren nicht geltend gemacht werden können, wozu gehören
   a) die seit der Eröffnung des Verfahrens laufenden Zinsen,
   b) die durch die Teilnahme am Konkursverfahren erwachsenen Kosten,
   c) Geldstrafen,
   d) Forderungen aus einer Freigebigkeit des Schuldners unter Lebenden oder von Todes wegen (vgl. § 63 KO.).
3. ausländische Gläubiger unter den Voraussetzungen des § 3 KO.

Anm. 18.

Weiter sind nicht Konkursgläubiger die Massegläubiger und die absonderungsberechtigten Gläubiger. Beide Arten können auf Grund des Anfechtungsgesetzes anfechten. Ihr Einzelanfechtungsrecht wird durch § 63 KO. nicht berührt. So können Massegläubiger (KO. §§ 58, 59, 224) Rechtshandlungen des Gemeinschuldners anfechten, welche den konkursfreien Neuerwerb des Schuldners betreffen; sie können aber auch Rechtshandlungen, insbesondere Verfügungen des Konkursverwalters über die Konkursmasse anfechten, wenn z. B. der Konkursverwalter einen Gläubiger vorschriftswidrig bevorzugt oder Schenkungen vollzogen hat. (Vgl. RG. 53, 192; 57, 199). Schenkungen des Konkursverwalters, durch welche einer sittlichen Pflicht oder einer auf den Anstand zu nehmenden Rücksicht entsprochen wird, sind aber wirksam und nicht anfechtbar, z. B. ortsübliche Trinkgelder.

Auch der Absonderungsberechtigte kann ohne Rücksicht auf den Schuldnerkonkurs die Anfechtungsklage erheben und fortführen. Wer absonderungsberechtigt ist, ergibt sich aus §§ 47 bis 52 KO. (Vgl. dazu die Erläuterungen in den Kommentaren zur KO.). (RGZ. 117, 160.)

Die Klage aus dem Anf.Ges. ist stets eine persönliche, auch wenn für die Forderung, zu deren Gunsten sie erfolgt, ein Absonderungsrecht besteht. Das Bestehen des Absonderungsrechts für die zugrunde liegende Forderung gewährt auch gegen Dritte keine über die Grenzen des § 11 hinausgehenden Rechte. (Vgl. JW. 99 S. 492 Nr. 26.)

Anm. 19.

Die Aussonderungsberechtigten (§§ 43—46 KO.) sind nicht Konkursgläubiger. Hartmann-Meikel rechnete auch sie in den früheren Auflagen (5. Aufl. S. 85) hierher. Das ist aber nicht zutreffend, weil die Aussonderungsberechtigten keine Geldansprüche haben, die Gläubigeranfechtung aber, wie im § 2 noch zu erörtern ist, nur zugunsten von Geldansprüchen erfolgt (ebenso u. a. Jaeger Anm. 6 und Hartmann-Meikel in der 6. Aufl. S. 90).

Anm. 20.

Welchen Einfluß hatte nun die Geschäftsaufsicht im Sinne der VO. v. 14. 12. 16, 14. 6. 24? Das RG. hatte dahin entschieden, daß während schwebender Geschäftsaufsicht keine Anfechtung zulässig war. (JW. 1916 S. 1552 Nr. 1). Da die Geschäftsaufsicht seit dem 1. 10. 1927 nicht mehr verhängt werden kann, ist diese Frage nicht mehr von praktischer Bedeutung. Dagegen ist eine andere Entscheidung des Reichsgerichts bei der Berechnung der Fristen (vgl. dazu §§ 3, 4, 5, 11, 12) noch jetzt wichtig (RG. 124 S. 346). War unter der Herrschaft der Geschäftsaufsichtsverordnung bei Berechnung der Fristen die Zeit, während deren die Geschäftsaufsicht bestand, mitzurechnen oder nicht? Das Reichsgericht hat diese Frage in der genannten Entscheidung dahin beantwortet, daß bei Berechnung der Frist aus § 33 KO. die Zeit der Geschäftsaufsicht nicht mitzurechnen ist. In derselben Weise wird auch für die Fristen des Anfechtungsgesetzes zu entscheiden sein. An die Stelle der Geschäftsaufsicht ist das Vergleichsverfahren der Vergleichsordnung vom 5. 7. 1927 getreten, in Kraft seit 1. 10. 1927. Durch die Vergleichsordnung hat der § 3 des Anf.Ges. wegen der Fristen einen zweiten Absatz erhalten. (Näheres bei § 3.)

Voraussetzungen der Gläubigeranfechtung.

Anm. 21.

Die Anfechtung richtet sich gegen die durch eine Rechtshandlung des Schuldners zugunsten einer bestimmten Person herbeigeführte Veränderung in der Vermögenslage des Schuldners. Der Gläubiger will nicht die Rechtshandlung beseitigen, sondern den durch die Rechtshandlung geschaffenen Vermögenszustand. Läßt sich der Vermögenszustand, welcher vor der Rechtshandlung bestanden hat, ohne Angriff auf die Rechtshandlung wiederherstellen, dann hat der Anfechtende kein Interesse mehr daran, ob die Rechtshandlung bestehen bleibt oder nicht. Regelmäßig wird sich aber der frühere Zustand ohne Angriff auf die Rechtshandlung nicht herstellen lassen. Deshalb spricht das Gesetz von einer Anfechtung der Rechtshandlung. „Als Rechtshandlung im weitesten Sinne ist (für das Anf.Ges.) jede Handlung von rechtlicher Wirkung, jeder auf dem Willen des Schuldners beruhende Akt aufzufassen, welcher geeignet ist, unmittelbar oder in seiner Folge die Gläubiger zu benachteiligen (vgl. u. a. Jaeger Anm. 45, Riehl S. 169, Hartmann-Meikel S. 58; RG. in LeipzZ. 1909 S. 63 Nr. 28).

Anm. 22.

Der Begriff „Rechtshandlung" im weitesten Sinne ist weiter als der Begriff des Rechtsgeschäftes (§§ 104 ff. BGB.). Darunter ist jede Handlung zu verstehen, an welche die Rechtsordnung rechtliche Folgen knüpft, einerlei, ob diese Folgen gewollt sind oder nicht oder ob sie selbst gegen den Willen des Schuldners eintreten (JW. 97, 86). Nicht notwendig ist, daß die Rechtshandlung sich unmittelbar auf das Vermögen des Schuldners erstreckt. Auch eine nur mittelbare Rückwirkung auf das Schuldnervermögen begründet die Anfechtbarkeit (ebenso Hartmann-Meikel S. 58). Meist wird die Rechtshandlung in einer direkten Überführung eines Gegenstandes aus dem Vermögen des Schuldners in das Vermögen des Anfechtungsgegners liegen. Häufig erfolgt aber auch indirekt eine Zuwendung, z. B.: Der geleistete Gegenstand hat noch nicht zum Vermögen des Schuldners gehört. Der Schuldner hat ihn gekauft. Auf seine Veranlassung erfolgt die Übereignung schenkweise an den Anfechtungsgegner direkt. Das, was auf die Anweisung des Schuldners an den Drittschuldner geleistet worden ist, unterliegt ebenso der Anfechtung wie eine unmittelbare Zuwendung.

Anm. 23.

Aus dem Vermögen des Schuldners müssen durch die Rechtshandlung Vermögensgegenstände in das Vermögen des Anfechtungsgegners geflossen sein. Der Gegner muß einen Erwerb gemacht haben. Wir unterscheiden dabei, ähnlich wie Riehl, 3 Arten von Erwerb:

1. Der Gegner erwirbt Eigentum und andere dingliche Rechte und erwirbt Forderungsrechte;
2. der Gegner erwirbt an den im Eigentum des Schuldners verbleibenden Sachen beschränkte Rechte (Hypothek), auch Pfändungspfandrechte;
3. der Gegner wird von seinen dem Schuldner geschuldeten Verbindlichkeiten persönlicher oder dinglicher Art befreit.

Anm. 24.

Eine Rechtshandlung ist in der Regel ein positives Tun, durch welches das Vermögen des Schuldners um einen bereits erworbenen Bestandteil vermindert oder mit neuen Verbindlichkeiten belastet wird, gleichviel ob es vertragsmäßig oder einseitig erfolgt. (RG. 22, 44; JW. 92 S. 273 Nr. 17; 97 S. 86 Nr. 27; 99 S. 540 Nr. 27.) Ein Unterlassen, also negatives Tun, kann unter Umständen auch als Rechtshandlung im Sinne des Anf.Ges. angesehen werden; das gilt besonders, wenn es von dem Gesetz einer bestimmten positiven Handlung gleichgestellt wird, z. B. § 331 Abs. 1 ZPO. (Zugeständnis als Folge der Versäumnis, vgl. RG. 6, 367.)

Anm. 25.

Auch für die Gläubigeranfechtung haben wir das Grund- oder Kausalgeschäft vom Vollzugsgeschäfte zu trennen. Wie im § 7 Anf.Ges. noch auszuführen sein wird, hat der Anfechtungsgegner alles dasjenige zurückzugewähren, was durch die anfechtbare Handlung aus dem Vermögen des Schuldners veräußert, weggegeben oder aufgegeben ist. Aus der Anfechtbarkeit des Grundgeschäftes ergibt sich also zugleich die Anfechtbarkeit der Erfüllung. Mit dem Grundgeschäft fällt auch das Vollzugsgeschäft, mit dem Kaufvertrage die Übereignung, mit dem Schenkungsversprechen der Schenkungsvollzug. Es können beide Arten zugleich angefochten werden, aber auch jede Art für sich.

Anm. 26.

Zu den rechtsgeschäftlichen Verfügungen, welche anfechtbar sind, gehören Übereignungen, Belastungen, Kündigung, Anerkenntnis, Erlaß, Verzicht, Aufrechnung (OLG. 35, 248) oder sonstige Schuldtilgung. Übereignung oder Veräußerung ist die gänzliche Übertragung eines Rechtes, der dingliche Vertrag, bei Grundstücken die Auflassung (§ 925 BGB.), bei beweglichen Sachen die Fahrnisübereignung (§§ 929 ff. BGB.). Zu den Belastungen gehört die Bestellung von Hypotheken, Grundschulden, Rentenschulden, Erbbaurechten, Grunddienstbarkeiten, Nießbrauch, Verpfändung (vgl. dazu u. a. RG. im Recht 1914 Nr. 1613; RG. 64, 339; KG. im Recht 1914 Nr. 1335; KGBl. 14, 12 u. 106; 15, 92; Gruch. 51, 1107, JurW. 12, 1063; 19, 572; RGR. Kom. z. BGB. vor § 1030; Warn. Kom. z. BGB. zu § 1030). Zum Erlaß (§ 397 Abs. 1 BGB.) muß auch der sog. negative Schuldanerkenntnisvertrag (§ 397 Abs. 2) gerechnet werden. Als Verzicht kommen in Frage der Verzicht aufs Eigentum (§ 928 BGB.), der Verzicht auf den Eigentumsvorbehalt, auch der Verzicht auf einen Nießbrauch (JW. 95 S. 9). Ob auch der Verzicht auf ein bereits angefallenes Erb- oder Pflichtteilsrecht hierunter fällt, ist weiter unten genauer zu erörtern (vgl. Anm. 52, 53). Die Sicherungsübereignung ist rechtlich, wenn auch nicht wirtschaftlich eine volle Übereignung, welche den Gläubigern jede Zugriffsmöglichkeit entzieht (vgl. AG-Köln-Mülheim in JurW. 1927 S. 2539 Nr. 2).

Von den obligatorischen Verträgen sind besonders zu nennen Kauf, Miete, Tausch, Darlehen, Bürgschaft (JW. 93, 198; 99, 540). Doch muß gleich erwähnt werden, daß das rein obligatorische Geschäft allein noch keine hinreichende Grundlage für eine Anfechtungsklage gibt. Auf Grund des rein obligatorischen Vertrages erlangt der daraus Berechtigte nur einen Anspruch auf Übereignung der Kaufsache, auf Überlassung des Gewahrsams der Mietsache, aber noch kein dingliches Recht; er macht noch keinen Erwerb und der aus dem Vertrage Verpflichtete erleidet noch keine Verkürzung seines Vermögens. Die Verkürzung des Vermögens tritt erst ein mit der Übereignung der Kaufsache, mit der Überlassung des Gewahrsams der Mietsache, mit der Hingabe des Darlehns.

Noch einige Bemerkungen über den sog. Knebelungsvertrag. Dieser ist eine Unterart des Sicherungsübereignungsvertrags und liegt, wie das RG. in der Entscheidung vom 24. 5. 30 (Gesetz und Recht 1930 S. 215) im Anschluß an seine ständige Rechtsprechung ausführt, vor, „wenn ein Schuldner als Kreditnehmer sein ganzes Vermögen seinem Gläubiger als Kreditgeber sicherungsübereignet oder wenigstens einen so großen Teil seines Vermögens, daß von wirtschaftlicher Selbständigkeit und Bewegungsfreiheit nicht mehr die Rede sein kann. In der gegenwärtigen schweren Wirtschaftskrise nutzen leichtfertige Schuldner, die sich ihrer geschäftlichen Verantwortung nicht bewußt sind, die durch das Rechtsmittel der Kreditsicherung mittels Sicherungsübereignung ihnen erleichterte Lage durch Abschluß derartiger Knebelungsverträge aus. In solchen Fällen täuschen Geschäftsleute als Schuldner ihren Gläubigern ein Maß von Kreditwürdigkeit vor, das nicht mehr besteht, vielleicht niemals bestanden hat." „Ein Kreditgeber verstößt gegen die guten Sitten im Sinne des § 138 Abs. 1 BGB., wenn er sich Sicherungen in solchem Umfange geben läßt, daß dem Schuldner, der nach außen hin noch als zahlungsfähige Firma erscheint, keine nennenswerten Vermögenswerte zur freien Verfügung verbleiben." Derartige Sicherungsübereignungsverträge sind nicht nur wegen ihrer Sittenwidrigkeit gemäß § 138 BGB. nichtig. Der Sicherungseigentümer ist sogar darüber hinaus nach § 826 BGB. den anderen Gläubigern gegenüber zum Schadensersatz verpflichtet. In der Entsch. des RG. v. 5. 3. 1929 (Warn. Rspr. 29 Nr. 24 = Konk. Treuh. 29, 56) ist ein Sicherungsübereignungsvertrag, durch den fast das ganze Warenlager, auch hinsichtlich zukünftig hereinkommender Waren, übereignet worden war und der Schuldner u. a. zur täglichen Abführung des vollen Verkaufserlöses verpflichtet war, als sittenwidrige Knebelung bezeichnet worden. Aus der zahlreichen Rechtsprechung können hier nur noch einige neuere Entscheidungen des RG. erwähnt werden (RGZ. 82, 313; 85, 344; 118, 361; JW. 28, 52, 63; Recht 29, 2147, 2238; Warn. Rspr. 27, 115, 278; 28, 622; 29, 150, 164, 165, 302; LeipzZ. 27, 525; HöchstrRspr. 29, 1719, 1774). Solche Knebelungsgeschäfte können auch als Scheingeschäfte nichtig sein; sie können aber auch wegen Gläubigerbenachteiligung von dem benachteiligten Gläubiger angefochten werden. Wegen Irrtums oder Täuschung kann nur der irrende oder der getäuschte Vertragschließende, nicht aber ein benachteiligter Gläubiger anfechten. Doch ist zu beachten, daß für den Gläubiger im allgemeinen der Beweis der Sittenwidrigkeit leichter zu führen sein wird als der schwierige Beweis auf Grund des AnfG.; solche Verträge werden von gerissenen Schuldnern nicht mit einer im Sinne des § 3 Ziffer 2 verdächtigen Person geschlossen, so daß der Anfechtungsgläubiger die Benachteiligungsabsicht des Schuldners und die Kenntnis des Anfechtungsgegners hiervon nachweisen muß. Dazu kommt, daß die Anfechtung eines Rechtsgeschäfts wegen Gläubigerbenachteiligung dieses nicht absolut unwirksam macht, sondern ihre Wirkung nur dem Anfechtungsgläubiger gegenüber äußert; diese relative Wirkung wird allerdings in der Regel dem Anfechtenden genügen. (Vgl. RG. 7. 5. 29 in Konk. Treuh. 29, 123; ferner Anm. 86—90 zu § 1; auch Jaeger, Umfang und Anfechtbarkeit einer Sicherungsübereignung, in Konk. Treuh. 28, 145).

Überträgt aber ein Schuldner seine Aktiva an einen Gläubigerausschuß im außergerichtlichen Akkord oder an einen Treuhänder zur gleichmäßigen Befriedigung aller Gläubiger, so wird ein solcher Vertrag nicht als Knebelungsvertrag anzusehen sein; er ist gültig (vgl. OLG. Hbg. 25. 1. 27 in LeipzZ. 27, 1357 und OLG. Dresden 18. 2. 27 in JW. 27, 1391). Ein Treuhandverhältnis liegt aber nur vor, wenn der Treuhandgeber einen bisher auch rechtlich zu seinem Vermögen gehörenden Gegenstand einem Treuhänder übereignet, derart, daß das Treugut zwar rechtlich, aber nicht wirtschaftlich aus seinem Vermögen ausgeschieden wird (RG. 6. 3. 30 RGZ. 127, 341). Doch schließt ein Rechtsgeschäft, das die Sanierung eines gefährdeten Unternehmens begründet, die Benachteiligungsabsicht des Schuldners nicht schlechthin aus (RG. v. 2. 7. u. 8. 10. 29 in HRR. 30 Nr. 90, 168; vgl. Warn. Rspr. 30, 17).

Die Frage, ob die Sicherungsübereignung von Waren für eine Steuerforderung inkongruente Deckung gewährt und anfechtbar sein kann, wird bejaht in einer Entsch. des OLG. Augsburg v. 23. 6. 28 (BayZ. 28, 289), dagegen verneint von Killy in einem Artikel in der Zeitschrift für Zölle und Verbrauchssteuern (29, 165), worin ausgeführt wird, daß die Reichsfinanzbehörde weder unsittlich noch anfechtbar handelt, wenn sie sich zur Sicherung öffentlicher Abgaben Gegenstände übereignen läßt. Wie das RG. in der Entsch. v. 4. 3. 30 (RGZ. 127, 337) ausführt, handelt es sich nicht um eine Beitreibung im Sinne der §§ 298—354 RAbgO., wenn ein Steuerschuldner von der ihm durch §§ 12, 96 TabStG., § 35 StundO. eingeräumten Möglichkeit Gebrauch macht und mit der Finanzbehörde einen Sicherungsübereignungsvertrag abschließt, um der drohenden Beitreibung von Steuerschulden zu entgehen. Eine solche Vereinbarung fällt, wie es in der Entsch. weiter heißt, nicht unter den Begriff der Steuersachen im Sinne des § 227 RAbgO. Trägt ein solcher Sicherungsübereignungsvertrag die Merkmale eines Kredittäuschungsvertrages an sich, indem der Steuerschuldner in Kenntnis des beklagten Reichsfiskus diesem annähernd alle greifbaren Vermögensstücke übereignete, während die Übereignung nach außen verdeckt blieb und der Steuerschuldner kreditfähig erschien, dann würde der Vertrag nach § 138 Abs. 1 BGB. sittenwidrig und daher nichtig sein. Bei solchen Sicherungsübereignungsverträgen von Schuldnern mit dem Fiskus handelt es sich um nur nach dem Privatrecht zu beurteilende Zivilsachen; solche Verträge können auch auf Grund des AnfG. angefochten werden. (Die genannte RGEntsch. wird von Rheinstrom in JW. 1930 S. 2298 ff. besprochen.)

Anm. 27.

Während bei einer positiven Handlung unerheblich ist, ob der eingetretene Rechtserfolg vom Schuldner beabsichtigt ist oder nicht, ist ein Unterlassen nur dann anfechtbar, wenn mit der Unterlassung ein bestimmter Rechtserfolg absichtlich herbeigeführt wird oder werden soll. Dazu gehört z. B. die absichtliche Unterlassung eines Wechselprotestes, das absichtliche Unterlassen der Unterbrechung einer Verjährungs-, Ersitzungs- oder Ausschlußfrist, das Nichterscheinen in einem Verhandlungstermin, um dem Prozeßgegner einen Vollstreckungstitel (Versäumnisurteil) zu verschaffen, das Nichteinlegen von Einspruch gegen Vollstreckungsbefehl oder Versäumnisurteil, das Nichteinlegen von zulässigen Rechtsmitteln, das Unterlassen eines Widerspruchs bei Zahlungsbefehlen, das Unterlassen der rechtzeitigen Geltendmachung von prozeßhindernden Einreden. In allen diesen Fällen muß der Anfechtungsgläubiger noch darlegen und beweisen, daß der Schuldner absichtlich eine Rechtshandlung unterlassen hat, daß er also bewußt unterlassen hat, z. B. Einspruch gegen das Versäumnisurteil einzulegen oder im Termin zu erscheinen, um dem Dritten die Möglichkeit zu geben, aus diesem Unterlassen rechtliche Folgen herzuleiten. Nicht erforderlich ist, daß der Schuldner mit dem Dritten die Unterlassung vereinbart hat. In der Vereinbarung des Schuldners mit dem Dritten würde eine positive Betätigung zu erblicken sein, welche als solche anfechtbar ist. Diese Art Betätigung könnte möglicherweise auch als Scheingeschäft (§ 117 BGB.) oder als nicht ernstlich gemeinte Willenserklärung (§ 118 BGB.) nichtig sein.

Bei der Gläubigeranfechtung handelt es sich stets um Willenserklärungen, welche der Schuldner ernstlich gewollt und auch nicht zum Schein abgegeben hat (vgl. Anm. 6). Nichtige Rechtsgeschäfte unterliegen nicht der Gläubigeranfechtung, weil sie keine Rechtshandlungen im Sinne des Anf.Ges. sind (vgl. u. a. RG. 4, 252; 32, 232; 37, 106; 50, 121; 68, 153; 69, 147; JW. 84, 271; 87, 78, 96; 91, 149; 99, 438; 14, 835). Gelegentlich der Betätigung eines nichtigen Geschäftes, besonders eines Scheingeschäftes, können aber Nebenhandlungen erfolgen, die als solche Rechtshandlungen im Sinne des Anfechtungsgesetzes und deshalb Gegenstand der Gläubigeranfechtung sein können (vgl. Anm. 6, ferner Riehl S. 170 ff., Hartmann-Meikel S. 81, Jaeger Anm. 58; RG. in LeipzZ. 1911 S. 951 Nr. 15).

Anm. 28.

Eine weitere Frage, auf welche bei der Erörterung über die Bedeutung der Fristen noch näher einzugehen ist (§§ 3 und 12), ist die, wenn eine Handlung begangen ist. Handelt es sich um ein positives Tun, so wird die Lösung der Frage rechtlich in der Regel wenig Schwierigkeiten bereiten. Wie steht es aber bei einem negativen Tun, einem Unterlassen? Einspruch oder Rechtsmittel können innerhalb der in der ZPO. bestimmten Fristen eingelegt werden. Ein anfechtbares Unterlassen liegt in dem Augenblick vor, in welchem die Frist zur Einlegung des Rechtsmittels abläuft. Das gleiche gilt für die übrigen erwähnten Fristen (vgl. oben Anm. 27). Erst der Ablauf der Frist entscheidet. *Die Unterlassung wird*, wie Jaeger sagt, *solange begangen, als die unterlassene Handlung wirksam vorgenommen werden kann.*

Anm. 29.

Nicht notwendig ist, daß das ganze Rechtsgeschäft des Schuldners angefochten wird. Zulässig ist auch die *teilweise Anfechtung* eines Rechtsgeschäftes (vgl. RG. in Gruch. Beitr. 57, 1115).

Dabei wird aber vorausgesetzt, daß der angefochtene Teil des Rechtsgeschäftes eine gewisse Selbständigkeit besitzt (RG. v. 2. 7. 26, VI 53/26). (Vgl. folg. Anm.)

Anm. 30.

Bei einer *Mehrheit von anfechtbaren Rechtshandlungen* hat der Gläubiger die Wahl, welche Rechtshandlung er anfechten will. Der Anfechtungsgegner kann den Gläubiger nicht darauf verweisen, daß auch noch andere Gegenstände anfechtbar veräußert sind; er kann ihn auch nicht nötigen, seinen Anspruch auf die gesamten Gegenstände zu verteilen und noch weitere Anfechtungsklagen zu erheben; er kann auch daraus keine Rechte herleiten, daß der Gläubiger bei anderen nicht zum Klageinhalt gemachten Gegenständen die Anfechtungsfrist versäumt hat (vgl. OLG. Stuttgart im R. 14 Nr. 1904). Die Entstehung des Anfechtungsanspruchs ist unabhängig davon, ob noch andere Verminderungen des

Schuldnervermögens stattgefunden haben und dem Gläubiger deswegen noch andere Anfechtungsrechte zustehen. Die verschiedenen Anfechtungsrechte können auch sämtlich geltend gemacht werden. Die Geltendmachung des einen hat nicht die Rechtshängigkeit des anderen zur Folge. Sind mehrere Gegenstände in anfechtbarer Weise veräußert, so wird die Berechtigung des Gläubigers zur Anfechtung nicht durch den Betrag des vollstreckbaren Titels begrenzt. Dem Gläubiger kann nicht entgegengehalten werden, daß er nur die Weggabe eines Gegenstandes anfechten könne, weil jeder einzelne Gegenstand zu seiner Befriedigung ausreiche.

Anm. 31.

Die Rechtshandlung muß eine Handlung des Schuldners sein. Das verlangt § 1 allgemein in allen Anfechtungsfällen, das wird aber noch ausdrücklich in den besonderen Fällen der §§ 3, 3a wiederholt. In der KO. §§ 29, 30 wird dagegen für die Anfechtung innerhalb des Konkursverfahrens nicht vorausgesetzt, daß die Rechtshandlungen vom Schuldner herrühren. Nach dem Anf.Ges. muß die Rechtshandlung vom Schuldner herrühren. Daß die Rechtsfolgen dieser Handlungen vom Schuldner gewollt sind, ist nicht erforderlich. Die Rechtsfolgen können ohne den Willen, ja sogar gegen den Willen des Schuldners eingetreten sein.

Anm. 32.

Eine Pfändung, welche bei dem Schuldner ordnungsmäßig ohne jedes Zutun des Schuldners oder gegen seinen Willen erfolgt ist, ist keine Rechtshandlung des Schuldners. (LeipzZ. 1922 S. 384.) Der pfändende Gerichtsvollzieher handelt nicht als Vertreter des Schuldners. Die Tätigkeit des Gerichtsvollziehers ist nicht als eine vom Schuldner bewirkte Handlung anzusehen (RG. 47, 224; 90, 194; LeipzZ. 1914 S. 1809 Nr. 9; Hartmann-Meikel 6. Aufl. S. 86). Früher wurde vielfach angenommen, daß der Gerichtsvollzieher oder das Gericht bei der Pfändung in Vertretung des Schuldners handelt. Wer diese Ansicht vertrat, kam folgerichtig zu dem Schluß, daß die Pfändung eine Rechtshandlung des Schuldners sei. Der Vollstreckungsakt allein kann aber regelmäßig nicht Gegenstand der Anfechtung außerhalb des Konkursverfahrens sein. Unter gewissen Voraussetzungen kann aber, wie im § 6 noch zu erörtern sein wird, indirekt auch ein Vollstreckungsakt anfechtbar sein. Als anfechtbare Rechtshandlung des Schuldners ist auch eine Pfändung aufzufassen, die von dem Anfechtungsgegner auf Grund eines vollstreckbaren Schuldtitels erfolgt ist, in dem der Schuldner sich der Zwangsvollstreckung wegen der Forderung des Anfechtungsgegners unterworfen hat, obwohl eine Forderung in dieser Art oder zu dieser Zeit nicht bestand (Gruchot

50, 1140). Hier wird ein Mitwirken des Schuldners erfordert, z. B. auch, wenn, wie das Reichsgericht (JW. 17, 478 Nr. 2, Gruchot 57 S. 1005, LeipzZ. 19, 384 u. 537) erwähnt, die Pfändung im kollusiven Einverständnis des Schuldners mit dem Gläubiger, Anfechtungsgegner, zustande gekommen ist. Das Objekt der Anfechtung ist hier aber in erster Linie die Rechtshandlung des Schuldners, welche zu der Pfändung geführt hat, z. B. Unterlassen des Einspruchs gegen Versäumnisurteil, und erst die Folge davon ist die Anfechtbarkeit des Pfändungsaktes. Hier nur noch ein Beispiel: Der Schuldner macht einen Gläubiger, den er bevorzugen will, auf bevorstehende Pfändungen aufmerksam. Der benachrichtigte Gläubiger läßt daraufhin beschleunigt vorher pfänden. (Vgl. RG. 47, 223; 69, 163.) Die Mitteilung des Schuldners an den bevorzugten Gläubiger stellt die Rechtshandlung im Sinne des § 1 Anf.Ges. dar. Anfechtbar ist hier also nicht die Rechtshandlung des darauf pfändenden Gerichtsvollziehers, sondern eine Handlung des Schuldners selbst. (Weitere Beispiele bei § 6), (vgl. RG. in LeipzZ. 1922 S. 537).

Eine Rechtshandlung ist auch dann als Rechtshandlung des Schuldners anfechtbar, wenn auf Veranlassung des Schuldners eine öffentliche Behörde (Gericht, Notar, Gerichtsvollzieher) bei der Beurkundung mitgewirkt hat (vgl. Näheres bei § 6). Wird die Anfechtbarkeit von dem amtierenden Beamten erkannt, dann wird er die Mitwirkung verweigern dürfen. Im allgemeinen werden die Parteien dem Beamten aber ihre Absichten nicht mitteilen, so daß dieser die Anfechtbarkeit nicht merken kann. Ist aber eine behördliche oder richterliche Maßnahme vom Willen und Antrag des Schuldners unabhängig, so liegt eine anfechtbare „Rechtshandlung des Schuldners" nicht vor. Wenn z. B. dem Vater das Nießbrauchsrecht am Vermögen des Kindes vom Vormundschaftsrichter entzogen wird, so liegt keine anfechtbare Handlung des Schuldners vor, selbst dann, wenn der Schuldner selbst den Antrag auf Entziehung gestellt hat. Denn der Vormundschaftsrichter entscheidet dabei unabhängig von dem Antrage auf Grund seiner Ermittelungen. Der in JW. 95 S. 10 Nr. 24 betrifft das frühere preußische Recht. Nach BGB. kommt hinzu, daß der Vater wirksam auf sein Nießbrauchrecht gemäß § 1662 verzichten kann. Ferner ist nach § 862 ZPO. das Nießbrauchrecht des Vaters unpfändbar. Der Verzicht unterliegt daher nicht der Gläubigeranfechtung (vgl. Kommentare von Staudinger und Warneyer zu BGB. § 1662).

Anm. 33.

Die Handlungen, welche der Anfechtungsgläubiger anfechten will, hat der Schuldner vorgenommen als Gläubiger oder als Schuldner eines Dritten (gewöhnlich des Anfechtungsgegners). Dabei ist kein Unterschied zu machen. Bei Willenserklärungen und Rechtsgeschäften des Schuldners wird Geschäftsfähigkeit im Sinne der §§ 104—115 BGB. vorausgesetzt. Ist nach diesen allgemeinen Vorschriften das Rechtsgeschäft oder die Willenserklärung nichtig, so kommt das Gläubigeranfechtungsgesetz nicht zur Anwendung.

Mehrheit von Schuldnern.

Anm. 34.

Weiter haben wir zu berücksichtigen die Fälle, in welchen auf der Schuldnerseite eine Mehrheit von Personen auftritt. (Über die Mehrheit von Anfechtungsgläubigern vgl. Anm. 5—7 zu § 7, von Anfechtungsgegnern vgl. Anm. 8 zu § 7.) Wir unterscheiden 1. Teilschuld und Teilforderung, 2. Gesamtschuld und Gesamtforderung, 3. Gesamthandschuld und Gesamthandforderung, Schuldverhältnis zur gesamten Hand und Gesamthänderschaft. Dabei ist gleichviel, ob die Schuldner des Anfechtungsgläubigers dem Dritten gegenüber als Schuldner oder als Gläubiger gehandelt haben. Stets ist zu prüfen, ob die Rechtshandlung des Anfechtungsschuldners als selbständig wirksame Handlung ausgeschieden werden kann. Haben bei der Teilschuld, bei der Gemeinschuld nach Bruchteilen (§§ 420, 741 ff., 1008 ff., 921, 923, 947, 963, 984 BGB.) die beiden Teilhaber über die gemeinschaftliche Sache verfügt (§ 747), so kann, wenn beide auch Schuldner des Anfechtungsgläubigers sind, die gemeinschaftliche Verfügung im Ganzen angefochten werden. Ist aber nur einer der beiden Teilhaber Schuldner, so ist die Verfügung nur für den Anteil des Schuldners anfechtbar.

Bei Anfechtung der Veräußerung einer gemeinschaftlichen Sache steht § 864 Abs. 2 ZPO. der Verurteilung, die Zwangsvollstreckung in einzelne Bruchteile zu dulden, nicht entgegen. Bei ungleichen Forderungen gegen die früheren Miteigentümer ist das Urteil dahin zu fassen, daß der Anfechtungsgegner verurteilt wird, die Zwangsvollstreckung in die genau zu bezeichnenden Anteile wegen der ungleichen Forderungen zu dulden.

Die Verfügung des anderen Teilhabers über seinen Anteil bleibt wirksam. Einzelne Fälle von Gesamtschuld im Sinne des § 421 BGB. sind gegeben in den §§ 42 Abs. 2, 53, 427, 769, 840, 1108 Abs. 2, 1388, 1459 Abs. 2, 1480, 1530 Abs. 2, 1833 Abs. 2, 1915, 2058, 2219 Abs. 2 BGB.; Gesamtforderung beruht meist auf Vereinbarung und nur in §§ 2151 Abs. 3, 2194 BGB. auf Gesetz. Auch in diesen Fällen ist die Rechtshandlung, die Verfügung des Gesamtschuldners, der gleichzeitig Anfechtungsschuldner ist, anfechtbar. Die Verfügung des anderen Gesamtschuldners oder Gesamtgläubigers, der nicht gleichzeitig auch Schuldner des Anfechtungsgläubigers ist, bleibt wirksam. Aus der großen Zahl der genannten Fälle sei nur ein häufiges Beispiel aus § 769 BGB. erwähnt. Verbürgen sich mehrere — A. und B. — für dieselbe Verbindlichkeit, so haften sie als Gesamtschuldner, auch wenn sie die Bürgschaft nicht gemeinschaftlich übernehmen. Der Bürge A. ist Schuldner des Anfechtungsgläubigers. Dieser kann die Bürgschaftserklärung des A. wirksam anfechten. Die Bürgschaftserklärung des B. wird hierdurch nicht berührt, selbst wenn er die Bürgschaft gleichzeitig gemeinschaftlich mit A. übernommen hat. Gesamthandschulden oder Gesamthandforderungen gibt es bei der Gesellschaft bürgerlichen Rechts (§ 709 BGB.), bei den familienrechtlichen Gesamthandverhältnissen (Ehegütergemeinschaft, fortgesetzte Gütergemeinschaft, Fahrnisgemeinschaft) oder bei der Erbengemeinschaft (§§ 2039, 2040, 2033). In diesen Fällen ist ein gesondertes Handeln des Schuldners wirkungslos. Durch die Gläubigeranfechtung wird das ganze Geschäft dem Anfechtungsgläubiger gegenüber unwirksam. Haben Eheleute, welche in Gütergemeinschaft leben, über einen zum Gesamtgut gehörenden Gegenstand gemeinschaftlich verfügt, ihn z. B. verschenkt, so ist die Schenkung in vollem Umfange dem Anfechtenden gegenüber unwirksam, wenn ein Gläubiger des Mannes die Schenkung anficht. (Vgl. §§ 1442, 1446 BGB., Jaeger Anm. 42, Hartmann-Meikel S. 89 und die daselbst erwähnten Entscheidungen des LG. München und des OLG. Magdeburg, ferner RG. 4, S. 349.) Haben zwei Miterben A. und B. einen Nachlaßgegenstand einem Dritten verschenkt und übereignet, so muß der Dritte die Zwangsvollstreckung in den Gegenstand dulden, wenn ein Gläubiger des A. die Schenkung anficht (vgl. §§ 2040 Abs. 1, 2039, 2033 Abs. 2 BGB.) (ebenso u. a. Jaeger; darüber Näheres § 7).

Anm. 35.

Bei der offenen Handelsgesellschaft, welche nach der herrschenden Lehre keine juristische Person ist, ist, soweit im Gesellschaftsvertrage nichts anderes bestimmt, jeder Gesellschafter zur Vertretung der Gesellschaft ermächtigt (§ 125 HGB). Die Gesellschaft wird durch die Rechtsgeschäfte, welche ein zur Vertretung befugter Gesellschafter in ihrem Namen schließt, berechtigt und verpflichtet. Ein solches von einem Teilhaber abgeschlossenes Geschäft kann nur als einheitliches für und im Namen aller Gesellschafter abgeschlossenes Geschäft gedacht werden, so daß es gerade so anzusehen ist, als ob auch die übrigen Teilhaber bei dem Abschluß des Geschäftes persönlich mitgewirkt haben (vgl. RG. 43, 104; LeipzZ. 1914 S. 1380). Daraus folgt, daß ein von einem Teilhaber im Namen der Gesellschaft vorgenommenes Rechtsgeschäft angefochten werden kann, wenn die offene Handelsgeschaft die Schuldnerin ist.

Vertreter des Schuldners.

Anm. 36.

Der Schuldner kann sich bei der Ausführung der Rechtshandlung, z. B. Mitteilungen, eines Boten bedienen. Der Bote, der in einzelnen Fällen (z. B. § 925) ausgeschlossen ist, handelt nicht mit eigenem Willen, sondern führt nur den Willen des Schuldners aus; der Handelnde ist der Schuldner persönlich; der Bote ist nicht „Vertreter", „Bevollmächtigter" des Schuldners. Die durch einen Boten dem Willen des Schuldners entsprechend ausgeführten Rechtshandlungen sind deshalb wie eigene Handlungen des Schuldners anfechtbar.

Anm. 37.

Der persönlichen Handlung des Schuldners steht rechtlich gleich die Handlung des Vertreters. Die Vertretungsmacht beruht auf Gesetz oder auf Rechtsgeschäft; auf Gesetz bei der elterlichen Gewalt, der Vormundschaft, Pflegschaft, bei der Schlüsselgewalt der Ehefrau, beim Vorstand einer juristischen Person, beim Testamentsvollstrecker, Nachlaßpfleger. In allen diesen Fällen können die Rechtshandlungen des Vertreters ebenso angefochten werden als wenn sie vom Vertretenen ausgeführt worden wären. Wegen der von einem Konkursverwalter vorgenommenen Handlungen vgl. noch § 7 und wegen des Einflusses des Ehegüterrechts und der Schlüsselgewalt vgl. § 3. Wegen der von einem Gesellschafter einer offenen Handelsgesellschaft vorgenommenen Rechtsgeschäfte vgl. Anm. 35. Die Vertretungsmacht beruht auf Rechtsgeschäft, z. B. beim Prozeßbevollmächtigten (§§ 78ff. ZPO.), beim Prokuristen, dessen Vertretungsmacht dem Bestande nach auf dem Willen des Geschäftsherrn, dem Umfange nach auf Gesetz beruht (§§ 48ff. HGB.). Die Rechtshandlungen dieser Personen sind wie eigene des Schuldners anfechtbar.

Der Gerichtsvollzieher ist nicht Vertreter des Schuldners (RG. 90, 194). Die von ihm ausgeführte Pfändung, der Vollstreckungsakt, ist daher nicht anfechtbar (vgl. Anm. 32).

Auch der Konkursrichter ist nicht Vertreter des Schuldners, wenn er auf Antrag des Schuldners die Eröffnung des Konkursverfahrens beschließt (§§ 103, 104 KO.).

Anm. 38.

Soweit die rechtlichen Folgen einer Willenserklärung durch Willensmängel oder durch die Kenntnis oder das Kennenmüssen gewisser Umstände beeinflußt werden, kommt nicht die Person des Vertretenen, sondern die des Vertreters in Betracht. Diese Bestimmung des § 166 BGB. ist auch auf dem Gebiete der Gläubigeranfechtung in und außer dem Konkurse anwendbar (vgl. RG. 68, 374; 72, 133; 80, 5; Warneyer Komm. z. BGB. § 166 Anm. 17).

Hier ist noch ein RG. 24, 14 erörterter Fall zu erwähnen. Die Gründer einer Aktiengesellschaft sind nicht gesetzliche Vertreter. Die Rechtshandlungen, welche sie bei Abschluß des Gesellschaftsvertrages vorgenommen haben, können aber noch nach Gründung der Gesellschaft ebenso angefochten werden, als wenn sie von den gesetzlichen Vertretern der Aktiengesellschaft vorgenommen worden wären. In RG. 74, 16 wird ausgeführt, daß Gläubiger eines Gesellschafters einer G. m. b. H. im Wege der Anfechtung die Rückgewähr der Stammeinlage des Gesellschafters von der Gesellschaft beanspruchen können; vgl. dagegen RG. 68, 271; dort ist ausgesprochen, daß bei der G. m. b. H. weder der einzelne Gesellschafter die Herausgabe, noch die Gesellschaft die Rücknahme der Einlage beanspruchen könne, weil darin eine Gefährdung der Gläubiger der Gesellschaft liegen würde (vgl. auch RG. 54, 128).

Anm. 39.

Schließt ein Dritter im Namen des Schuldners, aber ohne Vertretungsmacht einen Vertrag oder überschreitet er seine Vollmacht (§ 177 BGB.), so hängt die Wirksamkeit des Vertrages für und gegen den Schuldner von dessen Genehmigung ab. Genehmigt der Schuldner den Vertrag, dann ist der Vertrag von vornherein wirksam und kann angefochten werden. Wird die Genehmigung nicht erteilt, dann wirkt die Handlung des Dritten weder für noch gegen den Schuldner; es ist dann die Handlung eines unbeteiligten Dritten. Dies gilt auch, wenn der Dritte mit zufällig in seinem Besitz befindlichen Mitteln den Vertrag erfüllt hat. Derselben Ansicht ist u. a. Jaeger (vgl. auch Hartmann-Meikel S. 87). Der benachteiligte Gläubiger, der die Anfechtung nicht durchführen kann, muß dann den Anspruch des Schuldners gegen den Dritten aus § 678 oder aus § 823 BGB. pfänden.

Anm. 40.

Handelt der Dritte nicht im Namen, nicht in Vertretung, wohl aber mit Mitteln und auf Weisung des Schuldners, so spricht man von „mittelbarer Zuwendung“. Diese „Zuwendung auf Schleichwegen“ bringt in der Praxis besondere Schwierigkeiten, weil der Schuldner seine wahren Zuwendungsabsichten durch Hinzuziehen einer Zwischenperson verschleiert. Das Gesetz will auch solche Fälle treffen, in denen der Schuldner es verstanden hat, die rechtlichen Folgen des wirtschaftlich Gewollten so zu gestalten, daß der Schuldner und der Erwerber äußerlich in keinerlei Beziehungen zueinander treten, materiell aber das Vermögen des Schuldners zugunsten des Erwerbers verringert wird (RG. 35, 26; 43, 83; 46, 101; 48, 149; 59, 195; LeipzZ. 1918 S. 230; OLG. Breslau in LeipzZ. 1915 S. 584).

Gläubigerbenachteiligung.

Anm. 41.

Weiter wird bei der Gläubigeranfechtung vorausgesetzt, daß der Anfechtungsgläubiger benachteiligt ist. Im § 22 des Aufwertungsgesetzes vom 16. Juli 1925 ist die Rede von einer „Absicht, das Recht des Gläubigers zu beeinträchtigen". Es ist die Absicht, das Recht von Hypothekengläubigern auf Eintragung der Aufwertung ihrer Hypotheken an den ihnen zustehenden Rangstellen zu vereiteln. Mit der Gläubigerbenachteiligung im Sinne des Anfechtungsgesetzes hat dies nichts gemein (vgl. JW. 1928 S. 1362 Nr. 22). Die Gefahr einer Benachteiligung liegt vor, wenn das Vermögen des Schuldners so verkürzt ist, daß die Befriedigung des Schuldners nicht erfolgen kann, wenn das noch vorhandene pfändbare Vermögen zur Befriedigung des Gläubigers nicht mehr ausreicht. Eine objektive Benachteiligung des Gläubigers wird in allen Fällen gefordert. Das ergibt sich aus dem Zwecke der Gläubigeranfechtung (vgl. Anm. 12—14). Ob der Schuldner sich der Benachteiligung bewußt gewesen ist, ist hier zunächst unerheblich. Wenn das Gesetz nicht noch besonders die objektive Benachteiligung als allgemeine Voraussetzung für die Anfechtung verlangt, so ist das — wie es in den Motiven heißt — nur unterblieben, um den Anschein zu vermeiden, als ob immer eine unmittelbare Benachteiligung erforderlich wäre. In der Regel wird die Gefahr einer Benachteiligung unmittelbar durch die anfechtbare Rechtshandlung hervorgerufen sein; es genügt aber auch mittelbare Benachteiligung (vgl. Anm. 22). Über das Benachteiligungserfordernis vgl. RG. 14, 313; 33, 122; 36, 163; 48, 151, 51, 45; 52, 229; Recht 1918 Nr. 909.) (Vgl. auch Anm. 10 ff. zu § 3.)

Anm. 42.

Objektive Benachteiligung muß noch zur Zeit der Anfechtung gegeben sein (RG. im Recht 1918 Nr. 909). Die Berücksichtigung der Vermögenslage zur Zeit der Vornahme der anfechtbaren Handlung genügt nicht. Benachteiligt muß der Anfechtungsgläubiger noch zur Zeit der letzten mündlichen Verhandlung sein, auf welche das Urteil folgt. Wenn die Schuld nach den Grundsätzen der Vorteilsausgleichung als getilgt zu behandeln ist, so erlischt der Anfechtungsanspruch (RG. v. 14. 6. 17 RG. Bl. 18, 6). Ist im Laufe des Rechtsstreits der Nachteil ausgeglichen, dann fehlt es an einem Erfordernis für den Anfechtungsanspruch. Ob die Benachteiligung weggefallen ist, weil der Anfechtungsgläubiger dadurch befriedigt ist, daß das durch die anfechtbare Handlung Veräußerte freiwillig oder gezwungen in das Vermögen des Schuldners zurückgegeben ist oder daß ein entsprechender

Gegenwert in das Vermögen des Schuldners gelangt ist, so daß nunmehr eine Zwangsvollstreckung Erfolg hat, kann möglicherweise auf die Kostenentscheidung im Anfechtungsprozeß Einfluß haben; in der Hauptsache ist jedenfalls der Rechtsstreit erledigt. (Vgl. RG. im Recht 28 Nr. 148.)

Ein Schuldner, der im Vergleichsverfahren den daran beteiligten Gläubigern eine Sicherheit bietet, benachteiligt damit die am Vergleichsverfahren nicht beteiligten bevorrechtigten Gläubiger, indem er ihnen den Zugriff auf das zur Sicherheit angebotene Vermögensstück unmöglich macht oder doch zum mindesten erschwert (vgl. Braß, Gläubigerbenachteiligung durch Sicherstellung der Vergleichsquoten, in Konk. Treuh. 1930 S. 106); er verkürzt sein Aktivvermögen.

Anm. 43.

Eine Benachteiligung des Anfechtungsgläubigers liegt vor, wenn das Vermögen des Schuldners verkürzt ist. Veränderungen des Personenstandes durch Eheschließung, Ehescheidung, Annahme an Kindes Statt sind nicht anfechtbar, auch wenn sie eine Veränderung in der Vermögenslage des Schuldners nach sich ziehen. Durch Eheverträge tritt keine Personenstandsänderung ein, sondern eine Vermögensveränderung; sie können daher anfechtbar sein (vgl. Anm. 56 ff.).

Als „Vermögen" einer Person ist sowohl die Gesamtheit der ihr zustehenden Vermögensrechte, das Aktivvermögen, wie auch der Vermögenswert anzusehen, welcher nach Abzug der Schulden übrig bleibt (reines Vermögen). Dem ersteren, dem deutschrechtlichen Vermögensbegriff hat sich das Bürgerliche Gesetzbuch angeschlossen (vgl. § 419). Danach wird unter dem Vermögen einer Person schlechtweg nur die Gesamtheit der ihr zugehörigen Vermögensstücke und Rechte begriffen, denen die Schulden als eine Belastung gegenüberstehen, so daß diese als ein Bestandteil des Vermögens nicht angesehen werden können (vgl. Warneyer Komm. Anm. IV zu BGB. § 90 und Bem. I. zu § 419). Anderer Ansicht ist der Kommentar von Reichsgerichtsräten zum BGB (§ 1922 u. § 419). Er versteht unter Vermögen den Inbegriff der mit einer Person verknüpften Rechte und Verbindlichkeiten; gefolgert wird dies aus § 1922. Doch steht dem Vermögen des Erblassers im § 1922 der Begriff der Nachlaßverbindlichkeiten (§ 1967) gegenüber. Im Anfechtungsgesetz gilt als Vermögen nur das Aktivvermögen (vgl. Anm. 51, 58).

Anm. 44.

In Betracht kommt nur das pfändbare Vermögen des Schuldners. Über unpfändbare Vermögensteile kann der Schuldner unanfechtbar verfügen. Im § 811 ZPO. heißt es: „Folgende Sachen sind der Pfändung nicht unterworfen:

1. Die Kleidungsstücke, die Betten, die Wäsche, das Haus- und Küchengerät, insbesondere die Heiz- und Kochöfen, soweit diese Gegenstände für den Bedarf des Schuldners oder zur Erhaltung eines angemessenen Hausstandes unentbehrlich sind;
2. die für den Schuldner, seine Familie und sein Gesinde auf vier Wochen erforderlichen Nahrungs-, Feuerungs- und Beleuchtungsmittel oder, soweit solche Vorräte auf zwei Wochen nicht vorhanden und ihre Beschaffung für diesen Zeitraum auf anderem Wege nicht gesichert ist, der zur Beschaffung erforderliche Geldbetrag;
3. eine Milchkuh oder nach der Wahl des Schuldners statt einer solchen zwei Ziegen oder zwei Schafe nebst den zum Unterhalt und zur Streu für dieselben auf vier Wochen erforderlichen Futter- und Streuvorräten oder, soweit solche Vorräte auf zwei Wochen nicht vorhanden, dem zur Beschaffung erforderlichen Geldbetrage, wenn die bezeichneten Tiere für die Ernährung des Schuldners, seiner Familie und seines Gesindes unentbehrlich sind;
4. bei Personen, welche Landwirtschaft betreiben, das zum Wirtschaftsbetrieb erforderliche Gerät und Vieh nebst dem nötigen Dünger sowie die landwirtschaftlichen Erzeugnisse, soweit sie zur Fortführung der Wirtschaft bis zu der Zeit erforderlich sind, zu welcher gleiche oder ähnliche Erzeugnisse voraussichtlich gewonnen werden;
5. bei Künstlern, Handwerkern, gewerblichen Arbeitern und anderen Personen, welche aus Handarbeiten oder sonstigen persönlichen Leistungen ihren Erwerb ziehen, die zur persönlichen Fortsetzung der Erwerbstätigkeit unentbehrlichen Gegenstände;
6. bei den Witwen und den minderjährigen Erben der unter Nr. 5 bezeichneten Personen, wenn sie das Erwerbsgeschäft für ihre Rechnung durch einen Stellvertreter fortführen, die zur persönlichen Fortführung des Geschäfts durch den Stellvertreter unentbehrlichen Gegenstände;
7. bei Offizieren, Deckoffizieren, Beamten, Geistlichen, Lehrern an öffentlichen Unterrichtsanstalten, Rechtsanwälten, Notaren sowie Ärzten und Hebammen die zur Verwaltung des Dienstes oder Ausübung des Berufs erforderlichen Gegenstände sowie anständige Kleidung;
8. bei Offizieren, Militärärzten, Deckoffizieren, Beamten, Geistlichen, bei Ärzten und Lehrern an öffentlichen Anstalten ein Geldbetrag, welcher dem der Pfändung nicht unterworfenen Teile des Diensteinkommens oder der Pension für die Zeit von der Pfändung bis zum nächsten Termin der Gehalts- oder Pensionszahlung gleichkommt;
9. die zum Betriebe einer Apotheke unentbehrlichen Geräte, Gefäße und Waren;

10. die Bücher, welche zum Gebrauche des Schuldners und seiner Familie in der Kirche oder Schule oder einer sonstigen Unterrichtsanstalt oder bei der häuslichen Andacht bestimmt sind;
11. die in Gebrauch genommenen Haushaltungs- und Geschäftsbücher, die Familienpapiere sowie die Trauringe, Orden und Ehrenzeichen;
12. künstliche Gliedmaßen, Brillen oder andere wegen körperlicher Gebrechen notwendige Hilfsmittel, soweit diese Gegenstände zum Gebrauche des Schuldners und seiner Familie bestimmt sind;
13. die zur unmittelbaren Verwendung für die Bestattung bestimmten Gegenstände.

(Über die Anfechtbarkeit im Konkursverfahren vgl. dazu §§ 1, 37 KO.). Wir unterscheiden demnach die absolut unpfändbaren Vermögensstücke (z. B. die in Ziffer 11 genannten Haushaltungs- und Geschäftsbücher, Familienpapiere, Trauringe usw.) von den nur relativ unpfändbaren Gegenständen, welche unter Berücksichtigung der Verhältnisse des Schuldners unentbehrlich sind. Bei den nur relativ pfändbaren Sachen wird von Fall zu Fall unter Berücksichtigung der allgemeinen Verhältnisse des Schuldners zu prüfen sein, ob nicht daraus, daß der Schuldner sie veräußert hat, zu folgern ist, daß sie für ihn nicht unentbehrlich sind. Ein Künstler, Handwerker, gewerblicher Arbeiter (Ziffer 5) oder ein Apotheker (Ziffer 9) gibt seinen Beruf auf; die Veräußerung seiner Arbeitsgeräte kann alsdann rechtswirksam angefochten werden. Hat er dagegen zuerst das Werkzeug für einen Spottpreis verkauft und veräußert und erst später den Willen der Aufgabe seines Gewerbes betätigt, so ist und bleibt die Übereignung unanfechtbar (vgl. OLG. Dresden, Sächs. Arch. 14 S. 391), wenn das Handwerkszeug zur Zeit der Veräußerung zur normalen Fortführung des Gewerbes unentbehrlich gewesen ist. Dasselbe gilt auch für die Gegenstände, welche zum gewöhnlichen Hausrate gehören und im Haushalte des Schuldners gebraucht werden, welche gemäß § 812 ZPO. nicht gepfändet werden sollen, wenn ohne weiteres ersichtlich ist, daß durch deren Verwertung nur ein Erlös erzielt werden würde, welcher zu dem Werte außer allem Verhältnisse steht.

Weiter sind unpfändbar nach § 850 ZPO.:

1. der Arbeits- oder Dienstlohn nach den Bestimmungen des Reichsgesetzes vom 21. Juni 1869 (Bundes-Gesetzbl. 1869 S. 242 und 1871 S. 63, Reichs-Gesetzbl. 1897 S. 159, 1898 S. 332) und der Verordnung über Lohnpfändung vom 25. Juni 1919 (Reichs-Gesetzbl. 1919 S. 589, 1921 S. 1657, 1923 I S. 1186, 1924 I S. 25);

2. die auf gesetzlicher Vorschrift beruhenden Alimentenforderungen und die nach § 844 des Bürgerlichen Gesetzbuchs wegen der Entziehung einer solchen Forderung zu entrichtende Geldrente;
3. die fortlaufenden Einkünfte, welche ein Schuldner aus Stiftungen oder sonst auf Grund der Fürsorge und Freigebigkeit eines Dritten bezieht, insoweit der Schuldner zur Bestreitung des notdürftigen Unterhalts für sich, seinen Ehegatten und seine noch unversorgten Kinder dieser Einkünfte bedarf;
4. die aus Kranken-, Hilfs- oder Sterbekassen, insbesondere aus Knappschaftskassen und Kassen der Knappschaftsvereine zu beziehenden Hebungen;
5. die Invalidenpension der Unteroffiziere und Mannschaften nach den Bestimmungen der Versorgungsgesetze;
6. das Diensteinkommen der Militärpersonen, welche zu einem mobilen Truppenteil oder zur Besatzung eines in Dienst gestellten Kriegsfahrzeugs gehören;
7. die Pensionen der Witwen und Waisen und die denselben aus Witwen- und Waisenkassen zukommenden Bezüge, die Erziehungsgelder und die Studienstipendien sowie die Pensionen invalider Arbeiter;
8. das Diensteinkommen der Offiziere, Militärärzte und Deckoffiziere, der Beamten, der Geistlichen sowie der Ärzte und Lehrer an öffentlichen Anstalten; die Pension dieser Personen nach deren Versetzung in einstweiligen oder dauernden Ruhestand sowie der nach ihrem Tode den Hinterbliebenen zu gewährende Sterbe- oder Gnadengehalt;
9. das Diensteinkommen der Unteroffiziere und Mannschaften der Wehrmacht.

Übersteigen in den Fällen Nr. 7 bis 9 das Diensteinkommen, die Pension oder die sonstigen Bezüge die Summe von dreißig Reichsmark für die Woche, so ist der dritte Teil des Mehrbetrages der Pfändung unterworfen. Das Wertverhältnis der Goldmark bestimmt sich nach dem für Reichssteuern geltenden Umrechnungssatz im Zeitpunkt der Fälligkeit der Bezüge. Der Reichsminister der Justiz ist ermächtigt, einen anderen Umrechnungssatz zu bestimmen. Die Beihilfen und Zulagen, die den im Abs. 1 Nr. 7 bis 9 bezeichneten Personen mit Rücksicht auf das Vorhandensein unterhaltsberechtigter Angehörigen gewährt werden, sind weder der Pfändung unterworfen, noch bei der Ermittlung, ob und zu welchem Betrag ein Bezug der Pfändung unterliegt, zu berechnen. Das gleiche gilt für die Einkünfte, die zur Bestreitung eines Dienstaufwandes bestimmt sind.

Die nach § 843 des Bürgerlichen Gesetzbuchs wegen einer Verletzung des Körpers oder der Gesundheit zu entrichtende

Geldrente ist der Pfändung nur nach Maßgabe der Verordnung über Lohnpfändung vom 25. Juni 1919 (Reichs-Gesetzbl. 1919 S. 589, 1921 S. 1657, 1923 I S. 1186, 1924 I S. 25) unterworfen.

Das Diensteinkommen, die Pension und die sonstigen Bezüge der im Abs. 1 Nr. 7—9 genannten Personen, einschl. der im Abs. 2 Satz 2 bezeichneten Beihilfen und Zulagen, sowie der im Abs. 3 bezeichneten Geldrenten sind unbeschränkt pfändbar, wenn die Pfändung wegen der den Verwandten, dem Ehegatten und dem früheren Ehegatten für die Zeit nach Erhebung der Klage und für das diesem Zeitpunkt vorausgehende letzte Vierteljahr kraft Gesetzes zu entrichtenden Unterhaltsbeiträge beantragt wird. Das gleiche gilt in Ansehung der zugunsten eines unehelichen Kindes von dem Vater für den bezeichneten Zeitraum kraft Gesetzes zu entrichtenden Unterhaltsbeiträge; diese Vorschrift findet jedoch insoweit keine Anwendung, als der Schuldner zur Bestreitung seines notdürftigen Unterhalts und zur Erfüllung der ihm, seinen Verwandten, seiner Ehefrau oder seiner früheren Ehefrau gegenüber gesetzlich obliegenden Unterhaltspflicht der Bezüge bedarf. Hierbei werden ausschließlich die Leistungen berücksichtigt, welche vermöge einer solchen Unterhaltspflicht für den nämlichen Zeitraum oder, falls die Klage zugunsten des unehelichen Kindes nach der Klage eines Unterhaltsberechtigten erhoben ist, für die Zeit von dem Beginne des der Klage dieses Berechtigten vorausgehenden letzten Vierteljahrs ab zu entrichten sind."

Anm. 45.

Hier ist zu erwähnen, daß jetzt seit der Verordnung vom 27. 2. 1928 das Gehalt von 2340 Reichsmark unpfändbar ist. Über die sog. Lohnschiebungsverträge und Arbeitsschiebungsverträge vgl. Anm. 45 zu § 3.

Anm. 46.

Aus dem § 850 folgt für die Gläubigeranfechtung, daß der Schuldner z. B. Alimentenforderungen (§§ 1614, 1714 BGB.) erlassen kann und daß die Erlassung auf Grund des Anfechtungsgesetzes nicht anfechtbar ist. Dasselbe gilt für den Verzicht auf einen Pflichtteilsanspruch, welcher weder durch Vertrag anerkannt noch rechtshängig geworden ist (§ 852 Abs. 1 ZPO.), ferner für den Fall des Verzichts auf Rückgabe eines Geschenkes beim Vorliegen der Voraussetzungen des § 528 BGB. (§ 852 Abs. 2 ZPO.), weiter für den Fall des Verzichts des Ehemannes auf Verwaltung und Nutznießung an dem eingebrachten Gute der Ehefrau (§ 861 ZPO.) und des Verzichts des Vaters oder der Mutter auf Nutznießung an dem Vermögen des Kindes (§ 862 ZPO.) (vgl. Staudinger u. Warneyer Komm. BGB. zu § 1662). Die Nutznießung des Ehemannes oder des Vaters ist nicht dazu bestimmt, den Gläubigern des Mannes als Kreditbasis zu dienen (vgl. Motive zum BGB. IV S. 308). Anfechtbar sind Forderungsübertragungen nur, soweit die Forderung übertragbar ist, da sie gemäß § 851 ZPO. nur insoweit der Pfändung unterworfen ist. Unpfändbar, weil unübertragbar sind die Ansprüche auf Leistung von Diensten (§ 613 BGB.), Ausführung des Auftrages (§ 664 BGB.), Ansprüche der Gesellschafter gegeneinander mit der Ausnahme besonders auf Gewinnanteil (§ 717 BGB.), der Beitrag der Ehefrau zum ehelichen Aufwande bei Gütertrennung (§ 1427), der Beitrag der Frau zum Unterhalt der Kinder nach Scheidung (§§ 1585ff.); wegen der Aussteuer (§§ 1620ff.) und wegen der Ausstattung (§ 1624) vgl. § 3 Anm. 42. Ferner sind die Ansprüche auf Ersatz immateriellen Schadens aus § 847BGB. und die Ansprüche der Verlobten aus § 1300 BGB. nur übertragbar, wenn sie durch Vertrag anerkannt oder rechtshängig sind. Aus alledem folgt für die Gläubigeranfechtung, daß der Gläubiger z. B. den Verzicht des Schuldners auf die Leistung von Diensten eines Dritten in keinem Fall und den Verzicht einer Schuldnerin auf ihre Ansprüche aus § 1300 BGB. nur dann anfechten kann, wenn diese Ansprüche bereits durch Vertrag anerkannt oder rechtshängig gewesen sind. Ferner sind nach Reichsrecht unübertragbar aus strafprozessualen Gründen der Anspruch auf eine noch nicht zuerkannte Buße (§ 404 StPO.) (vgl. RGSt. 28, 301, Jaeger in dem Komm. zur KO., Stein ZPO. Komm. in den Bem. zu §§ 850, 851); dasselbe gilt für den Anspruch auf Entschädigung wegen unschuldig erlittener Untersuchungshaft (§ 6 des Ges. v. 14. 7. 1904), auf Entschädigung nach Freisprechung im Wiederaufnahmeverfahren (Gesetz vom 20. 5. 1898 § 5 Abs. 4). Überträgt der Schuldner seinen Anspruch auf Auszahlung der Entschädigungssumme oder Buße nach rechtskräftiger Zuerkennung an einen Dritten, so kann der Anfechtungsgläubiger die Abtretung wirksam anfechten. Nach dem Versicherungsvertragsgesetz §§ 15, 98 sind gewisse Forderungen aus der Versicherung nur an bestimmte Gläubiger übertragbar; Verfügungen über solche Forderungen können daher nur von diesen Gläubigern wirksam angefochten werden. Altenteilsforderungen (Ausgedinge) sind keine gesetzliche Unterhaltsforderung im Sinne des § 850 ZPO.; ihre Unübertragbarkeit kann nach § 96 EGBGB. landesrechtlich bestimmt werden; das ist in Preußen nach Art. 15 AGzBGB. geschehen; soweit es nicht der Fall ist, sind unpfändbar nur das persönliche Wohnrecht und die Beköstigung im Haushalt des dazu Verpflichteten (vgl. § 857 ZPO.; RG. 4, 144), während Geldleistungen an den Altenteilsberechtigten dagegen pfändbar sind; folglich sind Verfügungen darüber anfechtbar (vgl. darüber Stein in seinen Bemerk. zu § 851 ZPO. mit Angaben der Rechtsprechung).

Anm. 47.

Weiter kann nicht angefochten werden die Veräußerung eines Handelsgeschäfts oder eines sonstigen Erwerbsunternehmens als eines Ganzen. Die Anfechtung kann sich nur gegen die Veräußerung der einzelnen zu dem Unternehmen gehörenden Gegenstände richten (RG. 70, 226). Es gibt keine Zwangsvollstreckung gegen ein Geschäft als Ganzes, kein dingliches Recht an einem Ganzen. Bei dem Handelsgeschäft gibt es eine Reihe von Gegenständen, die sich der Vollstreckung entziehen, so die Firma, das persönliche Vertrauensverhältnis des Inhabers zu Angestellten, Kunden und Lieferanten. Das, was der Erwerber nach dem Erwerbe des Geschäftes in dem Geschäftsbetriebe vorgenommen hat, ist Ausfluß seiner eigenen Erwerbstätigkeit. Wenn auf Grund einer Vereinbarung des Inhabers eines Handelsgeschäfts mit einem anderen dieser zum Schein, aber durch Eintragung im Handelsregister und Angabe seines Namens am Geschäftslokal als Geschäftsinhaber (sog. Strohmann) auftritt, kann die Maßnahme nicht von den neuen Geschäftsgläubigern, denen allein der Strohmann zufolge seines Auftretens als Geschäftsinhaber haftet, sondern nur von den alten Gläubigern des bisherigen (wahren) Geschäftsinhabers angefochten werden, und auch nur, wenn die sonstigen Voraussetzungen der Gläubigeranfechtung vorliegen, insbesondere wenn aus dem Vermögen des bisherigen Geschäftsinhabers etwas weggegeben worden ist (vgl. RG. 37, 61; 66, 418; 84, 304). Eine Firma kann nach § 23 HGB. nicht ohne das Handelsgeschäft, für welches sie geführt wird, übertragen werden. Nach der herrschenden Lehre ist das Firmenrecht nicht pfändbar. Die Veräußerung der Firma allein ist auf Grund des Anf.Ges. nicht anfechtbar, jedoch gemäß § 134 BGB. nichtig (vgl. § 15 HGB., RG. 63, 228; 66, 417). Auch die Übertragung eines Geschäftsbetriebes als solchen oder einer Kundschaft ist unanfechtbar, da der Geschäftsbetrieb als solcher und die Kundschaft keine greifbaren Vermögenswerte darstellen. Ebenso ist unanfechtbar das Rechtsgeschäft, durch das ein Schuldner seine gesellschaftlichen Rechte in einem von ihm mit einem anderen betriebenen gesellschaftlichen Unternehmen auf einen anderen überträgt (RG. in LeipzZ. 1914 S. 1378 Nr. 12). Dagegen stellt das Wechselakzept, und zwar auch das Blankoakzept ein Vermögensrecht dar (RG. 28, 63; 33, 44), während eine noch nicht angenommene Anweisung (§ 784 BGB.) noch nicht Vermögen des Anweisungsempfängers ist.

Anm. 48.

Das pfändbare Vermögen des Schuldners muß verkürzt sein. In jeder Verkürzung der dem Gläubigerzugriffe offenstehenden Vollstreckungsmasse liegt eine objektive Gläubigerbenachteiligung, auch wenn zur Zeit der Vornahme der angefochtenen Handlung noch genügend sonstige Zugriffsstücke vorhanden waren. Diese Tatsache kann aber für die Frage wichtig sein, ob eine Benachteiligung beabsichtigt war (OLG. Stuttgart WürttJ. Bd. 27, 25). Verfügungen des Schuldners, welche ausschließlich fremdes Vermögen betreffen, sind selbst dann unanfechtbar, wenn eine unter gleichen Umständen getroffene Verfügung über eigenes Vermögen des Schuldners anfechtbar wäre. Wirksame Verfügungen über fremdes Vermögen gibt es unter den Voraussetzungen der §§ 932, 1207 BGB. Fremdes Vermögen sind auch diejenigen Gegenstände, welche der Schuldner gekauft, aber noch nicht übereignet erhalten hat, da er mit dem Kauf nur einen schuldrechtlichen, obligatorischen Anspruch auf Übertragung des Eigentums erlangt hat. Verfügt der Schuldner über diesen Anspruch in der Weise, daß die Übereignung nicht an ihn, sondern direkt an einen Dritten erfolgen soll, so ist der Anfechtungsgläubiger benachteiligt, ebenso wie wenn die Übereignung erst an den Schuldner und hierauf von diesem an den Dritten erfolgt wäre. Daher ist in diesem Falle der Gläubiger anfechtungsberechtigt, obwohl der Gegenstand niemals Eigentum des Schuldners gewesen ist (vgl. Anm. 40).

Anm. 49.

Eine Verkürzung des Schuldnervermögens liegt nicht vor, wenn trotz der Verfügung über einen Gegenstand das Gesamtvermögen des Schuldners gleichwertig bleibt, wenn der Schuldner für den veräußerten Gegenstand einen angemessenen Kaufpreis erhalten hat, weil das dem Gläubiger zur Zwangsvollstreckung zur Verfügung stehende Aktivvermögen nicht gemindert ist, Befriedigungsmittel dem Gläubiger nicht entzogen sind. Voraussetzung ist immer eine Schädigung des Anfechtungsgläubigers durch Minderung des Aktivvermögens des Schuldners (RG. 27, 133).

Anm. 50.

Bei der Prüfung der Frage, ob das Schuldnervermögen verkürzt ist, muß man in erster Linie vom Standpunkte des anfechtenden Gläubigers ausgehen. Der Gläubiger kann auch dann benachteiligt sein, wenn der Schuldner — von seinem Standpunkt aus betrachtet — keinen Verlust in seinem Gesamtvermögen erlitten hat. Der Schuldner hat sich einen Kunst- oder Luxusgegenstand zu einem angemessenen Preise gekauft. Der Gesamtwert des Vermögens des Schuldners ist derselbe geblieben. Der Kunstgegenstand könnte vom Gläubiger gepfändet werden. Erfahrungsgemäß bringen aber Kunstgegenstände bei Versteigerungen in der Regel nur einen verhältnismäßig geringen Erlös. Hatte der Schuldner für den Gegenstand 10 000 RM. bezahlt, so bringt die Versteigerung vielleicht nur 5000 RM. Der Gläubiger ist dann nur in Höhe von 5000 RM. befriedigt. Hätte der Schuldner aber den Gegenstand nicht gekauft und die 10 000 RM. behalten, dann hätte der Gläubiger in Höhe von 10 000 RM. befriedigt werden können. Durch den Kauf des Bildes seitens des Schuldners ist daher der Gläubiger benachteiligt. Der Kunstgegenstand ist für den Gläubiger schwerer verwertbar als das bare Geld. Der Kaufvertrag ist anfechtbar. Dasselbe gilt, wenn durch die Rechtshandlung des Schuldners sein Vermögen schwerer angreifbar geworden ist. Beispiel: Der Schuldner ist wohlhabend, hat aber den größten Teil seines Vermögens im Auslande. Er hat das im Inlande befindliche Vermögen verschenkt. Der Gläubiger müßte jetzt im Ausland vollstrecken. Um die damit verbundenen Schwierigkeiten zu vermeiden, kann er die Schenkung anfechten und sich aus dem Verschenkten befriedigen. Ist einmal ein Nachteil entstanden, so wird er nicht ohne weiteres durch Rückgängigmachung der Rechtshandlung ausgeglichen. Entscheidend ist vielmehr, ob die Rückgabe so erfolgt, daß die Vollstreckung ermöglicht wird (RG. 44, 92). Eine Rückgabe liegt nicht vor, wenn z. B. statt des anfechtbar weggegebenen Geldes irgendein Gegenstand dem Schuldner übergeben wird, wohl aber, wenn umgekehrt statt des Gegenstandes der volle Wert in barem Gelde dem Schuldner gegeben wird (vgl. LeipzZ. 1909, 156).

Anm. 51.

Eine Kürzung des Vermögens tritt besonders durch S ch e n k u n g ein. Verschenkt der Schuldner das für den veräußerten Gegenstand empfangene bare Geld an einen Dritten, so kann die Schenkung und der Schenkungsvollzug beim Vorliegen der Voraussetzungen angefochten werden, nicht aber mehr die Veräußerung des Gegenstandes, falls nicht auch dabei noch die Voraussetzungen für die Anfechtung vorliegen. Wenn aber der Schuldner sich von dem Dritten, dem Käufer, den Kaufpreis erst zahlen läßt und denselben Betrag dem Käufer alsbald schenkt und übergibt, wird die Gesamtheit der zwischen dem Schuldner und dem Käufer ausgeführten Rechtshandlungen einheitlich zu behandeln und damit auch der Kaufvertrag und die Übereignung der Sache als anfechtbar zu bezeichnen sein. Durch die Gesamtheit der vorgenommenen Rechtsgeschäfte ist das Schuldnervermögen gekürzt. Darüber, daß eine Schädigung vorliegt, wenn das A k t i v v e r m ö g e n des Schuldners gemindert ist, herrscht in Literatur und Rechtsprechung Einigkeit. Wegen des Passivvermögens vgl. Anm. 43.

Anm. 52.

Hier noch einiges über das Aktivvermögen. Eine *Minderung des Aktivvermögens des Schuldners und Benachteiligung des Gläubigers kommt nicht in Betracht*, wenn der Schuldner einen Gegenstand veräußert, welcher durch Verpfändungen von anderen Gläubigern zu seinem vollen Werte in Anspruch genommen ist. Die Veräußerung ist daher nicht anfechtbar. (JW. 94 S. 547 Nr. 17.) Dasselbe gilt auch, wenn die Befriedigung des Gläubigers wegen seiner Forderung schon durch übermäßige Hypothekenbelastung des fraudulös veräußerten Grundstücks unmöglich gemacht ist. (JW. 92 S. 312 Nr. 13.) Der Anfechtungsanspruch reicht nicht weiter, als durch die anfechtbare Handlung der Vermögenszustand des Schuldners, wie er vor Vornahme der Handlung bestand, zum Nachteil des Gläubigers verändert worden ist (RG. 21, 99; JW. 88 S. 44 Nr. 12). Bei der Prüfung, ob eine Veräußerung den anfechtenden Gläubiger benachteiligt, darf nur auf den unmittelbaren Gegenstand des Geschäftes gesehen werden, und es muß die Möglichkeit für den Gläubiger, sich aus den *künftigen Erträgnissen* zu befriedigen, außer Betracht bleiben. Die Vereitelung dieser Möglichkeit ist keine Benachteiligung im Sinne des Anf.Ges. (JW. 1906 S. 769 Nr. 41). Die künftigen Erträgnisse eines Gegenstandes (Mieten) gehören noch nicht zum Aktivvermögen des Schuldners. Eine Anfechtung der Verfügung des Schuldners über künftige nur als möglich vorausgesetzte Ansprüche, z. B. über Vergütungen, die erst noch verdient werden sollen, findet nicht statt, da aus dem Vermögen des Schuldners nichts weggegeben wird (RG. 67, 428; JW. 05 S. 412 Nr. 27). Ein erst in Aussicht stehender, erst angetragener Erwerb kann unanfechtbar abgelehnt werden. Das Zugriffsobjekt befand sich noch nicht im Vermögen des Schuldners; sein Vermögen ist nicht gekürzt; in keinem Moment ist ein zur Gläubigerbefriedigung verwendbares Mittel vorhanden gewesen, dem Gläubiger also auch nicht entzogen worden (vgl. Motive z. KO. S. 116). Doch wird von Fall zu Fall zu prüfen sein, ob es sich um Ablehnung eines erst angetragenen Erwerbes oder um Aufgabe eines bereits erworbenen Rechtes handelt. Der bloße Vertragsantrag (Offerte §§ 145 ff. BGB.) begründet keinen Vermögenserwerb, nicht einmal einen bedingten. Die Ablehnung ist unanfechtbar. Anderer Ansicht ist bezüglich des Schenkungsanerbietens Kohler in seinem Lehrbuch, welcher die Anfechtung durchgreifen läßt, wenn die Ablehnung mit der ausgesprochenen Absicht der Gläubigerbenachteiligung erfolgt. Doch ist hier eine Einschränkung zu machen. Nur die Ablehnung eines in den Formen des § 518 BGB. gültigen Schenkungsversprechens kann angefochten werden.

Anm. 53.

Die Frage nach einer Vermögensminderung wird besonders bei Erbschaften und Vermächtnissen zu erwägen sein. Zu unterscheiden sind dabei 4 Fälle:

1. In einem Testament ist der Schuldner als Erbe (Vermächtnisnehmer) eingesetzt; der Erblasser lebt noch. Verfügt der Schuldner über seine erst in Aussicht stehende Erbschaft (Vermächtnis), so ist die Verfügung jedenfalls auf Grund des Anfechtungsgesetzes nicht angreifbar; wann und inwieweit die Verfügung rechtswirksam ist, kann hier unerörtert bleiben. Der schon durch Vertrag mit dem Erblasser vereinbarte Erbverzicht (§ 2346 BGB.) ist unanfechtbar (vgl. RGR. Komm. zu § 2346 BGB.), auch soweit er den Pflichtteilsanspruch betrifft.

2. Der Schuldner ist als Erbe eingesetzt; der Erblasser ist tot; die Ausschlagungsfrist (§§ 1943 ff. BGB.) läuft noch; die Erbschaft ist noch nicht angenommen. Nach § 9 KO. hat der Gemeinschuldner allein die Entscheidung über die Annahme oder Ausschlagung. Eine ähnliche Bestimmung findet sich im Anf.Ges. nicht, ist auch nicht erforderlich. Der Erwerb von Todes wegen hat nicht nur einen vermögensrechtlichen Charakter, sondern zugleich einen persönlichen (vgl. dazu § 1406 BGB.), wo der persönliche Charakter der Entscheidung auch darin zum Ausdruck kommt, daß die Ehefrau nicht der Zustimmung des Ehemannes bedarf. Die Ausschlagung erfolgt nach §§ 1953, 2180 BGB. mit der Wirkung, daß der Anfall als nicht geschehen gilt. Der Schuldner allein ist zur Entscheidung befugt, wenn auch gemäß §§ 1922, 1942, 2176 BGB. Erbschaft und Vermächtnis kraft Gesetzes erworben werden. In der Überlegungsfrist kann daher nur von einem unvollkommenen Erwerb des Schuldners die Rede sein; dadurch kommt das Ererbte noch nicht in das Vermögen des Schuldners, auch wenn er gemäß § 1959 BGB. erbschaftliche Geschäfte besorgt. Der Schuldner kann deshalb unanfechtbar ausschlagen. (Dies ist die herrschende Ansicht in Literatur und Rechtsprechung, vgl. dazu u. a. RG. 54, 289; 67, 431; 84, 347; Jaeger KO. zu § 9 und Anf.Ges. zu § 1, RG. Komm. BGB. zu § 1954). Ob die Erbschaft schuldenfrei, verschuldet oder überschuldet ist, macht keinen Unterschied. (Streitig; ebenso Jaeger.) In der Ausschlagung einer Erbschaft oder eines Vermächtnisses ist nicht etwa eine Schenkung zum Vorteil eines anderen zu erblicken (§ 517 BGB.). In dem Verzicht auf einen Pflichtteilsanspruch liegt dagegen, wenn die übrigen Voraussetzungen dafür vorliegen, eine Schenkung, welche auf Grund des Anf.Ges. anfechtbar ist (§§ 2317, 517 BGB., 852 ZPO.); jedoch nur solange, als der Pflichtteilsanspruch nicht durch Vertrag anerkannt oder rechtshängig geworden ist.

3. Der Erbe hat die Erbschaft ausdrücklich angenommen oder die Erbschaft gilt als angenommen wegen Ablaufs der Überlegungsfrist. Jede Verfügung des Erben über einen Erbschaftsgegenstand ist anfechtbar, wenn die sonstigen Voraussetzungen des Anf.Ges. vorliegen. Das gilt, wenn der Schuldner der Alleinerbe ist und auch wenn bei mehreren Erben die Teilung des Nachlasses schon erfolgt ist. Ist die Teilung des Nachlasses unter die mehreren Miterben noch nicht erfolgt, so ergibt sich der Fall 4.

4. Der Erbe, der zugleich Schuldner des Anfechtungsgläubigers ist, hat die Erbschaft angenommen. Der Nachlaß ist noch ungeteilt. Bis zur Auseinandersetzung ist der Nachlaß gemeinschaftliches Vermögen der Erben (§§ 2032ff. BGB.). Die Erbengemeinschaft ist eine Gemeinschaft zur gesamten Hand. Daher kann hier Bezug genommen werden auf die Erläuterungen in der Anm. 34.

Anm. 54.

Die Lehensentsagung ist unanfechtbar (JW. 14, 683), auch wenn sie in der Absicht der Gläubigerbenachteiligung erfolgt ist. Die Rechtslage ist ebenso wie die eines Erben bei einem unter der Herrschaft des BGB. eingetretenen Erbfall. Wie Anm. 53 bereits ausführt, ist die Ablehnung einer in Aussicht stehenden Erbschaft unanfechtbar. Der Anfall des Lehens enthält noch keinen Vermögenserwerb. Solange nicht die Investitur des Lehens erteilt ist und solange es vom Willen des Lehnsfolgers abhängt, ob er das Lehen übernehmen will, können die Gläubiger die Ablehnung nicht anfechten. Bei dem bereits übernommenen Lehen ist der Verzicht eine anfechtbare Weggabe eines Vermögenswertes.

Anm. 55.

Ob eine Bedingung oder Befristung vorliegt, ist lediglich nach der Absicht der Vertragschließenden zu entscheiden (RG. 8, 142). Ergibt sich aus den Umständen eine Befristung, erwirbt also der Schuldner ein befristetes Recht, so ist ohne weiteres jede dem Anfechtungsgläubiger nachteilige Verfügung über dieses nur rücksichtlich seiner Ausübung noch nicht definitive Vermögensrecht anfechtbar (ebenso Hartmann-Meikel S. 79). Jedes bedingte Recht bildet einen Bestandteil des Vermögens. Daher ist jeder Verzicht auf ein bedingtes Recht oder die Abtretung eines solchen Rechtes anfechtbar (vgl. Jaeger Anm. 38, Hartmann-Meikel S. 79, RG. 67, 425). Doch wird in vielen Fällen eine Gläubigeranfechtung, selbst wenn alle Voraussetzungen dafür vorliegen, nicht notwendig sein; die Bestimmung des § 162 BGB. wird genügenden Schutz bieten. Wird nämlich der Eintritt der Bedingung von der Partei, zu deren Nachteil er gereichen würde, wider Treu und Glauben verhindert, so gilt die Bedingung als eingetreten, und wird der Eintritt der Bedingung von der Partei, zu deren Vorteil er gereicht, wider Treu und Glauben herbeigeführt, so gilt der Eintritt als nicht erfolgt. Im übrigen muß in jedem Falle geprüft werden, ob es sich um ein bedingtes oder befristetetes Recht handelt oder nur um einen Vertragsantrag (vgl. Anm. 52).

Anm. 56.

Eine weitere Streitfrage ist noch, ob Eheverträge anfechtbare Rechtshandlungen sind. Führen Eheverträge Veränderungen in der Vermögenslage herbei? Bei dem gesetzlichen Güterstande der Verwaltung und Nutznießung ist das Mannesvermögen vom Frauenvermögen getrennt. Daß der Verzicht des Ehemannes auf die Verwaltung und Nutznießung unanfechtbar ist, ist oben Anm. 46 gesagt. Wird allgemeine Gütergemeinschaft eingeführt, so wird die Zugriffsmasse des verschuldeten Ehegatten nicht verkleinert, sondern sogar vergrößert, da für die Schulden nunmehr das gesamte Vermögen beider Ehegatten haftet. Nach RG. 87, 301 kann eine unentgeltliche Verfügung zugunsten des mittellosen Ehegatten vorliegen. Daß der eine Ehegatte für die Schulden des anderen mithaftet, ist unerheblich; die Zugriffsmasse wird durch die Verbindlichkeiten jedenfalls nicht geschmälert. In dem Umstande, daß auch noch die Schuldner des anderen Ehegatten die Möglichkeit des Zugriffs auf das Vermögen des Schuldners haben, liegt keine Verkürzung des Schuldnervermögens und kein dadurch verursachter Erwerb des anderen Ehegatten. Wird Gütertrennung vereinbart, nachdem bisher der Güterrechtsstand der Verwaltung und Nutznießung gegolten hat, so muß der Vertrag ebenfalls als unanfechtbar angesehen werden (im Ergebnis ebenso Riehl, vgl. dagegen RG. 57, 81); die Vermögensmassen standen sich auch vorher schon als zwei verschiedene Massen gegenüber; nur hatte der Ehemann das Recht, das Vermögen der Frau zu verwalten und die Nutzungen zu ziehen; eine Veränderung in der Zugriffsmasse tritt daher nicht ein (vgl. OLG. 30, 41); der Verzicht des Ehemannes auf sein Verwaltungsrecht ist unanfechtbar. In der Rechtsprechung (vgl. Warneyer Komm. BGB. zu § 1432) wird als unanfechtbar ein Gütertrennungsvertrag bezeichnet, welcher bezweckt, einen Ehegatten von seiner Unterhaltspflicht gegenüber seinen Verwandten zu befreien. Weiter steht den Gläubigern des Ehemannes oder der Frau gegen eine nachträgliche Umwandlung von eingebrachtem Gut in Vorbehaltsgut ein Anfechtungsrecht nicht zu (vgl. u. a. Warneyer Komm. BGB. § 1368). Wird durch Vertrag der Eheleute ein im BGB. vorgesehenes Ehegüterrecht vereinbart, so ist, wie Riehl weiter ausführt, durch die Vorschriften des BGB. über die

Schuldenhaftung und durch die prozessualen Erleichterungen den Gläubigern ausreichend Schutz gewährt. Zu verweisen ist insbesondere auf §§ 1411, 1459, 1480, 1435 BGB., §§ 742ff., 727, 730—732 ZPO. Dies ist zutreffend, jedoch mit folgender Einschränkung. Staudinger (ebenso Warneyer BGB. § 1432, vgl. auch Gruch. 52, 1164) führt zutreffend aus, ein Ehevertrag könne, sofern er mit einer Vermögensentäußerung verbunden sei, anfechtbar sein. Das ist der Fall, wenn vorher allgemeine Gütergemeinschaft galt und nachträglich Gütertrennung vereinbart wird. In diesem Falle wird die Zugriffsmasse für die Gläubiger beider Ehegatten vermindert. Zwar hilft dem benachteiligten Gläubiger schon § 1480 BGB.; doch ist diese Hilfe, die Haftung des anderen Ehegatten, nur beschränkt; daher ist zutreffend die Anfechtung des Auseinandersetzungsvertrages — Ehevertrages — wegen Gläubigerbenachteiligung durch § 1480 für nicht ausgeschlossen erklärt (u. a. Gruch. 50, 382 und Warneyer BGB. Komm. zu § 1480).

Anm. 57.

Nun ist aber den Ehegatten gemäß § 1432 BGB. gestattet, ihre güterrechtlichen Verhältnisse ohne Rücksicht auf die im BGB. vorgesehenen Vorschriften zu regeln. Geschieht dies und ist der Ehegütervertrag im Güterrechtsregister eingetragen, so gibt das BGB. keine Anhaltspunkte für die Schuldenhaftung; die Gläubiger, welche dann keinen genügenden Schutz im BGB. oder ZPO. finden, können, sofern die übrigen Voraussetzungen der Gläubigerbenachteiligung vorliegen, den Ehevertrag anfechten, wenn er mit einer Vermögensentäußerung des einen Schuldner-Ehegatten zugunsten des anderen verbunden ist.

Der Ehemann ist nicht als Treuhänder für seine Ehefrau und die gemeinschaftlichen Kinder anzusehen. Eine auf Grund des AnfG. auf Duldung der Zwangsvollstreckung in ein Grundstück verklagte Ehefrau kann nicht einwenden, der Schuldner, ihr Ehemann, habe das ihr übereignete Grundstück nicht für sich allein, sondern zugleich als Treuhänder für sie und die gemeinschaftlichen Kinder erworben. Ein Treuhandverhältnis im Rechtssinne liegt nicht vor (OLG. Hamburg 13. 1. 28 HansRuGZ. 28 B. 316). Über Treuhandverhältnis vgl. Anm. 26 zu § 1.

Daß Eheverträge anfechtbar sind, wird auch in der Entsch. des RG. v. 13. 5. 30 (Konk. Treuh. 30, 112) ausgeführt. Strauch (Zur Frage des Gläubigerschutzes, in LeipzZ. 1929 S. 707) hält es vom wirtschaftlichen Standpunkte aus nicht für gerechtfertigt, daß für die Schulden eines Ehegatten dieser nur allein und nicht auch der andere mithafte; er weist darauf hin, daß im Steuerrecht die Ehegatten für die Einkommensteuer als Gesamtschuldner haften und daß dort, wo das ausschließliche Interesse des Staates in Frage stehe, der Gesetzgeber sehr wohl gewußt habe, worauf es ankomme, und daß nicht einzusehen sei, warum die privaten Gläubiger schlechter als der Staat gestellt sein sollen; bei Gesamthaftung der Ehegatten würde die Zahl der Interventionsprozesse ganz erheblich nachlassen.

Anm. 58.

Kann Verkürzung der Zugriffsmasse auch durch Erhöhung der Passiven des Schuldners eintreten, durch Eingehung von Verbindlichkeiten? Für die Anfechtung innerhalb des Konkurses besteht kein Streit, daß die Begründung von Verbindlichkeiten die erforderliche „Benachteiligung" darstellen kann. Für die Gläubigeranfechtung außerhalb des Konkurses herrscht dagegen Streit. Jaeger sieht auch in der Erhöhung der Passiven eine beim Vorliegen der sonstigen Voraussetzungen anfechtbare Handlung des Schuldners, die sich aber seltener fühlbar machen werde. Er gibt dafür auch einige Beispiele, wenn die Forderung gegenüber einer an den Gläubiger abgetretenen Forderung zur Aufrechnung gebracht wird, oder in Fällen langfristiger Gebrauchsüberlassung (Verpachtung) ohne gebührendes Entgelt. Diese auch sonst vielfach vertretene Ansicht ist aber nicht zu rechtfertigen. Durch die Begründung eines Forderungsrechts wird die Zugriffsmasse des Schuldners noch nicht verkürzt und macht der Gegner noch keinen Erwerb. Erst wenn der Anfechtungsgegner in Verfolg des ihm eingeräumten Forderungsrechtes beschlagnahmefähiges Vermögen des Schuldners erwirbt, erst dann wird die Zugriffsmasse beeinträchtigt, erst dann liegt ein Erwerb vor, welcher mit dem Ausfall des Anfechtungsgläubigers im Kausalzusammenhang steht; dabei macht es keinen Unterschied, ob der Anfechtungsgegner den versprochenen Gegenstand freiwillig vom Schuldner übergeben oder erst im Vollstreckungswege erhalten hat. Im Ergebnis ebenso u. a. RG. 27, 133, Sydow-Busch-Krieg und Riehl. Letzterer widerlegt auch die von Jaeger ausgeführten Beispiele. Wenn geltend gemacht wird, der Anfechtungsgegner könne mit dem ihm eingeräumten Forderungsrechte eine Forderung des Schuldners gegen ihn zur Aufrechnung bringen und dadurch die Zugriffsmasse des Schuldners verringern, so übersieht man, daß es nicht die Entstehung der Gläubigerrechte des Anfechtungsgegners, sondern der Untergang seiner Schuldnerpflichten, die Befreiung von seiner Schuld ist, welche die Zugriffsmasse verkürzt. Ebensowenig verschlägt der Hinweis darauf, daß der Gläubiger auch durch langfristige Verpachtungen des Schuldners geschädigt werden könnte. Rein obligatorische Befugnisse geben, wie oben Anm. 25 bereits ausgeführt, noch keine hinreichende Grundlage für eine Interventionsklage, sondern die auf den Pächter übergegangene Gewahrsame ist es, welche der Beschlagnahme entgegensteht. Diese Gewahrsame, nicht das Gläubigerrecht des Pächters bildet den Erwerb, welcher mit dem Gläubigerausfall in Kausalzusammenhang tritt und deshalb gegebenenfalls der Anfechtung unterliegt (ebenso Riehl).

Anm. 59.

Bisher ist ausgeführt, daß objektiv die Gefahr einer Benachteiligung des Gläubigers bei Vornahme der anfechtbaren Handlung vorliegen muß. Ob subjektiv der Schuldner bei der Rechtshandlung das Bewußtsein der Gläubigerbenachteiligung gehabt und die Rechtshandlung in der Absicht der Gläubigerbenachteiligung vorgenommen haben muß, wird im § 3 zu erörtern sein. Von einer Absicht, die Gläubiger zu benachteiligen, kann dann nicht gesprochen werden, wenn der in Zahlungsschwierigkeiten geratene Schuldner durch Vertrag sein Vermögen einem Treuhänder zwecks Befriedigung aller Gläubiger übereignet. Der Schuldner hat dabei den Vorsatz, sein gesamtes Geschäftsvermögen seinen Gläubigern zu überlassen, um weiteren Kredit zu erlangen (vgl. JW. 1927 S. 2539 Nr. 2 Urt. d. AG. Köln-Mülheim). Wird ein solcher Vermögensübernahmevertrag mit den Wirkungen des § 419 BGB. geschlossen, so liegt auch eine Benachteiligung der Gläubiger nicht vor. Die Gläubiger haben kein Anfechtungsrecht. (JW. 27, 1391; LeipzZ. 27, 1357.)

Kausalzusammenhang zwischen Rechtshandlung und Gläubigerbenachteiligung.

Anm. 60.

Zwischen der anzufechtenden Rechtshandlung und der Benachteiligung des Gläubigers muß ein ursächlicher Zusammenhang (Kausalzusammenhang) bestehen. Hat eine Rechtshandlung eine Benachteiligung überhaupt nicht zur Folge gehabt, so ist sie der Anfechtung entzogen, auch wenn eine Gläubigerbenachteiligung beabsichtigt war. Voraussetzung für die Anfechtung ist, daß die Rechtshandlung den Erfolg der Benachteiligung der Gläubiger gehabt hat (OLG. Dresden v. 19. 6. 1917 SächsA. 17, 434). Maßgebend für die Frage, ob eine objektive Benachteiligung vorliegt, ist allein die Sachlage, wie sie sich zur Zeit der letzten mündlichen Verhandlung wirklich darstellt (RG. im „Recht" 1918 Nr. 273). Kausalzusammenhang liegt vor, wenn die Benachteiligung ohne die Rechtshandlung nicht eingetreten wäre, wenn also die Rechtshandlung nicht hinweggedacht werden kann, ohne daß der Eintritt der Benachteiligung entfallen müßte. Wenn auch ein Eingehen auf die verschiedenen Lehren des Kausalzusammenhangs (vgl. darüber die Kommentare zum BGB. in ihren Bemerkungen zu den §§ 249, 823) zu weit führen würde, so muß doch noch folgendes erwähnt werden. Das Zusammenwirken aller Glieder der Ursachenkette zu überschauen, ist der menschlichen Erkenntnis nur selten möglich. Handelt es sich darum, ob ein menschliches Tun für ein eingetretenes Ereignis ursächlich geworden ist, so muß es genügen, daß durch dieses Tun e i n e der Bedingungen gesetzt worden ist, ohne die das Ereignis nicht eingetreten wäre (vgl. u. a. RG. 33, 123; 50, 219; 63, 341; JW. 1908 S. 299 Nr. 5, 1909 S. 312 Nr. 9). Nicht alle Bedingungen, die im Einzelfalle mitgewirkt haben, eine Benachteiligung herbeizuführen, können für die rechtliche Betrachtung als Ursachenglieder angesehen werden. Da es sich darum handelt, ob eine Person wegen einer Rechtshandlung für ein Geschehen, für die Benachteiligung des Gläubigers, verantwortlich gemacht werden soll, können nur diejenigen Glieder der Ursachenkette als maßgebend für das Geschehen in Betracht gezogen werden, deren maßgebende Wirksamkeit für das Eintreten des Erfolges zur Zeit der Handlung nach allgemein menschlicher Erfahrung erkennbar war und deshalb auch vom Handelnden übersehen werden konnte, und außerdem diejenigen, deren Wirksamkeit zwar allgemein nicht erkennbar, aber dem Handelnden bekannt war, die er erwartet und benutzt hat. Ein ungewöhnlicher Verlauf der Dinge, der nicht vorausgesehen werden konnte, kann deshalb rechtlich als Kette von Ursache und Wirkung nicht angesehen werden (vgl. RG. 50, 219; 69, 57; 72, 324; 80, 155; 81, 361). Der mittelbar eingetretene Erfolg der Gläubigerbenachteiligung darf nicht in einem so entfernten Zusammenhange mit der Rechtshandlung des Schuldners stehen, daß er nach der allgemeinen Lebenserfahrung vernünftigerweise nicht mehr in Betracht gezogen werden kann. Unter dieser Voraussetzung genügt es aber, daß die Rechtshandlung e i n e der mehreren zusammenwirkenden Ursachen für die Gläubigerbenachteiligung darstellt. Meist wird e i n e Rechtshandlung allein unmittelbar schon die Benachteiligung zur Folge haben. Häufig treten noch andere Umstände hinzu, und erst durch die Summe derselben wird der Gläubiger benachteiligt. Für die Gläubigeranfechtung ist es dabei unerheblich, ob die hinzutretenden Umstände weitere Rechtshandlungen des Schuldners sind oder vom Schuldner unabhängige Ereignisse, Handlungen anderer Personen oder Zufälligkeiten. Regelmäßig genügt der m i t t e l b a r e Einfluß der Rechtshandlung auf die Benachteiligung. Nur in einem Falle verlangt das Anfechtungsgesetz unmittelbare Benachteiligung und schließt mittelbare aus. (Vgl. dazu § 3 Ziffer 2 „Durch den Abschluß des Vertrages“.)

Anm. 61.

Nicht erforderlich ist, daß die angefochtene Handlung gerade die beabsichtigte Benachteiligung zur Folge gehabt hat. Nimmt der Schuldner eine Handlung in der Absicht vor, einen bestimmten Gläubiger zu benachteiligen, so unterliegt die Handlung auch dann der Anfechtung, wenn zwar nicht dieser, aber ein anderer Gläubiger benachteiligt wurde. Zur Benachteiligungsabsicht ist nicht erforderlich, daß die Benachteiligung der letzte oder ausschließliche Zweck der Handlung gewesen ist; es genügt, daß sie dessen notwendige Folge war (OLG. Dresden in Sächs. OLG. 35, 310).

Anm. 62.

Weiter ist noch zu prüfen, ob es einen Einfluß auf die Anfechtbarkeit hat, wenn das anzufechtende Rechtsgeschäft, die anzufechtende Willenserklärung, vom Gericht, Notar, Gerichtsvollzieher oder einer anderen Behörde beurkundet ist. Oben Anm. 32 ist schon von den Rechtshandlungen des Gerichtsvollziehers gesprochen, der nicht Vertreter des Schuldners, ferner von den Beschlüssen und Verfügungen des Richters (vgl. auch Anm. 31, 32). Wird von der Behörde nur die Unterschrift beglaubigt, so hat die Behörde keinen Einfluß auf den Inhalt der abgegebenen Erklärung; die Erklärung ist beim Vorliegen der übrigen Voraussetzungen anfechtbar. Dem Anfechtungsgläubiger ist der Beweis für die Abgabe der Erklärung dadurch sogar erleichtert. Bei der Beurkundung des Rechtsgeschäftes hat zwar der beurkundende Beamte einen gewissen Einfluß auf die Fassung und gibt wohl auch Rat wegen des Inhalts. Maßgebend aber ist für den Inhalt und auch Wortlaut ausschließlich die Willenserklärung der erschienenen Person. Es handelt sich nicht um Erklärungen des Beamten, sondern um solche der Erschienenen. Diese sind anfechtbar, auch wenn sie beurkundet sind. Durch die Beurkundung wird das Rechtsgeschäft nicht etwa unanfechtbar und der Kausalzusammenhang nicht unterbrochen.

Rechtliche Natur der Haftung des Anfechtungsgegners.

Anm. 63.

Die rechtliche Natur der Haftung des Anfechtungsgegners ist sehr umstritten. Die Streitfrage ist nicht etwa nur von rein theoretischer Bedeutung, die verschiedene Auffassung macht sich auch mit ihren Folgeerscheinungen für die Praxis bemerkbar. Sie ist daher hier zu erwähnen, wenn auch mit Rücksicht auf die für den praktischen Gebrauch bestimmten Ausführungen nur in beschränktem Umfange. Zu unterscheiden sind drei verschiedene Anschauungen. Die einen nehmen an, der Anfechtungsgegner hafte aus unerlaubter Handlung, die Haftung sei eine deliktische oder quasideliktische. Die anderen nehmen Haftung wegen ungerechtfertigter Bereicherung an. Die Dritten endlich sehen darin eine besonders geartete, auf dem Gesetz beruhende Verbindlichkeit. Die dritte Auffassung ist herrschend und wird insbesondere auch vom Reichsgericht und den Oberlandesgerichten vertreten. Daneben gibt es die Ansicht, in einzelnen Fällen handele es sich um Haftung aus unerlaubter Handlung (§ 3 Ziffer 1 u. 2), im übrigen um eine besonders geartete Verbindlichkeit.

Anm. 64.

Die Haftung beruht nicht auf unerlaubter Handlung. Unerlaubte Handlung ist „verschuldetes Unrecht, an das die Rechtsordnung als selbständige Folge eine Schadensersatzpflicht knüpft". Der Begriff der unerlaubten Handlung setzt also voraus eine auf Verschulden des Handelnden beruhende Handlung, durch welche die Rechtsordnung verletzt wird. (Abweichend RGR. Kommentar in den Vorbem. zu §§ 823 ff. BGB., ebenso aber Warneyer Kommentar). Die Haftung, auch aus § 3 Ziffer 1, 2 Anf.Ges., kann aber unabhängig vom Willen des Anfechtungsgegners eintreten; ein Mitwirken des Anfechtungsgegners wird nicht verlangt. Aber selbst wenn man, soweit ein Mitwirken des Anfechtungsgegners in Frage kommt, eine unerlaubte Handlung desselben annehmen würde, so muß doch weiter berücksichtigt werden, daß daraus allein eine Haftung des Anfechtungsgegners nicht herzuleiten ist. Wie schon oben Anm. 48 ff. ausgeführt, kann die Missetat des Schuldners oder des Anfechtungsgegners allein kein Rechtsschutzinteresse des Anfechtungsgläubigers im Sinne des Anf.Ges. begründen. Erst durch die Verschlechterung des Schuldnervermögens entsteht das Rechtsschutzinteresse des Gläubigers. Die Fruchtlosigkeit der Zwangsvollstreckung beim Schuldner ist aber ein von dem Anfechtungsgegner unabhängiges Ereignis. Der Schuldner kann zur Zeit der Rechtshandlung — als er dem Anfechtungsgegner das Geschenk machte — noch in guten Vermögensverhältnissen gewesen sein, so daß von einer unerlaubten Handlung weder beim Schuldner noch beim Anfechtungsgegner die Rede sein kann (vgl. RG. 26, 11). Weiter hat der Anfechtungsgegner nur zurückzugewähren, was er erlangt hat und soweit dies zur Befriedigung des Anfechtungsgläubigers erforderlich ist. Bei der unerlaubten Handlung kann außer dem zu ersetzenden Schaden auch der entgangene Gewinn gefordert werden (vgl. RG. Warn. Rspr. 20, Nr. 23). Auch § 826 BGB. trifft nicht zu. Nicht immer verstößt die anfechtbare Handlung gegen die guten Sitten; möglicherweise überwiegen sogar edle Motive,

z. B. die Sorge für die Familie. Das Reichsgericht hat wiederholt ausgesprochen, daß ein Rechtsgeschäft, dem kein weiterer Mangel anhaftet, als daß es in der dem anderen Teile bekannten Absicht der Gläubigerbenachteiligung geschlossen ist, nicht schon aus diesem Grund als nach § 138 BGB. nichtig angesehen werden kann (RG. 69, 143; JW. 08 S. 444 Nr. 4; LeipzZ. 1928 S. 1324). (RG. in HRR. 28 Nr. 907.)

Anm. 65.

Da es sich nicht um Haftung aus unerlaubter Handlung handelt, finden auch die besonderen Vorschriften des BGB. für die Schuldverhältnisse aus unerlaubter Handlung keine Anwendung (vgl. RG. 21, 420). Unanwendbar sind demnach die §§ 823 ff. BGB. über Deliktsfähigkeit, Haftung des Gehilfen und Anstifters, des Geschäftsherrn für seine Angestellten, Gesamthaftung, Verjährung, ferner die §§ 273, 393, 676, 1000, 1007, 1415, 1463, 1252, 1536 BGB., Art. 12 EGBGB. und schließlich, worüber noch in Anm. 80, 81 zu sprechen ist, § 32 ZPO.

Doch kann der Sachverhalt im einzelnen Falle so liegen, daß der Anfechtungsanspruch und der Anspruch aus unerlaubter Handlung konkurrieren können. Eine Rechtshandlung kann zugleich eine unerlaubte, unter Umständen eine strafbare Handlung darstellen (vgl. §§ 823, 826 BGB.; §§ 288, 49 StGB.; §§ 239, 241 KO.). Darüber vgl. noch Anm. 6 (vgl. auch RG. JW. 1904 S. 499 Nr. 32).

Anm. 66.

H a f t u n g w e g e n u n g e r e c h t f e r t i g t e r B e r e i c h e r u n g liegt auch n i c h t vor. Wieder ist von dem Zweck der Anfechtung auszugehen. Für den Anfechtungsgläubiger hat es im allgemeinen kein Interesse, ob sein Schuldner an irgendeine dritte Person etwas weggegeben hat, ob die dritte Person zum Nachteil des Schuldners bereichert ist. Der Anfechtungsgläubiger hat nur das Interesse, daß er wegen seiner Forderung befriedigt wird, daß der Vermögenszustand des Schuldners soweit wieder hergestellt wird, daß die Befriedigung des Gläubigers möglich wird. Erlangt der Schuldner von vierter Seite zur Befriedigung des Gläubigers ausreichende Mittel, dann hat der Gläubiger kein Interesse mehr an der Verschiebung der Vermögensstücke an die dritte Person. Würde der Anfechtungsanspruch ein Anspruch aus ungerechtfertigter Bereicherung des Dritten sein, dann würde der Anspruch bestehen bleiben, auch wenn der Schuldner von vierter Seite neue Zugriffsobjekte erhält. Dagegen spricht die Fassung der §§ 7, 9, wo von Rückgewähr die Rede ist (vgl. dazu noch die Anm. 11 ff. bei § 7).

Sonach bleibt nur übrig, die rechtliche Natur der Haftung des Anfechtungsgegners als ein allein auf dem Gesetze beruhendes und auf Erwägungen der Zweckmäßigkeit und Billigkeit zum Schutze des Kredits gegründetes Schuldverhältnis, als eine obligatio ex lege aufzufassen (vgl. u. a. Jaeger; RG. 13, 6; 21, 420; 56, 230; OLG. Hamburg 27. 10. 1913 in LeipzZ. 14, 794).

Diese selbständige privatrechtliche Rückgewährpflicht hat einen anderen Inhalt als die ursprüngliche Schuld des Schuldners. Der Anfechtungsanspruch hat einen anderen Charakter als die ursprüngliche Forderung.

Anm. 67.

Mit der Bürgenhaftung hat die Haftung des Anfechtungsgegners das gemein, daß beide einem subsidiären Zwecke dienen und akzessorischer Natur sind. In beiden Fällen wird ein Schuldner — Hauptschuldner — vorausgesetzt. Der Bürge haftet — wenigstens in der Regel, § 771 BGB. — erst, wenn der Gläubiger die Zwangsvollstreckung gegen den Hauptschuldner ohne Erfolg versucht hat, ebenso wie der Anfechtungsgegner zurückzugewähren nur dann hat, wenn die Zwangsvollstreckung gegen den Schuldner ohne Erfolg geblieben ist. Bei der Bürgenhaftung kann der Bürge nur in Anspruch genommen werden für diejenige Schuld des Hauptschuldners, für welche er die Bürgschaft übernommen hat. Die Rückgewährpflicht des Anfechtungsgegners beschränkt sich aber nicht auf eine einzelne Schuld des Hauptschuldners, sie sichert die Zwangsbefriedigung aller, selbst zukünftiger Verbindlichkeiten des Hauptschuldners an den Anfechtungsgläubiger (vgl. Anm. 10, 34).

Anm. 68.

Die Haftung aus einem Scheingeschäft beruht auf wesentlich anderen Voraussetzungen als die des Anfechtungsgegners. Wird eine Willenserklärung, die einem anderen gegenüber abzugeben ist, mit dessen Einverständnisse nur zum Scheine abgegeben, so ist sie nichtig (§ 117 BGB.). Das Anfechtungsgesetz bezieht sich dagegen auf ernstlich gewollte Rechtshandlungen (vgl. RG. 4, 248; 68, 153). Handelt es sich um Scheingeschäfte, so ist eine Anfechtung nicht erforderlich; sie sind von vornherein nicht nur im Verhältnis der Parteien zueinander, sondern auch allen Dritten gegenüber nichtig. Der Anfechtungsgläubiger braucht sich daher nicht auf die Vorschriften des Anf.Ges. zu stützen, sondern hat nur die Nichtigkeit geltend zu machen und das Vorliegen der Voraussetzungen des § 117 BGB. zu beweisen (vgl. dazu RG. 4, 252; 32, 232; 37, 106; 50, 121). Er kann dann von dem Dritten ohne weiteres Herausgabe zum Zwecke der Zwangsvollstreckung verlangen; nicht notwendig ist dabei, daß die Zwangsvollstreckung in das dem Schuldner verbliebene Vermögen fruchtlos versucht worden ist.

Vermag aber der Anfechtungsgläubiger die Voraussetzungen der Anfechtbarkeit auf Grund des Anf.Ges. nachzuweisen, so ist das Vorliegen eines nichtigen Scheingeschäfts nicht hinderlich und nicht schädlich (vgl. RG. 51, 121; JW. 11, S. 595 Nr. 49; 14 S. 304 Nr. 10, 17 S. 476 Nr. 20; vgl. auch Warneyer BGB. Komm. zu § 117). Ob der Anfechtungsgläubiger in einem Rechtsstreit seinen Anspruch gleichzeitig oder nacheinander auf beide Gründe stützen kann, darüber Anm. 6, 65.

Zeit der Entstehung des Anfechtungsanspruches.

Anm. 69.

In der Literatur wird mehrfach das „Anfechtungsrecht" von dem „Anfechtungsanspruch" unterschieden und ausgeführt, das Anfechtungsrecht werde durch einseitige empfangsbedürftige Willenserklärung (§§ 130 ff. BGB.) ausgeübt, dadurch entstehe ein Anfechtungsanspruch, der Anfechtungsprozeß diene dazu, die einmal erklärte Anfechtung zur tatsächlichen Durchführung zu bringen. Diese Anschauung führt zu einem bedenklichen Schwebezustande nach der formlosen Anfechtungserklärung und zu einem in der Praxis unerträglichen Hinausziehen des Anfechtungsprozesses. In der Praxis ist daher fast ausnahmslos die Annahme einer besonderen formlosen Anfechtungserklärung verworfen worden (RG. 44, 94; 52, 334; 58, 44). Wie schon in Anm. 5 ausgeführt, ist das Anfechtungsrecht erschöpfend im Anf.Ges. geregelt; eine analoge Anwendung der Vorschriften des BGB. kommt nicht in Frage. Eine ausdrückliche Vorschrift, welche die Entstehung des obligatorischen Rückgewähranspruchs an eine besondere Erklärung knüpft, fehlt im Anf.Ges. „Mit den Voraussetzungen der Anfechtung ist die Rückgewährverbindlichkeit unmittelbar begründet". (Vgl. auch noch die Anm. zu §§ 4, 5, 9).

Anm. 70.

Beim Vorliegen aller im Anf.Ges. bestimmten Voraussetzungen entsteht das Anfechtungsrecht und damit der Anfechtungsanspruch. Über die zeitlichen Grenzen der Geltendmachung des Anfechtungsanspruchs vgl. auch §§ 3, 4, 5, 11, 12, 13, 14.

Abtretung des Anfechtungsanspruchs.

Anm. 71.

Regelmäßig kann jeder Anspruch abgetreten werden. Ausnahmsweise gibt es auch Ansprüche, die nicht abgetreten werden können, und solche, welche nur übertragen werden können, wenn sie durch Vertrag anerkannt oder rechtshängig geworden sind. Für den Anfechtungsanspruch besteht eine solche Ausnahme nicht. Doch muß folgendes beachtet werden. Der Anfechtungsanspruch hat akzessorische Natur, ist abhängig von der dem Gläubiger zustehenden Forderung. Der Anfechtungsanspruch läßt sich von der Forderung, wegen welcher er dem Gläubiger zusteht, nicht ablösen; eine selbständige Existenz, vermöge welcher er nach der Befriedigung des Gläubigers fortdauern könnte, besitzt er nicht. Durch die Abtretung der Forderung geht das Anfechtungsrecht aber nicht in der Person des Zedenten unter. Der Anfechtungsanspruch kann nicht ohne die Forderung, für welche er besteht, abgetreten werden. Wird die Forderung abgetreten, so geht das Anfechtungsrecht mit über, auch wenn es nicht ausdrücklich mitabgetreten ist (vgl. RG. 30, 74; 39, 14; JW. 1897 S. 244; Gruch. 55, 1068; Hartmann-Meikel S. 99). Darin zeigt sich die akzessorische Natur des Anfechtungsanspruchs (vgl. Anm. 10). Für die Abtretung des Anfechtungsanspruchs ist eine bestimmte Form nicht vorgeschrieben. Dadurch wird aber die formlose Abtretung der Forderung nicht auch gültig, wenn für die Forderungsabtretung allein eine bestimmte Form vorgeschrieben ist. Der Zessionar bedarf keines neuen vollstreckbaren Titels, auch keiner auf seine Person lautenden Vollstreckungsklausel. Wird die Forderung ausdrücklich unter Ausschluß des Anfechtungsrechtes abgetreten, so besteht lediglich eine persönliche Verpflichtung des Zessionars, nicht anzufechten (vgl. Hartmann-Meikel S. 99). Das Anfechtungsrecht steht demjenigen zu, welcher materiellrechtlich als Inhaber der urteilsmäßig festgestellten Forderung erscheint und formellrechtlich in der Lage ist, jederzeit die Erteilung einer vollstreckbaren Urteilsausfertigung für sich zu verlangen. Die Abtretung der Forderung seitens des Anfechtungsgläubigers kann auch noch während des Anfechtungsprozesses erfolgen; dann geht auch der Anfechtungsanspruch auf den Zessionar über (vgl. RG. 39, 14 und Jaeger, anders Sydow-Busch-Krieg; vgl. auch Anm. 5 zu § 2).

Form der Geltendmachung des Anfechtungsanspruchs.

Anm. 72.

Schon in Anm. 69 ist ausgeführt, daß die Ausdrücke „Anfechtungsrecht" und „Anfechtungsanspruch" im Anf.Ges. gleichbedeutend nebeneinander gebraucht werden und daß eine besondere Anfechtungserklärung nicht erforderlich ist. Die Anfechtung kann nur in einem Rechtsstreit geltend gemacht werden. Eine Erklärung außerhalb des Prozeßverfahrens gegenüber dem Anfechtungsgegner hat keine Wirkung (vgl. u. a. RG. 52, 334ff.; 58, 44; 62, 199; JW. 04 S. 496

Nr. 25). Die im § 143 BGB. für die Anfechtung aus §§ 119, 120, 123 gegebene Vorschrift, die Anfechtung erfolge durch Erklärung gegenüber dem Anfechtungsgegner, findet keine Anwendung; der obligatorische Rückgewähranspruch entspringt aus der anfechtbaren Handlung selbst, nicht aus der Anfechtung als einer rechtsgeschäftlichen Erklärung (vgl. dazu außer den eben genannten Entscheidungen auch Gruch. 49, 1092, JW. 06 S. 104; OLG. 25, 330; 35, 248). Die Vorschriften über die Gläubigeranfechtung sind im Anf.Ges. erschöpfend enthalten; eine analoge Anwendung der Vorschriften des BGB. ist nicht zulässig. Dem widerspricht auch nicht der Inhalt des § 4 Anf.Ges. Die darin vorgesehene durch Zustellung eines Schriftsatzes zu bewirkende Erklärung ist nur eine Anfechtungsankündigung, noch keine Anfechtung (vgl. darüber § 4). Weshalb sollte, wie Jaeger Anm. 65 zu § 1 hervorhebt, die bloße Anfechtungsankündigung nach § 4 Anf.-Ges. der Schriftlichkeit bedürfen, wenn die fristenwahrende Anfechtung selber formlos, ohne Festlegung des Zeitpunktes der Ausübung geschehen könnte?

Anm. 73.

Die Anfechtung kann nur im Prozeßverfahren geltend gemacht werden. Wie vor jeder anderen Klageerhebung der Kläger den Gegner unter schriftlicher oder mündlicher Darlegung des Sachverhalts zur Zahlung oder Leistung auffordern kann, so ist dies auch für den Anfechtungsgläubiger zweckmäßig, da dadurch möglicherweise der Rechtsstreit vermieden und Kosten gespart werden können. Wenn der Anfechtungsgegner daraufhin dem Begehren des Anfechtungsgläubigers stattgibt und z. B. die Pfändung des anfechtbaren Erwerbs duldet, so ist diese freiwillige Erfüllung der Anfechtungsverbindlichkeit eine „Rückgewähr" im Sinne des § 7: der Anfechtungsanspruch wird damit gegenstandlos. Doch wird wohl nur selten der Anfechtungsgegner freiwillig zurückgewähren, da er befürchten muß, daß der Anfechtungsschuldner ihm die Erstattung der Gegenleistung (§ 8) verweigern wird.

Anm. 74.

Das Anf.Ges. behandelt als Normalfall die gerichtliche Geltendmachung durch Erhebung der Anfechtungsklage. In der Praxis häufiger ist die Geltendmachung im Wege der Einrede (vgl. Anm. 75). Die Anfechtungsklage wird erhoben nach der Regel des § 253 Abs. 1 ZPO. durch Zustellung eines Schriftsatzes, der Klageschrift, an den Anfechtungsgegner; die Anfechtung ist im Sinne des Anf.Ges., damit erfolgt. Für die Fristenwahrung kommt es auf den Zeitpunkt der Klagezustellung an. Ist die Zustellung der Klageschrift mangelhaft, der Mangel aber gemäß § 295 ZPO. geheilt, so tritt eine rückwärts wirkende Heilung ein, soweit nicht außer der unterlassenen Rüge zugleich eine nachträgliche Ergänzung des mangelhaften Aktes erforderlich wird; die Fristen sind in diesem Falle gewahrt, wenn sie zur Zeit der (an si mangelhaften) Klagezustellung gewahrt waren. Ist aber die nachträgliche Ergänzung des mangelhaften Aktes erforderlich, dann kommt für die Fristen nur der Zeitpunkt in Betracht, in welchem die Ergänzung erfolgt ist (vgl. dazu u. a. Stein ZPO. zu §§ 295, 253). Die Klageschrift muß nach § 253 Abs. 2 ZPO. enthalten:

1. die Bezeichnung der Parteien (vgl. Anm. 77) und des Gerichts (vgl. Anm. 80);
2. die bestimmte Angabe des Gegenstandes und des Grundes des erhobenen Anspruchs sowie einen bestimmten Antrag (vgl. Anm. 84);
3. die Ladung des Beklagten vor das Prozeßgericht zur mündlichen Verhandlung des Rechtsstreits, und soll ferner enthalten eine Angabe über den Streitwert (vgl. Anm. 94).

Nimmt der Anfechtungskläger die Klage zurück, so kann er später eine neue Klage erheben; der Anfechtungsanspruch geht nicht etwa durch die Klagerücknahme unter, da in der Klagerücknahme noch kein Verzicht auf den Anfechtungsanspruch, den Rückgewähranspruch, liegt; der Rechtsstreit ist als nicht anhängig geworden anzusehen (§ 271 ZPO.). Die neue Anfechtungsklage muß aber noch innerhalb der im Anf.Ges. vorgeschriebenen Fristen erhoben werden; der Beklagte hat gemäß § 271 Abs. 4 ZPO. das Recht, die Einlassung zu verweigern, bis die Kostenerstattung aus dem ersten Rechtsstreit erfolgt ist. Ist der Kläger mit seinem Anfechtungsanspruch rechtskräftig abgewiesen, so kann er gegen denselben Gegner auf Grund desselben vollstreckbaren Titels und wegen derselben Rechtshandlung des Schuldners nicht nochmals die Anfechtungsklage erheben. Dagegen kann er wegen einer **anderen** Forderung dieselbe Rechtshandlung des Schuldners demselben Anfechtungsgegner gegenüber nochmals anfechten, da dann der Rückgewähranspruch, auf den es ja ankommt, ein anderer ist. Selbstverständlich kann die Klage wegen derselben Forderung und wegen derselben Rechtshandlung gegen einen anderen Anfechtungsgegner gerichtet werden, wenn sich z. B. im ersten Prozeß herausgestellt hat, daß ein anderer den anfechtbaren Erwerb gemacht hat.

Anm. 75.

Der Anfechtungsanspruch wird sehr häufig **im Wege der Einrede** geltend gemacht. Daß die Erhebung des Anfechtungsanspruchs im Wege der Einrede zulässig ist, ergibt sich aus § 5 und ist unstreitig. Im einzelnen wird darauf bei § 5 näher einzugehen sein. Hier nur einige Bemerkungen. In der Praxis ist diese Art der Erhebung des Anfechtungsanspruchs besonders häufig bei den Widerspruchsklagen (Interventionsprozessen). Der Anfechtungsgläubiger erhebt die Anfechtungseinrede, nicht um sich einen Vollstreckungstitel gegen den Anfechtungsgegner zu verschaffen und auf Grund desselben die Zwangsvollstreckung in den anfechtbaren Erwerb zu betreiben, sondern nur um die Klage des Anfechtungsgegners zur Abweisung zu bringen. Der Gläubiger hat beim Schuldner auf Grund eines vollstreckbaren Titels gepfändet. Ein Dritter macht geltend, daß er das Pfandstück vom Schuldner gekauft und gemäß § 930 BGB. übereignet erhalten habe. Im Wege der Einrede ficht dann der Gläubiger — als Anfechtungsgläubiger in der Rolle des Beklagten — die Rechtshandlungen des Schuldners, den Verkauf und die Übereignung an den Dritten, an und verlangt Duldung der weiteren Zwangsvollstreckung; er wendet ein, daß ihm gegenüber „das die Veräußerung hindernde Recht" (§ 771 ZPO.) anfechtbar erworben worden sei. Die Erhebung des Anfechtungsanspruchs im Wege der Einrede erfolgt wirksam nicht schon durch Zustellung eines vorbereitenden Schriftsatzes an den Kläger, sondern erst durch den Vortrag in der mündlichen Verhandlung (vgl. OLG. Kassel v. 9. 5. 13 in Seuff. A 69, 215); der Schriftsatz enthält nur die Ankündigung der Anfechtungsabsicht. Die Anfechtung im Wege der Einrede kann auch noch in der Berufungsinstanz erfolgen. Der Zulässigkeit steht nicht § 529 Abs. 2 ZPO. entgegen, da mit der Einrede nicht ein neuer Anspruch geltend gemacht wird; auch nicht § 529 Abs. 3, wenn es sich um eine vom Schuldner abgetretene Geldforderung handelt und mit der Einrede die Abweisung der darauf gestützten Klage begehrt wird, da der Beklagte nicht mit einer Gegenforderung aufrechnet, sondern durch die Anfechtung des Erwerbsaktes sich gegen die Legitimation des Klägers zur Geltendmachung der Klageforderung wendet (vgl. Gruch. 55, 1068). Da der Nachweis der Benachteiligungsabsicht in der Praxis mit mancherlei Schwierigkeiten verbunden ist, sucht die Rechtsprechung vielfach, besonders bei den Sicherungsübereignungen, durch strenge Auslegung des § 930 BGB. das Anfechtungsbedürfnis zu erübrigen (vgl. dazu u. a. RG. 48, 318; 49, 170; 54, 396).

Anm. 76.

Es besteht kein Streit darüber, daß die Anfechtung auch im Wege der Widerklage oder Gegeneinrede (Replik) erfolgen kann.

Passivlegitimation.

Anm. 77.

Die Anfechtungsklage ist zu richten gegen den Empfänger des angefochtenen Erwerbes. Ist der Erwerber gestorben, so ist die Klage gegen die Erben zu richten; gegen andere Rechtsnachfolger unter den im § 11 genannten Voraussetzungen (vgl. § 11). Der Schuldner kommt als Beklagter nicht in Frage; die „Rückgewähr" kann nur vom Erwerber, nicht vom Veräußerer gefordert werden. (So die herrschende Ansicht, u. a. Jaeger, Anm. 73, Hartmann-Meikel S. 94). In einem Urteil (Bolze Bd. 3 Nr. 376) führt das Reichsgericht aus, aus § 7 sei nicht herzuleiten, daß die Anfechtungsklage nicht hätte zugleich gegen den Erwerber und gegen den Schuldner, welcher veräußert habe, angestellt werden dürfen, gegen den letzteren zu dem Zwecke, um seinen Widerspruch gegen die Anfechtung und Rückgewähr durch richterliches Urteil zu beseitigen. Ein solcher Widerspruch des Schuldners ist aber unbeachtlich; der Schuldner muß ohnehin auf Grund des gegen ihn vorliegenden vollstreckbaren Titels die Zwangsvollstreckung dulden; er ist weder Dritter noch hat er ein die Zwangsvollstreckung hinderndes Recht (§ 771 ZPO.). Seine Regreßpflicht kann nur ein Grund zur Intervention oder Streitverkündung sein (vgl. Anm. 91, 92).

Anm. 78.

Nur wenn der Anfechtungsbeklagte mit dem Schuldner verheiratet ist, wird im Hinblick auf die güterrechtlichen Bestimmungen der andere Ehegatte als Schuldner mitverklagt werden müssen. Der häufigste Fall ist, daß Schuldner der Ehemann, Erwerber die Ehefrau ist. Leben die Eheleute in Gütertrennung oder gehört der Erwerb zum Vorbehaltsgut oder liegen die Voraussetzungen des § 741 ZPO. vor, so ist die Anfechtungsklage gegen den Ehemann unzulässig. Gehört der Erwerb zum eingebrachten Gut, gleichviel ob er vor oder nach der Eheschließung erfolgt ist, so ist der Ehemann auf Duldung der Zwangsvollstreckung in das eingebrachte Gut zu verklagen (§ 739 ZPO.). Doch ist dieser Anspruch ein anderer als der gegen die Frau, welcher auf „Rückgewähr", Duldung der Zwangsvollstreckung in den angefochtenen Erwerb, geht. Es handelt sich in diesem Falle um sog. unechte Streitgenossenschaft (vgl. LeipzZ. 1908 S. 73; 1910 S. 866; RG. 59, 234; Jaeger Anm. 73). Gehört der anfechtbare Erwerb zum Gesamtgut und ist deshalb die Rückgewährpflicht eine Gesamtgutsverbindlichkeit, so ist, gleichviel ob Ehemann oder Ehefrau Schuldner ist, zur Zwangsvollstreckung in das Gesamtgut ein gegen den Mann ergangenes Urteil erforderlich und genügend (§ 1459 BGB., § 740 ZPO.). Hat die Frau den anfechtbaren Erwerb gemacht, ist also die Rückgewährverpflichtung in ihrer Person entstanden, so ist eine Klage gegen die Frau nicht ausgeschlossen (vgl. Warneyer u. Staudinger Bem. zu § 1459 BGB.). Die Klage kann gegen die Frau allein oder zusammen mit ihrem Ehemann gerichtet werden (vgl. Hartmann-Meikel S. 96). Abgesehen von den hier genannten Fällen ist eine Klage gegen den Schuldner wegen mangelnder Passivlegitimation zurückzuweisen (RG. 35, 95).

Wenn auch grundsätzlich nur der Empfänger des angefochtenen Erwerbs, nicht der Schuldner für die Anfechtungsklage passiv legitimiert ist, so darf aber die Anfechtungsklage zugleich auch gegen den Schuldner, ebenso auch gegen einen Dritten, gerichtet werden, wenn der Erwerber an dem vom Schuldner erworbenen Objekt dem Schuldner oder einem Dritten ein dingliches Recht eingeräumt hat (OLG. Nürnberg 13. 7. 28 BayRpflZ. 28, 366; vgl. OLG. Jena in LeipzZ. 1910 S. 704; RG. 71, 176).

Anm. 79.

Veräußert der Anfechtungsgegner im Laufe des Rechtsstreits die anfechtbar erworbene Sache, so wird die Wirkung verschieden beurteilt, je nachdem man der Haftung des Anfechtungsgegners obligatorische oder dingliche Kraft zuschreibt. Die Anhänger der Dinglichkeitslehre nehmen daher Streitbefangenheit im Sinne des § 265 ZPO. an. Da es sich aber nur um einen obligatorischen Rückgewährsanspruch handelt, wird keine Streitbefangenheit im Sinne des § 265 ZPO. begründet (vgl. Stein, ZPO. zu § 265, Jaeger, RG. 34, 59). Regelmäßig wird der Erwerb des Vierten vom Anfechtungsgegner ein neues Anfechtungsrecht begründen.

Der Gerichtsstand der Anfechtungsklage.

Anm. 80.

Der allgemeine Gerichtsstand einer Person wird durch den Wohnsitz bestimmt (§ 93 ZPO.). Das Gericht, bei welchem eine Person ihren allgemeinen Gerichtsstand hat, ist für alle gegen dieselbe zu erhebenden Klagen zuständig, sofern nicht für eine Klage ein ausschließlicher Gerichtsstand begründet ist (§ 12 ZPO.). Der Rückgewähranspruch ist ein vermögensrechtlicher Anspruch. Deshalb kommen auch die Gerichtsstände aus §§ 20, 23 ZPO. in Frage. Gerichtsstand aus § 29 ZPO. kommt nicht in Betracht; die Anfechtungsklage ist keine Klage auf Feststellung des Bestehens oder Nichtbestehens eines Vertrages, auf Erfüllung oder Aufhebung eines solchen, oder auf Entschädigung wegen Nichterfüllung oder nicht gehöriger Erfüllung; die Anfechtungsklage ist gerichtet auf Rückgewähr und nicht auf Aufhebung eines Vertrages. „Anfechtung ist nicht gleich Aufhebung eines Vertrages" (RG. 30, 402). Die Aufhebung des Vertrages ist nicht der Zweck der Klage. Streitig ist, ob der Gerichtsstand der unerlaubten Handlung aus § 32 ZPO. gegeben ist. Allgemein anerkannt ist dabei, daß für Klagen aus § 3 Nr. 3 und 4 der Gerichtsstand aus § 32 ZPO. nicht gegeben ist. Hier kann unstreitig von einer unerlaubten Handlung nicht die Rede sein (vgl. dazu u. a. RG. 21, 420; JW. 1915 S. 251 Nr. 13; Gruch. 38, 1200, Stein ZPO. § 32; Sydow-Busch-Krieg zu § 1 Anf.Ges.). Dagegen wird die im § 3 Nr. 1 und 2 Anf.Ges. erwähnte Handlung vielfach für eine unerlaubte Handlung gehalten (vgl. oben Anm. 64, 65). Wer dieser Ansicht folgt, hält in diesen Fällen den Gerichtsstand aus § 29 für gegeben (vgl. u. a. Stein zu § 32 ZPO., Sydow-Busch-Krieg zu § 1 Anf.Ges. u. § 29 KO.; ferner u. a. RG. 21, 420; 48, 401; 50, 410; JW. 99 S. 606 Nr. 2). Oben ist dargelegt, daß in keinem Fall von einer unerlaubten Handlung die Rede sein kann, wenn der Rückgewähranspruch nur auf das Anf.Ges. gestützt wird. Vielfach wird die Klage aber einmal auf unerlaubte Handlung, zum anderen auf das Anf.Ges. gestützt, weil vielfach der Tatbestand so liegen wird, daß die Voraussetzungen für beide Klagegründe vorliegen (vgl. dazu auch Anm. 64). Derselben Ansicht ist u. a. Jaeger Anf.Ges. § 1 Anm. 11, 24.

Anm. 81.

Weiter ist zu prüfen, ob etwa ein ausschließlicher Gerichtsstand begründet ist. Der dingliche Gerichtsstand aus § 24 ZPO. ist bei Anfechtungsklagen auf Bewilligung der Löschung einer angefochtenen Hypothek für zulässig erachtet worden (vgl. dazu RG. 52, 82 und im Anschluß daran Sydow-Busch-Krieg Anm. zu § 29 KO. und Stein ZPO. zu § 24). Gegen diese Ansicht hat sich insbesondere Jaeger (Anm. 24 zu § 1 vgl. dortige Literatur) zutreffend gewandt, da die Anfechtungsklage den rein obligatorischen Rückgewähranspruch betrifft und die Bewilligung der Löschung der angefochtenen Hypothek nur die weitere Folge davon darstellt. Die Widerspruchsklage aus § 878 ZPO. beim Verteilungsverfahren kann auch auf Anfechtung gestützt werden; in diesem Fall ergibt sich die Zuständigkeit aus § 879 ZPO. (vgl. Karlsruhe 21. 12. 13 Bad Rspr. 15, 81).

Anm. 82.

Die Zuständigkeit aus § 771 ZPO. ist nicht gegeben, auch wenn eine Pfändung angefochten wird. Denn der Anfechtungsanspruch ist kein die Veräußerung hinderndes Recht (ebenso Jaeger Anm. 24, Hartmann-Meikel S. 44, mit zahlreicher Literaturangabe; vgl. OLG. 20, 344; 29, 197; dagegen u. a. RG. 18, 393; 30, 394; 40, 372; JW. 01 S. 320 und Sydow-Busch-Krieg zu § 29 KO.).

Da für die Anfechtungsklage demnach ein ausschließlicher Gerichtsstand nicht begründet ist und der Rechtsstreit einen vermögensrechtlichen Anspruch betrifft, kann abgesehen vom Fall des § 878 ZPO. der Gerichtsstand zwischen den Parteien vereinbart werden (§§ 38—40 ZPO.).

Anm. 83.

Da ferner die Anfechtungsklage auch keine Klage aus einem Handelsgeschäft ist, sind auch die Kammern für Handelssachen nicht zuständig (ebenso u. a. Jaeger § 1 Anm. 24, Riehl S. 546, Hartmann-Meikel S. 46, RG. in JurW. 1902 S. 273). Schließlich ist noch zu erwähnen, daß die Zuständigkeit der Arbeitsgerichte (Arbeitsgerichtsges. v. 23. 12. 1926 §§ 2 u. 3) nicht gegeben ist. Zuständig sind demnach nur die Amtsgerichte, Landgerichte, Oberlandesgerichte und das Reichsgericht. Das Kammergericht und das Bayerische Oberste Landesgericht nehmen dabei keine privilegierte Stellung ein.

Klageantrag; Urteilsformel.

Anm. 84.

Wie der Klageantrag zu fassen ist, wird bei § 9 noch zu erörtern sein. Hier sei nur erwähnt, daß er bestimmt sein muß und nach der herrschenden Lehre und Rechtsprechung nur auf Leistung, nicht aber auf Feststellung gerichtet sein darf. Wie die Urteilsformel zu lauten hat, ergibt sich aus einem richtigen Klageantrage ohne weiteres. Ein Ausspruch darüber, daß die angefochtene Rechtshandlung dem Kläger gegenüber unwirksam sei, gehört nicht in die Urteilsformel, sondern in die Urteilsgründe (RG. 71, 176). Ein Zwischenurteil über den Grund des Anspruchs ist unzulässig; § 304 ZPO. setzt voraus, daß der Klageanspruch nicht nur dem Grunde, sondern auch dem Betrage nach streitig ist. Dem Betrage nach streitig sein kann aber nur ein Anspruch auf Zahlung einer Geldsumme oder auf Lieferung vertretbarer Sachen (RG. 60, 368). Der Anfechtungsanspruch ist aber nicht ein Gattungsanspruch, sondern ein Individualanspruch, nämlich auf Rückgewährung einer bestimmten, aus dem Vermögen des Schuldners ausgeschiedenen Sache. Die Höhe der Klageforderung begrenzt allerdings den Klageanspruch, ändert aber nichts an seiner Natur. Es fehlt sonach eine notwendige Voraussetzung für den Erlaß eines Zwischenurteils (vgl. RG. 73, 426).

Anm. 85.

Über die Fragen, ob zur Sicherung des Anfechtungsanspruchs Arrest, einstweilige Verfügung, Vormerkung und Widerspruch zulässig sind, vgl. die Anm. bei § 2.

Wirkung der Anfechtung.

Anm. 86.

Die erfolgreiche Anfechtung wirkt nur zugunsten des Anfechtungsgläubigers. Dieser hat kein Interesse daran, ob die Handlung sonst — insbesondere im Verhältnis des Schuldners zum Anfechtungsgegner — wirksam ist oder nicht. Er will nur erreichen, daß die Handlung „als ihm gegenüber unwirksam" erklärt wird. Diese Begrenzung der Unwirksamkeit hat zur Folge, daß das vom Gläubiger angefochtene Rechtsgeschäft im Verhältnis des Schuldners zu dem Anfechtungsgegner wirksam bleibt und daß ein Vierter sich auf die Mangelhaftigkeit des Rechtsgeschäfts nicht berufen kann; Rechte dritter Personen, die nicht angefochten haben, bleiben außer Betracht, auch wenn sie ebenfalls durch die Rechtshandlung verletzt sind (vgl. dazu RG. 21, 99; 30, 404; 47, 219; 69, 143; 70, 112; 71, 176; 91, 369; 103, 121; JW. 09, S. 697 Nr. 32). (RG. in Warn. Rspr. 29 Nr. 121.)

Anm. 87.

Im einzelnen ist noch folgendes zu erwähnen: Die Rechtshandlung wird durch die Gläubigeranfechtung nicht etwa nichtig, wie dies bei der Anfechtung des BGB. der Fall ist. „Die Anfechtbarkeit ist noch weniger als relative Nichtigkeit". Das Rechtsgeschäft bleibt, selbst wenn die Anfechtungsklage des Gläubigers Erfolg gehabt hat, gültig bestehen und behält seine Wirkungen unter den handelnden Teilen nach dem Inhalt des Geschäfts. Die relative Begrenzung der Unwirksamkeit bewirkt, daß eine an sich anfechtbare Rechtshandlung vollwirksam bleibt, wenn der Anfechtungsberechtigte auf sein Recht verzichtet. Ein Dritter, der nicht Gläubiger des Schuldners ist, kann seinerseits die Anfechtbarkeit nicht geltend machen und ausführen, daß die Rechtshandlung unwirksam wäre, wenn der Anfechtungsberechtigte nicht auf sein Recht verzichtet hätte. Hat ein Anfechtungsgläubiger mit Erfolg angefochten, so kann ein anderer Gläubiger sich nicht darauf berufen und Duldung der Zwangsvollstreckung von dem Anfechtungsgegner verlangen; er muß vielmehr selbst eine neue Anfechtungsklage einreichen; jeder Gläubiger nimmt sein eigenes Interesse wahr; die Anfechtungsrechte anderer Gläubiger bleiben unberührt (vgl. OLG. 35, 266).

Anm. 88.

Die Beschränkung der Unwirksamkeit des mit Erfolg angefochtenen Rechtsgeschäfts geht aber noch weiter. Der erfolgreiche Anfechtungsgläubiger selbst kann sich bei späteren Forderungen nicht auf die Unwirksamkeit berufen; die Unwirksamkeit gilt nur wegen der in der Klage genau zu bezeichnenden Forderungen; es können eine oder mehrere Forderungen sein, selbst künftige nur als möglich vorausgesetzte. Wegen späterer Forderung muß der Anfechtungsberechtigte eine neue Klage erheben. Andererseits hindert eine rechtskräftig abgewiesene Anfechtungsklage den Gläubiger nicht, wegen einer anderen Forderung, die bisher nicht genannt war, dieselbe Rechtshandlung nochmals anzufechten. Doch werden die tatsächlichen Unterlagen, insbesondere das Beweisergebnis über die Frage der Benachteiligungsabsicht und ihre Kenntnis, häufig einen erheblichen tatsächlichen Wert haben (RG. 39, 3; 41, 87).

Anm. 89.

Die Folge der relativen Unwirksamkeit ist, daß z. B. die erfolgreiche Anfechtung eines Pfandrechts oder einer Hypothek nicht die Aufhebung dieser Rechte nach sich zieht; vielmehr behalten diese Rechte anderen persönlichen Gläubigern und dinglich Berechtigten gegenüber ihre Gültigkeit und ihren Rang (RG. 47, 216; 70, 112; 86, 100; 91, 370; vgl. auch Planck, Staudinger, Warneyer). Die nachfolgenden dinglich Berechtigten haben keinen Anspruch auf Beseitigung des Rechts (vgl. RG. 20, 29; 52, 86; Gruch. 36, 1113). Weiter kann z. B., wenn zwei Gläubiger gleichzeitig dieselbe Mietzinsforderung des Schuldners gepfändet haben, der bei der Zwangsversteigerung des Grundstücks ausgefallene, nur die eine der Pfändungen anfechtende Hypothekengläubiger den auf den einen betreffenden Pfändungsgläubiger im Verteilungsverfahren entfallenen, hinterlegten Betrag für sich in Anspruch nehmen, wiewohl der andere Pfändungsgläubiger, der nicht auch angefochten hat, nur zum Teil zur Hebung gekommen ist (RG. 91, 367). Ein Beispiel, das im Anschluß an RG. 24, 96 u. a. auch von Jaeger gebracht wird, zeigt die praktischen Folgen im Falle einer Zwangsversteigerung. Der Schuldner hat sein Grundstück zugunsten eines Verwandten A. schenkweise an erster Stelle mit einer Hypothek von 10 000 Mark belastet; später sind für B. und C. Zwangshypotheken von je 5000 Mark eingetragen; nur B. ficht die Schenkung an; er betreibt die Zwangsversteigerung und widerspricht auf Grund der Anfechtung einer zu seinem Nachteil erfolgenden Zuweisung an A. (§ 115 ZVG., §§ 876 ff. ZPO.). Entfallen auf die 3 Hypotheken 9000 Mk., so gebühren zunächst dem B. 5000 Mk., die übrigen 4000 Mk. aber dem A., nicht dem C. Die Wirksamkeit der Anfechtung ist zwischen A. und B. erschöpft und kommt dem C. nicht zugute. Hätte auch C. wirksam angefochten, dann erhielte C. die 4000 Mk. und A. nichts. Der Schuldner (Grundstückseigentümer) kann für sich nichts beanspruchen, insbesondere auch dann nicht, wenn auf dem Grundstück nur die Posten für A. und B. ständen, dann bekäme der anfechtende B. zunächst 5000 Mk., den Rest A. Wie steht es aber, wenn weder B. noch C., sondern der persönliche Gläubiger P. die Hypothek des A. wirksam anficht? Zwar scheint es zunächst, als ob es an dem allgemeinen Erfordernis einer Benachteiligung des Anfechtenden fehlte und als ob eine erfolgreiche Hypothek des A. allein zu einem unlösbaren Zirkel führen müßte, weil die dem A. nachfolgenden Hypotheken B. und C. dem P. gegenüber wirksam bleiben. Doch hört die durch die unentgeltliche Hypothekenbestellung bewirkte Verkürzung der persönlichen Gläubiger, falls in der Tat keine anderen Befriedigungsmittel zu Gebote stehen, nicht darum auf, benachteiligend zu sein, weil unanfechtbare Hypotheken folgen. Die Gläubiger B. und C. haben Befriedigung an erster Stelle nur zu beanspruchen, wenn die Hypothek A. erloschen oder aber zugunsten von B. und C. selbst mit Erfolg angefochten ist. Da B. und C. aber nicht angefochten haben, müssen sie die erfolgreiche von einem nachstehenden Gläubiger angefochtene erste Rangstelle dem Anfechtenden zukommen lassen; dabei macht es keinen Unterschied, ob der erfolgreich anfechtende Gläubiger der dingliche Gläubiger D. oder ein nur persönlicher Gläubiger ist. Ein Aufrücken des B. und C. als Ergebnis der Anfechtung des D. oder des P. würde mit der relativen Wirksamkeit der Anfechtung unvereinbar sein.

Zu demselben Ergebnis kommt man auch beim Streit um den Erlös einer Fahrnispfändung, wenn die erste Pfändung nur von einem dritten Gläubiger angefochten wird; der zweite Gläubiger rückt nicht etwa vor.

Anm. 90.

Aus den letzten Anmerkungen ergibt sich bereits, daß die Anfechtung nur obligatorische, nicht dingliche Kraft hat. Beim Inkrafttreten des BGB. war dies fast allgemein anerkannt. Nach dem Inkrafttreten des BGB. ist mit Rücksicht auf die Anfechtung im BGB. und wegen der zwecks Anpassung an das BGB. im Anf.Ges. vorgenommenen Änderungen vielfach die Anschauung geäußert, die Anfechtung wirke dinglich. Jetzt hält die überwiegende Mehrheit der Schriftsteller auch für das neue Recht an der obligatorischen Kraft der Anfechtung fest. Jaeger gibt dafür eine umfangreiche Literatur an (vgl. Jaeger Anf.Ges. S. 54 ff.). In der neuesten Rechtsprechung wird die Dinglichkeitslehre mit aller Bestimmtheit abgelehnt (vgl. RG. 48, 149; 52, 340; 58, 44; 58, 107; 91, 367).

Streitgenossenschaft. Nebenintervention.

Anm. 91.

Bisher ist immer nur von einem Anfechtungsgläubiger und einem Anfechtungsgegner gesprochen worden. Noch zu erörtern ist, ob aktive und passive Streitgenossenschaft zulässig ist. Eine aktive Streitgenossenschaft kann vorkommen, wenn mehrere Anfechtungsgläubiger ihre Ansprüche in einer Klage verfolgen und sie durch dieselbe Rechtshandlung des Schuldners benachteiligt sind; es handelt sich dann um gleichartige Ansprüche im Sinne des § 60 ZPO. Notwendige Streitgenossen im Sinne des § 62 ZPO. sind sie aber nicht; der eine Gläubiger kann vielmehr durchdringen, während der andere abgewiesen wird. Ob getrennte Verhandlung zu erfolgen hat, steht im Ermessen des Gerichts (§§ 145, 150 ZPO.). Auch kann über einen einzelnen Anspruch durch Teilurteil gemäß § 301 ZPO. entschieden werden. Haben mehrere Erben einen vollstreckbaren Anspruch und den damit verbundenen Anfechtungsanspruch geerbt, so kann jeder Miterbe klagen, aber nur Rückgewähr an alle Erben verlangen (§ 2039 BGB.). Gehört die Forderung und das Anfechtungsrecht zum eingebrachten Gut oder zum Gesamtgut, dann ist die Frage der Aktivlegitimation nach den Vorschriften des ehelichen Güterrechts, insbesondere §§ 1380, 1443 BGB. zu beurteilen (vgl. OLG. 8, 336). Wenn ein Anfechtungsgläubiger einem anderen als Nebenintervenient beitritt, so mag der andere damit vielleicht dem Kläger zum Siege verhelfen; der Intervenient selbst hat aber keinen Vorteil, da er sein eignes Ziel nur durch eine Anfechtungsklage erreichen kann.

Anm. 92.

Über passive Streitgenossenschaft vgl. u. a. Anm. 8 zu § 7; Haupt- und Nebenintervention und Streitverkündung sind unter den Voraussetzungen der §§ 64 ff. ZPO. zulässig. Insbesondere kann der Schuldner dem Anfechtungsgegner beitreten und der Anfechtungsgegner dem Schuldner den Streit verkünden.

Internationales Recht.

Anm. 93.

Die Frage der Statutenkollision entsteht, wenn der Gläubiger, Schuldner oder Anfechtungsgegner Ausländer ist oder im Auslande wohnt, wenn die anfechtbare Rechtshandlung im Auslande vorgenommen ist oder wenn das anfechtbar erworbene Objekt sich im Auslande befindet.

Ausländische Gläubiger können im Deutschen Reiche unter den gleichen Voraussetzungen anfechten wie inländische. Ein Vergeltungsrecht kommt nur unter den Voraussetzungen des § 24 EG. z. ZPO. in Betracht. Ein ausländischer Schuldtitel ist kein Schuldtitel im Sinne des § 2 Anf.Ges. und genügt nicht; er muß erst durch ein inländisches Urteil für vollstreckbar erklärt werden (vgl. Anm. 6 zu § 2).

Ausländische Anfechtungsgegner können im Inlande verklagt werden, wenn sich der anfechtbare Erwerb im Inlande befindet.

Vermögen im Sinne des § 2 ist auch das ausländische Vermögen. Steht aber fest, daß der Gläubiger sich aus ausländischem Vermögen alsbald und ohne besondere Schwierigkeiten befriedigen kann, so ist die Anfechtung unzulässig (vgl. Anm. 50 zu § 1).

Für das Prozeßverfahren gilt im Deutschen Reiche stets das inländische Recht.

Welches materielle Anfechtungsrecht in Frage kommt, ist streitig und kann hier nur kurz erörtert werden. Die Lösung der Frage hängt wesentlich von der Auffassung über die Natur der Haftung des Anfechtungsgegners ab. Wie Anm. 66 zu § 1 erörtert, handelt es sich um ein unmittelbar auf dem Gesetz beruhendes selbständiges Schuldverhältnis. Maßgebend sind daher die allgemeinen Regeln des internationalen Schuldrechts. Grundsätzlich entscheidet das Recht des Erfüllungsortes. Ist Zwangsvollstreckung in eine Sache oder ein Grundstück gefordert, so ist maßgebend das Recht, das für den Ort gilt, wo die Sache oder das Grundstück sich befindet. Wird Werterſatz, Geld, gefordert, so gilt das Recht am Wohnort des Anfechtungsgegners zur Zeit der Entstehung der Anfechtungsverbindlichkeit (§§ 269, 270 BGB.) (vgl. a. A. u. a. Hartmann-Meikel S. 47).

Streitwert im Rechtsstreit.

Anm. 94.

Der Wert des Streitgegenstandes ist von Bedeutung für die sachliche Zuständigkeit (§§ 23, 70 GVG.) für die Zulässigkeit der Berufung (§ 511a ZPO. in Vbdg. m. d. Bekanntm. v. 13. 5. 24) für die Zulässigkeit der Revision (§ 546 ZPO. in Vbdg. m. Bekanntm. v. 8. 2. 29) für die vorläufige Vollstreckbarkeit (§ 709 Nr. 4 ZPO.) und für die Berechnung der Gerichtskosten und Anwaltsgebühren (§ 9 GKG.; § 11 GOfRA.). Wird als Rückgewähr Zahlung eines bestimmten Geldbetrages verlangt, so ist dieser der Streitwert. Der Angabe des Streitwertes in der Klageschrift (§ 253 Abs. 2 ZPO.) und der richterlichen Festsetzung bedarf es, wenn Rückgewähr in Natur gefordert wird; der Wert wird von dem Gerichte gemäß § 3 ZPO. nach freiem Ermessen festgesetzt. Der Streitwert ist zu schätzen. Dabei ist zu berücksichtigen der Wert der zur Zeit der Klageerhebung vom Anfechtungsgläubiger erwarteten Zugriffsmöglichkeit. Ruhen auf dem Zugriffsobjekt unanfechtbare Lasten, so ist deren Wert abzuziehen, weil der Anfechtungsberechtigte entsprechend weniger Befriedigung erlangen kann (RG. 34, 405; 47, 375; JW. 99, 304; Gruch. 45, 367). Der Streitwert bemißt sich nach dem Werte der

Leistungen, deren Erlangung das Ziel der Anfechtungsklage ist (vgl. u. a. Hartmann-Meikel S. 51), und ist niemals höher als der Forderungsbetrag, dessentwegen die Anfechtungsklage erhoben wird (RG. 7, 392); er kann aber auch niemals höher sein als der Betrag, welchen der Schuldner zugunsten des Anfechtungsgegners weggegeben hat. Der Forderungsbetrag setzt sich dabei zusammen aus der Hauptforderung (Kapital), Zinsen und Kosten; Zinsen und Kosten sind dabei nicht etwa Nebenforderungen (vgl. dazu RG. in JW. 1929 S. 844 Nr. 1); die Zinsen werden sogar meist zu recht beträchtlichen Summen angewachsen sein. Wichtig ist diese Art Berechnung besonders bei Prüfung der Frage, ob Berufung und Revision zulässig ist. (So jetzt die herrschende Meinung in Literatur und Rechtsprechung; vgl. Jaeger Anf.Ges. Anm. 16 zu § 9, Stein ZPO. § 4 mit Angaben der Rechtspr.). Hat der Gläubiger mehrere Forderungen, so werden diese zusammengerechnet. Die Summe gilt bei der Streitwertfestsetzung als einheitlich. Daß auch noch andere Gläubiger zur Anfechtung berechtigt sind, ist dabei unerheblich (vgl. RG. 47, 376). Wenn mehrere Gläubiger zusammen eine und dieselbe Rechtshandlung anfechten, dann werden die Forderungsbeträge zusammengerechnet; ist der Gesamtbetrag höher als der Wert des anfechtbaren Erwerbes, dann ist der anfechtbare Erwerb maßgebend; mehr als diesen können die Gläubiger nicht fordern. Dazu einige Beispiele: Gläubiger hat 10 000 Mk. zu fordern; der anfechtbare Erwerb hat einen Wert von 5000 Mk.; Streitwert 5000 Mk. Der Gläubiger hat 5000 Mk. zu fordern; Erwerbswert 10 000 Mk.; der Streitwert 5000 Mk. Drei Gläubiger haben je 3000 Mk. zu fordern; der anfechtbare Erwerb hat einen Wert von 8000 Mk.; Streitwert 8000 Mk.; machen aber nur zwei Gläubiger ihre Ansprüche zusammen geltend, beträgt der Streitwert nur 6000 Mk.

Wird der Erwerb eines Grundstücks angefochten, ist für die Wertberechnung der wirkliche Wert des Grundstücks zur Zeit der letzten mündlichen Verhandlung maßgebend (RG. 106, 163). Davon sind abzuziehen die Werte der darauf ruhenden, nicht angefochtenen Lasten.

§ 2

Zur Anfechtung ist jeder Gläubiger, welcher einen vollstreckbaren Schuldtitel erlangt hat, und dessen Forderung fällig ist, befugt, sofern die Zwangsvollstreckung in das Vermögen des Schuldners zu einer vollständigen Befriedigung des Gläubigers nicht geführt hat oder anzunehmen ist, daß sie zu einer solchen nicht führen würde.

Allgemeines.

Anm. 1.

Unveränderter § 2 der ursprünglichen Fassung. Materialien: Begründung S. 12 ff., Protokolle S. 2268 ff. In der Literatur werden unterschieden die Voraussetzungen für die Verfolgbarkeit und für das Begründetsein des Anfechtungsanspruchs. In den §§ 1, 3, 3a werden die Voraussetzungen erörtert, unter welchen der Anfechtungsanspruch entsteht. § 2 behandelt die Frage, wann die Verfolgung des Anfechtungsanspruchs zulässig ist. Diese Frage ist im Rechtsstreit unmittelbar nach den allgemeinen Prozeßvoraussetzungen der ZPO. (Zuständigkeit, Partei- und Prozeßfähigkeit) zu prüfen, und zwar vor der Frage, ob der Anfechtungsanspruch begründet ist.

Geltendmachung im Rechtsstreit.

Anm. 2.

Im § 2 ist zwar nicht ausdrücklich angegeben, daß der Anfechtungsanspruch nur im Rechtsstreit geltend gemacht werden kann. Das ergibt sich aber, wie bereits in Anm. 72 ff. zu § 1 erwähnt, aus dem Anf.Ges. im allgemeinen. Bei der Beratung des Gesetzes vom 17. 5. 1898 ist die Ansicht geäußert worden, auch die Anfechtung von Rechtshandlungen zahlungsunfähiger Schuldner außerhalb des Konkurses könne — ebenso wie die Anfechtung des BGB. — unabhängig von jedem Prozeßverfahren durch bloße Erklärung gegenüber dem Anfechtungsgegner erfolgen. Diese Meinung findet aber im Anf.-Ges., wenn man seinen ersten Wortlaut in Betracht zieht, keine Stütze. § 1 läßt die Anfechtung nur „nach Maßgabe der folgenden Bestimmungen" zu; für alle Anfechtungsfristen ist „die Rechtshängigkeit des Anfechtungsanspruchs" entscheidend; in den §§ 5 und 9 heißt es ausdrücklich von Erhebung im Wege der Einrede und Anfechtung im Wege der Klage; ferner wird in §§ 4, 13 von dem rechtshängigen Anfechtungsanspruch und von Rechtshängigkeit gesprochen; aus alledem wird mit Recht gefolgert, daß dem Gesetz schon in der ursprünglichen Fassung eine Anfechtung außerhalb des Prozeßverfahrens unbekannt war. Auch durch die neue Fassung vom 20. 5. 98 ist dies nicht zugelassen worden (vgl. RG. 52, 340). Aus der ZPO. ergibt sich, daß ein Rechtsstreit nur dann zulässig ist, wenn ein Rechtsschutzinteresse vorliegt. Außer dem aus der ZPO. zu entnehmenden allgemeinen Rechtsschutzinteresse verlangt der § 2 Anf.Ges. noch eine Reihe besonderer Voraussetzungen, die den Rechtsstreit zwar erschweren, aber wegen der einschneidenden Wirkungen im Interesse der allgemeinen Rechtssicherheit notwendig erscheinen. Es sind Voraussetzungen, deren Vorhandensein vom Prozeßrichter von Amts wegen geprüft werden muß; der Verzicht des Anfechtungsgegners ist wirkungslos und nicht zu beachten. Die vom Anfechtungsgläubiger zur Begründung seines Rechtsschutzinteresses behaupteten Tatsachen hat aber der Richter als wahr zu unterstellen, wenn sie vom Gegner zugestanden oder nicht bestritten werden. Auch im Anfechtungsprozesse gelten die Vorschriften der §§ 138, 288, 331 ZPO. Ob dies auch für die Nachprüfung über das Vorliegen eines Vollstreckungstitels gilt, vgl. Anm. 27ff. Über die Folgen des Nichtvorliegens der im § 2 geforderten Voraussetzungen vgl. Anm. 27ff. Die Anfechtungsklage ist stets Leistungsklage und nicht Feststellungsklage (vgl. §§ 7, 9).

Anm. 3.

Die im § 2 gegebenen Voraussetzungen des Rechtsschutzinteresses müssen auch vorliegen, wenn der Anfechtungsanspruch im Wege der Einrede oder Gegeneinrede geltend gemacht wird. Über die dann zulässige Erleichterung wird im § 5 zu sprechen sein.

Voraussetzungen in der Person des Anfechtungsgläubigers.

Anm. 4.

Zur Anfechtung ist jeder Gläubiger, welcher einen vollstreckbaren Schuldtitel erlangt hat, befugt. Gläubiger ist nach § 241 BGB. derjenige, welcher kraft des Schuldverhältnisses von dem Schuldner eine Leistung zu fordern hat. Grundsätzlich gilt dies auch für das Anf.Ges. Gläubiger ist daher nicht der Erbe eines Verkäufers, welcher den von dem Erblasser verkauften Gegenstand für sich in Anspruch nimmt; er kann den Verkauf seines Erblassers nicht anfechten, weil er durch den Verkauf in seiner Erbschaft benachteiligt sei. Die Leistung muß immer eine Geldleistung sein (vgl. noch Anm. 13ff.).

Anm. 5.

In der Regel ist Gläubiger derjenige, welcher in dem vollstreckbaren Schuldtitel als Gläubiger genannt ist. An seine Stelle treten seine Erben. Tritt der genannte Gläubiger seine Rechte aus dem Schuldtitel ab, so tritt an seine Stelle sein Rechtsnachfolger. Darüber, daß das Anfechtungsrecht auf den Rechtsnachfolger mit übergeht, vgl. Anm. 71 zu § 1. Dadurch, daß die Forderung, für welche der Anfechtungsgläubiger einen vollstreckbaren Schuldtitel erwirkt hat, gepfändet ist, verliert der Anfechtungsgläubiger nicht das Recht an dem Schuldtitel und auch nicht das Anfechtungsrecht. Ist die Forderung dem Pfändungsgläubiger zur Einziehung überwiesen, dann ist sowohl der Gläubiger als auch der Pfändungsgläubiger zur Erhebung der Anfechtungsklage berechtigt; doch ist der Klageantrag entsprechend zu formulieren (Recht 1912 S. 145). Ist aber die Forderung dem Pfändungsgläubiger an Zahlungs Statt überwiesen, so kann der bisherige Gläubiger nicht mehr anfechten; das Anfechtungsrecht geht auf den Pfändungsgläubiger über (vgl. Anm. 71 zu § 1, Hartmann-Meikel S. 104); die Überweisung an Zahlungs Statt wirkt wie eine Abtretung. Einer vollstreckbaren Ausfertigung des Schuldtitels bedarf es nicht; eine Vollstreckungsklausel wird nicht erfordert (RG. 110, 354).

Anm. 6.

Der Gläubiger muß einen vollstreckbaren Schuldtitel haben. Im § 2 wird zwischen den Arten der vollstreckbaren Schuldtitel nicht unterschieden (RG. 110, 354). Daß der Schuldner bei Erlaß des den Vollstreckungstitel bildenden Urteils geisteskrank gewesen ist, steht der Anfechtung nicht entgegen (OLG. Kolmar 23. 5. 13 LeipzZ. 13, 871). Als vollstreckbare Schuldtitel kommen in Betracht:

1. die rechtskräftigen oder für vorläufig vollstreckbar erklärten Endurteile der Gerichte des Deutschen Reiches, auch der Arbeitsgerichte; auch die Urteile der früheren Gewerbe- und Kaufmannsgerichte, die Urteile der Konsulargerichte, der Innungsschiedsgerichte;
2. die Urteile nicht deutscher Gerichte, wenn die Zwangsvollstreckung daraus durch ein deutsches Vollstreckungsurteil ausgesprochen ist (§§ 704 Abs. 1, 722, 723 ZPO.); für die österreichischen Entscheidungen vgl. den Vertrag über Rechtsschutz und Rechtshilfe zwischen dem Deutschen Reiche und der Republik Österreich vom 21. 6. 1923;
3. die Schiedssprüche, wenn sie durch Beschluß für vollstreckbar erklärt sind (§ 1042 ZPO.);
4. die nach Erhebung der Klage oder in einem Güteverfahren zwischen den Parteien oder zwischen einer Partei und einem Dritten zur Beilegung eines Rechtsstreites seinem ganzen Umfang nach oder in betreff eines Teiles des Streitgegenstandes vor einem deutschen Gericht oder vor einer Gütestelle der im § 495a Abs. 1 Nr. 1 bezeichneten Art abgeschlossenen Vergleiche sowie Vergleiche, die gemäß § 118a zu richterlichem Protokoll genommen sind (§ 794 Abs. 1 Ziff. 1 ZPO.) (vgl. Anm. 10);
5. Kostenfestsetzungsbeschlüsse; Entscheidungen, gegen welche das Rechtsmittel der Beschwerde stattfindet; Vollstreckungsbefehle (§ 794 Abs. 1 Ziff. 2 bis 4);
6. vollstreckbare Urkunden der deutschen Gerichte und der deutschen Notare unter den Voraussetzungen des § 794

Abs. 1 Ziff. 5, wenn sich der Schuldner der sofortigen Zwangsvollstreckung unterworfen hat;
7. die konkursmäßigen Feststellungen (§§ 144, 146, 164, 165, 194, 206 KO.);
8. die Zuschlagsbeschlüsse im Zwangsversteigerungsverfahren (§§ 132, 133 ZwVG.);
9. die Beschlüsse des Konkursgerichts über die von den Genossen einer eingetragenen Genossenschaft zur Befriedigung der Genossenschaftsgläubiger zu leistenden Beiträge und über die von der Genossenschaft an den gerichtlich bestellten Revisor zu zahlenden Vergütungen (§§ 105—109, 113, 114, 129, 60 Gen.Ges.);
10. die rechtskräftigen Bestätigungsbeschlüsse im Auseinandersetzungsverfahren (§§ 98, 99 FGG.);
11. die rechtskräftig bestätigte Dispache (§ 158 FGG.);
12. die Heberollenauszüge für die Berufsgenossenschaftsbeiträge und die Vorschüsse für diese nach der Reichsversicherungsordnung;
13. die rechtskräftigen Entscheidungen der deutschen Strafgerichte zur Zahlung einer Vermögensstrafe oder einer Buße oder der Kosten; dazu gehören auch die Entscheidungen der Disziplinargerichte (vgl. Anm. 9);
14. die landesgesetzlich zugelassenen Vollstreckungstitel (§ 801 ZPO.), die wegen ihrer Mannigfaltigkeit in den verschiedenen deutschen Bundesstaaten hier nicht aufgezählt werden können (vgl. Anm. 8).

Ob die Forderung des Gläubigers vor oder nach der anzufechtenden Handlung entstanden ist, hat keine Bedeutung. Die spätere Entstehung der Forderung des Anfechtungsgläubigers schließt die Anfechtung nicht aus, wenn auch andererseits das Fehlen von Gläubigern zur Zeit der angefochtenen Handlung eine Benachteiligungsabsicht unwahrscheinlich macht (JW. 1904 S. 152 Nr. 30; RG. 26, 12).

Anm. 7.

Die Vollstreckungsklausel ist nicht erforderlich; die Beifügung der Vollstreckungsklausel hat nur den Zweck, dem Gerichtsvollzieher die Prüfung der Vollstreckbarkeit durch ein äußerlich erkennbares Zeichen abzunehmen. Das Gericht muß im Anfechtungsprozeß die Vollstreckbarkeit des Titels selbst prüfen. Ergibt sich, daß der Titel nicht vollstreckbar ist, so erlangt er diese Eigenschaft auch nicht durch eine irrtümlich beigefügte Vollstreckungsklausel (RG. v. 2. 3. 09 in LeipzZ. 09 S. 555 Nr. 7). Zu dieser Schlußfolgerung berechtigt der Umstand, daß in der KO. die vollstreckbaren Schuldtitel (§ 35) in gleichem Sinne wie im § 2 Anf.Ges. erwähnt werden, während § 146 in einem anderen Sinne von einem „mit der Vollstreckungsklausel versehenen Schuldtitel“

spricht (ebenso Jaeger Anm. 20). Darauf, ob es empfehlenswert ist, das Erfordernis des vollstreckbaren Schuldtitels in einem späteren Gesetze fortfallen zu lassen, kann hier nicht näher eingegangen werden (vgl. Einleitung Anm. 7). Tritt an die Stelle des früheren Gläubigers infolge Abtretung oder gerichtlicher Überweisung der Forderung oder kraft Gesetzes ein anderer Gläubiger, so ist auch nicht erforderlich, daß die Vollstreckungsklausel zuvor auf die neuen Gläubiger umgeschrieben wird (vereinzelt bestritten); der neue Gläubiger muß aber die Rechtsnachfolge nachweisen.

Anm. 8.

Die landesgesetzlichen Vollstreckungstitel (§ 801 ZPO.) sind zwar nur in dem Bundesstaat vollstreckbar, in welchem sie erlassen sind. Sie sind aber gleichwohl geeignet, auch in anderen Bundesstaaten die Grundlage eines Anfechtungsprozesses zu bilden. Da die Vollstreckbarkeit eines landesgesetzlichen Vollstreckungstitels beschränkt ist, muß der Anfechtungsgläubiger befürchten, daß der Anfechtungsbeklagte ihm entgegenhält, der von ihm erworbene Gegenstand befinde sich außerhalb des Bundesstaates, in welchem der Vollstreckungstitel erlassen ist, der Anfechtungsgläubiger hätte, selbst wenn der Erwerb beim Schuldner geblieben wäre, nicht vollstrecken können und sei daher nicht benachteiligt. In vielen Fällen dieser Art ist jedoch die Zwangsvollstreckung im Wege der Rechtshilfe auch in Gegenstände, welche sich in einem Bundesstaate befinden, zulässig; (vgl. Reichsges. über den Beistand bei Einziehung von Abgaben und Vollstreckung von Vermögensstrafen vom 9. 6. 1895); in solchen Fällen könnte der Anfechtungsbeklagte sich auf die beschränkte Vollstreckbarkeit nicht berufen (vgl. Hartmann-Meikel S. 101).

Anm. 9.

Gleichgültig ist, ob die Forderung dem privaten oder dem öffentlichen Rechte angehört. Ein Anfechtungsrecht haben auch die Körperschaften öffentlichen Rechts, insbesondere der Fiskus wegen der oben unter Ziff. 13 genannten Forderungen. Geldstrafen kann der Fiskus im Konkursverfahren nicht geltend machen (§ 63 KO.); er hat daher auch keinen Anteil an der vom Konkursverwalter erfolgreich durchgeführten Anfechtung. Da es im Anf.Ges. an einer gleichen Vorschrift fehlt, ist der Staat als Gläubiger von Geldstrafenforderung zur Anfechtung außerhalb des Konkursverfahrens berechtigt (vgl. Hartmann-Meikel S. 117). Dabei macht es keinen Unterschied, ob die Geldstrafe in einem Strafverfahren, in einem Disziplinarverfahren, wegen Ungehorsams oder Ungebühr vor Gericht, auf Grund von §§ 888, 890 ZPO. oder als Ordnungsstrafe gemäß §§ 78, 1788, 1837, 1875 BGB., 33, 83, 132ff., 140 FGG. verhängt ist.

Anm. 10.

Die oben unter Ziffer 4 erwähnten Vergleiche brauchen nicht vor dem Zivilprozeßrichter geschlossen zu sein; sie können auch vor einem Richter der freiwilligen Gerichtsbarkeit eingegangen sein, wenn sie nur einen Rechtsstreit erledigen (RG. 21, 345). Streitig ist, ob auch der Vergleich in Privatklagesachen dazu gehört; nach einer verbreiteten Praxis (vgl. Hartmann-Meikel S. 99; Recht 1909 S. 476) wird auch dieser Vergleich als vollstreckbarer Titel angesehen. Keiner weiteren Erörterung bedarf es, daß außergerichtliche Vergleiche, auch wenn sie schriftlich abgefaßt sind, keine vollstreckbaren Titel darstellen.

Anm. 11.

Streitig ist die Frage, ob auch Arreste geeignete Schuldtitel sind. Diese Frage wird bejaht u. a. von Riehl. Die herrschende Ansicht (vgl. u. a. RG. 32, 230; JW. 94, 456; Jaeger Anm. 18, Hartmann-Meikel S. 102) verneint zutreffend; ein Arrestbefehl ergeht nur zur Sicherung einer Forderung; durch die Zwangsvollstreckung wird nur die Sicherung, nicht die Befriedigung des Arrestgläubigers erreicht. Durch die einstweilige Verfügung wird nur ein einstweiliger Zustand herbeigeführt; die einstweilige Verfügung dient im allgemeinen nicht zur Befriedigung des Gläubigers wegen Geldforderungen; dies geschieht nur in bestimmten Fällen. Im Gesetz werden die hier in Betracht kommenden Maßnahmen „einstweilige Verfügungen" genannt, auf welche die Vorschriften der §§ 935 ff. ZPO. Anwendung finden; es handelt sich aber um „eine innerlich völlig verschiedene Art"; im abgekürzten Verfahren wird auf bloße Glaubhaftmachung hin für eine vom Gesetz bestimmte Dauer eine provisorische Verurteilung zur Befriedigung eines Geldanspruchs ausgesprochen (vgl. Stein ZPO. Vorbem. zu § 916). Dazu gehören die einstweiligen Verfügungen über Unterhaltsrenten während des Getrenntlebens der Ehegatten (§ 627 ZPO., § 1361 BGB.), über Zahlung des Prozeßkostenvorschusses des Ehemannes und Vaters, über die Unterhaltsrente des unehelichen Kindes und Entbindungskosten der Mutter (§ 1716 BGB.). Solche „einstweiligen Verfügungen" sind vollstreckbare Schuldtitel im Sinne des § 2 (a. A. Hartmann-Meikel S. 102) (vgl. § 10).

Anm. 11a.

Streitig ist, ob der Staat zum Vollzug einer Vermögensbeschlagnahme anfechten kann. In der älteren Literatur wird diese Frage vereinzelt allgemein bejaht. Hartmann-Meikel hatte sie in den früheren Auflagen in dem Fall des § 325 StPO. alter Fassung (§ 283 StPO. n. F.) bejaht, für den Fall des § 332 StPO. a. F. (§ 290 StPO.

n. F.) verneint. In der letzten 6. Aufl. (S. 117) hat er die Streitfrage in beiden Fällen verneint (vgl. auch Jaeger Anm. 9). Diese Ansicht ist zutreffend, da die Vermögensbeschlagnahme in allen Fällen ebenso wie der Arrest nur die Sicherung der für den Fall der Verurteilung möglicherweise notwendigen Zwangsvollstreckung wegen Geldstrafe und Kosten bezweckt.

Anm. 12.

Weiter ist streitig, ob ein gegen Sicherheitsleistung für vorläufig vollstreckbar erklärtes Urteil als vollstreckbarer Titel im Sinne des § 2 anzusehen ist, wenn die Sicherheitsleistung nicht geleistet wird. Diese Frage wird verneint von Hartmann-Meikel (S. 104) mit der Begründung, weil andernfalls die Bedingung der Vollstreckbarkeit nicht eingetreten sei. Sie wird u. a. vom OLG. Karlsruhe (Bad. Rspr. 1914, 135) und von Jaeger Anm. 19 bejaht, weil von der Sicherheitsleistung — ebenso wie von der Zustellung (§§ 750—752, 795 ZPO.) — die Gesetzlichkeit des Vollzugs der Vollstreckung, nicht aber die Vollstreckbarkeit des zu erzwingenden Anspruchs abhänge, da sie sonst vor der Erteilung der die Vollstreckbarkeit bezeugenden Klausel gegeben sein müßte. Diese Ansicht ist zutreffend und wird auch vom Reichsgericht (RG. 110, 354) gebilligt mit folgender Begründung: Die Anfechtungsklage ist kein Akt der Zwangsvollstreckung, bereitet diese lediglich vor. Auch die Sondervorschrift des § 10 kennt keinen Unterschied der vorläufig vollstreckbaren Schuldtitel (RG. 96, 338). Nach der Gegenmeinung würden solche Rechtsuchenden, die aus Mangel an Geldmitteln zur Sicherheitsleistung nicht in der Lage sind, bis zum Eintritt der Rechtskraft des Urteils gehindert sein, ihre Anfechtungsrechte zu verfolgen. Diese Verzögerung könnte ihnen leicht Schaden bringen, und zwar einerseits bezüglich der Wahrung der im § 3 Ziffer 2 bis 4 vorgesehenen Fristen, wobei, wenn der um den vollstreckbaren Titel zu führende Rechtsstreit lange Zeit dauert, möglicherweise auch die Schutzvorschrift des § 4 versagen könnte, andererseits im allgemeinen schon deshalb, weil in Anfechtungssachen aus wirtschaftlichen Gründen Eile geboten zu sein pflegt. Eine derartige Benachteiligung unbemittelter Personen kann keinesfalls in der Absicht des Gesetzgebers gelegen haben.

Bestimmte Geldforderung des Anfechtungsgläubigers.

Anm. 13.

Die Anfechtung ist ein Hilfsmittel der Geldvollstreckung (Anm. 7 zu § 1). Für die Anfechtung des Konkursverwalters ergibt sich dies ohne weiteres aus § 3 KO., da die Konkursmasse zur Befriedigung aller persönlichen Gläubiger dient. Im Anf.Ges. fehlt eine entsprechende Vorschrift. Für die Einzelanfechtung folgt die Richtigkeit des genannten Satzes aus dem Wortlaut des § 2: „sofern die Zwangsvollstreckung in das Vermögen des Schuldners zu einer vollständigen Befriedigung des Gläubigers nicht geführt hat". Dieser Satz entspricht dem § 807 ZPO., wo es sich nur um Geldforderungen handelt (vgl. Begr. S. 14; ferner Jaeger Anm. 8 mit zahlr. Literaturangaben; vgl. Anm. 15).

Anm. 14.

Gläubiger im Sinne des Anf.Ges. ist zunächst jeder persönliche Gläubiger. Aber auch der Dinglichberechtigte gehört hierher, der einen auf Zahlung einer Geldsumme gerichteten Schuldtitel hat (vgl. §§ 592 Satz 2, 688 Abs. 1 Satz 2, 794 Abs. 1 Ziff. 5 Satz 2 ZPO.) (vgl. JurW. 1929 S. 1661 Nr. 20). In erster Linie sind es die Hypotheken-, Grundschuld- und Rentenschuldgläubiger (§§ 1113, 1191, 1199 BGB.); vgl. RG. 29. 10. 29 Höchstrichterl. Rechtspr. 1930 Nr. 248; vgl. Anm. 23 zu § 9). Die Gläubiger einer Reallast (§ 1105 BGB.) kommen nur dann in Betracht, wenn es sich um eine in einer Geldsumme ausdrückbare Leistung handelt. In welchem Falle ein Pfändungsgläubiger anfechten kann, ist Anm. 5 erörtert. Die Gläubiger von Grunddienstbarkeiten, persönlichen Dienstbarkeiten, die Nießbrauchberechtigten haben kein Anfechtungsrecht; es handelt sich bei ihnen nicht um Geldforderungen. Dasselbe gilt auch für die Pfandgläubiger (Jaeger Anm. 11, a. A. Hartmann-Meikel S. 98). Das Pfandrecht dient zur Sicherung einer Forderung, die auf Geldleistung gerichtet sein kann. Als persönlicher Gläubiger einer bestimmten Geldforderung hat er das Anfechtungsrecht, nicht aber in seiner Eigenschaft als Pfandgläubiger. (RG. 123, 242.)

Anm. 15.

Der vollstreckbare Schuldtitel muß auf eine bestimmte Geldsumme gerichtet sein; der Geldbetrag muß ziffernmäßig festgestellt oder doch wenigstens ohne Schwierigkeiten feststellbar sein. Schuldtitel, welche Herausgabe von Gegenständen, ein Tun oder Unterlassen, Sicherstellung einer bestimmten Geldsumme betreffen, scheiden aus. (So die herrschende Ansicht Jaeger Anm. 9; RG. 18, 145; 19, 205; JW. 98, 74 u. 480; 1930 S. 553 Nr. 14; RG. v. 15. 12. 08 in LeipzZ. 1908 S. 399). Hartmann-Meikel läßt auch Vollstreckungstitel zu, auf Grund deren der Schuldner eine bestimmte Quantität vertretbarer Sachen oder eine individuell bestimmte Sache zu leisten hat. Er führt aus, auch in diesen Fällen liege ein dem Geldwerte nach ziffernmäßig festzustellender Befriedigungsanspruch vor, die Begriffe „Forderung“ und „Geldforderung“ seien nicht identisch; auch der Ausdruck „Zahlungsunfähigkeit“ im § 4 unterstütze nicht die reichsgerichtliche Anschauung, daß der Schuldtitel bestimmte Geldforderungen zum Inhalt haben müsse. Richtig ist, daß die Begriffe „Forderung“ und „Geldforderung“ nicht identisch sind; auch der Ausdruck „Zahlungsunfähigkeit“ rechtfertigt allein noch nicht die erwähnte Schlußfolgerung. Die bestimmte Angabe im Schuldtitel ist erforderlich, damit der Höchstbetrag der Rückgewähr festgestellt werden kann. Die Anfechtung bezweckt die Befriedigung des Gläubigers nur wegen einer bestimmten Forderung; diese muß in der Klage angegeben sein; ihre Vertauschung mit einer anderen enthält eine unzulässige Klagänderung (§§ 264, 268 ZPO. vgl. RG. 29, 3). Geht der Schuldtitel auf Leistung einer bestimmten Quantität vertretbarer Sachen, so läßt sich der Geldbetrag nicht ohne weiteres feststellen; dies gilt ganz besonders, wenn eine andere Leistung, Auflassung eines Grundstücks, Rechnungslegung, ein Tun oder Unterlassen in Betracht kommt. Nur wenn eine bestimmte Menge Geldes zu leisten ist, läßt sich der Höchstbetrag der Rückgewähr ohne Schwierigkeit berechnen. Die Verurteilung zur Sicherheitsleistung genügt auch dann nicht, wenn ein bestimmter Betrag sicherzustellen ist, weil dadurch die sicherzustellende Forderung nicht vollstreckbar wird und die Sicherheit in verschiedener Weise geleistet werden kann. Das gleiche gilt, wenn sich jemand in einer notariellen Urkunde als Selbstschuldner für den Ausfall verbürgt und nur insoweit der sofortigen Zwangsvollstreckung unterworfen hat (RG. 2. 3. 09 in LeipzZ. 1909 S. 555 Nr. 7). (RG. 126, 76.)

Anm. 16.

Auch beim Grundschuld- und Hypothekengläubiger handelt es sich um bestimmte Geldbeträge. Hier ist zu unterscheiden, ob der Grundstückseigentümer gleichzeitig persönlicher Schuldner ist oder nicht. Ist der Grundstückseigentümer auch persönlicher Schuldner, dann hat der Anfechtungsgläubiger die Wahl, ob er als persönlicher oder dinglicher Gläubiger vorgehen will. Geht der vollstreckbare Schuldtitel nur auf Leistung aus dem Grundstück, dann könnten nur Handlungen des Schuldner-Eigentümers angefochten werden, welche das Grundstück betreffen. Geht der Schuldtitel auf persönliche Leistung, dann kann der Anfechtungsgläubiger auch nachteilige Rechtshandlungen des Eigentümers über andere Gegenstände anfechten (vgl. RG. JW. 1917 S. 478). Das Anfechtungsrecht des Hypothekengläubigers geht nicht dadurch unter, daß seine Hypothek bei der Zwangsversteigerung ausgefallen ist (vgl. RG. JW. 1917 S. 478); der Gläubiger behält seinen persönlichen Anspruch.

Die Befugnis des Grundstückseigentümers, von dem Rangvorbehalt des § 7 AufwG. Gebrauch zu machen, ist unpfändbar, auch der Ausübung nach (RG. 1. 5. 30 HRR. 30 Nr. 1368); die für einen Dritten in dieser Stelle eingetragene Hypothek ist aber pfändbar; die Hypothekenbestellung kann eine objektive Gläubigerbenachteiligung sein und angefochten werden (RG. 3. 4. 28 im Recht 28 Nr. 1690). Die Abtretung einer Eigentümergrundschuld kann von einem ausgefallenen Gläubiger angefochten werden (RG. in HRR. 29, 1515, 1516).

Anm. 17.

Die im Schuldtitel genannte Forderung muß f ä l l i g sein. Dies ist von Belang, wenn Verurteilung zu künftiger Zahlung, zu künftiger Entrichtung von wiederkehrenden Leistungen erfolgt ist (§§ 257—259 ZPO.). Die Anfechtung ist zulässig zugunsten aller — auch erst im Laufe des Anfechtungsprozesses fällig gewordener — Geldleistungen; maßgebend ist die letzte mündliche Verhandlung, auf welche das Urteil folgt, auch noch in der Berufungsverhandlung; nötigenfalls wird der Klageantrag in der letzten Verhandlung dahin zu ergänzen sein, daß die Rückgewährpflicht auch in Höhe der bis dahin fällig gewordenen bestimmten Geldsummen besteht. Wegen der erst nach der letzten mündlichen Verhandlung fällig gewordenen Geldbeträge, Renten, ist nach Eintritt der Fälligkeit eine neue Anfechtungsklage zu erheben (vgl. JW. 98 S. 480, 574).

Anm. 18.

Geht der vollstreckbare S c h u l d t i t e l a u f Z a h l u n g Z u g u m Z u g, so wird die Fälligkeit der Forderung hierdurch nicht beeinträchtigt. Der Anfechtungsgläubiger kann ohne weiteres anfechten. Die Forderung wird dadurch nicht bedingt, sondern lediglich die Vollstreckbarkeit. Erfüllung Zug um Zug kennt das BGB. in §§ 274, 322, 348. Die Zwangsvollstreckung darf nicht beginnen, bevor dem Schuldner die diesem gebührende Leistung in einer den Verzug der Annahme begründenden Weise angeboten ist (§§ 726, 756, 765 ZPO.). Der Gläubiger kann dem Anfechtungsgegner gegenüber nicht besser gestellt werden als er dem Schuldner gegenüber stand. Die Rückgewähr hat in solchen Fällen nur Zug um Zug zu erfolgen. Dementsprechend ist die Urteilsformel im Anfechtungsprozeß zu fassen (vgl. Jaeger Anm. 14). Hartmann-Meikel ist der Ansicht, daß die Vollstreckung des Anfechtungsurteils nach § 10 Anf.Ges. von der gleichzeitigen Gewährung der Gegenleistung an den Schuldner abhängig zu machen sei. Die Voraussetzungen des § 10 sind, wie dort noch zu erörtern, eng begrenzt; eine analoge Ausdehnung ist nicht zulässig.

Anm. 19.

Die Rückgewähr hat Zug um Zug gegen eine *Gegenleistung* zu erfolgen. Die Frage ist, an wen die Gegenleistung zu erfolgen hat, an den Anfechtungsgegner oder an den Schuldner. Die Antwort lautet „an den Schuldner". Durch den erfolgreichen Anfechtungsprozeß ist der Erwerb des Anfechtungsgegners dem Gläubiger gegenüber unwirksam geworden; das Erworbene befindet sich — dem Gläubiger gegenüber — wieder im Eigentum des Schuldners. Wiederhergestellt ist der alte Vermögensstand des Schuldners. Wenn der Gläubiger in diesen vollstrecken will, muß er sich gleichzeitig zur Leistung Zug um Zug an den Schuldner erbieten. Hat der Gläubiger im Rechtsstreit nachgewiesen, daß er Zug-um-Zug-Leistung angeboten hat, so kann im Urteil Rückgewähr schlechthin — ohne Gegenleistung — erfolgen (ebenso Jaeger). Weist im Anfechtungsprozeß der Anfechtungsbeklagte darauf hin, daß die Leistung des Schuldners Zug um Zug zu geschehen hat, so liegt darin nicht die Geltendmachung der Einrede des Zurückbehaltungsrechtes. Dem Anfechtungsgegner steht die Einrede des Zurückbehaltungsrechtes nicht zu.

Fruchtlose Zwangsvollstreckung beim Schuldner.

Anm. 20.

Die Anfechtung ist nur zulässig, *sofern die Zwangsvollstreckung in das Vermögen des Schuldners zu einer vollständigen Befriedigung des Gläubigers nicht geführt hat oder anzunehmen ist, daß sie zu einer solchen nicht führen würde.* Die beiden hier erwähnten Fälle werden kurz dahin zusammengefaßt, daß sich die *Zahlungsunfähigkeit* des Schuldners ergeben haben muß.

In Anm. 67 des § 1 ist bereits ausgeführt, daß sich — ähnlich wie bei der Bürgenhaftung — hieraus die akzessorische Natur der Haftung des Anfechtungsgegners ergibt.

Anm. 21.

Die Fassung des § 2 lehnt sich, worauf schon die Motive hinweisen, an den § 807 ZPO. an. In der Beurteilung der *Tatfrage*, ob anzunehmen sei, daß eine Zwangsvollstreckung in das Vermögen des Schuldners zu einer vollständigen Befriedigung des Gläubigers nicht führen würde, will das Gesetz das *richterliche Ermessen* (§ 286 ZPO.) nicht beschränken und vermeidet daher, kasuistische und doch nicht erschöpfende Rechtsvermutungen aufzustellen, wie sie das preuß. Ges. v. 3. 5. 1855 enthält. Zahlungsunfähigkeit ist nicht der Überschuldung gleichzusetzen. Bei der Gläubigeranfechtung außerhalb des Konkurses, bei welcher nur die Befriedigung eines einzelnen Gläubigers herbeigeführt werden soll, ist das Unvermögen des Schuldners, diesem Gläubiger wegen seiner zur Vollstreckung stehenden Forderung Befriedigung zu gewähren, genügend und notwendig. Allgemeine Zahlungsunfähigkeit, voraussichtlich dauernder Mangel an Zahlungsmitteln, ist nicht erforderlich.

Anm. 22.

Die Beurteilung der Frage hängt davon ab, ob dem Anfechtungsgläubiger nur eine einzelne bestimmte Sache haftet oder ob ihm der Zugriff gegen das gesamte Vermögen des Schuldners zusteht. Der Hypothekengläubiger braucht deshalb gegenüber dem allein dinglich haftenden Grundstückseigentümer nur darzutun, daß das Grundstück ihm keine Befriedigung gewähre, wenn schon er aus der persönlichen Forderung noch andere Befriedigungsmöglichkeiten hätte (JW. 1917 S. 478 Nr. 21). Steht dem Gläubiger dagegen der Zugriff in das gesamte pfändbare Vermögen des Schuldners zu, also bei persönlicher Haftung des Schuldners, dann muß die Zwangsvollstreckung gegen alle pfändbaren Vermögensobjekte des Schuldners versucht sein, in alle beweglichen Sachen, in Forderungen und in die etwa vorhandenen Grundstücke (vgl. RG. 12, 401; 22, 47; Jaeger Anm. 22, Sydow-Busch-Krieg zu § 2; Hartmann-Meikel S. 119). Wenn der Anfechtungsgläubiger die Zwangsvollstreckung in das Vermögen des Schuldners nur in beschränktem Umfange versucht hat, dann muß er befürchten, daß der Anfechtungsgegner ihn im Laufe des Rechtsstreits auf weitere Pfändungsmöglichkeiten hinweist und damit Abweisung der Anfechtungsklage erreicht. Darüber Näheres Anm. 27 ff. Ob der einzelne Vollstreckungsversuch genügt, ist Tatfrage; die Beurteilung ist vom Ermessen des Gerichts abhängig. (RG. 123, 242.)

Liegt ein Schuldtitel nur gegen eine offene Handelsgesellschaft und nicht zugleich auch gegen die einzelnen Gesellschafter vor, so genügt der Nachweis, daß die Zwangsvollstreckung in das Vermögen der Gesellschaft erfolglos gewesen ist; es ist nicht darzutun, daß auch die Vollstreckung gegen die Gesellschafter fruchtlos war (RG. 15. 2. 27 in JR. 27, 960).

Anm. 23.

Nicht erforderlich ist, daß der Gläubiger die Vollstreckung gegen den Schuldner bis zum Offenbarungseid durchführt. (Vgl. RG. 10, 236.) Das würde eine wesentliche Verteuerung und Verzögerung des Anfechtungsprozesses bedeuten, so praktisch auch in Einzelfällen dieser Schritt sein mag. Doch ist dabei zu berücksichtigen, daß anfechtbare Veräußerungen von dem Schuldner beim Offenbarungseid nicht angegeben werden, da der Schuldner ja den Gegenstand aus seinem Vermögen weggegeben hat.

Anm. 24.

Ein Vollstreckungsversuch erübrigt sich, wenn anzunehmen ist, daß die Zwangsvollstreckung zu einer Befriedigung des Gläubigers nicht führen würde. Der Gläubiger hat die zu dieser Annahme berechtigenden Tatsachen zu behaupten und beim Bestreiten des Gegners zu beweisen. Eine Glaubhaftmachung genügt nicht. Am einfachsten wird der Hinweis darauf sein, daß der Schuldner erst kürzlich, auf wessen Veranlassung ist unerheblich, den Offenbarungseid geleistet hat. Wiederum ist es richterlichem Ermessen überlassen, dies für ausreichend zu erachten, wenn bereits einige Zeit seit der Leistung des Offenbarungseides vergangen ist. Unter Umständen wird es genügen, wenn der Anfechtungsgläubiger nachweist, daß kurz zuvor andere Gläubiger die Zwangsvollstreckung vergeblich versucht haben oder daß die Eröffnung des Konkursverfahrens aus Mangel an Masse abgelehnt worden ist. Ist teilweise Befriedigung des Gläubigers möglich, dann wird der Rückgewähranspruch dahin zu begrenzen sein, daß Rückgewähr nur soweit zu erfolgen hat, als Befriedigung nicht erfolgen kann.

Anm. 25.

Auch dann liegt Zahlungsunfähigkeit des Schuldners vor, wenn dieser zwar ein Grundstück besitzt, das Grundstück aber mit Hypotheken überlastet ist. Hierbei kommt es nur auf den gegenwärtigen Wert an; die Möglichkeit einer späteren Werterhöhung bleibt außer Betracht (JW. 92 S. 239).

Anm. 26.

Die Voraussetzung der Zahlungsunfähigkeit muß zur Zeit der letzten mündlichen Verhandlung nachweisbar und nachgewiesen sein. Ist der Schuldner zwar bei Klageerhebung zahlungsunfähig gewesen, im Laufe des Rechtsstreits aber zahlungsfähig geworden, so fehlt es an einer für die Verfolgbarkeit des Anfechtungsanspruchs erforderlichen Voraussetzung und ist die Klage daher abzuweisen (streitig, vgl. OLG. 10, 233); für die Kostenfrage ist aber die ursprüngliche Begründetheit von Bedeutung (vgl. Hartmann-Meikel S. 124).

Der Gläubiger muß in erster Linie das beim Schuldner noch vorhandene Vermögen angreifen. Nur soweit dieses zur vollständigen Befriedigung nicht ausreicht, kann der Gläubiger sich an den anfechtbaren Erwerb des Gegners halten. Das folgt aus dem subsidiären Charakter der Einzelanfechtung.

In der Literatur, auch in der Rechtsprechung, wird mehrfach angenommen, daß der Gläubiger, der Vermögensstücke des Schuldners gepfändet hat, aber daraus eine vollständige Befriedigung nicht erlangen kann, den Anfechtungsgegner wegen des ganzen Betrages in Anspruch nehmen dürfe und die beim Schuldner gepfändeten Gegenstände freigeben müsse. Diese Ansicht wird mit Recht von Jaeger (Anm. 27) bekämpft. Aus dem Anfechtungsgesetz ergibt sich mit aller Deutlichkeit, daß ein Anfechtungsanspruch nur besteht, soweit eine Rückgewähr zur Befriedigung des Gläubigers erforderlich, mit anderen Worten, soweit der Gläubiger benachteiligt ist. Die Pfändung in das Schuldnervermögen darf nur unterbleiben, wenn sich von der Verwertung der zu pfändenden Gegenstände ein Überschuß über die Kosten der Zwangsvollstreckung nicht erwarten läßt (§ 803 Abs. 2 ZPO., vgl. § 44 ZVG.). Der Gläubiger kann, wenn er vom Schuldner teilweise Befriedigung erlangen kann, den Anfechtungsgegner nur wegen des ungetilgten Restes seiner Forderung in Anspruch nehmen.

Einwendungen des Anfechtungsgegners.

Anm. 27.

„Der vollstreckbare Schuldtitel begründet", wie es in den Motiven heißt, „in genügender Weise die Legitimation des Gläubigers gegenüber dem Dritten". Ein sonstiger Nachweis der Forderung des Gläubigers ist nicht erforderlich. Zwar kann von einer Rechtskraft des gegen den Schuldner ergangenen Urteils dem Dritten (Anfechtungsgegner) gegenüber nicht die Rede sein. Einer solchen bedarf es aber auch nicht, da der Anfechtungsanspruch einen eigenen Inhalt hat. Der Gläubiger braucht sich nur auszuweisen, daß er dem Schuldner gegenüber das Recht erlangt habe, in Höhe eines bestimmten Schuldbetrages seine Befriedigung aus dem Vermögen desselben zwangsweise zu suchen. Liegt eine vollstreckbare Ausfertigung des Schuldtitels vor, so wäre es Sache des Anfechtungsgegners, gegen die Zulässigkeit der Vollstreckungsklausel Einwendungen zu erheben. Selbstverständlich bleibt es dem Anfechtungsgegner auch unbenommen, in dem Anfechtungsprozesse solche Einwendungen, welche den durch den Schuldtitel festgestellten Anspruch selbst betreffen, in dem Umfange geltend zu machen, in welchem der Schuldner zu ihrer Geltendmachung befugt wäre (§§ 767, 796, 797, 797a ZPO.). Auch über diesen Umfang hinaus wird die Einrede zugelassen sein, daß die Erlangung des Schuldtitels auf einer „Kollusion zwischen Gläubiger und Schuldner" beruhe. Im Anschluß an diese aus der Begründung zum Anf.Ges. entnommenen Sätze besteht Streit, in welchem Umfange Einwendungen zulässig sind. Über die Regelung der Beweislast vgl. Anm. 41 ff.

Anm. 28.

Unstreitig kann der Anfechtungsgegner geltend machen, daß der Schuldtitel, auf welchen sich der Gläubiger beruft, kein vollstreckbarer Schuldtitel im Sinne des § 2 sei. Leugnet er das Vorhandensein der im § 2 aufgestellten Erfordernisse, so zwingt er damit den Anfechtungsgläubiger zum Nachweis. Er greift dabei nicht materiell auf das Forderungsverhältnis zwischen dem Gläubiger und dem Schuldner zurück, er erhebt damit keine Einwendung oder Einrede, sondern bestreitet die Voraussetzung der gegen ihn erhobenen Klage (vgl. JW. 1928 S. 1344). Das gleiche gilt, wenn der Anfechtungsgegner die Fälligkeit der Forderung des Schuldtitels bestreitet, und schließlich auch, wenn er die Zahlungsunfähigkeit des Schuldners bestreitet und ein ausreichendes Schuldnervermögen behauptet.

Anm. 29.

Der Anfechtungsgegner kann auch geltend machen, daß der Anfechtungsgläubiger, obgleich der vorgelegte Titel auf seinen Namen lautet, die aktive Sachlegitimation verloren habe, weil seine Forderung vor Beginn des Anfechtungsprozesses durch rechtsgeschäftliche Abtretung, richterliche Überweisung oder unmittelbar kraft Gesetzes auf einen anderen übergegangen sei. Wie schon Anm. 10, 71 zu § 1 ausgeführt hat, folgt das Anfechtungsrecht kraft seiner akzessorischen Natur der Forderung (vgl. dazu RG. 39, 14 und Jaeger Anm. 41).

Anm. 30.

Beweispflichtig für das Vorliegen aller im § 2 festgesetzten Voraussetzungen für die Verfolgbarkeit des Anfechtungsanspruchs ist der Anfechtungsgläubiger. Dem Gegner bleibt es überlassen, durch Gegenbehauptungen und Gegenbeweise die vom Gläubiger aufgestellten Behauptungen und beigebrachten Beweismittel zu entkräften.

Anm. 31.

Im übrigen ist es sehr umstritten, ob und welche Einwendungen der Anfechtungsgegner vorbringen kann. Auf jede einzelne Anschauung kann hier aus Raummangel nicht näher eingegangen werden. Doch ist kurz folgendes zu erwähnen. Manche Schriftsteller lassen keinerlei Einwendungen zu und gehen davon aus, daß das Vorprozeßurteil auch gegen den Anfechtungsgegner wirkt. Andere lassen Einwendungen des Gegners nur kraft eigenen Rechtes zu, besonders im Falle des „kollusiven Einverständnisses zwischen Gläubiger und Schuldner". Wieder andere lassen auch aus dem Rechte des Schuldners abgeleitete Einwendungen in bald engerem bald weiterem Umfange zu. Diese Streitfrage hängt zusammen mit der im § 1 erörterten Streitfrage über die Bedeutung des Anfechtungsanspruchs.

Anm. 32.

Mit der herrschenden Lehre ist die Einrede zuzulassen, daß die Erlangung des Schuldtitels auf einer „Kollusion zwischen Gläubiger und Schuldner“ beruhe (RG. 96, 338). Das Reichsgericht hat wiederholt ausgesprochen, daß sich ein Gläubiger auf ein Urteil dann nicht berufen kann, wenn die Parteien von vornherein darüber einig waren, daß aus dem angegebenen Schuldgrund ein Schuldverhältnis zwischen ihnen nicht entstehen solle (RG. 36, 249; 46, 339). Die Wirkung der Rechtskraft eines Schuldtitels muß, und zwar nicht nur im Verhältnis der Prozeßparteien untereinander, sondern auch insbesondere im Verhältnis des Gläubigers zu dem Dritten, dem Anfechtungsgegner, da versagen, wo sie von den Prozeßparteien bewußt rechtswidrig zu dem Zwecke herbeigeführt worden ist, dem, was nicht Recht ist, den Stempel des Rechtes zu geben, und daß in einem solchen Fall die Ausbeutung der bloß formalen Rechtskraft gegen die guten Sitten, wenn nicht sogar gegen die Strafgesetze verstößt (vgl. RG. 61, 359; 78, 390, vgl. auch die Ausführungen in den Kommentaren zum BGB. zu § 826). Beispiel hierfür: Die Parteien vereinbaren, daß der Kläger eine nicht bestehende Schuld einklagt. Ob der Beklagte in dem Prozeß sofort Versäumnisurteil ergehen läßt oder noch einige nicht durchgreifende Einwendungen vorgebracht hat, ist dabei gleichgültig. Oder aber der Beklagte unterwirft sich im Einverständnis mit dem Gläubiger in einer notariellen Urkunde der sofortigen Zwangsvollstreckung wegen einer tatsächlich nicht bestehenden Schuld und läßt den Gläubiger vollstrecken. Dasselbe gilt in dem folgenden Falle (vgl. RG. 39, 142). In dem Prozeß des Gläubigers gegen den Schuldner hätte der Schuldner die Einrede des Wuchers vorbringen können, unterließ es aber, weil der Gläubiger den Schuldner unter Ausbeutung seiner noch fortdauernden Notlage bestimmt hatte, die Einrede des Wuchers nicht vorzubringen. Diese Einrede kann der Anfechtungsgegner im Anfechtungsprozeß noch vorbringen.

Anm. 33.

Die Arglisteinrede des Anfechtungsgegners gegenüber dem Anfechtungsgläubiger ist zulässig, wenn die Forderung des Anfechtenden selbst auf einer anfechtbaren Rechtshandlung beruht und in der Person des Anfechtungsgegners die Voraussetzung der §§ 2, 3 Anf.Ges. gegeben ist (RG. JW.

1929 S. 1661 Nr. 20). Dabei ist zu berücksichtigen, daß bei der Einzelanfechtung der Erwerb einer Forderung gegen den Schuldner noch keinen Erwerb aus dessen Vermögen begründet. Will der Anfechtungsgegner mit seiner Einwendung sagen, daß der Gläubiger, wenn er für seine Forderung aus dem Vermögen des Schuldners befriedigt würde, seinerseits ihm gegenüber zur Rückgewähr nach Maßgabe des Anf.Ges. verpflichtet wäre, so wird diese Einwendung nach Lage des Falles vom Gesichtspunkt der Arglist aus zu würdigen sein (vgl. Hartmann-Meikel S. 115). Falls mehrere Gläubiger sich auf anfechtbare Weise einen vollstreckbaren Schuldtitel verschafft haben, kann keiner von ihnen eine Anfechtungsklage gegen den anderen erheben (JW. 1929 S. 1661).

Anm. 34.

Auf die Unwirksamkeit des Schuldtitels kann sich der Anfechtungsgegner auch mit der Behauptung berufen, das Urteil sei vom Gläubiger erschlichen. Das ist der Fall, wenn der Gläubiger durch Prozeßbetrug das Urteil erlangt hat in einer Weise, daß dem Schuldner die Verteidigung gegen den bewußt rechtswidrig erhobenen Anspruch abgeschnitten werden sollte und abgeschnitten worden ist; das trifft namentlich zu, wenn der Gläubiger das Urteil in Kenntnis des Nichtbestehens seiner Forderung durch eine öffentliche Zustellung der Klage erlangt hat, von welcher er voraussetzte, daß sie den angeblichen Schuldner nicht erreichen würde, während er wußte, wo dieser sich aufhielt oder wie er vertreten war. Der Schuldner selbst könnte in diesem Fall Schadensersatz aus § 826 BGB. fordern (vgl. RG. 78, 390). Der Anfechtungsgegner kann hierauf hinweisen und die Wirksamkeit des Urteils bemängeln. Zu einer Rückgewähr ist der Anfechtungsgegner nur verpflichtet, soweit der Gläubiger benachteiligt ist. Ist aber der Gläubiger selbst zum Schadensersatz wegen des erschlichenen Urteils verpflichtet, dann ist er nicht benachteiligt; es fehlt an einer der wichtigsten Voraussetzungen für das Anfechtungsrecht. Die bisher behandelten Einwendungen stehen dem Gegner kraft eigenen Rechtes zu. Wie es mit den Einwendungen steht, welche er aus dem Schuldnerrecht herleitet und für sich in Anspruch nimmt, ergibt sich aus folgendem.

Anm. 35.

Das Urteil des Vorprozesses wirkt gemäß §§ 325, 327 ZPO. nur zwischen dem Gläubiger und dem Schuldner und den beiderseitigen Rechtsnachfolgern. Da der Anfechtungsgegner nicht Rechtsnachfolger ist, wirkt das Vorprozeßurteil nicht gegen ihn. Von dieser Erwägung aus lassen manche Schriftsteller alle Einwendungen des Anfechtungsgegners zu, auch solche, welche der Schuldner in dem Vorprozeß bereits vorgebracht hat oder hätte vorbringen können. Das würde eine vollständige Neuaufrollung des alten Prozesses bedeuten. Die Ergebnisse des Vorprozesses können, so wird ausgeführt, nur bei der Beweiswürdigung verwertet werden. In folgerechter Durchführung dieses Gedankens kommt man dazu, den vollstreckbaren Schuldtitel für überflüssig zu halten, und wünscht eine Abänderung des Gesetzes dahin, daß der vollstreckbare Schuldtitel fortfalle. Das würde aber eine wesentliche Verteuerung und Verzögerung des Anfechtungsprozesses bedeuten. Aus wirtschaftlichen Gründen sind aber Anfechtungsprozesse möglichst zu beschleunigen. Im Gesetz ist auch nicht ohne Grund der vollstreckbare Schuldtitel verlangt. Das Reichsgericht läßt jetzt einheitlich (nach abweichenden älteren Entscheidungen RG. 7, 188; JW. 92, 301; Gruch. 36, 1146) im Anfechtungsprozesse nur solche Einwendungen des Anfechtungsgegners gegen den Anspruch sowie gegen die Zulässigkeit der Zwangsvollstreckung aus dem vollstreckbaren Schuldtitel zu, welche dem Schuldner selbst zustehen (RG. 68, 140; 74, 317; 96, 337). Namentlich kann der Anfechtungsbeklagte die Rechtsbeständigkeit der dem Schuldner gegenüber durch rechtskräftiges Urteil festgestellten Forderung des Anfechtungsklägers nicht auf Grund von Tatsachen bemängeln, die der Schuldner bereits in dem gegen ihn anhängigen Rechtsstreite hätte geltend machen können, aber geltend zu machen unterlassen hat oder mit denen er abgewiesen ist. Der Anfechtungsgegner kann auch nicht geltend machen, daß der Schuldner bei Erlaß des den vollstreckbaren Schuldtitel enthaltenen Urteils geisteskrank gewesen sei (vgl. OLG. Kolmar 23. 5. 13 in LeipzZ. 1913 S. 871). Er darf aber Tatsachen geltend machen, die erst nach der Verurteilung des Schuldners liegen und geeignet sind, die im Urteil zuerkannte Forderung zum Erlöschen zu bringen (vgl. die genannten Entscheidungen). So kann der Gegner einwenden, daß der Gläubiger wegen seines Anspruchs nach dem Urteil befriedigt worden ist, daß das Schuldverhältnis erloschen ist. Der Gegner kann dabei insbesondere auch geltend machen, daß das Schuldverhältnis zwischen Schuldner und Gläubiger durch eine vom Schuldner nach dem Urteil erklärte Aufrechnung (§§ 387 ff. BGB.) erloschen sei. Der Gegner kann aber mit einer eigenen Forderung gegen die Rückgewährforderung des Gläubigers in der Regel nicht aufrechnen (OLG. Hamburg 27. 10. 13 in LeipzZ. 1913 S. 793); die aufzurechnenden Forderungen müssen nach § 387 BGB. ihrem Gegenstande nach gleichartig sein; dies trifft aber hier nicht zu, da die Rückgewährforderung einen besonderen, von jeder anderen Forderung abweichenden Inhalt hat; wohl aber kann der Anfechtungsgegner den Gläubiger darauf hinweisen, daß er aus der Gegenforderung Befriedigung suchen könne. Wenn beide Forderungen sich in Geldbeträgen ausrechnen lassen, besonders wenn der Gläubiger nicht Rückgewähr in Natur verlangt, sondern Wertersatz, kann der Gegner auch aufrechnen.

Anm. 36.

Beruht die im Schuldtitel enthaltene Forderung des Gläubigers auf einem Schenkungsversprechen, dann kann der Anfechtungsgegner die dem Schuldner regelmäßig — wegen der Zahlungsunfähigkeit — zustehende *Einrede des Notbedarfs* aus § 519 BGB. nicht erheben. Auch der Widerruf des Schenkungsversprechens wegen groben Undanks oder schwerer Verfehlung (§ 530 BGB.) steht nur dem Schenker (Schuldner) und seinen Erben zu. Doch wird dem Anfechtungsgegner die Einrede der Arglist zuzubilligen sein (vgl. Hartmann-Meikel S. 114, 115).

Anm. 37.

Daß sich schließlich der Anfechtungsgegner nach dem Tode des Schuldners nicht auf die dem Erben des Schuldners gegen die Inanspruchnahme seines Eigenvermögens zustehende Haftungsbeschränkung berufen darf, versteht sich von selbst (vgl. Jaeger Anm. 40).

Anm. 38.

Bisher sind nur die Einwendungen des Anfechtungsgegners beim Vorliegen eines Urteils erörtert. Handelt es sich um gerichtliche Vergleiche, gerichtliche oder notarielle Urkunden, so kann der Anfechtungsgegner *einwenden, daß die beurkundete Forderung nicht entstanden oder nichtig oder erloschen* sei. In dem Urteil vom 1. 10. 09 (JW. 1909 S. 696 Nr. 13) hat das Reichsgericht gegenüber einer vollstreckbaren Notariatsurkunde den Wuchereinwand zugelassen; auf die dadurch begründete Nichtigkeit kann sich jeder berufen, dessen Interessen davon berührt werden. In einem anderen Urteil (LeipzZ. 1912 S. 772 Nr. 7) hat das Reichsgericht gegenüber einem gerichtlichen Vergleich den Einwand zugelassen, daß eine Forderung, welche vom Gläubiger im Prozeß geltend gemacht wurde und ihm vielleicht auch zustand, von den Prozeßparteien durch Vergleich in Höhe von 10 000 Mk. anerkannt und festgesetzt, daß aber zugleich ein Vollstreckungstitel in Höhe von 30 000 Mk. geschaffen worden sei, um dem Gläubiger zu ermöglichen, durch Verfolgung der Anfechtungsklage bis zu diesem Betrage Befriedigung zu suchen; der Gläubiger und der Schuldner hätten damit Grundlagen eines Anfechtungsanspruchs schaffen wollen, die mit den gesetzlichen Voraussetzungen und dem Ziele eines Gläubigeranfechtungsrechtes unvereinbar seien, und hätten mit dem Gesamtinhalt ihrer Abmachungen die arglistig gegen den Anfechtungsgegner gerichtete Absicht betätigt, zu dessen Nachteil das Bestreben eines Vollstreckungsanspruchs in dreifacher Höhe vorzutäuschen; ein solcher Geschäftsabschluß widerspreche nach seinem aus der Zusammenfassung von Inhalt, Motiv und Zweck zu entnehmenden Gesamtcharakter dem Sittlichkeitsgefühl aller billig und gerecht Denkenden und sei daher nach § 138 BGB. als nichtig zu beurteilen (vgl. hierzu auch Anm. 32 zu § 2 und Anm. 6, 27, 68 zu § 1).

Anm. 39.

Weiter ist zu prüfen, ob der Anfechtungsgegner den Vergleich oder die gerichtliche oder notarielle Urkunde gemäß §§ 119 ff. BGB. anfechten kann, weil der Schuldner sich bei Abgabe der Erklärung im Irrtum befunden habe oder zur Abgabe der Erklärung durch Drohung oder arglistige Täuschung veranlaßt worden sei. Zur Anfechtung im Sinne der §§ 119 ff. BGB. ist nur der Schuldner berechtigt, der die Erklärung abgegeben hat. Der Anfechtungsbeklagte kann, wie mit Jaeger Anm. 39 und Hartmann-Meikel S. 114 anzunehmen ist, solange die Anfechtungsfrist aus §§ 119 ff. BGB. läuft, höchstens einwenden, daß das Verlangen des Gläubigers ihm gegenüber arglistig sei (eine auf § 242 BGB. gestützte exceptio doli generalis, vgl. auch § 770 Abs. 1 BGB.). Dabei ist, worauf Jaeger noch hinweist, der Anfechtungsgegner nicht an die Form gebunden, in welcher der Schuldner selbst den Mangel gegenüber dem Titel verfolgen müßte (Rechtsmittel, Wiederaufnahme, Vollstreckungsgegenklage).

Anm. 40.

Was die übrigen Vollstreckungstitel (Anm. 6) anlangt, so wird, wie Hartmann-Meikel zutreffend ausführt, nach der Tendenz des Anfechtungsgesetzes, das den Vollstreckungstitel geschaffen hat, der Prozeßrichter die dem Titel zugrunde liegende Forderung regelmäßig als gegeben hinnehmen müssen. Der Anfechtungsgegner kann bei Bußen und Geldstrafen nicht einwenden, daß eine strafbare Handlung nicht vorliege, und bei Steuerfestsetzungen nicht darauf, daß eine Steuerschuld nicht oder nicht in der festgesetzten Höhe entstanden sei. Die Einrede der Tilgung ist aber auch hier zulässig.

Beweislast.

Anm. 41.

Die Voraussetzungen aus § 2 müssen vom Anfechtungsgläubiger dargetan und nachgewiesen werden. Leugnet der Anfechtungsgegner das Vorhandensein einer Voraussetzung, so zwingt er den Anfechtungsgläubiger zum Nachweis. Das gilt besonders für den Nachweis der Fälligkeit der Forderung und für den Nachweis der Zahlungsunfähigkeit des Schuldners. Der Anfechtungsgegner kann Gegenbeweis, insbesondere für die Zahlungsfähigkeit des Schuldners, zur Entkräftung des vom Anfechtungsgläubiger geführten Beweises anbieten.

Anm. 42.

In den Anm. 27—40 sind die Einwendungen des Anfechtungsgegners gegen den Vollstreckungstitel erörtert. Die Frage, ob der Gegner die erwähnten Einwendungen nur im Wege der Klage (§§ 767, 768, 796 ZPO.) verfolgen kann, ist zu verneinen (ebenso Jaeger Anm. 30 und Hartmann-Meikel S. 116). Die Tendenz der Einwendungen des Anfechtungsgegners ist anders als die der Widerspruchsklage des Schuldners; sie sind Einreden im prozessualen Sinn (§ 278 ZPO.) und nicht auf die prozessuale Form der Klage beschränkt. Der Anfechtungsgegner hat nur das Interesse, die Vollstreckung abzuwenden; die Aufrechterhaltung oder Beseitigung des gegen den Schuldner ergangenen Schuldtitels berührt ihn nicht. Die Tatsachen, welche die Einreden begründen, sind vom Anfechtungsgegner zu behaupten und zu beweisen. Dies gilt besonders für die Einrede, daß die Erlangung des Schuldtitels auf einer Kollusion zwischen Gläubiger und Schuldner beruhe.

Beruft sich der Anfechtungsgegner darauf, daß der Anfechtungsgläubiger nach dem Urteil im Vorprozeß befriedigt sei, durch Zahlung oder Aufrechnung, so muß er dies beweisen (vgl. RG. 74, 316).

§ 3

Anfechtbar sind:

1. **Rechtshandlungen, welche der Schuldner in der dem anderen Teile bekannten Absicht, seine Gläubiger zu benachteiligen, vorgenommen hat;**
2. **die in dem letzten Jahre vor der Anfechtung geschlossenen entgeltlichen Verträge des Schuldners**

   mit seinem Ehegatten, vor oder während der Ehe, mit seinen oder seines Ehegatten Verwandten in auf- und absteigender Linie, mit seinen oder seines Ehegatten voll- und halbbürtigen Geschwistern, oder mit dem Ehegatten einer dieser Personen,

   sofern durch den Abschluß des Vertrages die Gläubiger des Schuldners benachteiligt werden und der andere Teil nicht beweist, daß ihm zur Zeit des Vertragsabschlusses eine Absicht des Schuldners, die Gläubiger zu benachteiligen, nicht bekannt war;

3. **die in dem letzten Jahre vor der Anfechtung von dem Schuldner vorgenommenen unentgeltlichen Verfügungen, sofern nicht dieselben gebräuchliche Gelegenheitsgeschenke zum Gegenstande hatten;**
4. **die in den letzten zwei Jahren vor der Anfechtung von dem Schuldner vorgenommenen unentgeltlichen Verfügungen zugunsten seines Ehegatten.**

In die Fristen wird die Zeit nicht eingerechnet, während der ein Verfahren auf Herbeiführung eines Vergleichs zum Zwecke der Abwendung des Konkursverfahrens anhängig war.

Allgemeines.

Anm. 1.

Der Abs. 1 dieses Paragraphen entspricht der Fassung des Gesetzes in der Bekanntmachung v. 20. 5. 1898. In dem alten Gesetz standen in Nr. 2, 3 statt der jetzigen Worte „vor der Anfechtung" die Worte „vor der Rechtshängigkeit des Anfechtungsanspruchs". Die Ziffer 4 hatte folgende Fassung: „Die in den letzten zwei Jahren vor der Rechtshängigkeit des Anfechtungsanspruchs von dem Schuldner vorgenommenen unentgeltlichen Verfügungen zugunsten seines Ehegatten, sowie eine innerhalb dieses Zeitraums von ihm erwirkte Sicherstellung oder Rückgewähr eines Heiratsgutes oder des gesetzlich in seine Verwaltung gekommenen Vermögens seiner Ehefrau, sofern er nicht zu der Sicherstellung oder Rückgewähr durch das Gesetz oder durch einen vor diesem Zeitraume geschlossenen Vertrag verpflichtet war". Die jetzige Fassung des Absatz 1 hat der § 3 erhalten durch Art. VII des Einführungsgesetzes zu dem Gesetze, betr. Änderungen der Konkursordnung vom 17. 5. 1898.

Anm. 2.

Diese Änderungen sind damit begründet, „daß das Anfechtungsrecht nach den Vorschriften des BGB. nicht als ein Anspruch anzusehen sei". Die Streichung in Ziffer 4 zweiter Halbsatz ist mit Rücksicht auf §§ 1391, 1418 BGB. erfolgt. Die Materialien: Begründung S. 17, Protokolle S. 2269, Begründung der Novelle S. 61 mit S. 33, 35.

Anm. 3.

Der Abs. 2 des § 3 ist beigefügt durch die Vergleichsordnung vom 5. 7. 1927 § 98; betroffen werden alle Fristen des § 3.

Anm. 4.

Dem § 3 entsprechen §§ 31, 32 KO. mit folgendem Wortlaut:
§ 31 KO: „Anfechtbar sind:

1. Rechtshandlungen, welche der Gemeinschuldner in der dem anderen Teile bekannten Absicht, seine Gläubiger zu benachteiligen, vorgenommen hat;
2. die in dem letzten Jahre vor der Eröffnung des Verfahrens geschlossenen, entgeltlichen Verträge des Gemeinschuldners

mit seinem Ehegatten, vor oder während der Ehe, mit seinen oder seines Ehegatten Verwandten in auf- und absteigender Linie, mit seinen oder seines Ehegatten voll- und halbbürtigen Geschwistern, oder mit dem Ehegatten einer dieser Personen,

sofern durch den Abschluß des Vertrages die Gläubiger des Gemeinschuldners benachteiligt werden und der andere Teil nicht beweist, daß ihm zur Zeit des Vertragsabschlusses eine Absicht des Gemeinschuldners, die Gläubiger zu benachteiligen, nicht bekannt war."

§ 32 KO.: „Anfechtbar sind:
1. die in dem letzten Jahre vor der Eröffnung des Verfahrens von dem Gemeinschuldner vorgenommenen unentgeltlichen Verfügungen, sofern nicht dieselben gebräuchliche Gelegenheitsgeschenke zum Gegenstand hatten;
2. die in den letzten zwei Jahren vor der Eröffnung des Konkurses von dem Gemeinschuldner vorgenommenen unentgeltlichen Verfügungen zugunsten seines Ehegatten."

Anm. 5.

§ 3, ergänzt durch § 3a, behandelt die besonderen Anfechtungsgründe. Zu unterscheiden sind zwei Hauptarten der Einzelanfechtung, die Absichtsanfechtung der Ziffern 1 und 2 und die Schenkungsanfechtung der Ziffern 3 und 4 des § 3 und des § 3a. Der Fall des § 3a ist ein Sonderfall und wird in den Anmerkungen zu § 3a erörtert werden. In jeder der beiden Hauptarten werden voneinander getrennt der Regelfall und der Ausnahmefall. Daher erhalten wir für den § 3 folgendes Schema:

1. Absichtsanfechtung Ziffer 1 und 2, davon Regelfall Ziffer 1 und Ausnahmefall Ziffer 2;
2. Schenkungsanfechtung Ziffer 3 und 4, davon Regelfall Ziffer 3 und Ausnahmefall Ziffer 4.

In allen Fällen ist Gläubigerbenachteiligung die erste und wichtigste Voraussetzung. Ohne Gläubigerbenachteiligung keine Einzelanfechtung. Dies ist bereits in den Anm. 41 ff. zu § 1 dargestellt. Bei der Erörterung des § 3 hätten, wie es Hartmann-Meikel tut, allgemeine Fragen, z. B. über die Benachteiligungsabsicht, zusammengefaßt und vorangestellt werden können. Dieses Verfahren erschwert aber, wie Hartmann-Meikel in der Einleitung zur 6. Auflage selbst angibt, den raschen Überblick. Deshalb wird nach der sog. Staubschen Methode, welcher auch Jaeger folgt, die Erörterung in der Reihenfolge der einzelnen Ziffern vorgezogen. Nur zwei Punkte sind zusammenfassend hinterher behandelt, einmal mit Rücksicht auf den durch die Vergleichsordnung beigefügten 2. Absatz die Bedeutung der Fristen, zum anderen die Regelung der Beweislast im Prozeß. Zur Vermeidung ausführlicher Wiederholungen einzelner Fragen wird bei entsprechender Gelegenheit auf die früheren Anmerkungen, insbesondere auch die Anmerkung zu § 1, verwiesen werden.

Absichtsanfechtung.

Anm. 6.

Absichtsanfechtung ist die abgekürzte Bezeichnung für die Anfechtung der vom Schuldner in der Absicht der Gläubigerbenachteiligung vorgenommenen Rechtshandlungen.

Anm. 7.

Entscheidend ist die Absicht des Schuldners; sein Wille muß auf Gläubigerbenachteiligung gerichtet sein. Daß der Anfechtungsgegner die Absicht der Benachteiligung der Gläubiger des Schuldners gehabt hat, erfüllt die Tatbestandsmerkmale der Ziffer 1 des § 3 nicht (RG. in LeipzZ. 1914 S. 1895 Nr. 11). Aus dem Bewußtsein des Schuldners, daß seine Handlung die Gläubiger benachteiligt, folgt nicht ohne weiteres seine Benachteiligungsabsicht; daß aber in dem Bewußtsein des Schuldners von der notwendigen Benachteiligung der Gläubiger durch das angefochtene Rechtsgeschäft die Benachteiligungsabsicht gefunden werden kann, läßt sich nicht bezweifeln (JurW. 1890 S. 30 Nr. 5). In den Anm. 63ff. zu § 1 ist bereits ausgeführt, daß vielfach die Haftung des Anfechtungsgegners aus § 3 Ziffer 1 und 2 als Haftung aus unerlaubter Handlung aufgefaßt wird, daß dieser Ansicht aber nicht beigetreten wird.

Anm. 8.

Wenn auch regelmäßig der Tatbestand des § 3 eine Nichtigkeit des angefochtenen Geschäfts nach § 138 BGB. ausschließt, so können doch unter besonderen Umständen die nach § 3 Ziffer 1 anfechtbaren Rechtshandlungen auch gegen die guten Sitten verstoßen; sie unterliegen dann den sich hieraus ergebenden allgemeinen Rechtsfolgen (vgl. RG. in Seuff. A. 75, 147 u. Warn. Rechtspr. 1920 Nr. 103). Durch die Absicht der Gläubigerbenachteiligung wird die Annahme eines ernstlichen Geschäfts nicht ausgeschlossen (RG. in LeipzZ. 1913 S. 865).

Anm. 9.

Ob die Absichtsanfechtung, wie Jaeger Anm. 2 annimmt, in der Praxis unter allen Anfechtungsgründen das weiteste Gebiet beherrscht, wird mit Sicherheit nicht festgestellt werden können, da es hierfür an statistischem Material fehlt; doch dürfte Jaegers Annahme wohl zutreffen. Nach Ziffer 1 ist die Benachteiligungsabsicht des Schuldners vom Anfechtungsgläubiger zu beweisen, nach Ziffer 2 dagegen die Nichtkenntnis der Benachteiligungsabsicht vom Anfechtungsgegner (vgl. Anm. 52 ff. zu § 3).

Anm. 10.

Im Regelfall der Ziffer 1 handelt es sich um Rechtshandlungen, welche der Schuldner in der dem anderen Teile bekannten Absicht, seine Gläubiger zu benachteiligen, vorgenommen hat. Der Begriff „Rechtshandlungen, welche der Schuldner vorgenommen hat", ist bei § 1, insbesondere in Anm. 21 ff., 31—40 dargestellt. In den Anm. 60 ff. zu § 1 ist auch die Notwendigkeit des Kausalzusammenhangs zwischen Rechtshandlung und Gläubigerbenachteiligung erörtert. Über die Begriffe „Schuldner" und „Gläubiger" vgl. auch Anm. 4 ff. zu § 7.

Anm. 11.

Riehl führt aus, schon der Begriff der Gläubigerbenachteiligung sei in hohem Grade durch die unklare Fassung der Ziffer 2 des § 3 verwirrt, wo von einer Gläubigerbenachteiligung gesprochen werde, welche durch den Abschluß des Vertrages bzw. durch Eingehung des Rechtsgeschäfts zur Entstehung gelange; die Theorie erfordere außer dem Forderungsausfalle noch den vom Anfechtenden zu erbringenden Beweis, daß bereits die Schuldnerhandlung als solche sich als Gläubigerbenachteiligung darstelle, sei es unmittelbar durch ihre Vornahme, sei es mittelbar zufolge Hinzutretens anderer Ereignisse (vgl. Anm. 40, 41 zu § 1). Die Schuldnerhandlung bringt, wie Riehl zutreffend hervorhebt, nur die Gefahr, daß demnächst der Forderungsausfall eintreten werde. Richtig wäre es, wenn es — wie Riehl ausführt — in Ziffer 2 hieße „Verträge des Schuldners, deren Abschluß die Zugriffsmasse verringert" oder „Verträge, durch deren Abschluß die Gläubiger benachteiligt würden, falls dem Abschluß der Zugriff der Gläubiger auf dem Fuße folgte". Den Gegensatz dazu bilden die Schuldnerhandlungen, welche den Gläubiger mittelbar benachteiligen, welche die Zugriffsmasse zunächst ungeschmälert lassen, aber demnächst eine Verkürzung der Gläubiger zur Folge haben können.

Anm. 12.

Was unter der „Absicht, seine Gläubiger zu benachteiligen“, zu verstehen ist, wird in der Literatur sehr umstritten; eine feste Praxis hat sich über diesen Punkt nicht gebildet. Der Begriff „Benachteiligungsabsicht“ deckt sich nicht mit dem Begriff der Begünstigungsabsicht des § 30 Ziffer 2 KO. An der Hand der Rechtsprechung des Reichsgerichts (vgl. dazu u. a. RG. 6, 44; 9, 73, 102; 10, 10; 11, 173; 13, 166, 298; 16, 27; 30, 180; 22, 44; 23, 9; 24, 14; 26, 3; 27, 131; 33, 120; 37, 97; 38, 103; 45, 23; 51, 76; 57, 161; 64, 343; JurW. 1913, S. 439 Nr. 19; 1917 S. 718 Nr. 15; 1919 S. 244 Nr. 12) pflegen, wie Riehl ausführt, die Gerichte „das Erstrebtsein des Benachteiligungserfolges und das bloße Bewußtsein dieses Erfolges auseinanderzuhalten“. Wer die Gläubigerbenachteiligung nicht unmittelbar will, sondern sich lediglich vorgestellt hat, daß sein auf andere Zwecke gerichtetes Tun gleichzeitig eine Gläubigerbenachteiligung zur Folge haben kann, soll nicht unter allen Umständen die Benachteiligungsabsicht in sich aufgenommen haben; der Schluß von dem Wissen auf den Willen soll vielmehr nur da begründet sein, wo der Schuldner den Erfolg der Benachteiligung als *notwendig oder wahrscheinlich* eintretend vorausgesehen hatte; hat er sich diesen Erfolg nur als *möglich* vorgestellt, so wird der Schluß auf den Willen als so gewagt betrachtet, daß die Benachteiligungsabsicht unerwiesen bleibt“. Riehl führt dann weiter aus, daß das Reichsgericht und mit ihm die überwiegende Praxis von diesen Grundsätzen wieder Ausnahmen zuläßt, daß insbesondere vielfach Unterschiede zwischen kongruenten und nicht kongruenten Deckungsgeschäften gemacht werden und daß aus dem starken Schwanken des Reichsgerichts selbst zur Genüge hervorgehe, *daß die vom RG. aufgestellten Leitsätze nicht geeignet sind, die Praxis einer sicheren Erkenntnis der Gläubigerbenachteiligungsabsicht entgegenzuführen* (vgl. Anm. 19).

Anm. 13.

Im Anschluß an die von Riehl vertretene Ansicht ist noch folgendes zu erwähnen. Die Unterscheidung von notwendigen, wahrscheinlichen und bloß möglichen Erfolgen sowie die Berücksichtigung des überwiegenden Willens bei dem Deckungsgeschäfte steht mehr oder weniger im Widerspruch mit der psychologischen Erkenntnis, daß menschliches Handeln neben dem eigentlich bezweckten Erfolge eine Reihe anderer Erfolge hervorzubringen pflegt, welche dem Handelnden gleichgültig, oft sogar in hohem Grade unerwünscht sind, von seinem Willen mit umfaßt werden. Nur wenn der Schuldner sich die Möglichkeit des Erfolges gar nicht vergegenwärtigt hat, sei es, daß er ohne Nachdenken blindlings handelte oder nicht genug nachdachte oder sei es, daß er sich für befähigt hielt, den möglichen Erfolg durch entsprechende Tätigkeit abzuwenden und gleichzeitig den ernstlichen Willen hatte, von dieser seiner Fähigkeit Gebrauch zu machen, bleibt der Erfolg von der Zurechnung der Absicht ausgeschlossen. Hat der Handelnde dagegen erkannt, daß der Eintritt des Erfolges von Umständen abhängig ist, die sich seiner Einwirkung entziehen, daß mithin der Erfolg mit Sicherheit nur zu vermeiden ist, wenn die Handlung unterbleibt, so hat er, wenn er die Handlung trotzdem begeht, den möglichen, wenn auch unerwünschten Erfolg als gewollten zu vertreten. Was der Schuldner vorausgesehen haben muß, ist eben die Gläubigerbenachteiligung im Sinne des Anf.Ges.; diese ist aber „keineswegs ein einfacher, elementarer, sondern ein recht komplizierter Begriff"; er umfaßt, wie auch Riehl ausführt, ein Vierfaches. 1. Es muß eine Forderung des Anfechtungsgläubigers gegen den Schuldner vorhanden sein. 2. Der Anfechtungsgegner muß einen Erwerb aus dem Schuldnervermögen gemacht haben. 3. Der Gläubiger muß mit seiner Forderung ausgefallen sein. 4. Dieser Ausfall muß endlich auf den Erwerb des Gegners zurückgeführt werden können. Jedes dieser 4 Tatbestandsmomente muß sich in der Vorstellungsreihe des Schuldners befunden haben, damit man sagen kann, er habe sich den Benachteiligungserfolg vorgestellt. Fehlt eines dieser Momente im Kreise der Vorstellungen, so hat der Schuldner die Gläubigerbenachteiligung nicht beabsichtigt.

Anm. 14.

Der Schuldner muß die Benachteiligungsabsicht gehabt haben im Zeitpunkt der Vornahme der angefochtenen Rechtshandlung (vgl. RG. 4, 32; JurW. 1895 S. 83 Nr. 6; Jaeger Anm. 16). Ist die Verkürzung des Schuldnervermögens erst durch mehrere Einzelhandlungen zusammen herbeigeführt, dann ist maßgebend der Zeitpunkt, in welchem die letzte Einzelhandlung vorgenommen wurde; das gilt insbesondere bei Übereignungen, wenn Einigung der Parteien und Übergabe (Eintragung ins Grundbuch) zeitlich auseinanderfallen; die Zeit der Abschließung des obligatorischen Kaufvertrages ist ohne Bedeutung, da durch den obligatorischen Vertrag eine Verkürzung des Schuldnervermögens noch nicht herbeigeführt wird (vgl. Anm. 26 ff. zu § 1).

Die Absicht des Schuldners, seine Gläubiger zu benachteiligen, im Sinne des § 3 Ziffer 1 erfordert, wie das RG. in der Entsch. v. 11. 4. 30 (HRR. 30 Nr. 1149) ausführt, daß der Schuldner die Benachteiligung als Erfolg seiner Handlung gewollt hat. „Regelmäßig genügt hierfür das Bewußtsein des Schuldners bei Vornahme der Rechtshandlung, daß durch sie notwendig oder doch nach dem gewöhnlichen Laufe der Dinge die Gläubiger benachteiligt werden, indem dieses Bewußtsein in der Regel zu dem Schlusse auch bei dem Mittäter der Benachteiligung berechtigt". (Vgl. Anm. 16, 28.) Die Absicht, eine Verbindlichkeit zu erfüllen, schließt die Absicht der Gläubigerbenachteiligung nicht aus (RG. in Hans. RGZ. 28 B. 371).

Anm. 15.

Schließt man sich den erwähnten Riehlschen Ausführungen an, so ist die sehr schwierige Frage der Benachteiligungsabsicht auch in allen Fällen der sog. völlig-kongruenten Deckungsgeschäfte befriedigend zu lösen. Die Absicht des Schuldners braucht nicht dahin gegangen zu sein, gerade den anfechtenden Gläubiger zu benachteiligen. Es genügt die Absicht, einen oder einzelne bestimmte Gläubiger oder, wen es trifft, zu benachteiligen; die Benachteiligungsabsicht kann sich auch gegen noch nicht fällige, auch gegen noch nicht entstandene künftige, sogar gegen noch nicht vorausgesehene Forderungen richten (vgl. RG. 15, 62; 26, 14; JurW. 1904 S. 152 Nr. 30; 1908 S. 567 Nr. 32; 1919 S. 244 Nr. 12; Gruch. 52, 1168). Während bei den sog. inkongruenten Deckungsgeschäften unstreitig ist, daß sie anfechtbar sein können, und Zweifel nur insofern bestehen, ob sie immer ohne Ausnahme anfechtbar sind, dreht die Streitfrage sich bei den kongruenten Deckungsgeschäften darum, ob sie überhaupt anfechtbar sein können. Dabei wird — ebenso wie von Jaeger Anm. 9 — als „Deckung" Sicherung und Befriedigung zusammengefaßt, die beide kongruent oder inkongruent sein können. Dem Deckungsgeschäfte im engeren Sinne wird in den Entscheidungen und in der Literatur das „reine Erfüllungsgeschäft" gegenübergestellt. Diese Begriffe sind dabei nicht klar voneinander unterschieden und irreführend (vgl. u. a. Jaeger Anm. 9).

Anm. 16.

Aus der zahlreichen Rechtsprechung des Reichsgerichts seien noch über den Begriff der Benachteiligungsabsicht folgende Äußerungen erwähnt: RG. 9, 73: „Die Benachteiligungsabsicht ist vorhanden, wenn der Schuldner bei der Vornahme der Handlung sich ihres die Gläubiger benachteiligenden Erfolges bewußt ist". RG. 11, 175: „Das Bewußtsein des Schuldners, durch die in Frage stehende Rechtshandlung seine Gläubiger zu benachteiligen, genügt, insofern dieses Bewußtsein (Freiheit des Willens vorausgesetzt) die Absicht zu benachteiligen notwendig in sich schließt und ein weitergehender Dolus nicht verlangt werden kann" (ähnlich JurW. 1894 S. 547 Nr. 16). JurW. 1896 S. 175

Nr. 29: „Daß die Absicht der Benachteiligung der Gläubiger von dem Bewußtsein derselben begrifflich nicht zu unterscheiden sei, läßt sich nicht zugeben. Es würde dies auch höchstens zur gänzlichen Unanfechtbarkeit der Erfüllungsgeschäfte führen, da die Gläubiger, vom Konkurse abgesehen, einen Anspruch auf Gleichstellung gegenüber dem Schuldner nicht haben, und dieser also keine Rechtspflicht verletzt, wenn er einen Gläubiger vor dem anderen befriedigt. Nur weil in besonders gearteten Fällen die Umstände ergeben können, daß der Befriedigungszweck hinter die Absicht der Benachteiligung der Gläubiger zurücktritt, und weil alsdann diese Absicht rechtswidrig erscheint, kann die Anfechtbarkeit der Erfüllungsgeschäfte nicht ausnahmslos für ausgeschlossen gelten. Zu einem anderen Resultat würde man kommen müssen, wenn nicht unterschieden wird zwischen dem Bewußtsein der Benachteiligung der übrigen Gläubiger — das sich mit dem Befriedigungszweck verbinden kann, ohne daß dadurch die Rechtshandlung diesen Zweck verändert — und der auf die Benachteiligung der Gläubiger gerichteten Absicht, die die Befriedigung eines Gläubigers nur als Mittel erscheinen läßt, welches der Schuldner wählt, um sein Vermögen den anderen Gläubigern zu entziehen". RG. in JurW. 1901 S. 9 Nr. 13: „Wenn sich ein Schuldner zur Befriedigung einer fälligen Verbindlichkeit entschließt, so ist die nächstliegende Annahme die, daß er in der Absicht handelt, seine Gläubiger zu befriedigen. Einen rechtswidrigen Eingriff in das Befriedigungsrecht anderer Gläubiger begeht er dadurch nicht, und zwar selbst dann nicht, wenn er weiß, daß seine übrigen Mittel zur Befriedigung dieser Gläubiger nicht ausreichen. Nun ist es zwar nicht ausgeschlossen, daß ein Schuldner mit seinem Vorhaben, eine fällige Verbindlichkeit zu tilgen, auch den Zweck verbinden kann, seinen übrigen Gläubigern die Mittel zu ihrer Befriedigung zu entziehen. Aber diese Auffassung kann doch nur ausnahmsweise platzgreifen, wenn die begleitenden Umstände die Annahme rechtfertigen, daß es dem Schuldner bei der Zahlung im wesentlichen auf Vereitelung der Ansprüche der anderen Gläubiger angekommen sei." In der Entsch. (JurW. 1901, S. 81 Nr. 10) heißt es, daß die Befriedigung eines Gläubigers als ein die Anfechtung begründendes Unrecht gegen andere Gläubiger nur dann erscheint, wenn besondere Umstände ergeben, daß sie „lediglich" zu dem Zwecke geschah, den anderen Gläubigern Befriedigungsmittel zu entziehen. Die Beifügung des Wortes „lediglich" in dieser Entscheidung geht zu weit (vgl. Hartmann-Meikel S. 129). In der Entsch. JurW. 1902 S. 590 Nr. 13 heißt es, es sei eine reine, lediglich nach der konkreten Sachlage zu beurteilende Tatfrage, ob in Fällen dieser Art die Benachteiligungsabsicht und ihre Kenntnis anzunehmen sei;

ein Rechtsgrundsatz oder Beweisregel des Inhalts, daß bei kongruenter oder inkongruenter Deckung die Benachteiligungsabsicht durch Anführung besonderer Umstände dargetan werden müsse, bestehe nicht. Ähnlich äußert sich das RG. in R. 1914 Nr. 2541, auch wenn es sich um Anfechtung eines Erfüllungs- oder Deckungsgeschäftes handele, sei es eine lediglich nach der Lage des Einzelfalles zu beurteilende Tatfrage, ob die fraudulose Absicht des Schuldners und deren Kenntnis auf seiten des Anfechtungsgegners für vorliegend zu erachten sei. „Im Falle der sog. inkongruenten Deckung kann", so heißt es in JurW. 1915 S. 282, „die Rechtshandlung des Schuldners nicht von dem Gesichtspunkt aus beurteilt werden, daß er mit derselben nur eine ihm obliegende Verpflichtung erfüllt habe; denn eine solche Verpflichtung bestand nicht. In derartigen Fällen wird vielmehr regelmäßig und vorbehaltlich einer durch die besondere Beschaffenheit des einzelnen Falles sich ergebenden Einschränkung davon auszugehen sein, daß das Bewußtsein des Schuldners von der die Gläubiger benachteiligenden Wirkung seiner Rechtshandlung zugleich die Absicht der Benachteiligung der Gläubiger in sich schließt. In diesem Sinne hat das Reichsgericht in längst feststehender Rechtsprechung zwischen den Fällen der kongruenten und denen der inkongruenten Deckung unterschieden" (vgl. RG. 51, 76; JurW. 06, 179; 10, 39; 11, 193). Aus alledem ergibt sich, daß das RG. hinsichtlich der Benachteiligungsabsicht einen Unterschied macht zwischen „reinen Erfüllungsgeschäften", sog. kongruenten Deckungsgeschäften und den sog. inkongruenten Deckungsgeschäften. Die ersteren sind solche Geschäfte, durch die der Anfechtungsgegner (in seiner Eigenschaft als Gläubiger des Schuldners) auf eine wirklich bestehende gerade nur dasjenige erhält, was er zu fordern hat, (z. B. Geldzahlung, Lieferung von Sachen, Bestellung einer geschuldeten Sicherheit); letztere sind solche Geschäfte, durch die der Schuldner dem Anfechtungsgegner im Einverständnisse mit diesem eine an sich nicht geschuldete Leistung macht, durch die nach der Absicht beider Teile die Tilgung einer bestehenden Verpflichtung erfolgen oder gesichert werden soll, wie Hingabe an Zahlungs Statt, Pfand- oder Hypothekenbestellung, Abtretung oder Veräußerung von Vermögensstücken zum Zwecke der Befriedigung, Gewährung von Schuldtiteln behufs Vornahme einer Pfändung (vgl. RG. in LeipzZ. 1915 S. 638 Nr. 9). Außer den bereits erwähnten Entscheidungen sei noch auf folgende hingewiesen: JurW. 1902 S. 25 Nr. 17; S. 590 Nr. 13; S. 598 Nr. 18; 1911 S. 778 Nr. 46; 1915 S. 282 Nr. 8; 1919 Nr. 244 Nr. 12 (Zug-um-Zug-Geschäfte); LeipzZ. 1909 S. 694; Warn. Rspr. 1919 Nr. 83, 111, 353. Man kann aus der Zusammenfassung aller Entscheidungen entnehmen, daß bei reinen Erfüllungsgeschäften in der Regel das bloße Bewußtsein des Schuldners, daß seinen übrigen Gläubigern Befriedigungsobjekte entzogen und sie dadurch benachteiligt werden, zur Anfechtung nicht genügt, sondern daß besondere Umstände hinzutreten müssen, aus denen sich die fraudulose Absicht ergibt, daß aber diese Grundsätze für die inkongruenten Deckungsgeschäfte nicht gelten; daß es keinen allgemein gültigen Rechtsgrundsatz oder auch nur eine allgemeine, den Richter bindende Beweisregel gibt, daß es sich vielmehr lediglich um eine nach der konkreten Sachlage zu beurteilende Tatfrage handelt (vgl. Anm. 14).

Anm. 17.

Der Zweck der Rechtshandlung braucht die Benachteiligung nicht zu sein (vgl. JurW. 1906 S. 179 Nr. 29; Warn. Rspr. 1911, 354; 1916, 88). Der Wille des Schuldners muß jedenfalls, so sagt das RG. in LeipzZ. 1915 S. 629, wenn auch nur nebenher auf die Benachteiligungsabsicht der Gläubiger gerichtet sein. Auf das Vorhandensein dieser Willensrichtung läßt sich zwar in vielen Fällen nach Lage der Sache schon aus dem Vorhandensein des Bewußtseins der Notwendigkeit des Eintritts schließen; ein solcher Schluß ist aber unmöglich, wenn der Wille ausschließlich auf andere Zwecke gerichtet war. Auch das Bewußtsein der schädigenden Wirkung für einen bestimmten Fall genügt, wenn diese Wirkung, sei es auch nur eventuell, gewollt war (JurW. 1919 S. 244 Nr. 12; Warn. Rspr. 1916, 88; KGBl. 18, 47). (Recht 28, 147, 1691.)

Anm. 18.

Weiter ist streitig, inwieweit der Schuldner sich seiner Zahlungsunfähigkeit bewußt gewesen sein muß. Auch hier entscheidet die besondere Sachlage im einzelnen Falle. In der in JurW. 1927 S. 2723 Nr. 1 abgedruckten Entscheidung des OLG. Breslau wird ausgeführt, daß bei nachträglicher Gewährung von Sicherheiten an den Bürgen durch einen in schlechten Vermögensverhältnissen befindlichen Schuldner Kenntnis der Benachteiligungsabsicht zu vermuten sei. Cahn kritisiert in einer Anmerkung diese Entscheidung und hält sie zutreffend für bedenklich, da Kenntnis von der Vermögenslage des Schuldners nicht identisch sei mit der Kenntnis einer Benachteiligungsabsicht. Wenn der zahlungsunfähige Schuldner sein ganzes pfändbares Vermögen einem vertrauenswürdigen Treuhänder überträgt, weil er glaubt, daß die Bestellung eines solchen Treuhänders für alle Gläubiger von Vorteil sei und daß der Treuhänder alle Gläubiger gleichmäßig befriedigen werde, so kann, obwohl der Schuldner seine Zahlungsunfähigkeit kannte, von einer Benachteiligungsabsicht nicht die Rede sein (vgl. RG. im Recht 1915 Nr. 2557); Gläubiger, welche mit einem außergerichtlichen Vergleichsverfahren nicht einverstanden sind, können Konkurseröffnung oder Einleitung des gerichtlichen Vergleichsverfahrens beantragen. An einer Benachteiligungsabsicht fehlt es, wenn bei der Abtretung von Mietzinsen lediglich der Zweck verfolgt wird, aus dem Erlöse die laufenden Lasten des Grundstücks zu begleichen und der Zwangsversteigerung vorzubeugen (RG. LeipzZ. 1915 S. 629 Nr. 29; RG. 64, 343). Bei willkürlichen Verschiebungen des ganzen Vermögens wird man regelmäßig auf den Willen des dadurch zahlungsunfähig gewordenen Schuldners, seine Gläubiger zu benachteiligen, schließen können. Doch kann in einem solchen Falle der Gläubiger gegen den Erwerber auch auf Grund des § 419 BGB. vorgehen (vgl. RG. 76, 1). Die Übertragung eines Bauernguts mit Rücksicht auf das Alter des Übergebers und seiner Kinder unter Vorbehalt eines Altenteils ist in der Regel im Hinblick auf die örtliche Gepflogenheit nicht anfechtbar, da die Benachteiligungsabsicht fehlt, wenn auch der Übergeber sich bewußt gewesen ist, daß er dadurch zahlungsunfähig wird (vgl. LeipzZ. 1908 S. 323 Nr. 6). Eine Gläubigerbenachteiligung liegt nicht vor, wenn der als Eigentümer mit den Erben seiner Ehefrau nach hessischem Leibzuchtsrecht eingetragene Witwer mit seinen Kindern den Übergang des Eigentums an die Töchter vereinbart und mit Zustimmung des Sohnes, des Schuldners, die Umschreibung im Grundbuche veranlaßt (vgl. OLG. Frankfurt in LeipzZ. 1928 S. 331).

Anm. 19.

Mit Recht führt Hartmann-Meikel (S. 129) aus, es gehe nicht an, einen Nachweis des Benachteiligungszweckes nur bei der Anfechtung von Erfüllungsgeschäften zu fordern. Der Begriff der Benachteiligungsabsicht ist in jedem Falle derselbe. Im einzelnen Falle, wenn z. B. der Schuldner etwas für sich beiseite schafft, wenn er einem Gläubiger vorzeitige Sicherung gewährt oder wenn das Geschäft mit besonderer Eile abgeschlossen ist, wird die Benachteiligungsabsicht sich leicht aus der ganzen Sachlage ergeben. Hartmann-Meikel (S. 130) führt zutreffend aus, das RG. habe in seinen zahlreichen Entscheidungen weniger Rechtsgrundsätze als aus der Erfahrung des Lebens geschöpfte Beweisregeln ausgesprochen (vgl. u. a. LeipzZ. 1908 S. 275; 1910 S. 938; 1911 S. 947; 1912 S. 774). Im Einzelfalle muß man stets prüfen, ob die in Anm. 13 erwähnten Tatbestandsmomente sich in der Vorstellungsreihe des Schuldners befunden haben. (Vgl. Recht 1928 Nr. 147, 148.)

Anm. 20.

Handelt für den Schuldner sein gesetzlicher Vertreter (vgl. Anm. 37 ff. zu § 1), so kommt es nur darauf an, daß dieser die Benachteiligungsabsicht hatte (vgl. u. a. JurW. 1897 S. 466 Nr. 25; Recht 1911 Nr. 1185; Warn. Rspr. 1919 Nr. 111). Fehlt dem Vertreter des Schuldners die Benachteiligungsabsicht, so ist die Rechtshandlung unanfechtbar, auch wenn die Gutgläubigkeit des Vertreters auf eine ihm vom Anfechtungsgegner absichtlich unrichtig erteilte Auskunft oder Belehrung zurückzuführen ist (RG. in LeipzZ. 1907 S. 516 Nr. 10). Ist von dem Pfleger eines minderjährigen Schuldners gegenüber dessen Vormund eine Rechtshandlung vorgenommen, so ist zur Anfechtung die Benachteiligungsabsicht des Pflegers erforderlich. Fehlt diese, so findet die Anfechtung nicht statt, selbst wenn der beklagte Vormund die fraudulose Absicht gehabt hat (vgl. JurW. 1897 S. 466 Nr. 25). Ist in Vertretung eines Geisteskranken, der unter Pflegschaft steht, eine anfechtbare Rechtshandlung, z. B. Bestellung eines Nießbrauchs an seinem Grundstücke, von einem ihm statt des Pflegers zugeordneten Sonderpfleger vorgenommen worden, so kommt es für die Frage der Anfechtbarkeit auf die Benachteiligungsabsicht des Sonderpflegers an (Warn. Rspr. 1911, 78).

Anm. 21.

Sind mehrere gesetzliche Vertreter, z. B. mehrere Vorstandsmitglieder einer Aktiengesellschaft, vorhanden, so genügt, wenn die Benachteiligungsabsicht derjenige Vertreter hatte, welcher die angefochtene Rechtshandlung vorgenommen hat; haben mehrere zusammen gehandelt, so genügt der Nachweis der Benachteiligungsabsicht des einen von ihnen. Die Absicht des Boten ist ohne Belang.

Anm. 22.

Handelt für den Schuldner ein rechtsgeschäftlich bestellter Vertreter, Bevollmächtigter (auch Prokurist, vgl. Anm. 37 zu § 1), so entstehen Zweifelsfragen. Unstreitig genügt die Benachteiligungsabsicht des Bevollmächtigten (OLG. Hamburg im „Recht" 1911 Nr. 1185). Wird von einem gutgläubigen Vertreter eine Rechtshandlung nach bestimmten Weisungen des Vertretenen vorgenommen, so genügt die Benachteiligungsabsicht des Vertretenen, um eine Rechtshandlung anfechtbar zu machen (ebenso u. a. Jaeger S. 17; a. A. Hartmann-Meikel S. 135). Die Benachteiligungsabsicht des die angefochtene Rechtshandlung beurkundenden Notars schadet dem Anfechtungsgegner nicht. Auch eine dem Schuldner vom Notar absichtlich erteilte unrichtige Belehrung und Auskunft ist für die Anfechtung bedeutungslos, wenn der Schuldner selbst trotzdem die Benachteiligungsabsicht nicht gehabt hat (RG. in LeipzZ. 1907 S. 516 Nr. 10; Gruch. 51, 1111).

Anm. 23.

Nimmt ein Ehemann über Gegenstände des Gesamtgutes oder über eingebrachtes Gut der Ehefrau, soweit er darüber ohne Zustimmung der Frau verfügen kann, z. B. verbrauchbare Sachen (§§ 1376 Nr. 1, 92 BGB.), anfechtbare Rechtshandlungen vor, so genügt und ist erforderlich die Benachteiligungsabsicht des Ehemannes. Dies ist unstreitig. Streitig ist dagegen, wessen Benachteiligungsabsicht erforderlich ist, wenn der Ehemann über Gegenstände des eingebrachten Gutes verfügt, über welche er nur mit Zustimmung der Frau verfügen darf. Hat die Frau die Zustimmung erteilt, so ist der Nachweis der Benachteiligungsabsicht des Mannes oder der Frau ausreichend; in diesem Falle ist die Rechtshandlung anfechtbar, auch wenn der handelnde Mann gutgläubig gewesen ist (vgl. ebenso Hartmann-Meikel S. 136; a. M. Jaeger Anm. 18). Im allgemeinen wird anzunehmen sein, daß der Ehemann mit Zustimmung der Frau gehandelt hat. Die allgemein menschliche Vermutung spricht für offene Mitteilung auch der geschäftlichen Beweggründe unter Ehegatten. An diesem im Einzelfalle durch die Umstände widerlegbaren Grundsatze wird zum Schutze der Gläubiger gegen die Schiebungen der Eheleute festzuhalten sein. (Schl. Holst. 28, 255.)

Anm. 24.

Die Benachteiligungsabsicht des Schuldners muß dem anderen Teile bekannt gewesen sein. Die Anfechtung wird nicht dadurch ausgeschlossen, daß der Anfechtungsgläubiger beim Erwerbe seiner Forderung die anfechtbare Handlung gekannt hat (OLG. Braunschweig in LeipzZ. 1918 S. 719). Der andere Teil ist der Anfechtungsgegner, der Erwerber des vom Schuldner anfechtbar veräußerten, weggegebenen oder aufgegebenen Vermögensobjektes; er braucht bei der anfechtbaren Rechtshandlung selbst nicht mitgewirkt zu haben. Ist der Anfechtungsgegner eine Aktiengesellschaft, so genügt der Nachweis, daß die Gründer der A.-G. die Benachteiligungsabsicht gekannt haben; die Unkenntnis und Gutgläubigkeit des späteren Vorstandes ist ohne Belang (vgl. Anm. 38 zu § 1). Unter Kenntnis versteht man das positive Wissen. Bloßes Glauben, Vermuten oder Kennenmüssen steht der Kenntnis nicht gleich, selbst wenn die Unkenntnis auf grober Fahrlässigkeit beruht (vgl. RG. Bd. 95, 153; LeipzZ. 1909 S. 554; JurW. 1919 S. 826 Nr. 10). Unumstößliche Gewißheit ist nicht erforderlich (RG. 37, 286; JurW. 94, 593). „Man kennt die Absicht eines anderen, wenn man sie erkannt hat, d. h. wenn man Tatsachen (Äußerungen oder Umstände) weiß, welche vernünftigerweise den Schluß auf die Absicht des anderen rechtfertigen.“ Daß der Anfechtungsgegner auch die besondere Art und Weise gekannt hat, in welcher der Schuldner seine Absicht auszuführen vorhatte und demnächst ausgeführt hat, ist nicht verlangt (vgl. JurW. 1902 S. 24 Nr. 17); es genügt, daß der Anfechtungsgegner im allgemeinen den Gläubigerbenachteiligungswillen des Schuldners kennt. Dagegen genügt es nicht, wenn der Anfechtungsgegner weiß, daß die Rechtshandlung des Schuldners dessen Gläubiger benachteiligen wird, während dies dem Schuldner selbst nicht zum Bewußtsein gekommen ist (RG. im Recht 1908 S. 138 Nr. 841; LeipzZ. 1914 S. 1895 Nr. 11). Die Kenntnis der Benachteiligungsabsicht setzt voraus, daß die Absicht bestanden hat. Ist die Absicht nicht nachweisbar, so fällt damit die Kenntnis (RG. 43, 392).

Ein Wechselschuldner hat einem Bürgen nachträglich wegen der etwaigen Regreßforderung Sicherheit bestellt (Sicherungsübereignungsvertrag oder Sicherungshypothek). Dann wird vermutet, daß der Bürge die Benachteiligungsabsicht des Schuldners gekannt hat. Der Bürge hätte keine Veranlassung gehabt, sich wegen der etwaigen Regreßansprüche sicher stellen zu lassen, wenn er den Schuldner für zahlungsfähig gehalten hätte; er brauchte nicht zu befürchten, aus dem Wechsel in Anspruch genommen zu werden. Die Tatsache, daß der Schuldner seine fälligen Schulden nicht bezahlte, dagegen dem Bürgen für eine zukünftige Forderung eine Sicherung gewährte, auf die er keinen Anspruch hatte, beweist die Benachteiligungsabsicht des Schuldners. „Diese Umstände lassen ferner den Schluß zu, daß der Bürge von dieser Benachteiligungsabsicht Kenntnis hatte.“ So heißt es in der Entsch. des OLG. Breslau v. 2. 7. 27 (JW. 27, 2723). Cahn I bemängelt a. a. O. diese Entsch. zutreffend, da diese Kenntnis nicht identisch sei mit der Kenntnis von der Benachteiligungsabsicht des Schuldners bei Eingehen der Wechselschuld. (Vgl. RG. 10. 5. 1927 in RGZ. 117, 86).

Anm. 25.

In der Regel wird die Vornahme der Rechtshandlung in der Absicht, die Gläubiger zu benachteiligen, und die Kenntnis des Anfechtungsgegners zeitlich zusammenfallen. Liegen aber Veräußerungshandlung des Schuldners und Erwerbshandlung des Anfechtungsgegners zeitlich auseinander, z. B. wenn der Gegner eine vom Schuldner derelinquierte Sache okkupiert, so genügt die Kenntnis des Anfechtungsgegners *im Zeitpunkt seiner Erwerbshandlung*; der Schuldner muß die Benachteiligungsabsicht immer im Augenblick der Vornahme seiner Rechtshandlung gehabt haben. Gehören zu der Erwerbshandlung des Anfechtungsgegners mehrere einzelne Rechtsakte, z. B. Einigung und Übergabe oder Grundbucheintragung, so entscheidet im allgemeinen der Zeitpunkt der Übergabe oder Grundbucheintragung und ausnahmsweise, wenn die Einigung erst folgt, der Zeitpunkt der Einigung (vgl. u. a. Jaeger Anm. 22, Hartmann-Meikel S. 162; RG. 47, 223; 51, 284; 68, 150 u. 375; 71, 426; 83, 332; LeipzZ. 1911 S. 947 Nr. 11; Warn. Rspr. 1917, 225). Erlangt der Anfechtungsgegner erst später Kenntnis von der Benachteilungsabsicht des Schuldners, so schadet ihm dies nicht.

Anm. 26.

Hat der Anfechtungsgegner den angefochtenen Erwerb durch einen Vertreter vornehmen lassen, so entscheidet dessen Kenntnis von der Benachteiligungsabsicht des Schuldners. (Analoge Anwendung des § 166 BGB.; vgl. Hartmann-Meikel S. 166; RG. 72, 133; LeipzZ. 1910 S. 161 Nr. 8; 1912 S. 205; Jaeger Anm. 23). Vertreter ist auch der Prozeßbevollmächtigte, nicht dessen Bürovorsteher (vgl. auch LeipzZ. 1912 S. 865; Recht 1911 Nr. 1619), ferner nicht der nur die Erklärungen des Anfechtungsgegners beurkundende Notar (LeipzZ. 1907 S. 516 Nr. 10). Handelt beim gesetzlichen Güterstand der Mann für die Frau, so handelt er als Bevollmächtigter; es kommt auf seine Kenntnis an (vgl. §§ 1381 ff. BGB). Sind mehrere Vertreter bestellt, so genügt die Kenntnis eines Vertreters (Jaeger Anm. 23). Hat der Schuldner mit sich selbst auf Grund des § 181 BGB.. abgeschlossen, so ist für Absicht und Kenntnis seine Person maßgebend (vgl. LeipzZ. 1911 S. 948 Nr. 12). Im Falle der Geschäftsführung ohne Auftrag ist, wenn das Erwerbsgeschäft nachträglich vom Anfechtungsgegner genehmigt wird, ausreichend, wenn der Geschäftsführer oder der Anfechtungsgegner die Kenntnis von der Benachteiligungsabsicht des Schuldners gehabt hat (vgl. Hartmann-Meikel S. 167; RG. 4, 33). Bei der gesetzlichen Vertretung kommt es nur auf die Kenntnis des Vertreters an. Bei mehreren Vormündern genügt die Kenntnis eines Vormundes, es sei denn, daß der Wirkungskreis jedes Vormundes auf ein bestimmtes Gebiet beschränkt ist (§ 1797 BGB); in diesem Falle kommt es darauf an, ob derjenige Vormund, in dessen Wirkungskreis die angefochtene Erwerbshandlung fehlt, Kenntnis hatte (vgl. RG. 59, 400); der Gegenvormund ist nicht gesetzlicher Vertreter (§§ 1799, 1826); der Pfleger ist es nur im Falle des § 1915 BGB.; der Beistand nur im Falle der §§ 1689, 1693 BGB. Soweit der Mündel geschäftsfähig ist und den angefochtenen Erwerb selbst vorgenommen hat (§§ 107, 110, 112 BGB.), kommt es auf seine Kenntnis an (vgl. auch JurW. 1906 S. 321 Nr. 10). Beim Erwerb für eine offene Handelsgesellschaft genügt die Kenntnis eines Gesellschafters; die Kenntnis eines Vorstandsmitgliedes (auch Prokuristen, auch eines Gründers) genügt beim Erwerb für eine A.-G. (§ 232 HGB.). Die gleichen Grundsätze sind anzuwenden bei anderen juristischen Personen, z. B. auch beim Vorstand eines Vereins gemäß §§ 26 ff. BGB. Testamentsvollstrecker, Nachlaßverwalter, Zwangsverwalter, Konkursverwalter gelten, wenn auch ihre rechtliche Stellung im allgemeinen sehr streitig ist, insofern als gesetzliche Vertreter (vgl. u. a. Hartmann-Meikel S. 168, Jaeger Anm. 23). Der Gerichtsvollzieher ist bei Vornahme des öffentlichrechtlichen Aktes der Pfändung zwar Beauftragter, aber nicht privatrechtlicher Stellvertreter des Gläubigers; auf seine Kenntnis von der Benachteiligungsabsicht des Schuldners kommt es nicht an (so in zahlreichen Entscheidungen das RG. u. a. JurW. 1902 S. 273; 1912 S. 306; jedoch streitig; vgl. auch Anm. 32 zu § 1).

Anm. 27.

Im Ausnahmefall der Ziffer 2 ist bei Verträgen, welche sich nach der allgemeinen Erfahrung in der Regel als betrügerisch erwiesen haben, die Anfechtung unter bestimmten Voraussetzungen erleichtert und dem in nahen Beziehungen zum Schuldner stehenden Anfechtungsgegner der Einwand der Redlichkeit überlassen worden. Der Begriff der Benachteiligung ist auch hier kein anderer wie sonst. Während aber nach Ziffer 1 auch eine mittelbare Benachteiligung genügt, wird bei Ziffer 2 erfordert, daß die Benachteiligung die unmittelbare Folge des abgeschlossenen Vertrages ist. Dies ergibt sich aus dem Ausdruck „durch den Abschluß des Vertrages benachteiligt". Nachfolgende Ereignisse begründen nicht die Anfechtung aus Ziffer 2 (vgl. RG. 13, 42; 29, 78; 106, 166; 116, 134; JurW. 1903 S. 51 Nr. 22; Gruch. 48, 112; vgl. auch Anm. 11). Der Verdacht der Benachteiligungsabsicht und ihrer Kenntnis ist damit noch nicht zu einer Rechtsvermutung erhoben; die Behauptung der Redlichkeit bildet eine rechtsverneinende Einwendung. Die Beweislastreglung ergibt sich aus den Anm. 53ff. (Recht 27 Nr. 1269.)

Anm. 28.

Nach Ziffer 2 handelt es sich um entgeltliche Verträge des Schuldners. Dieser Begriff ist gegenüber dem Begriffe der Rechtshandlungen der Ziffer 1 wesentlich eingeschränkt und bildet den Gegensatz zu den „unentgeltlichen Verfügungen" der Ziffern 3 und 4. Entgeltliche Verträge sind zweiseitige Rechtsgeschäfte, durch welche sich der eine Teil zu einer Leistung gegenüber dem anderen mit Rücksicht auf die von demselben ihm bereits gewährte oder noch zu gewährende Gegenleistung verpflichtet, anders ausgedrückt alle Verträge, welche nicht unter den Begriff „unentgeltliche Verfügungen" fallen (JurW. 1886 S. 117 Nr. 19; 1888 S. 383 Nr. 4; 1898 S. 223 Nr. 17). Dazu gehören nicht nur die obligatorischen Vereinbarungen, wie Kauf-, Miet-, Pachtverträge, sondern auch die dinglichen Verträge, die „Einigung" (§§ 873, 925, 929, 1205 BGB.), Pfand- und Hypothekenbestellungen (RG. 29, 299; 47, 224; JurW. 1898 S. 223 Nr. 17; 1912 S. 307 Nr. 28), Leistungen an Zahlungsstatt (JurW. 1898 S. 170 Nr. 21); ferner sind zu erwähnen Schuldanerkenntnisse (RG. 12, 66; 14, 30), Erbteilungsverträge (JurW. 1888 S. 383 Nr. 4; 1889 S. 20 Nr. 13), Hingabe von Wechseln (RG. 26, 74), auch reine Erfüllungsgeschäfte, mögen diese in Geldzahlungen, Lieferung von geschuldeten Gegenständen oder Leistungen anderer Art bestehen (vgl. u. a. RG. 16, 62; 27, 133; 29, 300; 51, 76; Warn. Rspr. 10, 69; 15, 64; jedoch streitig). Der Auseinandersetzungsvertrag zwischen Eheleuten, welche statt Fahrnisgemeinschaft Gütertrennung einführen, ist ein anfechtbarer entgeltlicher Vertrag (RG. in Gruch. 48, 958). Dagegen ist in der Rückgabe von Heiratsgut vom RG. ein entgeltlicher Vertrag nicht erblickt worden, da es sich dabei um eine „rein einseitige Zahlung" handelt (JurW. 1892 S. 429 Nr. 8, 9). Vollstreckungspfändungen können als entgeltliche Verträge aufgefaßt werden, wenn der Schuldner und der Anfechtungsgegner vereinbart haben, daß das gerichtliche Verfahren nur zu dem Zwecke der Beschaffung des Vollstreckungstitels eingeleitet wird (vgl. Anm. 32 zu § 1; vgl. RG. LeipzZ. 1909 S. 692).

Ein reines Erfüllungsgeschäft ist keine unentgeltliche Verfügung. Regelmäßig wird auch unter Verwandten die Benachteiligungsabsicht des erfüllenden Schuldners fehlen. Besondere Umstände können aber im Einzelfalle auch das Gegenteil ergeben (RGZ. 125, 250 = HRR. 29, 1619). Ein Erbauseinandersetzungsvertrag ist anfechtbar (JW. 29, 788).

Anm. 29.

Daß es sich auch nach Ziffer 2 nur um Verträge des Schuldners oder seines gesetzlichen oder bevollmächtigten Vertreters handeln muß, ist selbstverständlich. Dabei kommen aber nur Verträge mit bestimmten Personen, die als „personae suspectae" erscheinen, in Betracht.

Anm. 30.

In erster Linie sind es Verträge mit dem Ehegatten des Schuldners, welche „vor und während der Ehe" geschlossen sind. Ist der Vertrag vor der Ehe geschlossen, so ist es unerheblich, ob damals die Vertragschließenden schon verlobt waren. Waren die Parteien zur Zeit des Vertragsschlusses verlobt, ist aber die Ehe nachher nicht geschlossen worden, so ist eine Anfechtung auf Grund der Ziffer 2 nicht möglich. Unerheblich ist, ob die Ehe nach Vertragsschluß durch Tod oder Scheidung aufgelöst ist. Der Fall der Auflösung einer Ehe durch Wiederverheiratung im Falle der Todeserklärung

(§ 1348 BGB.), den Jaeger Anm. 30 erwähnt, ist praktisch wegen der Fristen ohne Bedeutung. Die rechtskräftige „Aufhebung der ehelichen Gemeinschaft" (§§ 1575ff., 1586 BGB.) löst das Band der Ehe nicht (ebenso Jaeger Anm. 30, abw. Hartmann-Meikel S. 176). Eine nicht einmal ins Heiratsregister eingetragene formwidrige Ehe (§§ 1317, 1324, 1329 BGB.) ist keine Ehe. Eine unvollkommen nichtige (§ 1323 BGB.) oder eine anfechtbare (§ 1330 BGB.) muß dagegen solange als Ehe im Sinne des § 3 Ziffer 2 gelten, bis die nichtige Ehe für nichtig erklärt oder die anfechtbare Ehe angefochten ist; ist dies zur Zeit des Vertragsschlusses bereits geschehen, so kommt eine Anfechtung aus Ziffer 2 nicht in Frage. Der Zweck der Ziffer 2 spricht, wie Jaeger (Anm. 30) ausführt, für diese Auslegung, da eine Ehe dieser Art auch nach der Umstoßung noch als Ehe eine beschränkte Wirksamkeit (§§ 1344, 1345, 1699 BGB.) äußert (jedoch streitig). Anfechtbar sind auch diejenigen während der Ehe geschlossenen Verträge, welche sich auf die Auflösung der Ehe und die sich anschließende Vermögensauseinandersetzung beziehen (vgl. Hartmann-Meikel S. 175).

Anm. 31.

Weiter kommen in Betracht die Verträge des Schuldners mit seinen oder seines Ehegatten Verwandten in auf- und absteigender Linie. Nach Art. 33 des EGzBGB. finden, soweit in dem Anf.Ges. an die Verwandtschaft oder die Schwägerschaft rechtliche Folgen geknüpft sind, die Vorschriften des BGB. über Verwandtschaft oder Schwägerschaft Anwendung. Dies gilt nur für Inländer, aber auch dann, wenn das zu beurteilende Verhältnis schon vor dem 1. 1. 1900 begründet worden ist; für Ausländer sind die Gesetze ihres Heimatstaates maßgebend (RG. 62, 403). Im einzelnen kommen in Frage die Eltern, Großeltern usw. in aufsteigender Linie, Kinder, Enkel usw. in absteigender Linie. Ein uneheliches Kind ist nur mit der Mutter und deren Verwandten, nicht aber mit dem Vater und dessen Verwandten verwandt (§§ 1705, 1589 Abs. 2 BGB.). Eheliche Kinder sind die Kinder auch unter den Voraussetzungen der §§ 1699, 1736, 1737, 1719, 1591 (die sog. Putativkinder, die durch Ehelichkeitserklärung oder durch nachfolgende Ehe zur Zeit des Vertragsschlusses bereits legitimierten und die nachgeborenen Kinder). Das Adoptivkind (und seine Nachkommen in den Grenzen des § 1762) wird verwandt mit dem Annehmenden, nicht mit dessen Verwandten (§§ 1757, 1763, 1768) und bleibt verwandt mit seiner natürlichen Familie. Ferner gehören hierher die Schwiegereltern. Das Schwägerschaftsverhältnis entsteht erst mit der Eheschließung und muß zur Zeit des Vertragsschlusses bereits bestanden haben (anders

Ehegatten auch vor der Ehe, vgl. vorige Anm.; vgl. RG. in JurW. 1882 S. 261). Die Schwägerschaft dauert aber fort, auch wenn die Ehe, durch die sie begründet ist, aufgelöst ist (§ 1590 Abs. 2 BGB.). Deshalb sind auch die nach Auflösung der Ehe mit den hier genannten Angehörigen des Ehegatten geschlossenen Verträge gemäß Ziffer 2 anfechtbar. (So die herrschende Ansicht, u. a. Jaeger Anm. 34; RG. 63, 92; Recht 1907 S. 1079 Nr. 2625; a. A. Hartmann-Meikel S. 178, der ausführt, Art. 33 sei nicht anwendbar, da das Anf.Ges. nur von Verwandtschaft, nicht von Schwägerschaft spreche).

Anm. 32.

Ferner kommen in Betracht die Verträge des Schuldners mit seinen oder seines Ehegatten voll- oder halbbürtigen Geschwistern. Vollbürtige Geschwister des Schuldners sind diejenigen, welche mit ihm beide Eltern gemeinsam haben, seine halbbürtigen Geschwister (Stiefgeschwister) dagegen diejenigen, welche mit ihm nur den Vater oder die Mutter gemeinsam haben. Uneheliche Kinder derselben Mutter sind halbbürtige Geschwister, uneheliche Kinder desselben „Vaters" sind dagegen nach geltendem Recht nicht verwandt. Nicht verwandt, auch nicht verschwägert sind angenommene und eigene Kinder derselben Person, ferner auch nicht „zusammengebrachte". Die Schwägerschaft mit den Geschwistern des Ehegatten besteht auch nach Auflösung der Ehe (vgl. vorige Anm.). Hierher gehören der Schwager und die Schwägerin als Geschwister des Ehegatten.

Anm. 33.

Schließlich sind auf Grund der Ziffer 2 anfechtbar auch die Verträge des Schuldners mit dem Ehegatten einer dieser Personen. Es gehören daher dazu auch Ehegatten von Verschwägerten, d. h. also Personen, welche nach dem BGB. nicht mehr als verschwägert gelten, wenn sie auch im täglichen Leben im allgemeinen noch als verschwägert bezeichnet werden. Im einzelnen gehören dazu der Stiefvater und die Stiefmutter des Schuldners oder seiner Ehefrau (als zweite Ehegatten des überlebenden Elternteils), Schwiegersohn und Schwiegertochter (als Ehegatten der Abkömmlinge), ferner Schwager und Schwägerin (als Ehegatten der Geschwister), schließlich die Ehegatten der Stiefkinder und Stiefenkel, der zweite Mann der Schwiegermutter, die zweite Frau des Schwiegervaters (vgl. Jaeger Anm. 35). Ein Vertrag mit dem zukünftigen Schwiegersohn kommt dagegen nicht in Betracht.

Anm. 34.

Steht einer von mehreren Vertragschließenden (einer von mehreren Erben, bei der offenen Handelsgesellschaft einer von den Gesellschaftern) mit dem Schuldner in einem Angehörigenverhältnis der in den vorigen Anm. genannten Art, so ist der Vertrag anfechtbar, auch wenn die anderen Vertragschließenden gutgläubig sind (vgl. RG. 43, 104; JurW. 1914 S. 255 Nr. 17). Im Falle einer gesetzlichen oder bestellten Vertretung entscheidet die Verwandtschaft oder Schwägerschaft des Vertretenen (RG. 12, 70). Die Verwandtschaft mit dem Vertreter einer juristischen Person steht der Verwandtschaft mit einer natürlichen Person nicht gleich (vgl. Jaeger Anm. 36: Hartmann-Meikel S. 179, letzterer in früheren Aufl. a. A.).

Anm. 35.

Eine Ausdehnung des genannten Personenkreises ist nicht zulässig. Deshalb kommen nicht in Betracht Verträge zwischen „zusammengebrachten Geschwistern", Verträge mit dem Neffen oder der Nichte, mit dem zukünftigen Schwiegersohn oder der zukünftigen Schwiegertochter, auch nicht Verträge mit der „Geliebten" („Verhältnis"), schließlich nicht Verträge mit guten Freunden und Bekannten. Daß eine Erweiterung des Kreises der „verdächtigen Personen" zweckmäßig ist, dürfte wohl unstreitig sein; zweifelhaft ist nur, in welchem Umfange. Cahn empfiehlt in der LeipzZ. 1928 S. 103 dem Begriff der natürlichen Verwandtschaft den der wirtschaftlichen gleichzustellen. Empfehlenswert ist u. a. auch die Ausdehnung des Kreises auf geschiedene Eheleute, da Verschiebungen auf den geschiedenen Ehegatten, von dem eine tatsächliche Trennung nicht erfolgt ist, in der Praxis häufig vorkommen.

Über die Fristen und die Beweislast vgl. Anm. 50 ff.

Schenkungsanfechtung.

Anm. 36.

Die in den Ziffern 3 und 4 des § 3 und im § 3a erwähnten Anfechtungsfälle werden in der Literatur gewöhnlich als Fälle der Schenkungsanfechtung bezeichnet. In diesen Fällen handelt es sich um „unentgeltliche Verfügungen", um welche es sich auch im § 32 KO. handelt. Der Begriff „Schenkungsanfechtung" wird nur der Abkürzung wegen gebraucht. Der Begriff „Schenkung" im Sinne des § 518 BGB. ist enger als der Begriff der „unentgeltlichen Verfügung". Schenkungen sind Verträge und setzen begrifflich eine Bereicherung des Beschenkten aus dem Vermögen des Schenkers voraus (RG. 62, 386; 72, 188, 92, 228). Eine Bereicherung liegt auch in der Ersparnis von Auslagen (RG. 36, 382). Die unentgeltliche Verfügung kann auch eine einseitige Rechtshandlung sein und setzt eine Zuwendung aus dem Vermögen eines anderen, des Schuldners, nicht voraus; eine Begünstigungsabsicht oder deren Kenntnis wird nicht erfordert (vgl. RG. 10, 87; 38, 7; 92, 228). Eine unentgeltliche Verfügung im Sinne der §§ 3, 3a ist eine Zuwendung aus dem Vermögen des Schuldners, für welche der Schuldner eine Gegenleistung als Entgelt vom Anfechtungsgegner nicht erhält und nicht zu erwarten hat; sie setzt eine Verminderung des zugreifbaren Vermögens des Schuldners voraus, zu welcher dieser nicht verpflichtet war (RG. 38, 7; JurW. 1902 S. 218 Nr. 22; 1913 S. 608 Nr. 23). Auf den Zweck oder das Motiv der Zuwendung (Dankbarkeit, Mitleid, Prahlerei, Bestechung — vgl. Jaeger Anm. 44) kommt es nicht an (RG. 72, 188; LeipzZ. 1910 S. 558 Nr. 3). Unwesentlich ist auch die Vermögenslage des Schuldners zur Zeit der unentgeltlichen Verfügung. Diese kann auch dann anfechtbar sein, wenn der Schuldner zur Zeit der Zuwendung noch genügend andere zugreifbare Vermögensgegenstände hatte. Der Schuldner ist übrigens, wie Jaeger Anm. 44 erwähnt, genügend durch die kurzen Anfechtungsfristen und der Anfechtungsgegner durch § 7 Abs. 2 geschützt.

Anm. 37.

Ob eine Zuwendung entgeltlich oder unentgeltlich ist, ob „Leistung um Gegenleistung" oder „Leistung ohne Gegenleistung" vorliegt, hängt lediglich von dem Willen der Parteien ab. Dabei kommt es nicht darauf an, welcher Wille später im Prozeß behauptet wird, sondern welcher wahre Wille zur Zeit der Zuwendung und Annahme die Parteien geleitet hat. „Insofern hat auch die Schenkungsanfechtung eine subjektive Voraussetzung" (vgl. Jaeger Anm. 4, 3; vgl. auch RG. 30, 36; 62, 44; Gruch. 59, 552; Warn. Rspr. 1909, 53). Die Gegenleistung braucht keine vermögensrechtliche zu sein; daher ist z. B. das Geldversprechen an eine uneheliche Mutter für ihre Einwilligung zur Annahme ihres Kindes an Kindes Statt oder das Versprechen einer Abfindung für die Zusage des Schweigens bei Lösung eines mit Geschlechtsverkehr verbunden gewesenen Liebesverhältnisses keine Schenkung (vgl. RG. in JurW. 1917 S. 322). Wer aus Not eine Sache unter dem Werte veräußert („verschleudert"), verfügt darüber nicht unentgeltlich. Diese Veräußerung kann unter Umständen als Wuchergeschäft gemäß § 138 Abs. 2 BGB. nichtig sein; auch kann § 3 Ziffer 1 Anf.Ges. zutreffen. Wer aus Liebhaberei für einen Gegenstand einen zu hohen Preis zahlt, schenkt dem Verkäufer nicht etwa die Differenz zwischen dem gezahlten Betrage und dem wahren Werte. Hat sich der Wert der Sache nach dem Vertragsschlusse erhöht oder vermindert, bevor die Übergabe der Sache erfolgte, dann liegt wegen der Differenz keine im Sinne der Ziffern 3 oder 4 anfechtbare unentgeltliche Verfügung vor (vgl. RG. 50, 136). Das objektive Bestehen eines Mißverhältnisses zwischen Leistung und Gegenleistung genügt noch nicht zum Vorhandensein einer Schenkung; der subjektive Standpunkt der Beteiligten ist entscheidend (Warn. Rspr. 1917, 111). Zu prüfen ist dabei noch, ob es sich nicht um eine sog. verschleierte Schenkung handelt, bei der „das entgeltliche Geschäft nur zum Schein abgeschlossen wurde, um der Schenkung das äußere Ansehen eines wirksamen Vertrages zu geben". Ein wertvolles lastenfreies Grundstück z. B. wird für eine Mark verkauft. Der Kaufvertrag ist gemäß § 117 BGB. als Scheingeschäft nichtig, die verdeckte Schenkung gemäß § 3 Ziffer 3 anfechtbar (vgl. RG. 29, 266; 60, 242; JurW. 1896 S. 175; 1914 S. 304; LeipzZ. 1909 S. 71 Nr. 6; Jaeger Anm. 53). Im übrigen entscheidet darüber, ob eine unentgeltliche Verfügung anfechtbar ist, das objektive Moment der Vermögensminderung, verbunden mit dem in allen Anfechtungsfällen notwendigen Erfordernis der Gläubigerbenachteiligung; auf eine Benachteiligungsabsicht des Schuldners und deren Kenntnis auf Seite des Anfechtungsgegners kommt es nicht an (vgl. RG. 10, 86).

Anm. 38.

Zu dem bereits in Anm. 26 ff. zu § 1 erwähnten Begriff der Verfügung ist noch zu erwähnen. Übereignung (OLG. Jena in LeipzZ. 1911 S. 241 Nr. 7), Abtretung, Bestellung und Rangänderung von dinglichen Rechten usw. können unentgeltlich — ohne Gegenleistung — erfolgen; Schulderlaß, z. B. Erlaß geschuldeter Zinsen gehört zu den unentgeltlichen Verfügungen. Auch die unentgeltliche Gebrauchs- und Nutzungsüberlassung einer Sache oder eines Grundstücks oder einer Wohnung ist anfechtbar im Sinne der Ziffern 3 und 4, wenn der Schuldner sonst aus dem zum Gebrauche dem Anfechtungsgegner überlassenen Gegenstande (auch Kapital und Grundstück) Zinsen, Miets- oder Pachtzins gezogen haben würde. Daß die unentgeltliche Gebrauchsüberlassung eine besondere Rechtsform (Leihe) darstellt, schließt den Schenkungsbegriff nicht aus (vgl. Jaeger Anm. 45). Auch das der Form des § 518 BGB. entsprechende Schenkungsversprechen ist anfechtbar (vgl. Anm. 51, 52 zu § 1, streitig). Eine Schenkung unter einer Auflage (§§ 525 ff. BGB.) ist eine unentgeltliche Verfügung. Hätte die Auflage den Sinn eines Entgelts, dann läge keine Schenkung vor. Eine Schenkung bleibt eine unentgeltliche Verfügung auch dann, wenn sie erfolgt in der Erwartung eines alsbaldigen Gegengeschenks von gleichem Werte; das Gegengeschenk stellt keinen Gegenwert dar, wenigstens wird es als solcher nicht gegeben. Schenkungen, durch die einer sittlichen Pflicht oder einer auf den Anstand zu nehmenden Rücksicht entsprochen wird (vgl. §§ 534, 814, 1446, 1519, 1549, 1641, 1804, 2113, 2205, 2207, 2330 BGB.), sind unentgeltliche Verfügungen und nach Ziffer 3 anfechtbar, soweit sie nicht gebräuchliche Gelegenheitsgeschenke zum Gegenstande haben, was allerdings wohl meist der Fall sein wird. (Vgl. Hartmann-Meikel S. 187; OLG. Dresden in LeipzZ. 1910 S. 243 Nr. 4). In der nachträglichen Gewährung einer Vergütung für Dienste, die zunächst unentgeltlich geleistet waren, liegt nicht ohne weiteres eine Schenkung (vgl. RG. 72, 188).

Anm. 39.

Was im einzelnen als Schenkung aufzufassen ist, überläßt das Anfechtungsrecht dem bürgerlichen Recht; dieses ist, wie es in den Motiven zur KO. S. 136 heißt, insbesondere entscheidend für die Behandlung vergeltender oder wechselseitiger Schenkungen, der Schenkungen zu einem Endzweck, zu Ausstattungen usw.; die Motive heben hervor, daß die Anfechtung Platz greife, sofern und soweit das Entgelt ein scheinbares, d. h. nur dazu bestimmt sei, die beabsichtigte Schenkung zu verdecken. Wenn dann die Motive zu den unentgeltlichen Verfügungen auch Entsagungen und Verzichte auf Erbschaften und Vermächtnisse rechnen, so ist dies für das jetzige bürgerliche Recht nicht mehr in demselben Umfange wie für das vor 1900 geltende Recht maßgebend (vgl. Anm. 51 ff. zu § 1).

Anm. 40.

Aus der großen Fülle von Entscheidungen darüber, was als Schenkung und was als entgeltliche Verfügung anzusehen ist (vgl. darüber die Kommentare zum BGB. § 516), noch einige Beispiele. Die Annahme einer Schenkung ist ausgeschlossen, wenn eine — sei es auch schon verjährte, nur noch natürliche — Verbindlichkeit zur Leistung besteht, wenn eine im Konkursverfahren ausgefallene oder eine noch nicht fällige Forderung bezahlt wird (vgl. u. a. JurW. 1897 S. 189; RG. 50, 134; 51, 76; 62, 45; LeipzZ. 1910 S. 864; a. A. wegen der Zwischenzinsen der noch nicht fälligen Forderung Jaeger Anm. 46; Zwischenzinsen darf der Schuldner aber nicht abziehen, daher keine Schenkung). Die Bezahlung oder Anerkennung einer Nichtschuld, deren Bestehen der Zahlende irrtümlich annimmt, ist eine entgeltliche Verfügung (RG. LeipzZ. 1914 S. 1912 Nr. 14), ebenso eine Sicherungsübereignung für eine vermeintlich bestehende Schuld (Gruch. 59, 521). Eine Vergütung für bereits geleistete, selbst ursprünglich unentgeltlich geleistete Dienste, braucht keine Schenkung zu sein, kann es aber sein (RG. 72,

188; 74, 139; 75, 327; 94, 159, 322; JurW. 1917 S. 103 Nr. 5). Bei dem abstrakten Schuldversprechen, Schuldanerkenntnis (§§ 780, 781 BGB.), beim Wechsel und bei allen abstrakten dinglichen Rechtsgeschäften (Auflassung usw.) ist das zugrunde liegende Rechtsverhältnis zu prüfen (RG. in LeipzZ. 1909 S. 74 Nr. 9; RG. 62, 45; 77, 50; OLG. Jena in LeipzZ. 1911 S. 241 Nr. 7; vgl. auch RG. 80, 218). Die Bestellung einer nicht geschuldeten Sicherheit für eigene Verbindlichkeiten ist immer eine entgeltliche Verfügung (streitig, ebenso Hartmann-Meikel S. 189; RG. 62, 45; vgl. Jaeger Anm. 49).

Anm. 41.

Die Zahlung einer fremden Schuld, die Übernahme einer fremden Schuld und die Bestellung einer Sicherheit für eine fremde Schuld kann Schenkung sein; es kommt auf die Sachlage an, ob der fremde Schuldner oder der fremde Gläubiger als der Beschenkte anzusehen ist; das erstere ist der Fall, wenn der Zahlende dem fremden Schuldner gegenüber weder zur Zahlung verpflichtet ist, noch die getilgte Forderung, noch ein Rückgriffsrecht erwirbt; das letztere dagegen, wenn der fremde Gläubiger wegen Mittellosigkeit des Schuldners oder aus rechtlichen Gründen keine Befriedigung zu erwarten hatte (RG. 50, 134; 51, 412; 38, 6; 54, 282; 60, 265; 90, 117; JurW. 1905 S. 442 Nr. 28; Hartmann-Meikel S. 189; Jaeger Anm. 48, 50).

Anm. 42.

Die Gewährung einer angemessenen Aussteuer (§ 1620 BGB.) ist keine Schenkung; denn sie ist rechtlich erzwingbar. Eine Ausstattung gilt, auch wenn eine Verpflichtung nicht besteht, nur insoweit als Schenkung, als die Ausstattung das den Umständen, insbesondere den Vermögensverhältnissen des Vaters oder der Mutter entsprechende Maß übersteigt (§ 1624 BGB.; RG. 62, 273; JurW. 1913 S. 39 Nr. 27). Soweit eine Ausstattung den angemessenen Betrag übersteigt, ist sie nach Ziffer 3 anfechtbar (RG. in JurW. 1902 S. 228 Nr. 22; 1916 S. 588; RG. 63, 323; ebenso Jaeger Anm. 43; jedoch streitig; Hartmann-Meikel S. 188 hält jede Ausstattung für eine anfechtbare unentgeltliche Verfügung). Ob das Mitgiftversprechen eines Fremden (nicht Elternteils) als Schenkung anzusehen ist, hängt im Einzelfalle von den besonderen Umständen ab (RG. in JurW. 1908 S. 71 Nr. 6; 1913 S. 278 Nr. 21; 1916 S. 588 Nr. 13). Wenn Eltern ihrer Tochter ein von ihr allein gebrauchtes Musikinstrument als Teil der ihr nach § 1620 geschuldeten Aussteuer mitgeben, so tun sie das regelmäßig nicht in der ihrer Tochter bekannten Absicht, die Gläubiger zu benachteiligen (OLG. Karlsr. Bad. Respr. 28, 27).

Anm. 43.

Spiel, Wette, Lotterievertrag, Ausspielvertrag, Differenzgeschäft sind keine unentgeltlichen Verfügungen. Insoweit das Spielgeschäft nichtig ist (§ 134 BGB.; §§ 284 ff. StGB.) ist die Zuwendung, wie bei jedem nichtigen Geschäft (§§ 117, 125, 134 ff., 142 BGB.) aus dem Vermögen des Schuldners nicht ausgeschieden und daher dem Zugriff nicht entzogen. Darüber, daß auch nichtige Geschäfte unter Umständen anfechtbar sind, vgl. Anm. 27, 68 zu § 1; auch RG. in Warn. Rspr. 1920 Nr. 206.

Anm. 44.

Die Ausschlagung einer angefallenen, aber noch nicht endgültig erworbenen Erbschaft (Vermächtnis) ist keine unentgeltliche Verfügung (vgl. Näheres in Anm. 26, 53 zu § 1). Ehegüterverträge können unter Umständen unentgeltliche Verfügungen sein (vgl. Anm. 56 zu § 1).

Anm. 45.

Sehr umstritten ist die Frage, ob die Zuwendung der Gegenleistung aus einem Arbeitsvertrage des Schuldners zugunsten eines Dritten, meist seiner Ehefrau, eine anfechtbare unentgeltliche Verfügung des Schuldners ist. Es handelt sich dabei um die sog. Lohnschiebungsverträge, bei denen der Arbeitnehmer mit dem Arbeitgeber vereinbart, daß der Lohn ganz oder teilweise an die Ehefrau zu zahlen sei. Die Streitfrage ist entstanden auf Grund der Entscheidungen des Reichsgerichts (RG. 69, 59; 81, 41; JurW. 1912 S. 689; 1913 S. 182, 562; Warn. Rspr. 1911, 494; 1912, 417), in denen solche Verträge für unanfechtbar erklärt sind, weil der Anspruch auf die Gegenleistung niemals zum Vermögen des Schuldners gehört habe, sondern sofort in der Hand der Ehefrau entstanden sei, und weil auch die Arbeitskraft des Schuldners keinen Vermögensgegenstand bilde, auf welchen die Gläubiger zu ihrer Befriedigung Anspruch hätten. Dieser Ansicht hat sich die überwiegende Praxis angeschlossen (vgl. auch OLG. Stuttgart vom 10. 12. 14; Württ. J. f. Rechtspfl. 26, 140). Dagegen unterliegt nach der Ansicht des Landgerichts II v. 18. 10. 1913 (KGBl. 25, 22) der Anfechtung ein Vertrag, in dem ein Arzt mit seiner Frau und einer Oberin vereinbart, daß der Frau die Einnahme des gemeinschaftlich betriebenen Unternehmens (eines Sanatoriums) zustehen solle, die als ärztliches Honorar eingehen würde, während der Mann als der alleinige Arzt gegen ein Jahresgehalt von 1500 Mark als Angestellter des Unternehmens tätig sein soll (vgl. Senf S. 88 und die von ihm zitierten Entscheidungen). In der Literatur werden sie auch als „1500-Mark-Verträge" bezeichnet. Aus der zahlreichen Literatur seien nur erwähnt:

Jaeger in LeipzZ. 1914 S. 1065; Kohler in LeipzZ. 1913 S. 641; Warneyer in LeipzZ. 1914, S. 266; Becker in LeipzZ. 1913 S. 645, in Gruch. 58, 1, in JurW. 1913 S. 1166; Volkmar in KGBl. 1914, 83; Riedinger in JurW. 1913, 1161; Brandis in DJZ. 1919, 819. Die Verträge würden heute richtiger „2340-RM.-Verträge" heißen, da heute nicht 1500 Mk. sondern 2340 RM. unpfändbar. „Wie der Schuldner zur Arbeit nicht gezwungen werden kann, wie er also die personenrechtliche Wahl hat, zu arbeiten oder nicht zu arbeiten, so hat er auch die Befugnis, zu bestimmen, für wen er arbeiten will" (vgl. Kohler a. a. O.). Auch Jaeger a. a. O. verneint die Frage der Anfechtbarkeit, da es an dem im Zwecke der Gläubigeranfechtung begründeten und darum unerläßlichen Erfordernis einer Gläubigerbenachteiligung, einer Verkürzung der Zugriffsmasse, fehle; zugunsten der Ehefrau geopfert habe der Mann nicht das Recht auf Lohn, sondern die Arbeit, also einen nicht beschlagsfähigen Wert, wenn auch die Arbeit im wirtschaftlichen Sinne als Ware bezeichnet werden könne. Jaeger führt dabei weiter aus, es würde zu einer Art moderner Schuldknechtschaft führen, wenn man anfechtungsrechtlich die Arbeitskraft für eine marktfähige Ware hielte. Auch Warneyer billigt die Ansicht des Reichsgerichts. Im übrigen wird vielfach versucht, eine ganz oder teilweise abweichende Ansicht zu begründen, und auch eine Abänderung des Lohnbeschlagnahmegesetzes vorgeschlagen. Der Auffassung des RG. ist aus den auch von Kohler und Jaeger angegebenen Gründen beizutreten. Doch gilt dies nur für n e u e Dienstverträge. Anfechtbar sind dagegen solche Lohnschiebeverträge, wenn sie nachträglich unter Aufrechterhaltung des bisherigen Dienstvertrages abgeschlossen werden (vgl. dazu RG. v. 27. 6. 13 in LeipzZ. 1913 S. 862). Für die sog. Arbeitsschiebungsverträge, d. h. Verträge dahin, daß der Ehemann im Geschäft der Ehefrau arbeitet, aber nur Wohnung, Verpflegung, Kleidung und geringes, nicht pfändbares Taschengeld bekommt, gilt das für die Lohnschiebeverträge oben Gesagte, da jeder Arbeitnehmer das Recht hat, mit seinem Arbeitgeber auch die Höhe des Lohnes zu vereinbaren, und es dabei unerheblich ist, in welchem persönlichen Verhältnis Arbeitgeber und Arbeitnehmer zueinander stehen; der Gläubiger hat kein Recht an der Arbeitskraft des Schuldners (vgl. auch RG. 67, 170; 70, 228). Für den Mann besteht eine dem § 1356 Abs. 2 BGB. entsprechende Verpflichtung zu Arbeiten im Geschäfte der Frau nicht. Deshalb muß zwar angenommen werden, daß Dienstleistungen des Mannes im Geschäfte der Frau regelmäßig gegen Entgelt erfolgen. Das gilt aber nur, wenn eine Vereinbarung zwischen den Eheleuten über die Höhe nicht getroffen ist (vgl. § 612 BGB.). Ob solche Arbeitsschiebeverträge etwa gegen die guten Sitten verstoßen und daher nichtig sind, ist hier nicht zu behandeln. Anfechtbare unentgeltliche Verfügungen sind sie jedenfalls nicht. Das Reichsarbeitsgericht hat in einem Urteil vom 12. 2. 1930 (abgedruckt in Rechtspr. in Arbeitssachen S. 192) bei „Lohnschiebungsverträgen“ die Anwendbarkeit der §§ 117, 138 BGB. verneint.

Die zitierte Entscheidung des Reichsarbeitsgerichts, besprochen von Goerrig-Lohmer in „Creditreform“ 1930 S. 160 bis 161, hält im übrigen fest an der grundlegenden Entscheidung des RG. (Bd. 81, 41). Darüber noch einige Bemerkungen. In Betracht zu ziehen sind § 3 Ziffer 1 AnfG. und die §§ 117, 134, 138 BGB. Lohnschiebungsverträge werden in der Regel nicht als Scheingeschäfte im Sinne des § 117 anzusehen sein, da nach dem Zwecke solcher Verträge, den Schuldner gegenüber den Angriffen der Gläubiger sicher zu stellen, die Absicht der Parteien in der Regel dahin geht, die Ehefrau (oder den sonstigen Dritten) ernstlich zur Gläubigerin der ihr zugesicherten Lohnbeträge zu machen. Einen Verstoß gegen ein gesetzliches Verbot im Sinne des § 134, etwa gegen die Lohnpfändungsverordnung, enthält der Vertrag auch nicht. Ein solcher Vertrag verstößt aber auch nicht gegen die guten Sitten, wenn der Gesamtbetrag der Vergütungen das Maß dessen nicht übersteigt, was zum Unterhalt des Dienstverpflichteten und seiner Familie bei standesgemäßer bescheidener Lebensführung erforderlich ist; er verstößt aber gegen die guten Sitten, wenn dieses Maß überschritten wird (RG. 81, 41). Es kommt daher auf die Sachlage im einzelnen Falle an. Vgl. auch RG. im Recht 1912 Nr. 1881, 1901, 2040; LeipzZ. 13, 79; JW. 24, 108; ferner Jaeger, Lohnverzicht und gute Sitten, in LeipzZ. 1911 S. 285. Landgericht Kottbus (Urt. v. 13. 7. 28 in JW. 28 S. 3066 mit Besprechung von Fuchs) führt aus, der Grundsatz des RG. gelte nur für das Schuldrecht, nicht auch für Ansprüche, die im Familienrechte wurzeln. Unterhaltsberechtigten gegenüber besteht, wie es in diesem Urteil zutreffend heißt, sehr wohl eine Pflicht des Schuldners zu arbeiten, um seiner Unterhaltspflicht nachzukommen; der Unterhaltspflichtige kann dazu sogar durch Strafen gezwungen werden (§ 361 Ziffer 10 StGB.); er ist aus §§ 823 Abs. 2, 826 BGB. schadensersatzpflichtig; die dritte Person, welche ihm dabei bewußt behilflich ist, die gegen ihn erhobene Unterhaltsklage ohne Beeinträchtigung der eigenen Bedürfnisse zu vereiteln und seine Arbeitskraft zum eigenen Vorteil zu verwenden, ist dem Unterhaltsberechtigten aus § 830 BGB. ebenfalls schadensersatzpflichtig; wenn ein Schuldner als gesunder, arbeitskräftiger Mann sich trotz seiner Arbeit lediglich mit freier Wohnung und freiem Unterhalt begnügt und auf alle Barzuwendungen verzichtet, so ist darin eine zum Schadensersatz verpflichtende Handlungsweise zu erblicken. Auch das Landgericht I Berlin hat solche Verträge für sittenwidrig erklärt (JW. 26 S. 1252). Der Entscheidung des RG. haben sich u. a. angeschlossen OLG. Frankfurt a. M. (LeipzZ. 17 S. 827), OLG. Augsburg (JW. 25 S. 2149), LG. Limburg (JW. 24 S. 108); letztere Entscheidung ist von Titze kritisiert, der dabei ausführt, daß nach wie vor lebhaft umstritten bleibe die Frage, ob solche Verträge nach Maßgabe des AnfG. angefochten werden können. In der Mehrzahl der zitierten Entscheidungen wird auch noch besonders erwähnt, daß eine Anfechtung solcher Lohnschiebungsverträge auf Grund des AnfG. nicht stattfinden, da durch diese Verträge dem Vermögen des Schuldners ein dem Zugriff seiner Gläubiger zugänglicher Wert nicht entzogen ist (vgl. auch RG. in LeipzZ. 12 S. 560). Es finden sich aber auch Entscheidungen, welche im Einzelfall eine Abtretung einer Lohnvergütung für eine im Sinne des § 3 Ziffer 1 anfechtbare Rechtshandlung halten (vgl. OLG. Düsseldorf in LeipzZ. 1912 S. 711 und RG. in LeipzZ. 13 S. 862). In dem Urteil des KG. v. 1. 5. 25 (JW. 25 S. 1889) ist die Lohnschiebungsvereinbarung nur ein Teil einer nach § 3 Ziffer 1 anfechtbaren Rechtshandlung; der Schuldner hatte an seine Braut sein Geschäft übertragen; die Benachteiligung lag darin, daß der Schuldner das Geschäft, ein gewinnbringendes Vermögensstück, in dem er seine Arbeitskraft im Interesse der Unterhaltsberechtigten ausnutzen und sie wegen ihrer Ansprüche befriedigen konnte, aus der Hand gegeben hatte, ohne daß dafür etwas anderes in sein Vermögen gelangt war. Zusammenfassend ist zu erwähnen, daß Lohnschiebungsverträge nach der herrschenden Ansicht zwar unter gewissen Voraussetzungen wider die guten Sitten verstoßen und gemäß § 138 Abs. 1 BGB. nichtig sind, auch zum Schadensersatz aus §§ 823 ff. BGB. verpflichten können, aber auf Grund des AnfG. nicht anfechtbar sind.

Anm. 46.

Ähnlich liegt die Sache bei Leibrenten- und Lebensversicherungsverträgen zugunsten einer dritten Person (meist der Ehefrau) (§ 330 BGB. § 167 VVG.). Sind diese Verträge von vornherein zugunsten einer bestimmten Person, Ehefrau, Erben, geschlossen, so sind sie unanfechtbar, weil die Anwartschaft auf die Versicherungssumme niemals zum Vermögen des Schuldners gehört. Anfechtbar sind nur die innerhalb der Fristen des § 3 Ziffer 3, 4 vom Schuldner zugunsten des Dritten unentgeltlich geleisteten Prämienzahlungen; Anfechtungsgegner ist der Dritte, nicht der Versicherer (vgl. RG. 51, 403; 54, 96; 62, 47; 71, 324; 80, 177; JurW. 1904 S. 459 Nr. 24; 1906 S. 383 Nr. 10, 1908 S. 689 Nr. 21); dagegen liegt eine anfechtbare unentgeltliche Verfügung vor, wenn nachträglich der Anspruch auf die Versicherungssumme an einen Dritten unentgeltlich abgetreten oder die Police auf den Dritten unentgeltlich umgeschrieben wird (RG. 62, 46; 66, 158; JurW. 02 S. 259 Nr. 27; vgl. RG. 106, 1 wegen Umschreibung von Sparkassenguthaben).

Lebensversicherungsverträge zugunsten eines Dritten können anfechtbar sein. Ein Buchhalter hatte zugunsten seiner Ehefrau einen solchen Vertrag geschlossen. Er hatte später unterschlagen; seine Ehefrau hatte dem Geschäftsherrn gegenüber sich zur Deckung des entstandenen Schadens verpflichtet. Der Buchhalter und seine Ehefrau baten die Versicherungsgesellschaft, die zugunsten der Frau getroffene Bestimmung zu streichen; der Buchhalter trat die Rechte aus dem Vertrage an einen Gastwirt ab; darin liegt eine mittelbare Benachteiligung des Geschäftsherrn im Sinne des § 3 Ziffer 1 (RG. 11. 3. 30 Konk. Treuh. 30, 114).

Anm. 47.

Ausgenommen von der Anfechtbarkeit nach Ziffer 3 sind gebräuchliche Gelegenheitsgeschenke. Solche sind nach den Motiven nicht dazu bestimmt, den Beschenkten zu bereichern, sondern nur ihm ein Zeichen der Zuneigung zu geben, obwohl die Schenkungsabsicht unbedenklich feststeht. „Gelegenheit" bedeutet namentlich Weihnachten, Neujahr, Ostern, Geburts-, Namenstag, Einsegnung, Verlobung, Hochzeit, Taufe, Genesung nach langer Krankheit, Lebensrettung, Bestehen einer Prüfung usw.; jedenfalls müssen in den Kreisen, denen der Schuldner angehört, Geschenke bei solchen Anlässen gebräuchlich sein. Es handelt sich dabei um Geschenke an Angehörige, Freunde, Gesinde, Geschäftspersonal. Wenn die unentgeltliche Verfügung tatsächlich als Geschenk ohne Rücksicht auf die betreffende Gelegenheit gewollt ist, ist sie anfechtbar, z. B. wenn das Geschenk einer Geliebten gegeben wird, um sie zur Fortsetzung des Verhältnisses zu bestimmen oder um sie abzufinden, mag es auch gerade zu Weihnachten oder zum Geburtstag sein, oder wenn der Großvater in der Form eines Patengeschenks eine Zuwendung zur Sicherung standesmäßigen Unterhalts und der Ausbildung seines Patenkindes macht (OLG. 42, 72; Gruch. 36, 1192). Das Maß gebräuchlicher Gelegenheitsgeschenke kann entsprechend der Bedeutung, die der gewöhnliche Sprachgebrauch dem Ausdruck beilegt, nur aus dem entnommen werden, was verständige Wirtschaftler in der Vermögenslage, in der sich der Gemeinschuldner zur Zeit der Schenkung befand, für Geschenke an Personen, zu denen sie in gleichen Beziehungen standen, bei gleichem Anlaß aufzuwenden pflegen. Die spätere Gestaltung der Vermögenslage des Schenkenden (Schuldners) kommt danach nur insofern in Betracht, als sie schon zur Zeit der Schenkung bei verständiger Würdigung der damaligen

Lage vorausgesehen werden mußte (RG. 124, 59). So kann unter Umständen ein kostbarer Pelz, eine Villa oder ein großes Gut noch ein gebräuchliches Gelegenheitsgeschenk sein.

Anm. 48.

In § 3 Ziffer 4 (ebenso KO. § 32 Ziffer 2) ist nicht wie im § 3 Ziffer 3 (KO. § 31 Ziffer 1) die Ausnahme bezüglich der Gelegenheitsgeschenke enthalten. Daraus wird vielfach geschlossen, daß nach Ziffer 4 auch Gelegenheitsgeschenke an den Ehegatten der Anfechtung unterliegen können (u. a. Sydow-Busch-Krieg; OLG. 19, 208). Mit Recht wird von der herrschenden Meinung (vgl. u. a. Jaeger Anm. 59; RG. 124, 59; a. A. KG. v. 23. 10. 08 in KG. Bl. 1908, 78) angenommen, daß auch unter Ehegatten gebräuchliche Gelegenheitsgeschenke unanfechtbar sind. Es ist zwar nicht zu verkennen, daß der Wortlaut der Ziffer 4 für die Auslegung zu sprechen scheint, unentgeltliche Verfügungen zugunsten des Ehegatten sollten der Anfechtung nicht nur auf längere Zeit unterliegen als unentgeltliche Verfügungen zugunsten anderer Personen, sondern auch ohne die nur bei diesen letzteren Verfügungen ausgesprochene Ausnahme in Ansehung der Gelegenheitsgeschenke. Indessen läßt der Wortlaut der Vorschrift immerhin auch die Auslegung zu, daß in Nr. 4 die unentgeltlichen Verfügungen nur mit der in Nr. 3 bezeichneten Beschränkung getroffen werden sollten. Diese Auslegung verdient, wie das RG. weiter ausführt, deshalb den Vorzug, weil ein gesetzgeberischer Grund, den Ehegatten, der übrigens vorzugsweise der Empfänger solcher Geschenke ist, nicht bloß hinsichtlich der Frist, sondern auch in Ansehung der gebräuchlichen Gelegenheitsgeschenke schlechter als andere Beschenkte zu stellen, nicht ersichtlich ist und die Erstreckung der Anfechtbarkeit auf die Gelegenheitsgeschenke gerade gegenüber dem Ehegatten eine besondere Härte bedeuten würde. Die der ganzen Vorschrift zugrunde liegende Rücksicht auf Verhütung von Schiebungen vermag zwar die Verlängerung der Dauer der Anfechtbarkeit gegenüber dem Ehegatten, nicht aber die Einbeziehung der Gelegenheitsgeschenke zu rechtfertigen. In der zitierten Entscheidung hat das RG. als gebräuchliches Gelegenheitsgeschenk — es handelte sich um zur Zeit der Schenkung sehr reiche Leute — die Zuwendung eines Pelzes im Werte von 27 000 RM. an die Ehefrau zu Weihnachten bezeichnet. Soweit das gebräuchliche Maß des Gelegenheitsgeschenks überschritten wird, kann Anfechtung begründet sein.

Anm. 49.

In Ziffer 4 wird bezüglich der unentgeltlichen Verfügungen zugunsten des Ehegatten eine Ausnahme festgesetzt; sie bezieht sich nur auf die Frist (vgl. Anm. 50 ff.). Unentgeltliche Verfügungen, die der Schuldner vor der Eheschließung zugunsten seines späteren Ehegatten vorgenommen hat, sind (anders wie nach Ziffer 2) nach § 3 Ziffer 4 nicht anfechtbar (vgl. RG. 76, 5). Hiergegen wendet sich mit ausführlicher Begründung Plum in der Noest-Plumschen Sammlung der RG. Entsch. Bd. 76 S. 132, vgl. auch JurW. 1911 S. 930. Wegen der Anfechtbarkeit von Ehegüterverträgen vgl. Anm. 56 ff. zu § 1 und Anm. 23, 28 zu § 3. Die Ziffer 4 hatte früher noch folgenden Schluß: „sowie eine innerhalb dieses Zeitraumes von ihm bewirkte Sicherstellung oder Rückgewähr eines Heiratsguts oder des gesetzlich in seine Verwaltung gekommenen Vermögens seiner Ehefrau, sofern er nicht zu der Sicherstellung oder Rückgewähr durch das Gesetz oder durch einen vor diesem Zeitraum geschlossenen Vertrag verpflichtet war." Dieser Satzteil ist durch die Novelle von 1898 mit Rücksicht auf §§ 1391, 1418 Abs. 1 Nr. 1 BGB. gestrichen. Die Sicherstellung oder Rückgewähr des eingebrachten Gutes ist damit nicht unter allen Umständen unanfechtbar, sondern nach Ziffer 1 und 2 anfechtbar geblieben (vgl. RG. 57, 86 u. 162; JurW. 1901 S. 385 u. 517; 1902 S. 424 Nr. 28; 1906 S. 139 Nr. 12).

Die Anfechtungsfristen.

Anm. 50.

Die Frist des § 3 Ziffer 1 ist eine Frist von 10 Jahren (vgl. § 12 und die dortigen Anm.).

Anm. 51.

Die rechtliche Natur der Fristen der Ziffern 2 bis 4 ist bestritten. Diese Fristen sind keine prozessualen, sondern materiellrechtliche; für die Berechnung finden daher nicht die Bestimmungen der ZPO., sondern die des BGB. §§ 187 ff. Anwendung (RG. 53, 361; 67, 442; 68, 298). Sie bilden einen Bestandteil des Klagegrundes und sind daher im Falle des Bestreitens vom Anfechtungskläger zu beweisen (RG. im Recht 1912 Nr. 3939). Die Anfechtungsfrist ist im Falle der Anfechtung durch Klageerhebung vom Tage der Klagezustellung zurückzurechnen (RG. 9, 66). Durch die Zustellung der beim unzuständigen Gericht erhobenen Klage wird die Frist nicht gewahrt (OLG. Jena in LeipzZ. 1912 S. 204). Die Anfechtungsfrist wird nicht durch Erhebung des Anfechtungsanspruchs wegen einer anderen Forderung gewahrt, ebensowenig durch die Zustellung eines Armenrechtsgesuchs an den Anfechtungsgegner durch das angerufene Gericht (RG. 126, 76; JurW. 1930 S. 553 Nr. 14). Für die Berechnung der Anfechtungsfrist kommt es nicht darauf an, wann der Prolongationswechsel, sondern wann der Urwechsel gegeben ist (JurW. 1908 S. 410 Nr. 13; RG. 77, 49). Erfolgt die Anfechtung durch Einrede, Gegeneinrede oder Widerklage, oder Klageerweiterung (§§ 280, 281 ZPO.), so ist für die Berechnung der Vortrag in der mündlichen Verhandlung maßgebend (RG. 40, 37; 58, 44; abw. RG. 52, 334). Die Frist wird zurückgerechnet und endet mit dem Ablauf desjenigen Tages des letzten Monats, welcher durch seine Benennung dem Tage entspricht, an dem die Klage zugestellt — oder Widerklage, Einrede Gegeneinrede vorgetragen ist. Ist also die Klage am 14. 5. 1930 zugestellt, so darf bei der einjährigen Frist der Ziffern 2 und 3 die anfechtbare Rechtshandlung nicht vor dem 14. 5. 1929, bei der zweijährigen Frist der Ziffer 4 nicht vor dem 14. 5. 1928 liegen. Die Vorschrift des § 193 BGB. findet keine Anwendung, da diese nur in den Fällen gilt, in denen es sich um eine Willenserklärung oder Leistung handelt, die am Sonn- oder Feiertage abzugeben wäre; hier handelt es sich aber um Berechnung vom Tage der Anfechtungsklage rückwärts. Demnach kommt bei Berechnung der Fristen der Umstand, daß der 14. 5. 1929 bzw. 14. 5. 1928 (in obigem Beispiel) ein Sonn- oder Feiertag ist, nicht in Betracht (ebenso Sydow-Busch-Krieg; JurW. 1898 S. 247 Nr. 9; abw. Jaeger Anm. 38; Hartmann-Meikel S. 183). Ist ein obligatorischer Vertrag angefochten, so muß der Abschluß des Vertrages innerhalb des Anfechtungsjahres (bzw. 2. Jahr) erfolgt sein. Wenn sich aber die Anfechtung gegen das Erfüllungsgeschäft, den dinglichen Vertrag, richtet, so genügt, daß der letzte Akt des Vertrages in die kritische Zeit fällt (vgl. RG. 17, 330; 27, 130; 77, 50; JurW. 1898 S. 52 und 247; 1911 S. 597; 1927 S. 1150 Nr. 14; LeipzZ. 1908 S. 74 Nr. 9). Die Frist ist eine Ausschlußfrist; sie wird in der Literatur (u. a. Jaeger und Riehl) auch als Entstehungsfrist bezeichnet. Sie ist keine Verjährungsfrist; die Vorschriften der §§ 194 ff. BGB. über Hemmung oder Unterbrechung des Fristenlaufs finden keine Anwendung.

Anm. 52.

Nach § 75 der Verordnung über Geschäftsaufsicht wurde bei der Berechnung der Fristen die Zeit nicht mitgerechnet, während deren die Geschäftsaufsicht bestand (RG. 106, 164). Die Fristenberechnung während eines Vergleichsverfahrens ergibt sich aus dem durch die Vergleichsordnung beigefügten zweiten Absatz.

Beweislast.

Anm. 53.

Im Falle der Anfechtung aus § 3 Ziff. 1 hat der Anfechtungsgläubiger alle Voraussetzungen der Anfechtung darzulegen und im Streitfalle zu beweisen; dazu gehört insbesondere auch der Beweis, daß der Schuldner die angefochtene Rechtshandlung in der Absicht, die Gläubiger zu benachteiligen, vorgenommen hat und daß diese Absicht dem Anfechtungsgegner zur Zeit des angefochtenen Erwerbs bekannt war. Auf den Beweis der Kenntnis kommt es erst an, wenn feststeht, daß der Schuldner mit Benachteiligungsabsicht gehandelt hat (RG. 3, 339; 43, 392). Daß der Gläubiger tatsächlich benachteiligt ist, muß in jedem Anfechtungsfalle vom Gläubiger bewiesen werden (RG. 33, 122). Der Schuldner kann sowohl über die Benachteiligungsabsicht als auch über die Kenntnis des Anfechtungsgegners als Zeuge gehört werden, und zwar gemäß § 393 Ziff. 4 ZPO. zunächst uneidlich (RG. JurW. 1901 S. 801 Nr. 8); Beeidigung ist zulässig (§ 393 Abs. 2 ZPO.). Dem Anfechtungsgegner kann auch der Eid über die Benachteiligungsabsicht des Schuldners zugeschoben werden, da der Gegner im Sinne des § 445 ZPO. Rechtsnachfolger des Schuldners ist (vgl. u. a. RG. 43, 392; JurW. 1903 S. 344 Nr. 7; Jaeger Anm. 24; Stein-Jonas Anm. zu § 445 ZPO.). Bei der Eideszuschiebung müssen bestimmte Tatsachen angegeben werden, aus denen die Benachteiligungsabsicht geschlossen werden kann (§ 451 ZPO.); die allgemeine Behauptung von der Benachteiligungsabsicht genügt nicht. Die Zurückschiebung des Eides ist unzulässig, da der Anfechtungsgläubiger nicht Rechtsnachfolger des Schuldners ist (§ 448). Für die Eideszuschiebung über die Kenntnis des Anfechtungsgegners von der Benachteiligungsabsicht gilt dasselbe; hier ist Eideszuschiebung unzulässig, da der Gläubiger nicht Rechtsnachfolger des Gegners im Sinne des § 448 ist. Auch auf einen richterlichen Eid kann erkannt werden (§§ 460 ff. ZPO.).

Anm. 54.

Im Falle der Anfechtung aus Ziffer 2 hat der Gesetzgeber die Anfechtung von Verträgen mit den genannten verdächtigen Personen dadurch erleichtert, daß der Anfechtungsgegner zu beweisen hat, daß ihm zur Zeit des Vertragsabschlusses die Absicht des Schuldners, die Gläubiger zu benachteiligen, nicht bekannt war. Die Wendung „sofern der andere Teil nicht beweist, daß ..." entspricht nicht dem Sprachgebrauch des BGB., wo es in ähnlichen Fällen „es sei denn daß" heißt. Wenn auch dieser Ausdruck durch die Novelle von 1898 nicht geändert ist, so herrscht doch kein Streit, daß der Anfechtungsgegner zu behaupten und zu beweisen hat, daß ihm die Benachteiligungsabsicht des Schuldners zur Zeit des Vertragsschlusses nicht bekannt gewesen sei. Auch hier ist der Beweis nur erforderlich, wenn Benachteiligung und Absicht feststehen (RG. JurW. 1901 S. 123 Nr. 11; RG. 57, 161). Dabei nimmt das RG. (RG. 51, 77; JurW. 1906

S. 390 Nr. 16) an, daß das Gesetz in Ziffer 2 zugunsten des Anfechtungsgläubigers eine gesetzliche Vermutung aufgestellt hat, welche der Anfechtungsgegner durch Gegenbeweis zu entkräften hat. Für die Praxis ist es ohne Bedeutung, wenn man sich der anderen Ansicht (vgl. Jaeger Anm. 4) anschließt, daß es sich um die Einwendung der Redlichkeit handele. Der Schuldner kann über die Unkenntnis des Gegners als Zeuge gehört werden (vgl. vorige Anm.). Eideszuschiebung an den Anfechtungsgläubiger ist unzulässig, da es sich bei der Kenntnis um keine für diesen wahrnehmbare Tatsache, sondern um einen inneren Vorgang des Gegners selbst handelt. Die Eideszuschiebung über das Fehlen der Benachteiligungsabsicht des Schuldners ist ebenfalls unzulässig, da der Anfechtungsgläubiger nicht Rechtsnachfolger oder Vertreter des Schuldners im Sinne des § 445 ZPO. ist. Die Feststellung der Kenntnis der Benachteiligungsabsicht ist im wesentlichen Frage der freien richterlichen Beweiswürdigung, die in der Revisionsinstanz nachzuprüfen ist und die, insbesondere bezüglich der Aussage des Schuldners, mit größter Vorsicht zu erfolgen hat. Dem Anfechtungsgegner wird der richterliche Eid, der bezüglich der Kenntnis in der Wahrheitsform geleistet werden kann, nur anzuvertrauen sein, wenn der Gegner besonders vertrauenswürdig erscheint.

Streit herrscht darüber, ob die Beweislast für den Fall vollkommen kongruenter Deckungen (sog. reiner Erfüllungsgeschäfte) wieder umzukehren ist. In der älteren Praxis hat vielfach das Reichsgericht dem Anfechtungsgläubiger in solchen Fällen die Beweislast aufgebürdet, in der neuen Praxis aber wiederholt ausgesprochen, daß auch bei reinen Erfüllungsgeschäften die Beweislast dem Anfechtungsgegner verbleibt, daß aber für die Beweiswürdigung die Tatsache der kongruenten Deckung nicht ohne Einfluß bleiben kann (vgl. dazu u. a. Jaeger Anm. 42; RG. 6, 46; 9, 102; 27, 130; 33, 124; 38, 103; 43, 107; 45, 28; 51, 76; 57, 161; JurW. 01, 385; 03, 296; 06, 179; 11, 597; 12, 307; 17, 718). Diese nochmalige Umkehrung der Beweislast bei reinen Erfüllungsgeschäften entbehrt jeglicher Grundlage im Gesetz (ebenso Jaeger Anm. 42). Das verdächtige Angehörigenverhältnis des Schuldners mit dem Anfechtungsgegner, die Einhaltung der Frist von einem Jahre und die durch den Abschluß des Vertrags unmittelbar erfolgte Benachteiligung ist vom Gläubiger zu beweisen.

Anm. 55.

Im Falle der Anfechtung aus Ziffer 3 ist für die Unentgeltlichkeit der Verfügung der Anfechtungsgläubiger beweispflichtig, auch dafür, daß die Zuwendung in der kritischen Frist erfolgt ist. Eideszuschiebung an den Anfechtungsgegner ist zulässig, auch Vernehmung des Schuldners als Zeuge (vgl. die vorigen Anm.). Eine Benachteiligungsabsicht wird nicht vorausgesetzt. Dafür, daß es sich um ein gebräuchliches Gelegenheitsgeschenk handelt, trifft den Anfechtungsgegner die Beweislast.

Anm. 56.

Im Falle der Anfechtung aus Ziffer 4 gilt das vorhin Ausgeführte. Doch ist zu berücksichtigen, daß nach § 1362 BGB. zugunsten der Gläubiger des Mannes vermutet wird, daß die im Besitz eines der Ehegatten oder beider Ehegatten befindlichen beweglichen Sachen (einschl. der Inhaberpapiere und der mit Blankoindossament versehenen Orderpapiere, aber ausschließlich der zum persönlichen Gebrauche der Frau bestimmten Sachen) dem Manne gehören. Die Ehefrau muß daher diese gesetzliche Vermutung entkräften durch den Nachweis, daß die Sachen ihr Eigentum sind (RG. 120, 107).

§ 3a

Hat der Erbe aus dem Nachlasse Pflichtteilsansprüche, Vermächtnisse oder Auflagen erfüllt, so kann ein Nachlaßgläubiger, der im Konkursverfahren über den Nachlaß dem Empfänger der Leistung im Range vorgehen oder gleichstehen würde, die Leistung in gleicher Weise anfechten wie eine unentgeltliche Verfügung des Erben.

Allgemeines.

Anm. 1.

Der § 3a ist durch die Novelle vom 17. 5. 1898 neu eingefügt. Dadurch sind Zweifelsfragen, welche auf Grund des seit dem 1. 1. 1900 geltenden Erbrechts ohne diesen Paragraphen hätten entstehen können, geklärt. § 3a ist eine Ergänzung des § 3, und zwar der in den Ziffern 3 und 4 geregelten Schenkungsanfechtung. Die allgemeinen Voraussetzungen für die Anfechtung nach § 2 und die besonderen nach § 3 Ziffer 3 (bzw. 4) müssen vorliegen, soweit sich aus dem Folgenden nichts anderes ergibt.

Anm. 2.

Dem § 3a entspricht § 222 KO. mit folgendem Wortlaut: „Hat der Erbe vor der Eröffnung des Verfahrens aus dem Nachlasse Pflichtteilsansprüche, Vermächtnisse oder Auflagen erfüllt, so ist die Leistung in gleicher Weise anfechtbar wie eine unentgeltliche Verfügung des Erben."

Anm. 3.

Beide Paragraphen beruhen auf denselben Erwägungen. Die Motive bemerken hierzu:

„Pflichtteilsberechtigte, Vermächtnisnehmer, sowie diejenigen, welche berechtigt sind, die Vollziehung einer Auflage zu fordern, können Befriedigung aus dem Nachlasse nur insoweit verlangen, als nach der Berichtigung der übrigen Nachlaßgläubiger ein Überschuß verbleibt. Demgemäß stehen sie im Nachlaßkonkurs allen anderen Gläubigern im Range nach (§ 226 KO.). Eben deshalb erscheint es, wenn der Erbe vor der Eröffnung des Verfahrens aus dem Nachlasse Pflichtteilsansprüche, Vermächtnisse oder Auflagen erfüllt hat, mit Rücksicht auf die übrigen Gläubiger geboten, die Leistung in gleicher Weise der Anfechtung zu unterwerfen, wie eine unentgeltliche Verfügung des Erben (vgl. § 32 Nr. 1, § 37 Abs. 2, § 42). Von praktischer Bedeutung ist dieses Anfechtungsrecht namentlich in dem Falle, daß die Nachlaßgläubiger nach § 1979 BGB. die Berichtigung einer Nachlaßverbindlichkeit als für Rechnung des Nachlasses erfolgt gelten lassen müssen. Aber auch dann, wenn der Erbe wegen Berichtigung einer Nachlaßverbindlichkeit den Nachlaßgläubigern verantwortlich ist, bleibt das Anfechtungsrecht nicht ohne Wert, da die Geltendmachung der aus der Verantwortung des Erben sich ergebenden Ansprüche leicht mit Weiterungen verbunden ist und bei Zahlungsunfähigkeit des Erben überhaupt nicht zum Ziele führt."

Materialien: Protokolle z. EGBGB. V S. 831 f., VI S. 598, 772, 779; Begründung der Nov. S. 49, 61.

Sonderfall der Schenkungsanfechtung.

Anm. 4.

Der Kreis der Anfechtungsberechtigten ist wesentlich beschränkter als der nach § 3 in Betracht kommende. Anfechtungsberechtigt sind nur Nachlaßgläubiger. Dieser Begriff ist im BGB. nicht definiert, ergibt sich aber aus § 1967 Abs. 2, wo es heißt, daß zu den Nachlaßverbindlichkeiten außer den vom Erblasser herrührenden Schulden die den Erben als solchen treffenden Verbindlichkeiten, insbesondere die Verbindlichkeiten aus Pflichtteilsrechten, Vermächtnissen und Auflagen, gehören. Nachlaßgläubiger sind die Gläubiger aus Erblasserschuldverhältnissen und aus Erbfallschuldverhältnissen. Aber nicht jeder Nachlaßgläubiger ist nach § 3a anfechtungsberechtigt, sondern nur derjenige, welcher im Konkursverfahren über den Nachlaß dem Empfänger der Leistung im Range vorgehen oder gleichstehen würde. Die Rangordnung ergibt sich aus § 226 Abs. 2 KO. Dieser lautet:

„Nachstehende Verbindlichkeiten werden erst nach allen übrigen Verbindlichkeiten und in folgender Rangordnung, bei gleichem Range nach Verhältnis ihrer Beiträge berechtigt:

1. die seit Eröffnung des Verfahrens laufenden Zinsen der im § 61 bezeichneten Forderungen;
2. die gegen den Erblasser erkannten Geldstrafen;
3. die Verbindlichkeit aus einer Freigebigkeit des Erblassers unter Lebenden;
4. die Verbindlichkeiten gegenüber Pflichtteilsberechtigten;
5. die Verbindlichkeiten aus den vom Erblasser angeordneten Vermächtnissen und Auflagen.

Ein Vermächtnis, durch welches das Recht des Bedachten auf den Pflichtteil nach § 2307 BGB. ausgeschlossen wird, steht, soweit es den Pflichtteil nicht übersteigt, im Range den Pflichtteilsrechten gleich. Hat der Erblasser durch eine Verfügung von Todes wegen angeordnet, daß ein Vermächtnis oder eine Auflage erfüllt werden soll, so hat das Vermächtnis oder die Auflage den Vorrang.

Die Verbindlichkeiten, in Ansehung deren der Gläubiger im Wege des Aufgebotsverfahrens ausgeschlossen ist oder nach § 1974 BGB. einem ausgeschlossenen Gläubiger gleichsteht, werden erst nach den im Abs. 2 Nr. 1—3 bezeichneten Verbindlichkeiten und, soweit sie zu den im Abs. 2 Nr. 4, 5 bezeichneten Verbindlichkeiten gehören, erst nach den Verbindlichkeiten berichtigt, die ohne die Beschränkung gleichen Rang haben würden. Im übrigen wird durch die Beschränkung an der Rangordnung nichts geändert."

Ziffer 1 ist dabei für die Einzelgläubigeranfechtung ohne Bedeutung. Jaeger (Anm. 9) prüft dabei auch die Frage, ob etwa ein Vermächtnisnehmer dem vor ihm befriedigten gleichberechtigten Vermächtnisnehmer den Erwerb im Wege des § 3a wieder abjagen könne. Im Anschluß an die in den Protokollen niedergelegten Erwägungen über den Schutz besser berechtigter Gläubiger kommt er zu dem Schluß, daß eine Ausgleichungspflicht den Vermächtnisnehmern, Auflageempfängern und Pflichtteilsberechtigten obliege und daß der Rückgewähranspruch eine der Billigkeit Rechnung tragende Ausgleichung anstrebe, einem Nachlaßgläubiger, der selbst nur auf der Rangstufe stehe, ein den Ausgleich überschreitender Rückgewähranspruch keinesfalls zugestanden werden dürfe. Eine erschöpfende Erörterung der hiermit zusammenhängenden Fragen kann nur Gegenstand einer besonderen Abhandlung sein und würde den Rahmen dieser Arbeit überschreiten.

Anm. 5.

„Schuldner" im Sinne des Anf.Ges. ist im Falle des § 3a „der Erbe". Damit ist aber nicht nur der Alleinerbe gemeint, sondern auch der Miterbe, Vor- oder Nacherbe, ferner sein gesetzlicher Vertreter, Inhaber der elterlichen Gewalt oder Vormund. Dazu gehört auch der Nachlaßpfleger, Nachlaßkonkursverwalter, Testamentsvollstrecker, der die letztwilligen Verfügungen des Erblassers auszuführen hat (§§ 2203, 2213 BGB.), ferner auch der Bevollmächtigte der genannten Personen, jedoch nicht andere Personen. Unerheblich ist, ob der Erbe für die Nachlaßverbindlichkeiten beschränkt oder unbeschränkt haftet. Gegen den Erben und die ihm gleichstehenden Personen muß die von dem Nachlaßgläubiger betriebene Zwangsvollstreckung im Sinne des § 2 fruchtlos gewesen sein (Gruch. 52, 1087). Haftet der Erbe unbeschränkt, so muß die Zwangsvollstreckung nicht bloß in den Nachlaß des Erblassers, sondern auch in das eigene Vermögen des Erben fruchtlos gewesen sein (vgl. § 11 Abs. 1).

Anm. 6.

Auch der Kreis der anfechtbaren Handlungen ist beschränkt. In Betracht kommen nur Handlungen, durch die der Erbe aus dem Nachlasse Pflichtteilsrechte, Vermächtnisse oder Auflagen *erfüllt* hat. Zwar erwähnt das Gesetz nur „Erfüllung", doch entspricht es dem Zwecke der Vorschrift, darunter auch die Erfüllungsersatzakte (Annahme an Erfüllungs Statt, Hinterlegung zur Schulderfüllung, Aufrechnung) und die Sicherungsakte (z. B. Verpfändung, Hypothekenbestellung) zu verstehen (vgl. Jaeger Anm. 3; Hartmann-Meikel S. 206, der in älteren Aufl. a. A. war). Die Leistung ist *aus dem Nachlaß* erfolgt, auch wenn sie zwar aus dem Eigenvermögen des Erben, aber für Rechnung des Nachlasses erfolgt ist, falls der Erbe nicht etwa unbeschränkt haftet (vgl. §§ 1967, 2013 BGB.). Rechtshandlungen, welche der *Erblasser* selbst oder dessen Vertreter angenommen hatte, können zugunsten von Pflichtteilsansprüchen, Vermächtnissen oder Auflagen nicht angefochten werden; der Pflichtteilsberechtigte ist durch §§ 2325 ff. BGB. geschützt. Auf vererbte, also bereits als Schulden des Erblassers begründete Verbindlichkeiten aus Pflichtteilsrechten usw. bezieht sich § 3a nicht; solche sind Nachlaßschulden.

Anm. 7.

Der *Pflichtteilsanspruch* steht den Abkömmlingen, dem Ehegatten und den Eltern zu, wenn sie durch Verfügung von Todes wegen von der Erbfolge ausgeschlossen sind (§ 2303). Entferntere Abkömmlinge und die Eltern des Erblassers sind aber insoweit nicht pflichtteilsberechtigt, als ein Abkömmling, der sie im Falle der gesetzlichen Erbfolge ausschließen würde, den Pflichtteil verlangen kann oder das ihm hinterlassene annimmt (§ 2309). Ist der Pflichtteilsberechtigte auf den Pflichtteil als Erbe eingesetzt (im Zweifel nicht anzunehmen § 2304), so findet § 3a keine Anwendung. Jaeger (Anm. 4) rechnet zu der Pflichtteilsschuld auch die Abfindung des unehelichen Kindes mit dem einem ehelichen gebührenden Pflichtteile nach § 1712 BGB. Richtig ist aber die Ansicht von Hartmann-Meikel S. 207, daß diese Abfindung nicht als Pflichtteilsanspruch aufzufassen ist. Nach § 1712 BGB. hat nur der Erbe das Recht, das uneheliche Kind des Erblassers mit einem Pflichtteil abzufinden; das Kind hat aber keinen Anspruch darauf (vgl. RG. 90, 204).

Anm. 8.

Ein Vermächtnis liegt vor, wenn der Erblasser durch Testament einem anderen, ohne ihn als Erben einzusetzen, einen Vermögensvorteil zuwendet (§ 1939 BGB.). Der Vermächtnisnehmer kann auch Miterbe sein. Auch das Vorausvermächtnis (§ 2150) gilt als Vermächtnis; der Erbe hat insoweit die Stellung eines Vermächtnisnehmers. Der Voraus des überlebenden Ehegatten (§ 1932) und der Unterhaltsanspruch der Hausstandsangehörigen für die ersten 30 Tage im Sinne des § 1969 gelten als Vermächtnis.

Anm. 9.

Von einer Auflage spricht man, wenn der Erblasser durch Testament den Erben oder einen Vermächtnisnehmer zu einer Leistung verpflichtet, ohne einem anderen ein Recht auf die Leistung zuzuwenden (§§ 1940, 2192 ff. BGB.).

Anm. 10.

Im übrigen gilt für § 3a das in § 3 über die Schenkungsanfechtung, insbesondere die zeitlichen Schranken der Ziffer 3 und 4 Gesagte. Ist die Leistung des Erben an seinen Ehegatten bewirkt, dann dauert die kritische Frist gemäß Ziffer 4 zwei Jahre. Ist der Ehegatte des Erblassers als Pflichtteilsgläubiger oder Vermächtnisnehmer befriedigt, so gilt die einjährige Frist aus Ziffer 3; denn angefochten wird nicht die letztwillige Verfügung des Erblassers, sondern die unentgeltliche Verfügung des Erben (vgl. Jaeger Anm. 11). Der gutgläubige Erwerber haftet auch im Falle des § 3a gemäß § 7 Abs. 2 nur in Höhe der Bereicherung. Hat der Erbe für die im § 3a genannten Ansprüche eine Hypothek an einem Nachlaßgrundstück bestellt, so hat der anfechtende Nachlaßgläubiger den Klageantrag auf Duldung der Befriedigung aus dem Grundstück vor der Hypothek des Anfechtungsgegners zu richten (Gruch. 52, 1087).

§ 4

Hat der Gläubiger, bevor er einen vollstreckbaren Schuldtitel erlangt hatte oder seine Forderung fällig war, denjenigen, welchem gegenüber eine im § 3 Nr. 2 bis 4 bezeichnete Rechtshandlung vorgenommen ist, von seiner Absicht, die Handlung anzufechten, durch Zustellung eines Schriftsatzes in Kenntnis gesetzt, so wird die Frist von dem Zeitpunkte der Zustellung zurückgerechnet, sofern schon zu dieser Zeit der Schuldner zahlungsunfähig war und bis zum Ablaufe von zwei Jahren seit diesem Zeitpunkte die Anfechtung erfolgt ist.

Allgemeines.

Anm. 1.

Die Novelle von 1898 hat die Schlußworte der ursprünglichen Fassung „der Anfechtungsanspruch rechtshängig geworden ist" entsprechend der Neufassung des § 3 Nr. 2—4 ersetzt durch die Worte „die Anfechtung erfolgt ist". Materialien: Begründung S. 20 ff., Protokolle S. 2269, Begründung der Novelle S. 35, 61.

Anm. 2.

Der Zweck des § 4 ergibt sich aus den Motiven: „Erlangt der Gläubiger mit dem Eintritt der Zahlungsunfähigkeit des Schuldners das Interesse, sich danach umzusehen, ob derselbe in anfechtbarer Weise ihm Befriedigungsmittel entzogen hat, und Bedacht darauf zu nehmen, daß sie für ihn zurückgewährt werden, so kann die Bedingung, daß er hierzu nicht eher berechtigt wird, als bis er gegen den Schuldner einen vollstreckbaren Schuldtitel erwirkt hat und von ihm Zahlung zu fordern in der Lage ist, den durch die Fristen des § 3 begrenzten Anfechtungsanspruch leicht vereiteln. Diese Härte für den Gläubiger zu beseitigen und dem Schuldner die Handhabe zu nehmen, nach Willkür oder aus Arglist die Erwirkung des vollstreckbaren Schuldtitels zu verzögern, hat schon das Preußische Gesetz vom 9. 5. 1855 im § 6 sich zur Aufgabe gemacht. Nach dieser Vorschrift soll der Gläubiger vor der Vollstreckbarkeit seiner Forderung bei Anstellung der Klage oder im Laufe des Prozesses gegen den Schuldner dem Prozeßgerichte die Rechtshandlung, welche er künftig anfechten, und die Person, gegen welche er sie anfechten will, mit dem Antrage bezeichnen, dieser Person seine Absicht bekannt zu machen; zu der Bekanntmachung wird Bescheinigung der Vermögensunzulänglichkeit des Schuldners gefordert, alsdann soll die Bekanntmachung den Erfolg haben, daß die Frist für die Anfechtung von der Zustellung der Bekanntmachung zurückgerechnet wird. Der Entwurf glaubt, eine ähnliche Fristerstreckung um so mehr vorschlagen zu sollen, als die Fristen desselben ohnedies dem bisherigen Preußischen Recht gegenüber nicht unerheblich verkürzt sind."

Anm. 3.

Der § 4 will eine Verzögerung der Vollstreckbarkeit durch den Schuldner in dem Vorprozeß unschädlich machen. (RG. v. 19. 2. 1909 in LeipzZ. 1909 S. 479, JW. 09, 226). Einen ähnlichen Gedanken hat die Pfändungsankündigung des § 845 ZPO.

Anm. 4.

§ 4 gibt an, unter welchen Voraussetzungen eine Anfechtungsankündigung zulässig ist, in welcher Form sie zu erfolgen hat und welche Wirkungen sie hat.

Voraussetzungen.

Anm. 5.

Nach § 2 wird für die Verfolgbarkeit des Anfechtungsanspruchs Fälligkeit und Vollstreckbarkeit der Forderung des Gläubigers vorausgesetzt. § 4 gewährt dem Anfechtungsgläubiger ein Schutzmittel für den Fall, daß wenigstens eine dieser beiden Voraussetzungen noch fehlt.

Anm. 6.

Sind aber diese beiden Voraussetzungen gegeben, so hat eine Anfechtungsankündigung für die Fristenwahrung keine Bedeutung mehr. Es ist sofort Anfechtungsklage zu erheben; der Anfechtungsgläubiger kann sich auf § 4 nicht berufen (vgl. RG. 68, 74; JW. 93, 201). Eine vorläufige Vollstreckbarkeit des fälligen Anspruchs genügt zur Verdrängung des § 4, mag auch die Vollstreckbarkeit von Sicherheitsleistung des Gläubigers abhängig sein (ebenso Jaeger Anm. 6). Der § 4 gilt auch für die Fälle nicht, in denen ein vollstreckbarer Schuldtitel auf eine Leistung Zug um Zug vorliegt (JW. 1909, 226; LeipzZ. 1909, 479), da der Gläubiger nach §§ 726 Abs. 2, 756 ZPO. die Vollstreckung dadurch herbeiführen kann, daß er die Gegenleistung gewährt oder den Schuldner in Annahmeverzug setzt.

Ist der im Urteil zuerkannte Anspruch nicht auf Zahlung einer bestimmten Geldsumme, sondern auf Leistung des noch zu ermittelnden Interesses gerichtet, und muß die Verurteilung zu einer bestimmten Geldsumme erst herbeigeführt werden, ist also z. B. nur ein Zwischenurteil über den Grund des Anspruchs gemäß § 304 ZPO. ergangen, dann hat aber der Gläubiger noch das Schutzmittel des § 4 (JW. 1893

S. 201); denn nur ein auf eine bestimmte Geldsumme gerichteter Titel wird gemäß § 2 vorausgesetzt (vgl. Anm. 13ff. zu § 2).

Anm. 7.

Die übrigen Voraussetzungen der §§ 1, 2, 3 müssen aber vorliegen. Der Gläubiger muß eine Forderung haben, die bedingt oder befristet oder noch nicht vollstreckbar oder die befristet und noch nicht vollstreckbar ist. Der Schuldner muß eine Rechtshandlung vorgenommen haben, durch welche der Gläubiger in seiner Befriedigungsaussicht gekürzt ist; der Schuldner muß „zahlungsunfähig" sein. Alle diese Erfordernisse müsssen schon zu der Zeit der Anfechtungsankündigung gegeben sein.

Anm. 8.

Das Erfordernis der Zahlungsunfähigkeit ist im § 4 noch besonders hervorgehoben; die anderen Voraussetzungen als erforderlich noch besonders zu erwähnen, war nicht notwendig, da es ja ohne eine Rechtshandlung des Schuldners und ohne Gläubigerbenachteiligung keine Gläubigeranfechtung gibt. Die Worte „sofern der Schuldner zahlungsunfähig war" sind im § 4 nur eine kurze Zusammenfassung der im § 2 geforderten Voraussetzung „sofern anzunehmen ist, daß die Zwangsvollstreckung in das Vermögen des Schuldners zu einer vollständigen Befriedigung nicht führen werde". Versucht kann die Zwangsvollstreckung ja noch nicht sein, da der vollstreckbare Titel noch fehlt. „Zahlungsunfähig" hat nicht etwa denselben Sinn wie der Begriff „Zahlungsunfähigkeit" im § 102 KO.

Form.

Anm. 9.

Die Ankündigung erfolgt durch Zustellung eines Schriftsatzes. Während des zwischen Gläubiger und Schuldner schwebenden Rechtsstreits ist der Prozeßbevollmächtigte des Gläubigers (RG. 52, 334) zur Ankündigung berechtigt. Die Zustellung geschieht außerhalb eines Rechtsstreits durch Vermittelung des Gerichtsvollziehers selbst oder auf dessen Ersuchen durch die Post (§ 132 BGB., §§ 166 Abs. 1, 193—195 ZPO.); eine Vermittelung des Gerichts (§ 166 Abs. 2 ZPO.) kommt nicht in Frage, auch nicht bei Zustellung der Ankündigung ins Ausland (JW. 1917 S. 821). Die formelle Zustellung durch den Gerichtsvollzieher ist zweckmäßig, da durch die amtliche Zustellungsurkunde Inhalt und Zeitpunkt der Ankündigung im späteren Prozeß leicht nachweisbar wird (§§ 415, 437 ZPO.). Doch ist diese Art der Zustellung des Schriftsatzes mit der Ankündigung nicht unbedingt notwendig. Die Ankündigung ist eine einseitige empfangsbedürftige Willenserklärung im Sinne des § 130 BGB. Sie wird wirksam in dem Zeitpunkte, in welchem sie dem Empfänger zugeht. Die einfache schriftliche Benachrichtigung ist zwar ausreichend, aber, selbst wenn sie durch eingeschriebenen Brief erfolgt, nicht zu empfehlen, da sich der Zeitpunkt des Zugangs an den Anfechtungsgegner durch den eingeschriebenen Brief nicht feststellen läßt; bei formeller Zustellung durch den Gerichtsvollzieher genügt Ersatzzustellung (§§ 166 ff. ZPO.). Die österreichische Anfechtungsordnung verlangt im § 9 ausdrücklich „gerichtliche oder notarielle Zustellung". Hätte der deutsche Gesetzgeber ebenfalls eine derartige Zustellung für nötig gehalten, dann hätte er es auch im § 4 zum Ausdruck gebracht. Die Hauptsache ist, wie aus den Motiven zu entnehmen ist, die Bekanntgabe und Festlegung der Zeit derselben. Im Ergebnis ebenso Jaeger Anm. 2, dagegen Hartmann-Meikel S. 217, der förmliche Zustellung verlangt.

Anm. 10.

Die Ankündigung muß schriftlich erfolgen. Da durch das Gesetz schriftliche Form vorgeschrieben ist, muß die Erklärung von dem Anfechtungsgläubiger eigenhändig durch Namensunterschrift oder mittels gerichtlich oder notariell beglaubigten Handzeichens unterzeichnet sein (§ 126 BGB.) (vgl. RG. 126, 76 JurW. 1930 S. 553 Nr. 14). Der Bevollmächtigte muß seine Vollmacht darlegen; es genügt der Hinweis auf die Prozeßvollmacht in dem Prozeß zwischen Gläubiger und Schuldner.

Anm. 11.

Die Ankündigung ist zu richten an denjenigen, welchem gegenüber eine der im § 3 Nr. 2—4 bezeichneten Rechtshandlungen vorgenommen ist. Die Anfechtung wegen einer Rechtshandlung im Sinne von § 3 Nr. 1 hat durch § 12 ein so weitreichendes zeitliches Geltungsgebiet, daß für eine Fristerstreckung im Sinne des § 4 kein Bedürfnis vorliegt (Jaeger Anm. 1). Im Falle einer Rechtsnachfolge in den anfechtbaren Erwerb genügt zur Erstreckung der Fristen in Gemäßheit des § 4 die Zustellung des Schriftsatzes an den Rechtsnachfolger, gegen welchen die Anfechtung erfolgen soll (§ 11 Abs. 4 und Anm. 24 zu § 11). Wegen der Wirksamkeit der Fristerstreckung gegenüber den Rechtsnachfolgern des Empfängers der Ankündigung siehe Anm. 24 zu § 11. Ist die Anfechtungsgegnerin eine Ehefrau, so genügt die Ankündigung an sie allein (RG. 45, 58; Hartmann-Meikel S. 215); im Anfechtungsprozeß müßte unter den Voraussetzungen des § 739 ZPO. gegen den Ehemann Klage auf

Duldung der Zwangsvollstreckung in das eingebrachte Gut der Ehefrau erhoben werden.

Anm. 12.

Der Inhalt der Ankündigung hat nach § 4 so zu lauten, daß „der Gläubiger" den Gegner „von seiner Absicht, die Handlung anzufechten, in Kenntnis" setzt. Der Gläubiger muß in dem Schriftsatz außerdem darlegen, daß er der (bestimmte) Gläubiger sei, an den Schuldner die bestimmte Forderung habe, daß der Schuldner die (bestimmte) Handlung begangen und der Gegner dadurch einen Erwerb gemacht habe und schließlich daß der Schuldner ihn — den Gläubiger — nicht befriedigen könne. Handlung und Forderung müssen so bestimmt bezeichnet sein, daß für den Anfechtungsgegner kein Zweifel bestehen kann, um welche Rückgewährverbindlichkeit es sich handelt. Dabei wird der Hinweis auf das Gesetz oder auf eine Gesetzesstelle oder auf bestimmte Tatbestandsmerkmale nicht verlangt. Die Angabe einer falschen Gesetzesstelle würde nicht schaden. Eine als zur Zeit unzulässig abgewiesene Anfechtungsklage ist nur dann als Anfechtungsankündigung anzusehen, wenn eine entsprechende Erklärung in der Klageschrift enthalten ist (ebenso Jaeger Anm. 3, jedoch streitig). Die Erwirkung einer einstweiligen Verfügung zum Schutze des Anfechtungsanspruchs genügt für sich allein nicht dem Ankündigungserfordernis (ebenso Jaeger Anm. 3; Gruch. 38, 1181); dasselbe gilt für einen Arrestbefehl. Ist aber der Antrag auf Erlassung der einstweiligen Verfügung mit der Anfechtungsabsicht begründet und enthält die einstweilige Verfügung den maßgebenden Teil des Antrages, so genügt nach der Entscheidung des RG. Bd. 57 S. 30 die Zustellung der einstweiligen Verfügung und wird nicht außerdem noch die Zustellung des Antrages erfordert. Wie es in der Entscheidung RG. 126, 76 heißt, verlangt das Gesetz, daß der Gläubiger selbst seine Absicht dem künftigen Anfechtungsgegner durch Zustellung eines Schriftsatzes mitteilt; es ist die Willenserklärung des Gläubigers erforderlich.

Eine weitere Frage ist, ob der Anfechtungsanspruch durch Arrest gesichert werden kann. Das RG. hat in der Entsch. vom 3. 4. 28 (JW. 28, 1345 = Recht 28 Nr. 1690) ausgeführt, daß der Anfechtungsanspruch gegen den Gläubiger einer auf dem Schuldnergrundstück anfechtbar eingetragenen Hypothek auf Zahlung einer Geldsumme geht und deshalb mit Arrest gesichert werden kann.

Wirkung.

Anm. 13.

Eine dem § 4 entsprechende Anfechtungsankündigung bewirkt, daß sich die Anfechtungsfristen des § 3 Nr. 2

bis 4 um (höchstens) 2 Jahre verlängern. Auf die Fristen aus § 12 hat § 4 keinen Einfluß. Wenn auch dem Wortlaute nach sich die Vorschrift nur auf § 3 Nr. 2—4 bezieht, so muß sie doch auch gelten für die Fälle des § 3a, da im Falle des § 3a die Leistung des Erben in gleicher Weise angefochten werden kann wie eine unentgeltliche Verfügung des Erben (§ 3 Nr. 3, 4). Die Fristerweiterung kann aber auf andere Anfechtungsgläubiger (§ 3 Nr. 1) nicht erstreckt werden (ebenso Hartmann-Meikel S. 213).

Anm. 14.

Die Erweiterungsfrist beginnt nicht etwa mit Ablauf der Fristen des § 3 Nr. 2—4 (§ 3a), sondern mit dem Zeitpunkt der Bekanntmachung der Ankündigungsabsicht, der noch innerhalb der Fristen des § 3 Nr. 2—4 liegen muß. Sie ist eine Ausschlußfrist, bei welcher es auf ein etwaiges Verschulden des Gläubigers oder des Gegners nicht ankommt; sie ist die materiellrechtliche Zeitgrenze, innerhalb deren die Anfechtung erfolgt sein muß, um die Wirkung der Ankündigung zu erhalten (RG. 68, 72); sie ist keine prozessuale Frist, da es eine solche ohne Prozeß nicht gibt und der Prozeß nicht schon mit der Ankündigung, sondern erst mit der Zustellung der Anfechtungsklage beginnt. Gegen Versäumung der Frist gibt es keine Wiedereinsetzung in den vorigen Stand (§§ 233—235 ZPO.). Die Frist ist keine Verjährungsfrist; die §§ 194—225 BGB. finden keine Anwendung. Die Frist kann durch Parteivereinbarung verlängert und verkürzt werden (ebenso Hartmann-Meikel S. 215).

Anm. 15.

Die Erweiterungsfrist gilt nur zugunsten des ankündigenden Gläubigers und nur zugunsten der in der Ankündigung bezeichneten Forderung und Rechtshandlung. Geht die Forderung nach der Ankündigung kraft Gesetzes, durch Abtretung oder durch Überweisung auf einen anderen Gläubiger über, so gereicht die Ankündigung ohne weiteres auch dem neuen Gläubiger zum Vorteil (RG. 39, 14 für den Fall der Abtretung). Wegen der Einwirkung der Eröffnung des Konkurses über das Vermögen des Gläubigers nach der Ankündigung vgl. Anm. 9 zu § 13.

Anm. 16.

Innerhalb der Erweiterungsfrist muß die Anfechtungsklage erhoben sein. Weil die Frist zur Beschaffung des bei der Ankündigung noch fehlenden vollstreckbaren Titels dient, wird nach der Ansicht des RG. (68, 70) die Frist, obwohl sonst der vollstreckbare Titel nachgebracht werden kann, nicht gewahrt, wenn zwar die Anfechtungsklage innerhalb der Frist erhoben, der vollstreckbare Titel aber erst nach Ablauf der Frist erlangt ist. Hartmann-Meikel (S. 214) auch Riehl (S. 218) sind dagegen zutreffend der Ansicht, der Anfechtungsklage sei auch dann noch stattzugeben, wenn der Anfechtungskläger in der letzten mündlichen Verhandlung den vollstreckbaren Titel besitzt, sofern nur die Anfechtung rechtzeitig innerhalb der Erweiterungsfrist erfolgt ist; der Gläubiger hat aber kein Recht darauf, zur Beschaffung des Titels Vertagung zu verlangen.

Einwendungen des Ankündigungsempfängers.

Anm. 17.

Der Empfänger der Ankündigung wird in der Regel die Erhebung der Anfechtungsklage abwarten und dann die Behauptungen des Gläubigers bestreiten oder die zulässigen Einwendungen und Einreden geltend machen.

Anm. 18.

Er kann aber auch die negative Feststellungsklage erheben. Beispiel aus RG. 77, 65. Eine Ehefrau hatte gegen ihren von ihr getrennt lebenden Ehemann ein Urteil auf Zahlung einer Jahresrente erwirkt. Als der Ehemann eine Hypothekenforderung an seine Mutter abtrat, ließ die Frau der Mutter eine Erklärung zustellen, durch die sie gemäß § 4 von ihrer Absicht Kenntnis gab, diese Abtretung wegen der noch nicht fällig gewordenen Vierteljahrsraten ihrer Rente anzufechten. Hierauf erhob die Mutter die Feststellungsklage, daß der Frau ein Recht, die fragliche Hypothekenabtretung anzufechten, nicht zustehe. Das Berufungsgericht wies die Klage als unzulässig ab mit der Begründung, man würde dem Anfechtungsgläubiger das ihm durch § 4 gewährte Recht verkümmern, wenn man eine solche negative Feststellungsklage zulassen wollte, die materiell Erfolg haben müsse, solange zur Durchführung einer Anfechtung wesentliche Voraussetzungen, Fälligkeit der Forderung und vollstreckbarer Titel, noch nicht vorhanden seien. Das Reichsgericht läßt dagegen die negative Feststellungsklage grundsätzlich zu. Der Kläger, der eine Ankündigung gemäß § 4 erläßt, behauptet gar nicht die Fälligkeit und Vollstreckbarkeit der Forderung, wegen welcher er anfechten will; er stellt im Gegenteil ihr Vorhandensein geradezu in Abrede. Eine Feststellungsklage des Gegners kann deshalb nur den Zweck haben, festzustellen, daß, abgesehen von den formellen Voraussetzungen, die als anfechtbar bezeichnete Rechtshandlung nicht anfechtbar ist. Nun gibt das Gesetz dem Gläubiger aber nicht das Recht, durch eine Anfechtungsankündigung beliebig in den Rechtsfrieden eines Dritten einzugreifen; dem Empfänger dieser Ankündigung kann es daher grundsätzlich nicht verwehrt werden, eine solche Feststellung herbeizuführen. Die Zulässigkeit der Klage hängt selbstredend davon ab, ob die allgemeinen Voraussetzungen einer Feststellungsklage vorliegen. Es muß zunächst die Feststellung des Nichtbestehens eines Rechtsverhältnisses begehrt werden. Nach der feststehenden Rechtsprechung des RG. entsteht schon durch die Vornahme des anfechtbaren Rechtsgeschäftes das obligatorische Band zwischen dem Anfechtungsgläubiger und dem Anfechtungsschuldner, wenngleich der Gläubiger noch weitere Umstände, nämlich die Fälligkeit und Vollstreckbarkeit seiner Forderung nachweisen muß, um die daraus entspringenden Rechte geltend zu machen. Es ist deshalb, wie das RG. 77, 65 weiter ausführt, unbedenklich anzunehmen, daß die Klägerin die Feststellung eines Rechtsverhältnisses begehrt. Ob sie ein rechtliches Interesse an dessen alsbaldiger Feststellung hat, ist nur aus einer Würdigung der ganzen Sachlage zu entnehmen; zu diesem Zwecke hat das RG. den hier erwähnten Fall an die Berufungsinstanz zurückverwiesen.

Beweislast.

Anm. 19.

Im Prozesse muß der Anfechtungsgläubiger nachweisen, daß die Ankündigung innerhalb der in den §§ 3, 12 erwähnten Fristen erfolgt ist. Die Voraussetzungen für die negative Feststellungsklage hat der Anfechtungsgegner darzutun. Wegen der Einwendungen und Einreden vgl. Anm. 27 zu § 2.

§ 5

Die Erhebung des Anfechtungsanspruchs im Wege der Einrede kann erfolgen, bevor ein vollstreckbarer Schuldtitel für die Forderung erlangt ist der Gläubiger hat denselben jedoch vor der Entscheidung binnen einer von dem Gerichte zu bestimmenden Frist beizubringen.

Allgemeines.

Anm. 1.

Der § 5 ist unverändert in der ursprünglichen Fassung; er war im Entwurfe nicht vorgesehen und ist erst von der Reichstagskommission 1879 als § 4a eingestellt worden. Protokolle S. 2269. Dort heißt es: „Die Kommission ist im Einverständnis mit der Vorlage der Ansicht gewesen, daß nicht bloß im Wege der Klage, sondern auch im Wege der Einrede die Anfechtung stattfinden kann. Es ist namentlich auch der

Fall ins Auge gefaßt worden, daß dem Besitzer eines Gegenstandes derselbe von einem Dritten evinziert werden soll, demgegenüber der Anfechtungsanspruch begründet sein würde. In diesem Falle liegt für den Anfechtenden, der hier der Exzipient ist, keine Veranlassung vor, sich vorher einen vollstreckbaren Titel zu verschaffen, und um auch diesen Fall zu ordnen, namentlich um nicht die Notwendigkeit herbeizuführen, daß der Anfechtende den Gegenstand, auf den sich die Anfechtung bezieht, erst herausgebe und sich dann einen vollstreckbaren Titel verschaffen muß, um dann von neuem die Klage zu erheben, ist der (jetzige) § 5 hinzugefügt, der den Richter anweist, dem Anfechtungsbeklagten eine Frist zur Herbeischaffung des vollstreckbaren Titels zu gewähren".

Erleichterter Fall. Voraussetzung.

Anm. 2.

In den Anmerkungen zu den bisherigen Paragraphen ist schon ausgeführt, daß die Einzelanfechtung nur im Rechtsstreit geltend gemacht werden kann, und zwar nicht nur im Wege der Klage oder Widerklage, sondern auch im Wege der Einrede oder Gegeneinrede. Die Gegeneinrede wird in der Praxis nur selten vorkommen. Doch gilt für sie dasselbe wie für die Einrede (vgl. noch Anm. 3). Der § 5 hat den Zweck, gewisse Erleichterungen zu schaffen und weitere Prozesse zu vermeiden (vgl. RG. in LeipzZ. 1915, 1024 Nr. 45).

Wenn gelegentlich behauptet wird, daß der Anfechtungsanspruch im allgemeinen durch Klage und nur selten durch Einrede geltend gemacht wird (so auch u. a. Geib), so trifft diese Ansicht nicht zu. Im Gegenteil wird die Anfechtung gerade im Wege der Einrede häufiger als im Wege der Klage geltend gemacht werden. Man denke an die zahlreichen Widerspruchsklagen im Sinne des § 771 ZPO., an die sog. Interventionsprozesse. Ein Gläubiger hat auf Grund eines vollstreckbaren Schuldtitels beim Schuldner Möbel, Schmucksachen oder ähnliches gepfändet. Ein Dritter macht ein die Veräußerung hinderndes Recht geltend und behauptet, der Schuldner habe ihm die Pfandstücke verkauft und übereignet und auf Grund einer besonderen Abrede leihweise zur Benutzung behalten. Der Dritte erhebt gegen den Gläubiger Klage auf Freigabe. Der Gläubiger — (Beklagte) — ficht Kaufvertrag und Übereignung auf Grund des Anf.Ges. an. Der Beklagte wird zum Anfechtungsgläubiger, der Dritte zum Anfechtungsgegner. In diesen Widerspruchsklagen hat der Beklagte (Anfechtungsgläubiger) bereits einen vollstreckbaren Titel, auf Grund dessen er gepfändet hat. In allen diesen Fällen kommt § 5 mit seiner Erleichterung nicht in Betracht. In der Literatur herrscht kein Streit darüber, daß § 5 nur selten zu beachten sein wird. Wenn Riehl ausführt, es lasse sich überhaupt kein Fall in der Praxis denken, in dem der § 5 irgendeine Bedeutung habe, so ist zu berücksichtigen, daß Riehl davon ausgeht, daß der Arrest ein im Sinne des § 2 geeigneter vollstreckbarer Titel sei. Dieser Ansicht ist aber nicht beizutreten (Anm. 11 zu § 2). Jaeger erwähnt, man habe „etwa an den Widerspruch gegen einen Arrestbeschlag zu denken", weil Arrestbefehle dem § 2 nicht genügen. Doch muß noch folgender von Hartmann-Meikel im Anschluß an eine Entscheidung des RG. (LeipzZ. 1909 S. 694 Nr. 15) erwähnter Fall erörtert werden: Ein Schuldner hat eine Summe zu zahlen und ist auch bereit zu zahlen. Der Gläubiger hat die Forderung mehrfach abgetreten. Der Schuldner weiß nicht, an welchen Gläubiger er zahlen soll, und hinterlegt den Betrag unter Benachrichtigung der angeblichen Gläubiger. Darauf verklagt der eine Gläubiger den anderen auf Einwilligung in die Auszahlung der hinterlegten Summe. Der Beklagte kann dann einwenden, daß die Abtretung an den Kläger in anfechtbarer Weise in der Absicht der Gläubigerbenachteiligung erfolgt sei (vgl. auch RG. 96, 340). In diesem Fall ist eine Pfändung noch nicht erfolgt; es fehlt sogar der vollstreckbare Titel für die Forderung. Hier liegt die Voraussetzung des § 5 für die Erleichterung vor. Der beklagte Gläubiger muß jedoch den Schuldtitel binnen einer zu bestimmenden Frist beibringen.

Anm. 3.

Daß die Anfechtung auch im Wege der Gegeneinrede erfolgen kann, ist in der Literatur und auch in der Rechtsprechung anerkannt. Zu verweisen ist dabei u. a. auf RG. 19, 202; 27, 94; JW. 1900 S. 566 Nr. 6; Warn. Rspr. d. RG. 1918 Nr. 198. Dabei handelt es sich um folgende Fälle. Das dem Kläger im Wege der Zwangsvollstreckung überwiesene Forderungsrecht war schon vorher an den Beklagten abgetreten; der Kläger begegnet dem Einwande der früheren Zession durch die Gegeneinrede der Anfechtung. Oder einem Hypothekengläubiger ist der Anspruch des Grundstückseigentümers gegen den Nießbraucher aus § 1047 BGB. auf Befreiung von der Pflicht zur Tragung der Hypothekenzinsen im Wege der Zwangsvollstreckung überwiesen worden; der beklagte Nießbraucher erhebt die Einrede, daß der Grundstückseigentümer auf die ihm nach § 1047 BGB. zustehenden Rechte verzichtet habe; der klagende Hypothekengläubiger ficht den Verzicht im Wege der Gegeneinrede an. Oder der Beklagte hatte eingewendet, durch den Inhalt eines Vertrages (z. B. Erlaß) werde die Klage hinfällig; der Kläger kann durch Gegeneinrede den Erlaßvertrag anfechten. Anfechtungseinrede und Gegeneinrede können auch noch in der Berufungsinstanz erhoben werden; sie bilden selbständige Verteidigungsmittel und sind nicht neue Ansprüche im Sinne des § 529 ZPO. (vgl. OLG. 5, 80; Gruch. 55, 1068); daß in der Berufungsinstanz die im ersten Rechtszug bereits erhobene Einrede oder Gegeneinrede wiederholt werden kann, ist unstreitig.

Anm. 4.

Der § 5 beschränkt die Erleichterung nur auf die Einrede (Gegeneinrede). Eine Ausdehnung auf die Widerklage wird in der älteren Literatur vereinzelt für zulässig erachtet (Völderndorff). Heute besteht aber in dieser Frage kein Streit mehr. Der Widerkläger erhebt einen neuen Gegenanspruch auf Rückgewähr; hier müssen alle Voraussetzungen des § 2 vorliegen.

Anm. 5.

Eine weitere Erleichterung gewährt § 5 nicht. Daher müssen alle übrigen Voraussetzungen des § 2 gegeben sein. Die Forderung des Anfechtungsgläubigers muß fällig sein; der Schuldner muß zahlungsunfähig sein; die vorgeschriebenen Fristen dürfen noch nicht abgelaufen sein.

Wirkungen im Rechtsstreit.

Anm. 6.

Liegen die Voraussetzungen des § 5 vor, so muß die Aussetzung des Verfahrens erfolgen. Im § 5 heißt es „vor der Entscheidung". Damit ist nicht irgendeine Entscheidung, sondern die endgültige durch Urteil gemeint. Dazu gehört auch das von der Leistung eines auferlegten Eides abhängige bedingte Urteil. Hartmann-Meikel (S. 220) ist der Ansicht, daß wenigstens mit der Eidesleistung gewartet werden müsse. Andere Entscheidungen des Gerichts, z. B. Beweisbeschlüsse, können vorgehen. Doch wird im einzelnen Falle der Umfang der Beweisaufnahme zu beschränken und solche Beweisaufnahme, welche für den anderen Prozeß in Frage kommt, zu vermeiden sein. Unter Umständen kann auch ein Endurteil verkündet werden, wenn es nämlich auf die Anfechtungseinrede des Beklagten nicht mehr ankommt, wenn die Klage schon aus anderen Gründen abweisungsreif ist; das Verfahren auch in diesem Falle wegen der Einrede auszusetzen, hieße, den Rechtsstreit unnötig in die Länge ziehen. Hängt aber nach der Ansicht des Gerichts die Entscheidung noch von dem Ergebnis der Anfechtungseinrede ab, so hat das Gericht keine Wahl; es muß aussetzen, auch wenn der Sachverhalt einschl. Beweisergebnis ergibt, daß die Anfechtungseinrede durchgreift. Der vollstreckbare Schuldtitel ist nach der Fassung des Anf.Ges. eine so wesentliche Voraussetzung, daß er vorliegen muß. Ergibt aber der Sachverhalt, daß die Anfechtung nicht durchgreift, auch wenn der vollstreckbare Schuldtitel beigebracht wird, dann kann ohne Aussetzung Urteil ergehen: dies wird z. B. der Fall sein, wenn die Zahlungsunfähigkeit des Schuldners nicht festgestellt ist, oder wenn die Forderung noch nicht fällig ist. Die Frage, ob das Erfordernis des vollstreckbaren Schuldtitels durch ein Abänderungsgesetz zu beseitigen ist, ist streitig und kann hier nur angedeutet werden (vgl. Anm. 7 zu Einleitung und Anm. 35 zu § 2).

Anm. 7.

Die Aussetzung kann von Amts wegen ohne Antrag des Anfechtenden erfolgen, dem aber unbenommen ist, Aussetzung anzuregen. Die Aussetzung erfolgt nicht auf unbestimmte Zeit. Das Gericht hat vielmehr gemäß § 5 eine Frist zu bestimmen, binnen welcher der vollstreckbare Titel beizubringen ist. Die Fristbestimmung kann auch in der Weise erfolgen, daß sofort ein Termin zur weiteren mündlichen Verhandlung anberaumt und dem Anfechtenden aufgegeben wird, bis zu dieser den Schuldtitel beizubringen. Die Frist ist eine richterliche Frist im Sinne der §§ 221 ff. ZPO.; ihr Lauf wird durch die Gerichtsferien gehemmt. Sie kann auch mehrere Jahre betragen und kann, wenn sich herausstellt, daß die zuerst bestimmte zu kurz war, nach Ermessen des Gerichts verlängert werden. Auch durch Parteivereinbarung ist Verlängerung zulässig (§§ 224, 225 ZPO.).

Anm. 8.

Nach Ablauf der Frist haben wir drei Fälle zu unterscheiden:

1. Ein rechtskräftiger Schuldtitel wird beigebracht. Die Entscheidung kann ergehen. Vorher ist eine nochmalige Verhandlung notwendig, damit der Gegner des Anfechtenden Gelegenheit hat, noch die in den Anmerkungen zu § 2 erwähnten Einwendungen vorzubringen.
2. Ein Schuldtitel, wenn auch nur ein vorläufig vollstreckbarer oder unter Vorbehalt erlassener, kann nicht beigebracht werden. Die Anfechtungseinrede (Gegeneinrede) bleibt dann bei der Entscheidung unberücksichtigt; es erfolgt demnach Verurteilung des Anfechtungsberechtigten. Die Einrede ist zur Zeit unzulässig, da eine der Voraussetzungen für die Anfechtung aus § 2 fehlt. Das Gericht hat nicht darauf einzugehen, ob die übrigen Voraussetzungen für die Anfechtbarkeit vorliegen. Die Folge davon, daß keine rechtskräftige Entscheidung über den Anfechtungsanspruch vorliegt, ist, daß der Anfechtungsberechtigte die Anfechtung auf Grund derselben Tatsachen in einem neuen Prozeß vorbringen kann. Dies gilt auch,

wenn über die Anfechtungseinrede als selbständiges Verteidigungsmittel gemäß § 303 ZPO. durch Zwischenurteil entschieden sein sollte; denn auch in diesem Zwischenurteil durfte auf die übrigen Voraussetzungen der Anfechtung nicht eingegangen werden (vgl. Jaeger Anm. 10, Hartmann-Meikel S. 221).

3. Ist der beigebrachte Schuldtitel nur ein Vorbehaltsurteil oder nur vorläufig vollstreckbar, so ist — dabei immer vorausgesetzt, daß die Anfechtungseinrede für begründet erachtet wird — streitig, wie weiter zu verfahren ist. Die Entscheidung hängt von der Auslegung des § 10 ab. Der § 10 erwähnt nur Urteile, in welchen der Anfechtungsanspruch für begründet erklärt wird, also wenn die Anfechtung im Wege der Klage oder Widerklage geltend gemacht wird. Vereinzelt wurde in der älteren Literatur angenommen, daß der § 10 analog anzuwenden sei. § 10 erwähnt aber den Fall des § 5 nicht. Im Interesse beider Parteien liegt es, die Frist zur Beibringung des rechtskräftigen Schuldtitels grundsätzlich so zu bemessen, daß der anfechtende Beklagte bei rühriger Prozeßbetreibung den endgültigen Titel beibringen kann (ebenso Jaeger Anm. 11; RG. 96, 335). Wird der Titel nicht beigebracht, so ist ohne Rücksicht auf die Anfechtungseinrede zu entscheiden. Im übrigen kann der anfechtende Beklagte die Anfechtungseinrede in der Berufungsinstanz wiederholen und dann den Vollstreckungstitel beibringen. Eine erneute Aussetzung zur Beibringung des Titels kann erfolgen, wenn das Berufungsgericht sie für zweckmäßig erachtet (a. A. Jaeger Anm. 7).

Beschwerde.

Anm. 9.

Gegen die Entscheidung, durch welche die Aussetzung des Verfahrens angeordnet wird, findet Beschwerde, im Falle der Ablehnung sofortige Beschwerde statt (§§ 252, 567, 577 ZPO.).

Beweislast.

Anm. 10.

Der Anfechtungsgläubiger hat in dem Prozeß mit dem Anfechtungsgegner nur die Forderung und die Fälligkeit der Forderung gegen den Schuldner zu behaupten. Der Beweis ist in dem Prozeß gegen den Schuldner zu führen (ebenso Hartmann-Meikel S. 220).

§ 6

Die Anfechtung wird dadurch nicht ausgeschlossen, daß für die anzufechtende Rechtshandlung ein vollstreckbarer Schuld-

titel erlangt, oder daß dieselbe durch Zwangsvollstreckung oder durch Vollziehung eines Arrestes erwirkt worden ist.

Allgemeines.

Anm. 1.

Der Paragraph ist unverändert in der ursprünglichen Fassung. Materialien: Begründung S. 21, Protokolle S. 2269. Im ersten Entwurf entsprach dieser Paragraph dem § 5.

Der § 6 stimmt mit § 35 KO. wörtlich überein. Er behandelt die Anfechtung gegenüber vollstreckbaren Titeln. In den Motiven heißt es: „Wenn eine Handlung nach den Bestimmungen des Gesetzes anfechtbar ist, so darf deren Anfechtung nicht dadurch verhindert oder erschwert werden, daß der Gemeinschuldner im Wege der Zwangsvollstreckung zur Vornahme der Handlung sich hatte zwingen lassen oder daß ein Vollstreckungstitel erwirkt ist, auf Grund dessen er sich hätte zwingen lassen können. Die Vollstreckbarkeit der Handlung schließt das Anfechtungsrecht nicht aus. Dieser Satz ist eine notwendige Ergänzung der bisherigen Vorschriften und ist schon in den Motiven (zu §§ 31 und 32 KO.) mehrfach berührt worden. Der Vollstreckungstitel, der nur zwischen den Parteien, dem Gemeinschuldner und dem Gegner, wirkt, berührt nicht die Gläubiger und braucht daher nicht erst angefochten zu werden."

Anm. 2.

Nach Hartmann-Meikel (S. 222, 223) ist das Anwendungsgebiet des § 6 ein Dreifaches. § 6 findet Anwendung:

1. „wenn der Schuldner in anfechtbarer Weise ein Befriedigungsobjekt seinen Gläubigern entzogen hat und der Anfechtungsgegner seine Ansprüche aus der anfechtbaren Rechtshandlung zwangsweise realisiert";
2. „wenn der Schuldner durch eine prozessuale Handlung das Befriedigungsrecht der Gläubiger verletzt, mag diese Handlung eine positive oder negative sein, also beispielsweise, wenn er in fraudatorischer Absicht ein Geständnis ablegt, einen Widerspruch unterläßt und Verteidigungsbehelfe nicht geltend macht";
3. „wenn die Verletzung des Befriedigungsrechts der Gläubiger gerade in der Erwirkung des Vollstreckungstitels oder der Vollstreckung selbst ihren Grund findet".

In allen Fällen richtet sich der Anfechtungsangriff gegen die Rechtshandlung des Schuldners. Gleichgültig ist, ob der vollstreckbare Titel gleichzeitig mit der anfechtbaren Handlung zur Entstehung gelangt, wie z. B. bei einer notariellen Urkunde, oder derselben nachfolgt, wie bei einem Urteil. An dem schon in den Anmerkungen zu § 1 erörterten Grunderfordernis der Rechtshandlung des Schuldners hält auch der § 6 fest. Die Rechtshandlung des Schuldners unterliegt der Anfechtung, „mag der Vollstreckungstitel Grund, Folge oder Zweck der Rechtshandlung sein" (vgl. Hartmann-Meikel S. 223). Dies ist der Grundgedanke des Gesetzes, wenn auch, wie Hartmann-Meikel und Jaeger (Anm. 1) ausführen, die Ausdrucksweise des Paragraphen nicht ganz einwandfrei ist.

Wirkungslosigkeit des Vollstreckungstitels.

Anm. 3.

„Die Anfechtung wird dadurch nicht ausgeschlossen, daß für die anzufechtende Rechtshandlung ein vollstreckbarer Schuldtitel erlangt ist." Eine Rechtshandlung, welche auf Grund der §§ 1—5 an und für sich anfechtbar ist, hört nicht auf, anfechtbar zu sein, weil sich der Schuldner zu einer Leistung verurteilen läßt, der Anspruch des Gläubigers gegen den Schuldner durch einen vollstreckbaren Titel verstärkt wird. Gleichgültig ist, welche prozessuale Stellung der Schuldner eingenommen und ob er den später im Urteil festgestellten Anspruch anerkannt oder bekämpft hat. Beispiele: 1. (nach Jaeger) A. hat dem B. schenkungshalber eine Grundschuld bestellt, B. hierauf zur Beschaffung eines Titels (§§ 1147, 1192 BGB.) die Pfandklage erhoben und ein obsiegendes Urteil erstritten. Ein nachfolgender Zwangshypothekar widersetzt sich im Verteilungsverfahren der vorgehenden Befriedigung des B. und stützt seinen Widerspruch (§ 115 ZVG., § 878 ZPO.) auf § 3 Nr. 3 Anf.Ges. Das Urteil steht der Anfechtung nicht entgegen. Sonst hätte es der Schuldner in der Hand, die Anfechtbarkeit dadurch zu beseitigen, daß er ein Urteil gegen sich ergehen ließe. 2. (nach Hartmann-Meikel) Hat jemand ein Grundstück in anfechtbarer Weise veräußert und wird er zur Auflassung verurteilt, so richtet sich die Anfechtung dennoch gegen den Kaufvertrag. Wird die Anfechtbarkeit des Kaufvertrages urteilsmäßig festgestellt, so verliert das gegen den Schuldner ergangene Urteil dem Anfechtenden gegenüber jede Bedeutung.

Das in dem Prozeß zwischen Gläubiger und Schuldner ergangene Urteil verliert seine Bedeutung nur gegenüber dem erfolgreichen Anfechtungsgläubiger, behält seine Rechtswirksamkeit aber im Verhältnis des Gläubigers und Schuldners. Angefochten ist die Rechtshandlung des Schuldners; der Vollstreckungstitel ist nicht unmittelbar, sondern nur mittelbar angefochten. Dem Anfechtungsgläubiger ist durch das Anfechtungsgesetz nicht etwa ein besonderes Rechtsmittel gegen ein ihn in seiner Befriedigung benachteiligendes Urteil gegeben. Urteile können nur von den in dem Rechtsstreite beteiligten Parteien mit den in der ZPO. zugelassenen Mitteln (Rechtsmitteln, Wiederaufnahme) angegriffen werden.

Auch kann in der Schaffung des vollstreckbaren Titels die anfechtbare Rechtshandlung liegen. Das gilt z. B. bei der Errichtung einer notariellen Urkunde, beim Abschluß eines Vergleiches im Güte- oder Streitverfahren. Wenn auch, wie Jaeger (Anm. 2) ausführt, der Wortlaut des § 6 diesen Fall nicht trifft, so stellen doch der Zusammenhalt beider Alternativen des § 6 und der Zweck des § 6 die Anfechtungsmöglichkeit außer Frage. Der § 6 enthält nicht etwa einen weiteren selbständigen Anfechtungsgrund; die Schaffung des Titels muß vielmehr aus einem der in den §§ 3, 3a bezeichneten Gründe anfechtbar sein. Auch in dem prozessualen Verhalten des Schuldners während eines Rechtsstreites kann eine anfechtbare Rechtshandlung liegen, z. B. in dem Anerkenntnis, im Unterlassen der Einlegung von Rechtsmitteln. Im übrigen wird verwiesen auf Anm. 24, 27 zu § 1.

Wirkungslosigkeit der Zwangsvollstreckung und des Arrestvollzugs.

Anm. 6.

Die Anfechtung wird auch dadurch nicht ausgeschlossen, daß dieselbe (die Rechtshandlung) durch Zwangsvollstreckung oder durch „Vollziehung eines Arrestes erwirkt worden ist". Dieser zweite Halbsatz des § 6 bestimmt, daß auch ein formgültiger Vollstreckungsakt selbständig anfechtbar sein kann (RG. 69, 165). Doch kommen nur die „mit Zutun des Schuldners erwirkten" Vollstreckungsakte in Betracht. Die Einzelanfechtung setzt stets eine Rechtshandlung des Schuldners voraus. Dies ergibt sich aus dem ganzen Inhalte des Anf.Ges., insbesondere des § 1. In der KO. ist diese Einschränkung nicht gegeben; trotzdem § 35 KO. wörtlich mit § 6 Anf.Ges. übereinstimmt, sind aber gemäß § 29 KO. alle Rechtshandlungen anfechtbar, ohne Rücksicht ob sie vom Schuldner oder einem Dritten ausgehen, wenn nur die übrigen Voraussetzungen der §§ 29 ff. vorliegen (vgl. JW. 1906 S. 234; OLG. 32, 372). Pfändungen im Wege der Zwangsvollstreckung oder Arrestvollziehung sind als der Anfechtung unterliegende Rechtshandlungen des Schuldners im Sinne des Anf.Ges. nur dann anzusehen, wenn sie im kollusiven Einverständnis des Schuldners mit dem Gläubiger zustande gekommen sind (vgl. u. a. RG. 47 S. 224; 69, 163; JW. 1883 S. 5; 1917 S. 478; Gruch 57 S. 1005). Als Beispiele sind zu erwähnen: Der Schuldner hat dem Gläubiger vorzeitig oder besonders beschleunigt einen Vollstreckungstitel gewährt, damit dieser schnell Mieten pfänden kann. Oder der Schuldner hat dem Gläubiger von der bevorstehenden Pfändung eines anderen Gläubigers Mitteilung gemacht und ihn aufgefordert, diesem zuvor zu kommen. Oder der Schuldner hat Pfandstücke verheimlicht, um sie dem Zugriff des begünstigten Gläubigers bereit zu halten.

Anm. 7.

Ein Schenkungsversprechen, das innerhalb der in § 3 Ziffer 3 und 4 bestimmten Fristen gegeben ist, wird nicht dadurch unanfechtbar, daß der Gläubiger den Gegenstand der Schenkung zwangsweise beitreibt, einerlei ob er mit oder gegen den Willen des Schuldners vollstreckt.

Anm. 8.

Bei der Vollziehung des Arrestes kann das kollusive Einverständnis des Gläubigers und Schuldners unter Umständen in der Unterlassung des Widerspruchs gegen den Arrestbefehl liegen (vgl. RG. 6, 369; JW. 1886 S. 14).

Anm. 9.

Gegenstand der Anfechtung ist in allen Fällen die Rechtshandlung des Schuldners, nicht der sie verstärkende Vollstreckungstitel. Zur Durchführung „simulierter Ansprüche" wird in der Praxis oft genug der Prozeß mißbraucht. Jemand, der vor dem finanziellen Zusammenbruch steht, vereinbart mit einem nahen Angehörigen oder einem Freunde, daß dieser gegen ihn auf Zahlung einer Schuld (aus Darlehen, Kaufpreis oder einem anderen Grunde) Klage erheben soll. Der angebliche Schuldner erkennt alsbald oder nach einigen nicht durchgreifenden Einwendungen den Anspruch an oder läßt Versäumnisurteil ergehen oder macht nur solche Einwendungen oder Einreden geltend, daß Verurteilung nach dem Klageantrage erfolgen muß. Der im Urteil benannte Gläubiger läßt vollstrecken und zwar im Einverständnis mit dem angeblichen Schuldner in die von diesem bereit gehaltenen letzten Vermögensstücke. Wenn man in solchen Fällen von simulierten Prozessen (Scheinprozessen) spricht, so ist dies nicht richtig. Der Prozeß und der Vollstreckungsakt, bei welchem Richter und Gerichtsvollzieher mitwirken, sind nicht simuliert; simuliert ist nur das zugrunde liegende materielle Rechtsverhältnis; anfechtbar sind die das simulierte Rechtsverhältnis begründenden Rechtshandlungen des Schuldners, die durch die Amtshandlungen des Richters oder Gerichtsvollziehers nicht sanktioniert werden.

Beweislast.

Anm. 10.

An der Verteilung der Beweislast, wie sie bei den bisherigen Paragraphen erörtert ist, wird durch § 6 nichts geändert. Macht der Anfechtungsgegner geltend, daß er für seine Forderung einen vollstreckbaren Titel habe oder den

Anfechtungsgegenstand durch Zwangsvollstreckung oder Vollziehung eines Arrestes erlangt habe, so bleibt dies außer Betracht, wenn der Anfechtungsgläubiger eine anfechtbare Rechtshandlung und das Vorliegen der Voraussetzungen der §§ 1—3a nachweisen kann.

§ 7

Der Gläubiger kann, soweit es zu seiner Befriedigung erforderlich ist, beanspruchen, daß dasjenige, was durch die anfechtbare Handlung aus dem Vermögen des Schuldners veräußert, weggegeben oder aufgegeben ist, als noch zu demselben gehörig von dem Empfänger zurückgewährt werde.

Der gutgläubige Empfänger einer unentgeltlichen Leistung hat dieselbe nur soweit zurückzugewähren, als er durch sie bereichert ist.

Allgemeines.

Anm. 1.

Unveränderter § 7 der ursprünglichen Fassung (§ 6 des Entwurfs). Materialien: Begründung S. 21 ff., Protokolle S. 2269.

Anm. 2.

Dem § 7 Anf.Ges. entspricht § 37 KO., dessen erster Absatz lautet: „Was durch die anfechtbare Handlung aus dem Vermögen des Gemeinschuldners veräußert, weggegeben, oder aufgegeben ist, muß zur Konkursmasse zurückgewährt werden". Der 2. Absatz ist in beiden Paragraphen gleich.

Anm. 3.

Im Abs. 1 wird der Regelfall behandelt, im Abs. 2 die Ausnahme. Vorauszuschicken sind einige Bemerkungen über die Personen des Rückgewährschuldverhältnisses.

Die Personen des Rückgewährschuldverhältnisses.

Anm. 4.

Wie bei jedem Schuldverhältnis, so gibt es auch beim Rückgewährschuldverhältnis einen Gläubiger und einen Schuldner. Beim Gläubiger kann kein Mißverständnis entstehen, um welche Person es sich handelt. Er ist Gläubiger des vollstreckbaren Schuldtitels und gleichzeitig Gläubiger des Rückgewährschuldverhältnisses und wird im Anf.Ges. auch stets kurz Gläubiger genannt. Anders beim Schuldner. Der Schuldner im Rückgewährschuldverhältnisse ist, abgesehen von seltenen

Ausnahmen (vgl. Anm. 78 zu § 1 und Anm. 7 zu § 11; vgl. RG. 35, 95; JurW. 97 S. 189 Nr. 13), verschieden vom Schuldner des Schuldtitels. Letzterer wird im Anf.Ges. kurz „Schuldner", ersterer kurz „Empfänger" (so im § 7) oder „Empfänger der Leistung" (so im § 3a) genannt. In der Literatur und Rechtsprechung wird der Empfänger meist als „Anfechtungsgegner", auch als „Ersterwerber" oder „Anfechtungsschuldner" bezeichnet. Der Schuldner selbst steht außerhalb des Rückgewährschuldverhältnisses, wenn auch seine Rechtshandlung und die dadurch hervorgerufene Verminderung seines Vermögens die Grundlage und Voraussetzung des Anfechtungsprozesses bildet und die Zurückführung des anfechtbaren Erwerbes in sein Vermögen zur Aufhebung des Rückgewährschuldverhältnisses führen kann.

Anm. 5.

Über die Person des Anfechtungsgläubigers vgl. insbesondere die Anm. 7 ff. zu § 1 und die Anm. 4 ff. zu § 2. Mehrere Anfechtungsgläubiger können ihre Einzelansprüche selbständig nebeneinander verfolgen. Dasselbe gilt auch, wenn eine Rechtshandlung zugunsten mehrerer Ansprüche von demselben Gläubiger angefochten ist (RG. JurW. 1898 S. 157 Nr. 16). Der Anfechtungsgegner braucht den anfechtbaren Erwerb nur einmal herauszugeben. Ein Gesamtgläubigerverhältnis im Sinne des § 428 BGB. liegt aber nicht vor, da es sich bei jedem Gläubiger um eine andere Forderung handelt. Innerhalb der Grenzen des angefochtenen Erwerbes kann und muß der Anfechtungsgegner möglicherweise alle Gläubiger befriedigen, wenn ihre Forderungen zusammen den anfechtbaren Erwerb nicht übersteigen. Hat der Gegner den ganzen Erwerb an einen Gläubiger herausgeben müssen, so wird er allen Gläubigern gegenüber frei, da seine Haftung auf den anfechtbaren Erwerb beschränkt ist. Dasselbe gilt, wenn der Anfechtungsgegner statt der Rückgewähr in Natur den vollen Wert erstattet hat; dabei ist der volle Wert zur Zeit der Hingabe maßgebend. Im Rechtsstreit kann er lediglich geltend machen, daß er den Erwerb bereits einem Gläubiger zurückerstattet hat; er kann sich aber nicht darauf berufen, daß andere Gläubiger dieselbe Handlung anfechten oder angefochten haben (JurW. 1898 S. 157 Nr. 16, 99 S. 931 Nr. 10).

Anm. 6.

Der Anfechtungsgegner, der die Rückgewährpflicht nach § 7 einem Gläubiger gegenüber freiwillig erfüllt hat, braucht nicht nochmals einem anderen Gläubiger zu leisten. Die Tatsache einer Leistung an einen anderen Gläubiger, der ebenfalls anfechten könnte, reicht allein für die Annahme einer freiwilligen Erfüllung der Rückgewährpflicht nicht aus. Diese setzt vielmehr voraus, daß der rechtsgeschäftliche Wille der Beteiligten auf solche Erfüllung gerichtet war (LeipzZ. 15, 1529; 16, 1124). Vorausgesetzt wird, daß durch die Befriedigung des Gläubigers, durch die Rückgewähr, ein wirklich vorhandener Anfechtungsanspruch beseitigt wird (vgl. RG. in JurW. 1903 S. 159 Nr. 24); beweispflichtig dafür ist im Streitfalle der Anfechtungsgegner. Unter Umständen, wenn nämlich die Voraussetzungen des Anf.Ges. vorliegen, begründet die Befriedigung des ersten Gläubigers durch den Anfechtungsgegner für den zweiten Gläubiger einen neuen selbständigen Anfechtungsgrund gegen den ersten Gläubiger. Unstreitig kann ein Anfechtungsgläubiger auf sein Anfechtungsrecht verzichten. Ein solcher Verzicht wirkt aber nicht zuungunsten der anderen Gläubiger (vgl. Jaeger Anm. 37).

Anm. 7.

Eine Vorschrift darüber, welcher von mehreren Anfechtungsansprüchen den Vorrang hat, besteht nicht. Auf den Tag der Klageerhebung oder der Urteilsrechtskraft oder der Verkündung eines vorläufig vollstreckbaren Urteils kommt es nicht an (vgl. RG. 24, 98; 29, 182; Gruch. 52, 1170). Maßgebend ist die Zeit der Rückgewähr zum Zwecke der Befriedigung, wozu auch die freiwillige Bestellung eines dinglichen Sicherungsrechtes am Gegenstande der Rückgewähr gehört, oder nach den allgemeinen Regeln lediglich die frühere Pfändung (vgl. Jaeger Anm. 39). Eine Sicherung eines Vorzugs durch Eintragung eines Anfechtungsvermerks im Grundbuch ist ausgeschlossen (vgl. RG. 60, 425). Daher kann es vorkommen, daß während eines Anfechtungsprozesses der Anfechtungsgegner einen anderen anfechtungsberechtigten Gläubiger veranlaßt, in den Anfechtungsgegenstand zu vollstrecken, und dadurch den Anspruch des klagenden Gläubigers zu Fall bringt. Erklärt dieser Gläubiger alsbald, daß der Rechtsstreit in der Hauptsache gegenstandslos geworden ist, dann werden die Kosten dem Gegner, der zur Klageerhebung Veranlassung gegeben hat, aufzuerlegen sein (vgl. ebenso Hartmann-Meikel S. 245). Jaeger (Anm. 39) läßt den Anfechtungsgegner weiter haften, indem er unter Anwendung des Grundsatzes aus § 242 BGB. ausführt, der Rückgewährschuldner, der zum Zwecke der Vereitelung des Anfechtungserfolges statt an den siegreichen Kläger an einen Konkurrenten leiste, handele wider Treu und Glauben (a. M. insbesondere Riehl S. 511). Auch Verzugsschaden kommt nicht in Frage, dagegen unter Umständen aber Schadensersatz aus §§ 823, 926 BGB. (vgl. Hartmann-Meikel S. 245; RG. 74, 224; JurW. 09 S. 697 Nr. 32; 10 S. 38; Gruch. 52, 1012; 53, 1009; Warn.Rspr. 11 Nr. 78).

Anm. 8.

Zu den über die Person des Anfechtungsgegners in den Anm. zu § 1 (besonders Anm. 77 ff.) gemachten Ausführungen noch einige ergänzende Bemerkungen. Bei einer anfechtbaren Rechtshandlung können mehrere Anfechtungsgegner mitwirken. Die Anhänger der Deliktstheorie (Anm. 63 ff. zu § 1) müssen folgerichtig zu einer Gesamtschuld aus § 840 BGB. kommen. Da dieser Theorie aber nicht beigetreten ist, ist § 840 BGB. nicht anwendbar. Zu unterscheiden ist, ob der angefochtene Vermögenserwerb teilbar ist oder nicht. Bei teilbarem Erwerb haftet jeder einzelne Anfechtungsgegner nach dem Verhältnis, in welchem er dem Schuldner gegenüber rechtlich an dem angefochtenen Rechtsgeschäfte beteiligt ist, und nicht etwa schon wegen seines Zusammenwirkens mit den übrigen dem Schuldner gegenüberstehenden Personen für das Ganze, weil nur im Verhältnis seiner rechtlichen Beteiligung an dem Rechtsgeschäft gegenüber dem Schuldner etwas aus dem Vermögen des letzteren herausgekommen ist (vgl. RG. 24, 143). Für das Beteiligungsverhältnis ist der Anfechtungsgläubiger beweispflichtig. Werden mehrere Anfechtungsgegner dieser Art in einer Klage verklagt, so sind sie nur einfache, nicht notwendige Streitgenossen. Bei einer teilbaren Schuld haften mehrere Anfechtungsgegner als Gesamtschuldner nur in den Fällen einer Gemeinschuld zur gesamten Hand, als Eheleute bei Erwerb zu einem ehelichen Gesamtgut, als Erben des Ersterwerbers, als Gesellschafter einer zur Rückgewähr verpflichteten offenen Handelsgesellschaft (vgl. Jaeger Anm. 44). In diesem Fall handelt es sich um notwendige Streitgenossen; der Rechtsstreit kann allen gegenüber nur einheitlich entschieden werden.

Regelfall des Abs. 1.

Anm. 9.

Die Rückgewährverbindlichkeit ist, wie in den Anm. 63 ff. zu § 1 bereits ausgeführt, ihrer Natur nach ein eigenartiges, unmittelbar auf dem Gesetz beruhendes, von dem Bestand einer Forderung akzessorisch abhängendes Schuldverhältnis. Der Rückgewähranspruch ist kein Anspruch aus unerlaubter Handlung oder aus ungerechtfertigter Bereicherung (vgl. Anm. 63 bis 66 des § 1). Der anfechtungsrechtliche Rückgewähranspruch geht nicht auf Ersatz eines Schadens, so daß die Vorschriften über Vorteilsausgleichung unanwendbar sind (RG. im Recht 1918 Nr. 343). Der Anspruch aus unerlaubter Handlung kann aber mit dem Anfechtungsanspruch konkurrieren. Die Vorschriften über die Bereicherung gelten im Ausnahmefall des Abs. 2. Der § 7 regelt den Inhalt und den Umfang dieser Verbindlichkeit, und zwar unter Ausschluß aller anderen Gesetze. Für den Inhalt und Umfang der Rückgewähr ist weder das BGB. noch ein anderes Reichsgesetz noch ein Landesgesetz maßgebend (vgl. RG. 44, 92). Die Zwangsvollstreckung gegen den Anfechtungsgegner findet lediglich auf Grund des gegen ihn erwirkten Urteils statt, nicht etwa auf Grund des gegen den Schuldner gerichteten Schuldtitels.

Der Gläubiger hat kein Interesse daran, daß der anfechtbare Erwerb in das Vermögen des Schuldners zurückgewährt wird. „Sein Anspruch gegen den Empfänger geht vielmehr nur auf Befriedigung aus der Sache, so als ob diese noch zum Vermögen des Schuldners gehörte. In derselben Weise, wie der Gläubiger, wenn die Sache im Vermögen des Schuldners geblieben wäre, gegen diesen sich aus derselben würde Befriedigung im Wege der Zwangsvollstreckung verschaffen können, ebenso hat der Empfänger die Zwangsvollstreckung in die Sache zum Zwecke der Befriedigung des Gläubigers über sich ergehen zu lassen. Stellt er die Sache dem Gläubiger in der Weise zur Verfügung, daß die Zwangsvollstreckung in dieselbe erfolgen kann, so ist damit seine Verpflichtung erfüllt; für die Kosten der Zwangsvollstreckung würde er dann mit seinem sonstigen Vermögen nicht aufzukommen haben. Dies gilt nicht bloß von körperlichen Sachen, sondern von jedem zurückzugewährenden Gegenstande. Die Verwendung desselben als Befriedigungsmittel unterliegt dem Zwangsvollstreckungsverfahren." (Begr. S. 21 f.) Die Anfechtung bezweckt lediglich, „für den Gläubiger das rechtliche Hindernis zu beseitigen, welches der von ihm zu betreibenden Zwangsvollstreckung in das durch die angefochtene Rechtshandlung des Schuldners aus dessen Vermögen ausgeschiedene Vermögensstück eben dadurch erwächst, daß dieses Vermögensstück rechtlich nicht mehr zum Vermögen des Schuldners, sondern einer anderen Person gehört und dadurch dem Zugriff des Gläubigers rechtlich entzogen wird" (RG. in JurW. 1902 S. 221 Nr. 30). Um diesen Zweck zu erreichen, ist nicht erforderlich, daß die Rechtshandlung absolut, auch im Verhältnis vom Anfechtungsgegner zum Schuldner, beseitigt und der Gegenstand dem Schuldner zurückgegeben wird. Von dem Anfechtungsgegner wird in der Regel eine positive Leistung dabei nicht erwartet, sondern nur eine negative, daß er der Zwangsvollstreckung kein Hindernis bereitet. „Rückgewähr" ist deshalb nichts anderes als „Duldung der Zwangsvollstreckung". Der Anfechtungsgegner muß die Zwangsvollstreckung in sein Eigentum für eine fremde Schuld dulden (RG. 71, 176; 74, 226; 91, 369; 103, 113 ff.; Warn. Rspr. 1920, 206; JurW. 1909 S. 429 Nr. 36; vgl. auch RG. in LeipzZ. 1912 S. 772 Nr. 7; KGJ. 49, 202; ferner Anm. 12 ff. zu § 1). Nur in Ausnahmefällen sind die anfechtbar erworbenen Gegenstände in das Vermögen des

Schuldners zurückzugewähren, wenn nämlich infolge besonderer Umstände der Anfechtungszweck in anderer Weise nicht verwirklicht werden könnte (vgl. RG. 56, 195).

Anm. 10.

Der Umfang der Rückgewähr im Regelfall des Abs. 1 ist durch § 7 nach zwei Richtungen begrenzt. Das bürgerliche Recht kommt dabei nicht zur Anwendung (vgl. RG. 24, 143; JurW. 91 S. 252 Nr. 17). Zurückzugewähren ist

1. nur dasjenige, was durch die anfechtbare Handlung aus dem Vermögen des Schuldners veräußert, weggegeben oder aufgegeben ist,
2. nur soweit es zur Befriedigung des Gläubigers erforderlich ist.

Hat der Schuldner aus seinem Vermögen eine bestimmte Summe an den Anfechtungsgegner weggegeben, und übersteigt die Forderung des Anfechtungsklägers diese Summe, so braucht der Anfechtungsgegner zwar nicht mehr als die empfangene Summe zurückzugeben, jedoch dürfen die Zinsen, die er als Verzugs- oder Prozeßzinsen schuldet, diese Grenze überschreiten (RG. 13. 5. 30 im Recht 30 Nr. 1587; vgl. Anm. 19 zu § 7).

Anm. 11.

Der Gläubiger kann nur Befriedigung wegen seines Anspruchs gegen den Schuldner fordern. Wird er vom Schuldner oder einem Dritten befriedigt, so kommt es nicht zur Zwangsvollstreckung. Der Empfänger eines anfechtbaren Erwerbs wird es, wie auch in der Begründung erwähnt, oft vorziehen, sich mit dem Gläubiger zu verständigen, ihm den Gegenstand ohne Zwangsvollstreckung zu einem bestimmten Betrage zu überlassen oder ihn wegen der Forderung unmittelbar durch Geldzahlung zu befriedigen. Soweit er ihn befriedigt, erfüllt er seine Pflicht zur Rückgewähr (vgl. OLG. Breslau v. 17. 10. 1929 in Höchstrichterl. Rechtspr. 1930 Nr. 247). Er würde sich allerdings, worauf die Begründung hinweist, rechtlich einem späteren Einwande des Schuldners oder anderer Anfechtungsgläubiger aussetzen, daß der Betrag zu gering bemessen und also dem Gläubiger zuviel zurückgewährt worden sei; in der Regel würde ein solcher Einwand tatsächlich ohne Bedeutung sein. Der befriedigte Gläubiger hat dann aber jedenfalls keinen Vollstreckungsanspruch mehr, weder gegen den Schuldner noch gegen den Anfechtungsgegner. Lehnt er die Befriedigung durch den Anfechtungsgegner ab, so kommt er in Annahmeverzug ebenso als wenn er dem Schuldner selbst gegenüber abgelehnt hätte (§ 293 BGB.). Daß der Anfechtungsgegner zur Befriedigung des Gläubigers berechtigt ist, folgt aus dem allgemeinen Grundsatze des § 267 BGB. Doch trifft § 268 BGB. nicht zu; die Forderung des Gläubigers gegen den Schuldner geht nicht auf den Anfechtungsgegner über; § 268 BGB. setzt voraus, daß ein Gläubiger die Zwangsvollstreckung in einen dem Schuldner gehörenden Gegenstand betreibt und ein dritter Gefahr läuft, durch die Zwangsvollstreckung ein Recht an dem Gegenstande zu verlieren. Der Gegenstand des angefochtenen Erwerbs gehört aber dem Anfechtungsgegner, nicht dem Schuldner. Soweit der Anfechtungsgegner den ersten Anfechtenden befriedigt, ist die Rückgewährverbindlichkeit gegen alle späteren Anfechtungsgläubiger erloschen. Dem später Anfechtenden gebührt nur noch ein etwaiger Mehrwert des Anfechtungsgegenstandes. Dieser in Rechtsprechung und Literatur unstreitige Grundsatz entspricht der Billigkeit (vgl. Anm. 5).

Anm. 12.

Ob der Anfechtungsgegner den Gläubiger freiwillig befriedigt oder nach Verurteilung die Zwangsvollstreckung dulden muß, in keinem Falle kann der Gläubiger mehr verlangen als zu seiner Befriedigung erforderlich ist. Der Umfang des Rückgewähranspruchs reicht nicht weiter, als durch die anfechtbare Rechtshandlung der Vermögensstand des Schuldners in einer die Gläubiger schädigenden Weise verändert worden ist (OLG. Dresden in Sächs. A. 1917, 434). Dabei muß der Anfechtungsgegner erforderlichenfalls alles zurückgewähren, was durch die anfechtbare Handlung aus dem Vermögen des Schuldners veräußert, weggegeben oder aufgegeben ist. Dieser Satz findet aber eine Einschränkung: Der Empfänger braucht auch nicht mehr zurückgeben, als er selbst empfangen hat. Dabei ist unerheblich, ob der Anfechtungsgegner zur Zeit der Anfechtung die Sache noch im Besitze oder weiter veräußert hat. Aus dem Wortlaut des § 7 ergibt sich dies allerdings nicht. Jaeger (Anm. 11) führt aus, was der Schuldner zum Schaden der Zugriffsmasse fortgegeben, nicht was der Anfechtungsgegner empfangen habe, bilde nach den klaren Worten des Gesetzes den Grundstock der Rückgewähr. Es wäre eine unbillige Härte, von dem Anfechtungsgegner mehr zu verlangen als er empfangen hat. (Ebenso RG. JurW. 1900 S. 624 Nr. 9; RG. 57 S. 29; Hartmann-Meikel S. 235.) Für die Beurteilung dessen, was der Schuldner fortgegeben, und was der Anfechtungsgegner empfangen hat, für den Begriff des Vermögens im Sinne des § 7, werden weniger juristische als wirtschaftliche Gesichtspunkte maßgebend sein (OLG. 35, 268). Ob der Erwerb für den Anfechtungsgegner vorteilhaft war oder nicht, ist gleichgültig (RG. JurW. 1902 S. 259 Nr. 27). Jaeger (Anm. 11) weist zutreffend darauf hin, daß die Worte „aus dem Vermögen des Schuldners" soviel wie „auf Kosten des Schuldners" bedeuten. Getroffen werden auch die Fälle, in denen das Weggegebene nicht unmittelbar aus dem Vermögen des Schuldners in das des Anfechtungsgegners gelangt, materiell aber das Vermögen des Schuldners zugunsten des Erwerbers vermindert wird; z. B. beim Versprechen der Leistung an Dritte, bei Übereignung auf Anweisung des Schuldners, bei Zuwendungen auf Schleichwegen (Anm. 40, 41 zu § 1). Was materiell nicht zum Vermögen des Schuldners gehörte, braucht nicht zurückgewährt zu werden, auch wenn es formell auf den Namen des Schuldners eingetragen ist, z. B. Spareinlagen, die ein Dritter auf den Namen des Schuldners machte, nachdem der Schuldner dem Dritten das Eigentum an dem Sparbuch übertragen hatte (RG. 73, 220; vgl. auch 67, 428).

Anm. 13.

Die Rückgewähr hat im allgemeinen in Natur zu erfolgen. Sie besteht darin, daß dem Gläubiger der Zugriff so ermöglicht wird, als wenn die durch die anfechtbare Handlung herbeigeführte Vermögensverschiebung nicht eingetreten wäre, und vollzieht sich sehr verschieden je nach der Natur des angefochtenen Erwerbes. Eine Reihe von Beispielen finden sich bei § 9 und in den Anm. zu § 1. Rechte Dritter an dem Anfechtungsgegenstand, welche zur Zeit der anfechtbaren Handlung bereits unanfechtbar bestanden haben, bleiben unberührt. Rechte, welche der Anfechtungsgegner selbst schon vor der anfechtbaren Handlung an dem Anfechtungsgegenstand hatte, bleiben bestehen oder leben, wenn sie durch den anfechtbaren Erwerb untergegangen waren, dem Gläubiger gegenüber wieder auf. Rechte, welche der Anfechtungsgegner zufolge der beim Erwerb übernommenen Verpflichtungen bestellte, z. B. Hypotheken zugunsten der Geschwister oder Altenteilsrechte zugunsten der Eltern, bleiben bestehen (RG. 57, 27; Anm. zu § 3); oft wird aber diese Hypothekenbestellung nur einen Teil der angefochtenen Handlung darstellen und deshalb dem Anfechtungsgläubiger gegenüber auch unwirksam sein. Bei der Prüfung dieser Frage wird es im Einzelfalle weniger auf die juristische Konstruktion der ganzen Sachlage, als vielmehr darauf ankommen, welcher wirtschaftliche Erfolg gewollt war.

Anm. 14.

Rechte Dritter, welche später von dem Anfechtungsgegner oder gegen ihn auf die Sache gelegt und nicht schon infolge der Anfechtbarkeit des Erwerbs hinfällig sind, hat der Gegner ohne Zweifel (vgl. die Begründung S. 21ff. in Vbdg. mit den Motiven zur KO. S. 147) zu beseitigen oder Schadensersatz zu leisten. Hat der Anfechtungsgegner die Sache an einen Dritten leih- oder mietweise übergeben, so kann der

Gläubiger, sobald er das Anfechtungsurteil erwirkt hat, den Anspruch, welcher dem Anfechtungsgegner wider den Dritten auf Herausgabe der Sache zusteht, pfänden (vgl. Hartmann-Meikel S. 236). Hat der Anfechtungsgegner Verbesserungen an dem Anfechtungsgegenstand vorgenommen und zu diesem Zwecke ein Darlehen aufgenommen und den Gegenstand mit einem Pfandrecht belastet, so wird zunächst die Frage zu prüfen sein, ob dem Anfechtungsgegner ein Anspruch wegen Verwendungen zustehe.

Anm. 15.

Die Frage, ob, wie weit und in welcher Weise der Anfechtungsgegner Ersatz für Verwendungen, Verbesserungen, Werterhöhungen verlangen kann, ist streitig. Die herrschende Meinung geht dahin, daß dem Anfechtungsgegner ein Anspruch auf Ersatz für den Vermögensaufwand zusteht, durch welchen eine Werterhöhung des Anfechtungsgegenstandes bewirkt worden ist (vgl. insbesondere Jaeger Anm. 14; RG. in JurW. 1896 S. 321 Nr. 10; 1902 S. 95 Nr. 27). Dagegen behaupten u. a. Hartmann-Meikel (S. 256), der Anfechtende bereichere sich nicht, solange er durch die Verwendung des Anfechtungsobjektes zu seiner Befriedigung nicht mehr erhalte, als er kraft seines Schuldtitels zu fordern habe; es gebe keinen Rechtsgrund, der den Anfechtungsgläubiger verpflichte, einen Ersatz aus seinen Mitteln dafür zu leisten, daß der Anfechtungsgegner auf das ein Bestandteil seines Vermögens gewordene Anfechtungsobjekt den Wert desselben erhöhende Ausgaben gemacht habe; endlich sei mit der rechtlichen Struktur des Anfechtungsanspruchs die Geltendmachung eines Ersatzanspruchs durch den Anfechtungsgegner wegen Verwendungen nicht vereinbar. Hartmann-Meikel (S. 257) hält jeden Ersatzanspruch gegen den Gläubiger für Verwendungen, welche mit dem Anfechtungsobjekt in einer organischen Verbindung stehen, für ausgeschlossen und gibt dem Anfechtungsgegner außer Ersatzansprüchen gegen den Schuldner nur das Recht, die Anschaffungen, welche sich ohne Veränderung der Substanz vom Anfechtungsobjekt trennen lassen, zu entfernen. Dieses Trennungsrecht wird allgemein anerkannt (vgl. OLG. Breslau in Höchstrichterl. Rspr. 1930 Nr. 247). Im übrigen wird die Ansicht von Hartmann-Meikel zutreffend von Jaeger (Anm. 14) widerlegt, der ausführt, von Hartmann-Meikel werde verkannt, daß nicht das Erlangen der Befriedigung überhaupt, sondern das Erlangen aus einem insoweit nicht verhafteten Vermögen die condictio sine causa erzeuge. Mit Recht wird fast allgemein anerkannt, daß der vollstreckende Gläubiger die Aufwendungen ersetzen muß. Selbstverständlich hat der Anfechtungsgläubiger die Aufwendungen nicht aus eigenem Vermögen zu erstatten, sondern nur aus dem

Erlöse der Sache den Anfechtungsgegner vorweg zu befriedigen (vgl. JurW. 96 S. 321 Nr. 10). In einer Entscheidung des OLG. Stettin vom 14. 1. 1927 (auszugsweise abgedruckt in Neumanns Jahrb. 1927 zu § 7 Anf.Ges.) heißt es, daß der Gegner nicht Vorwegbefriedigung, sondern nur verhältnismäßige Befriedigung aus dem Erlöse der Sache verlangen könne. Hat der Anfechtungsgegner auf dem Anfechtungsgegenstand ruhende Rechte Dritter abgelöst, so kann er Erstattung des Wertes der abgelösten Rechte verlangen (JurW. 1902 S. 95 Nr. 27). Sind eigene unanfechtbare Rechte des Anfechtungsgegners bei der Sache durch die Vereinigung von Recht und Verbindlichkeit in einer Person infolge des anfechtbaren Erwerbs erloschen (vgl. aber §§ 889, 1163, 1177 BGB.), so kann der Anfechtungsgegner Wiederherstellung seines ehemaligen unanfechtbaren Rechtes verlangen oder, soweit dies nicht möglich, Werterſatz.

Anm. 16.

Die Rückgewährpflicht des Anfechtungsgegners umfaßt auch die Früchte, Zinsen, Nutzungen, welche von ihm gezogen sind und bei ordnungsmäßiger Wirtschaft gezogen sein würden, wenn die Sache sich noch im Vermögen des Schuldners befinden würde. „Der Anfechtungsbeklagte haftet für die fructus consumpti, percepti und percipiendi" (vgl. Jaeger Anm. 12; Hartmann-Meikel S. 251; RG. 80, 1; RG. im Recht 1912 Nr. 2707, in LeipzZ. 1914 S. 868; abweichend für die fructus percipiendi RG. JurW. 1894 S. 316 Nr. 12). Die Anfechtung kann im Regelfall nicht selbständig auf Rückgewähr der Nutzungen gerichtet werden (RG. JurW. 1909, 25). Wohl aber kann dies geschehen, wenn der Schuldner, z. B. als Vorerbe, nur über die Nutzungen verfügen konnte (RG. 80, 1; vgl. RG. 64, 339; Warn. Rspr. 1909 Nr. 161; JurW. 1909 S. 505 Nr. 35). Sind die Nutzungen einer im gesetzlichen Güterstande lebenden Frau übertragen, so kann die Anfechtung auch gegen den Ehemann gerichtet werden (RG. 80, 1; vgl. auch Recht 1912 Nr. 2707 ff.); dasselbe gilt bezüglich des elterlichen Nutznießungsrechtes. Der Anfechtungsgläubiger muß darlegen und beweisen, daß Früchte und andere Nutzungen von dem Schuldner gezogen worden wären, wenn die Sache noch in seinem Vermögen geblieben wäre (vgl. RG. 24, 141; JurW. 1894 S. 316; 1896 S. 338; Recht 1912 Nr. 2707 ff.).

Anm. 17.

Zur Rückgewähr, Wiederherstellung des Vermögensstandes des Schuldners, gehört auch die Herausgabe von Urkunden, insbesondere Wechseln, Schuldscheinen. Das Recht auf Herausgabe dieser Urkunden folgt schon aus § 836 Abs. 3

ZPO. (nicht § 837 Abs. 3 ZPO., wie Hartmann-Meikel S. 254 angibt), da der Anfechtungsgegner alle Verpflichtungen des Schuldners bezüglich des Anfechtungsgegenstandes zu erfüllen hat (vgl. auch §§ 830, 831, 857 Abs. 6 ZPO.). Der Anfechtungsgläubiger kann aber die Herausgabe nur solcher Urkunden fordern, die zum Zwecke der Zwangsvollstreckung gebraucht werden. Er kann dagegen insbesondere solche Urkunden nicht verlangen, welche über das angefochtene Rechtsgeschäft von dem Schuldner allein oder von dem Schuldner und Anfechtungsgegner gemeinsam errichtet sind (vgl. RG. in Gruch. 24, 1067). Vernichtete Urkunden, welche für den gemäß § 7 wieder zu ermöglichenden Zwangszugriff des Gläubigers erforderlich sind, müßte der Anfechtungsgegner auf seine Kosten wiederherstellen lassen, soweit eine Wiederherstellung noch möglich ist. Dies ist z. B. der Fall, wenn der Schuldner dem Anfechtungsgegner eine Wechselschuld erlassen und dabei den Wechsel vernichtet hat; der Wechsel ist neu auszustellen und vom Anfechtungsgegner zu unterzeichnen.

Anm. 18.

Die Frage, ob und inwieweit der Anfechtungsgläubiger vom Gegner Rechnungslegung fordern kann, ist streitig. In der älteren Literatur (u. a. Cosack, das Anfechtungsrecht der Gläubiger . . . 1884 S. 293) wird die Verpflichtung des Anfechtungsgegners zur Rechnungslegung bezüglich der Nutzungen und Früchte durch das Bedürfnis des Anfechtungsgläubigers begründet. Hartmann-Meikel (S. 254) führt aus, so sehr allerdings anzuerkennen sei, daß das Interesse des Anfechtungsberechtigten eine Rechnungslegung erfordere und in gewissen Fällen, beispielsweise bei der anfechtbaren Veräußerung eines Patents oder Verlagsrechts, die Anfechtung ganz außerordentlich erschwert sei, so wenig könne in Ermangelung eines besonderen Rechtsgrundes aus dem bloßen Vorhandensein eines praktischen Bedürfnisses die Pflicht zur Rechnungslegung abgeleitet werden. Das bloße Interesse der Klagepartei und der Umstand, daß der Gegner besser als die erstere imstande sei, über die vorwaltenden Verhältnisse Auskunft zu geben, rechtfertige es nicht, die Verpflichtung zur Rechnungslegung aufzuerlegen; in Wirklichkeit werde durch die Überbürdung der Verpflichtung zur Rechnungslegung für den Anfechtungsgegner die Verbindlichkeit begründet, entgegen allen prozessualen Grundsätzen die einzelnen Faktoren der Interesseforderung des Anfechtenden zu spezifizieren. OLG. Hamm (OLG. 2, 265) führt aus, § 259 BGB. gebe allerdings allgemein in den Fällen einer mit Einnahmen und Ausgaben verbundenen Verwaltung dem Geschäftsherren einen Anspruch auf Rechnungslegung; allein die Tätigkeit des Anfechtungsgegners, welche darin bestanden habe, daß er die abgetretenen Forderungen einzuziehen versucht und teilweise auch eingezogen und auf die Einziehung Kosten verwendet habe, lasse sich nach der sprachgebräuchlichen Bedeutung dieses Wortes nicht als „Verwaltung" der Forderungen bezeichnen. Dagegen steht nach der Ansicht des RG. (JurW. 1898 S. 359 Nr. 35) der Verurteilung des Anfechtungsgegners zur Rechnungslegung über die bereits verkauften Waren eines Warenlagers ein Bedenken nicht entgegen, da der Anfechtungsgegner einem Verwalter fremden Gutes gleichstehe und die Verpflichtung zur Rechnungslegung nicht weiter gehen solle, als es zur Befriedigung des Klägers erforderlich sei. Jaeger (Anm. 20) hält zutreffend den Anfechtungsgegner jedenfalls insoweit für auskunftpflichtig, als der Anfechtungsgläubiger zur bestimmten Angabe seines Anspruches (§ 9 Anf.Ges., §§ 253, 254 ZPO.) wie insbesondere bei anfechtbarer Veräußerung eines ganzen Vermögens, eines Sachinbegriffs (z. B. Warenlagers), eines Urheber-, Verlags- oder Patentrechts, der Auskunft des Anfechtungsgegners bedarf. Diese Pflicht zur Auskunft und Rechnungslegung ergibt sich, wie Jaeger zutreffend weiter ausführt, unmittelbar aus § 7, ohne daß die Voraussetzungen des § 259 BGB. gegeben sein müßten; denn § 7 verpflichtet den Gegner nicht nur zur Duldung des Zugriffs, sondern positiv zur Wiedergewährung der früheren Vollstreckungsmöglichkeit; die erforderliche Auskunft über den Umfang der anfechtbaren Veräußerung und über die späteren Schicksale des anfechtbaren Erwerbs gehört zur „Rückgewähr". Ohne diese Rechnungslegung würde der Gläubiger in allen Fällen, in denen Sachinbegriffe anfechtbar veräußert sind, klaglos gestellt werden, wenn man von ihm verlangen wollte, daß er jeden einzelnen Gegenstand genau bezeichnet; er ist zur Klarstellung der übernommenen Warenbestände auf diese Rechnungslegung angewiesen. Dabei geht das Recht, Auskunft zu verlangen, nicht so weit, daß der Gegner auch bei einem e i n z e l n e n Anfechtungsgegenstande darüber Auskunft zu geben hätte, o b er ihn bekommen hat; bei einem einzelnen Gegenstande kann Auskunft nur über den Verbleib der Nutzungen und Früchte gefordert werden. Das Recht, Rechnungslegung vom Gegner verlangen zu können, muß dem Gläubiger um so mehr zugebilligt werden, als der Gläubiger durch Vorladung des Schuldners zum Offenbarungseide (§ 807 ZPO.) nichts erreichen kann, da der Eid nur das gegenwärtige Vermögen betrifft und der Schuldner das veräußerte, weggegebene oder aufgegebene Vermögen dabei nicht erwähnt. Für die Klage auf Rechnungslegung ist § 254 ZPO. zu beachten; nachträglich noch im Laufe des Anfechtungsprozesses Rechnungslegung zu fordern ist zulässige Klageerweiterung im Sinne der §§ 268 Ziffer 2, 529 Abs. 2 ZPO.

Anm. 19.

Die Prozeßkosten im Anfechtungsprozeß, die Kosten der Zwangsvollstreckung desselben Prozesses, der Rückschaffung weiter verschobener Sachen, der etwa nötigen Wiederherstellung von Urkunden kann der Anfechtungsgegner vom Gläubiger nicht erstattet verlangen. Der Anfechtungsgegner haftet dafür mit seinem ganzen Vermögen wie jeder unterlegene Prozeßgegner (vgl. JurW. 1928, 1889). Für die Kosten des zwischen dem Gläubiger und Schuldner geführten Rechtsstreits einschl. der dabei entstandenen Kosten der Zwangsvollstreckung haftet der Anfechtungsgegner nur mit dem angefochtenen Erwerb; er muß sich ebenso wie der Schuldner die Vorwegentnahme dieser Kosten aus dem Vollstreckungserlöse gefallen lassen (vgl. §§ 91 ff., 788 ZPO.; §§ 44, 109 ZVG.; Hartmann-Meikel S. 253; Jaeger Anm. 15; jedoch streitig, vgl. Riehl S. 526). (Vgl. Anm. 16 zu § 7.)

Der Anfechtungsbeklagte hat auch dann die Kosten des Rechtsstreits zu tragen, wenn der Anfechtungskläger ihm vor Erhebung der Klage nicht eine dem Klageantrage entsprechende Aufforderung hat zukommen lassen, und wenn der Anfechtungsbeklagte nach Erhebung der Klage den Klageanspruch unter Verwahrung gegen die Kosten sofort anerkannt hat (LG. Gotha 2. 3. 28 in JW. 28, 1889).

Anm. 20.

Wegen der ihm zu erstattenden Verwendungen ist dem Anfechtungsgegner ein Zurückbehaltungsrecht zuzubilligen. (Ebenso Jaeger Anm. 14.) Anderer Ansicht sind die Anhänger der Deliktstheorie (vgl. §§ 273, 1000 BGB.; vgl. Anm. 63—66 zu § 1). (RG. in HRR. [JR.] 29, 655.)

Wertersatz statt Rückgewähr in Natur.

Anm. 21.

Soweit eine Rückgewähr in Natur sich nicht ermöglichen läßt, ist die Rückgewährverbindlichkeit durch Wertersatz zu erfüllen; dabei ist gleichgültig, ob die Rückgewähr in Natur von vornherein unmöglich war oder erst nachträglich unmöglich geworden ist. Das erstere ist der Fall, wenn z. B. eine Geldzahlung, eine unentgeltliche Gebrauchsüberlassung oder ein Unterlassen (vgl. Anm. zu § 1) angefochten ist (vgl. u. a. Gruch. 46, 1017; JurW. 1902 S. 221 Nr. 30). Das letztere ist der Fall, wenn z. B. der Anfechtungsgegner den Anfechtungsgegenstand weiter veräußert, weggegeben oder aufgegeben hat, ohne die Möglichkeit, ihn wieder zu erlangen. Das gleiche gilt, wenn er ihn zerstört oder beschädigt oder verbraucht hat oder wenn der Anfechtungsgegenstand ihm in einem Zwangsverfahren weggenommen ist. „Ob der Anfechtungsberechtigte für den Fall, daß der Gegner vermöge obligatorischen oder dinglichen Rechts die Sache von dem jetzigen Besitzer zurückfordern könnte, anstatt Ersatz des Wertes Abtretung der Klage gegen den Besitzer, und ob er, wenn der Erwerber die Sache veräußert hat, an Stelle des Werts den von letzterem erhaltenen Kaufpreis zu verlangen berechtigt ist, bestimmt sich nach dem bürgerlichen Recht." (Begründung S. 21). Das RG. (44, 92) äußert sich über den Grund der Verpflichtung zum Werterſatz, es sei davon auszugehen, daß der Anspruch auf Rückgewähr für den Fall, daß der Erwerber die Sache entgegen seiner obligatorischen Pflicht aus seinem Besitze weggegeben habe, zugleich die Befugnis des Gläubigers in sich schließe, den Ersatz des Wertes der Sache zu verlangen oder einen Schadensersatzanspruch in Höhe des Wertes der Sache zu beanspruchen; für die Beurteilung der Rückgewähr sei nur das im Anf.Ges. niedergelegte Reichsrecht maßgebend, da es sich um eine singuläre, besonders geartete Rechtsmaterie handele. Die Unterscheidung zwischen Wertersatz und Schadensersatz, verwirrt, wie Hartmann-Meikel S. 248 hervorhebt, zumal beide nach Umfang und Inhalt gleich sind. Die Vorschriften der §§ 249 ff., 823 ff. BGB. kommen für den Anfechtungsanspruch nicht in Frage, sondern nur, wenn der zugrunde liegende Tatbestand zugleich eine unerlaubte Handlung enthält. (Konk. Treuh. 29, 123.)

Anm. 22.

Die Frage, ob und inwieweit der Anfechtungsgegner **für den Untergang oder die Verschlechterung** des Anfechtungsgegenstandes haftet, ist streitig. Die einen (u. a. Cosack S. 246) lassen den Anfechtungsgegner nur dann die Gefahr tragen, wenn ihn ein Verschulden trifft, wenn er die Sorgfalt eines bonus pater familias vernachlässigt hat, welche dieser den Ansprüchen fremder Gläubiger des mit ihm kontrahierenden Schuldners zuzuwenden hat. Andere lassen den Anfechtungsgegner für jeden Zufall haften. Doch wird man dem Gegner den Gegenbeweis zubilligen müssen, daß die Sache auch untergegangen oder verschlechtert wäre, wenn sie sich noch im Vermögen des Schuldners befunden hätte; denn damit wird der Wegfall der Gläubigerbenachteiligung geltend gemacht. (Ebenso u. a. Jaeger Anm. 17; Hartmann-Meikel S. 250). Doch kann ein Gegenbeweis dafür, daß die Sache sonst von einem anderen Gläubiger fortgenommen und bei diesem untergegangen wäre, nicht für zulässig erachtet werden (vgl. dazu a. A. Riehl S. 193; RG. 64, 342; ebenso Hartmann-Meikel S. 251).

Anm. 23.

Daß die Rückgewährpflicht auch auf Werterſatz geht, wird allgemein anerkannt (vgl. u. a. RG. 44, 92; 47, 376; 56, 196; 58, 107; 71, 176; JurW. 1903 S. 159 Nr. 24; Warn. Rſpr. 1912 Nr. 66). Iſt bei Erhebung der Anfechtungsklage zweifelhaft, ob die Sache noch vorhanden iſt, ſo gehört der Geldzahlungsanſpruch in den Eventualantrag (JurW. 1916 S. 845 Nr. 17). Wird Werterſatz gefordert, ſo iſt der Klageantrag auf Zahlung des beſtimmten Geldbetrages an den Kläger direkt zu richten. Die Verurteilung zur Duldung der Zwangsvollſtreckung in bares Geld beſtände in einer Formalität, deren Beobachtung für den beklagten Anfechtungsgegner keinerlei Intereſſe haben kann, dagegen dem Kläger eine Verzögerung des Verfahrens und einen nicht unerheblichen Koſtenaufwand auferlegen würde. In dem Abſehen von dieſer leeren Formalität iſt ein Verſtoß gegen § 7 nicht zu erblicken (u. a. RG. 9, 71).

Anm. 24.

Streitig iſt aber, in welchem Umfange Erſatz zu leiſten iſt. Zu erſetzen iſt der Wert des aus dem Vermögen des Schuldners herausgekommenen Gegenſtandes, der Wert, welchen der Gegenſtand ſelbſt, mit Zuwachs und Nutzungen, für den Gläubigerzugriff haben würde, wenn er ſich noch im Schuldnervermögen befände (RG. 44, 92; 56, 194). Der Anfechtungsgegner braucht den durch beſonders vorteilhafte Weiterveräußerung erlangten Gewinn nicht herauszugeben (RG. 27, 22; 56, 194). Andererſeits genügt aber auch nicht der Betrag, welchen der Gegner durch beſonders ungünſtige Weiterveräußerung erzielt hat. Im Falle der Anfechtung einer Verſteigerung (vgl. Anm. zu § 1) iſt der Erlös als wahrer Wert des verſteigerten Gegenſtandes anzuſehen, obwohl erfahrungsgemäß beim Zwangsverkauf weniger erlöſt wird als beim freihändigen; die Geſetze, welche eine Verſteigerung im Intereſſe der Beteiligten vorſchreiben, beruhen auf der Anſchauung, daß durch ſolche der volle Wert der betreffenden Sachen ermittelt wird, nicht aber, daß ſich hierbei ein unter dem vollen Werte verbleibender Erlös ergibt (vgl. RG. 30, 89 und Jaeger Anm. 18). Riehl (S. 519) hält den Wert des Gegenſtandes in dem Zeitpunkte für maßgebend, in dem die Zwangsvollſtreckung beim Schuldner fruchtlos verſucht worden iſt. Dabei iſt aber nicht geſagt, welcher Zeitpunkt maßgebend ſein ſoll, wenn ein Vollſtreckungsverſuch nicht gemacht wurde (§ 2 des Anf.Geſ.). Maßgebend iſt vielmehr der Wert des Anfechtungsgegenſtandes zur Zeit der Vornahme der angefochtenen Handlung, zur Zeit der Verkürzung des Schuldnervermögens. (Herrſchende Anſicht; vgl. u. a. Hartmann-Meikel S. 249; RG. 47, 216 u. 375; LeipzZ. 1910 S. 866 Nr. 10).

Ausnahmefall des Abs. 2.

Anm. 25.

Nach Abs. 1 hat der Anfechtungsgegner regelmäßig alles aus dem Schuldnervermögen anfechtbar Erlangte zurückzugewähren, soweit es zur Befriedigung des Anfechtungsgläubigers erforderlich ist. Der Abs. 2 beschränkt die umfassende regelmäßige Haftung dem gutgläubigen Empfänger einer unentgeltlichen Leistung gegenüber aus Billigkeitsgründen auf die noch vorhandene Bereicherung. Der Abs. 2 bestimmt die Voraussetzungen für die mildere Haftung und den Umfang der Haftung. Dabei gilt auch hier in erster Linie Rückgewähr in Natur mit Nutzungen, Früchten, Zinsen, Zuwachs, soweit noch vorhanden, und erst in zweiter Linie Wertersatz.

Anm. 26.

Eine unentgeltliche Leistung liegt vor in den Fällen des § 3 Nr. 3 und 4 und des § 3a. Der Begriff der unentgeltlichen Leistung wird bei diesen Paragraphen näher erörtert. Es handelt sich um die sog. Schenkungsanfechtung. Die Fälle des § 3 Nr. 1 und 2 scheiden hierbei aus.

Anm. 27.

Der Begriff „gutgläubiger Empfänger" wird in der Literatur bald eng bald weit ausgelegt. Nach der einen Ansicht, u. a. Jäckel (S. 196), ist als gutgläubiger Erwerber derjenige zu betrachten, welcher die Absicht des Schenkers, die Gläubiger zu benachteiligen, nicht kannte; nach einer anderen Ansicht (Cosack S. 252, 299) ist guter Glaube die Überzeugung davon, daß das Geschäft eine Verkürzung der Gläubiger nicht enthält. Auch die Ansicht Bernhardis (S. 34), nicht gutgläubig sei der Empfänger, der um das Vorhandensein der Erfordernisse des § 2 wisse, wird von Jaeger (Anm. 25) als unhaltbar zurückgewiesen. Mit Jaeger (Anm. 25, ähnlich u. a. auch Hartmann-Meikel S. 259) ist anzunehmen, daß guter Glaube fehlt, wenn der Empfänger weiß oder den Umständen nach annehmen muß, daß die Gläubiger des Schenkers durch die Annahme oder das Behalten des Geschenks benachteiligt werden. Ein unentschuldbarer Irrtum bezüglich der Redlichkeit des Erwerbs, grobe Fahrlässigkeit in der Abwägung der tatsächlichen Verhältnisse, schließen die Redlichkeit des Erwerbes aus und stehen in ihrer Wirkung der wirklichen Kenntnis gleich; selbst ernstlicher Zweifel schließt den guten Glauben aus (vgl. Hartmann-Meikel S. 260).

Anm. 28.

Der gute Glaube muß nicht nur zur Zeit des Empfanges des Anfechtungsgegenstandes, sondern muß noch zur Zeit des

Verlustes, der Weiterveräußerung, fortbestehen. War der Empfänger zunächst gutgläubig und wird er erst später bösgläubig, so hat er nur das herauszugeben, um was er bereichert war, als der gute Glaube aufhörte; von diesem Zeitpunkte an haftet er für die Rückgewähr der in diesem Zeitpunkte vorhandenen Bereicherung nach § 7 Abs. 1 (vgl. Hartmann S. 260; Jaeger Anm. 26). Vom Eintritt der Rechtshängigkeit an haftet der Anfechtungsgegner gemäß § 818 Abs. 4 in Vbdg. mit §§ 291, 292, 987 ff. BGB., selbst wenn sein guter Glaube noch fortdauert.

Anm. 29.

Der Begriff „Bereicherung" ist ein reinschuldrechtlicher Begriff. Insbesondere ist aus dem BGB. auch der Umfang der Verpflichtung zur Herausgabe der Bereicherung zu entnehmen. § 818 BGB. lautet:

„Die Verpflichtung zur Herausgabe erstreckt sich auf die gezogenen Nutzungen sowie auf dasjenige, was der Empfänger auf Grund eines erlangten Rechts oder als Ersatz für die Zerstörung, Beschädigung oder Entziehung des erlangten Gegenstandes erwirbt.

Ist die Herausgabe wegen der Beschaffenheit des Erlangten nicht möglich, oder ist der Empfänger aus einem anderen Grunde zur Herausgabe außerstande, so hat er den Wert zu ersetzen.

Die Verpflichtung zur Herausgabe oder zum Ersatze des Wertes ist ausgeschlossen, soweit der Empfänger nicht mehr bereichert ist.

Von dem Eintritt der Rechtshängigkeit an haftet der Empfänger nach den allgemeinen Vorschriften."

Dabei versteht sich von selbst, daß auch der gutgläubige Empfänger von der noch vorhandenen Bereicherung in keinem Falle mehr herauszugeben verpflichtet ist, als zur Befriedigung des Gläubigers erforderlich ist. Eine Bereicherung liegt auch insoweit vor, als der Anfechtungsgegner mit dem geschenkten Gelde oder mit dem beim Verkaufe des geschenkten Gegenstandes erzielten Erlös Schulden bezahlt oder andere notwendige Ausgaben bestritten wurden, weil in diesem Falle die eigenen Geldmittel gespart und frei verwendet wurden; Luxusverwendungen dagegen vermindern die Bereicherung; hat der Anfechtungsgegner den angefochtenen Erwerb weiter verschenkt, so wird von Fall zu Fall zu prüfen sein, ob dadurch eigene Geldmittel frei geworden sind.

Anm. 30.

Die Beweislast ist derart zu verteilen, daß der Anfechtungsgläubiger dartun muß, daß der Gegner in den Fristen des § 3 Ziff. 3 und 4 (§ 3a) ein Geschenk vom

Schuldner erhalten hat. Der Gegner hat dagegen nachzuweisen, daß er zur Herausgabe außerstande ist, ferner daß und inwieweit seine Bereicherung fortgefallen ist; dazu gehört insbesondere auch der Nachweis, daß er fortdauernd gutgläubig war (streitig; ebenso Jaeger Anm. 27 und 31).

§ 8

Wegen Erstattung einer Gegenleistung oder im Fall einer anfechtbaren Leistung wegen seiner Forderung kann der Empfänger sich nur an den Schuldner halten.

Allgemeines.

Anm. 1.

Der § 8 ist unverändert in der ursprünglichen Form geblieben; er entspricht dem § 7 des Entwurfes. Materialien: Begründung S. 22 ff., Protokolle S. 2269.

Anm. 2.

§ 8 regelt die Frage, an wen sich der Anfechtungsgegner, der das Empfangene zurückgewähren muß, wegen Erstattung einer Gegenleistung oder im Fall einer anfechtbaren Leistung wegen seiner Forderung halten kann. Jaeger Anm. 1 bezeichnet den im § 8 aufgestellten Grundsatz als „eine ungerechtfertigte Härte"; nach Riehl ist § 8 zu einer „lex damnata" auf dem Gebiete des Anfechtungsrechts geworden; in seiner gebräuchlichen Auslegung führt er tatsächlich, wie sich in den weiteren Erörterungen zeigen wird, zu Unbilligkeiten.

Durch § 8 ist dem Anfechtungsgegner die Forderung einer Gegenleistung von dem Einzelanfechtungsgläubiger abgeschnitten; er kann sich nur an den Schuldner halten. § 8 regelt in der Frage der Schadloshaltung das Verhältnis des Anfechtungsgegners zunächst zum Gläubiger (negativ) und dann zum Schuldner (positiv).

Verhältnis des Anfechtungsgegners zum Gläubiger.

Anm. 3.

Nach dem Entwurf hatte § 7 (= dem jetzigen § 8) noch den folgenden 2. Absatz: „Im Falle einer anfechtbaren Leistung kann der Empfänger wegen seiner Forderung, insoweit als das Empfangene zurückzugewähren ist, und nicht der übrige Teil desselben den Betrag der Forderung erreicht, sich an das Zurückzugewährende nach der zwischen ihm und dem Gläubiger bestehenden Rangordnung halten." (Vgl. dazu Begründung S. 23 ff.). Die Reichstagskommission von 1879 hat diesen Absatz gestrichen und den Standpunkt vertreten, es liege keine Veranlassung vor, zwischen der Behandlung der Gegenleistung bei einem zweiseitigen Geschäfte und einer anfechtbaren Leistung oder Zahlung einen Unterschied zu machen; deshalb sei in beiden Fällen der Anfechtungsgegner an dem Gegenstande der Anfechtung auszuschließen und lediglich an den Schuldner zu verweisen (Prot. 2269).

Anm. 4.

Nach § 38 KO. ist die Gegenleistung aus der Konkursmasse zu erstatten, soweit sie sich in derselben befindet oder soweit die Masse in ihrem Wert bereichert ist; darüber hinaus kann ein Anspruch nur als Konkursforderung geltend gemacht werden. (Über den Begriff „Bereicherung der Masse“ vgl. RG. 16, 25; vgl. auch § 818 Abs. 2 und 3 BGB. und § 59 Nr. 3 KO.). Nach § 39 KO. tritt, wenn der Empfänger einer anfechtbaren Handlung das Empfangene zurückgewährt, seine Forderung wieder in Kraft (und zwar als Konkursforderung).

Anm. 5.

Die verschiedenartige Behandlung der Gegenleistungsfrage wird in den Motiven zum Anf.Ges. wie folgt begründet:

„Für die Anfechtung außerhalb des Konkursverfahrens kann solche Erstattungspflicht dem anfechtenden Gläubiger nicht auferlegt werden. Er hat die Gegenleistung nicht und ist durch die Gegenleistung, welche etwa noch im Vermögen des Schuldners sich befindet, nicht bereichert. Er ist tatsächlich nicht in der Lage, über das Vermögen des Schuldners zu verfügen und rechtlich auf Grund des für ihn unwirksamen Geschäftes nicht verpflichtet, die Gegenleistung des Anfechtungsgegners diesem zu beschaffen. Zudem hat der letztere, wenn die Anfechtung von Erfolg ist, erwiesenermaßen unredlich gehandelt oder doch die gesetzliche Vermutung der Unredlichkeit nicht widerlegen können.“

„Für die Anfechtung außerhalb des Konkurses liegt keine Veranlassung vor, in dem Gesetze die Frage, ob und inwieweit die Forderung des Anfechtungsgegners gegen den Schuldner auflebt, ausdrücklich zu entscheiden.“

„In der Fassung, daß der Empfänger sich ‚nur an den Schuldner halten‘ könne, schließt aber der Entwurf zugleich die Befugnis des Empfängers aus, in Konkurrenz mit der Forderung des anfechtenden Gläubigers das von ihm Zurückzugewährende in Anspruch zu nehmen. Insofern wird der Empfänger, entgegen der Vorschrift des preußischen Gesetzes vom 9. Mai 1855 § 15, von dem Entwurfe schlechter gestellt als im Falle einer Anfechtung der Konkursverwaltung, da er in diesem Falle seinen Erstattungsanspruch als Konkursforderung würde geltend machen, und dadurch, wenngleich meistens in nur geringem Maße, an der Verwendung des Zurückzugewährenden würde teilnehmen können. Diese Verschiedenheit der Stellung ist aber darin begründet, daß im Konkurse die Rückgewähr in vollem Umfange und zum Vermögen des Schuldners erfolgt und es sich im Konkursverfahren um die Befriedigung der sämtlichen Gläubiger des Schuldners handelt. Übrigens würde eine Konkurrenz des Anfechtungsgegners mit dem anfechtenden Gläubiger außerhalb des Konkurses den praktischen Wert der Anfechtung oft nahezu aufheben. In gleicher Weise wird auch eine Konkurrenz des Anfechtungsgegners wegen anderer Forderungen an den Schuldner, welche mit der anfechtbaren Handlung in keinem Zusammenhange stehen, nicht zugebilligt werden können."

Die Motive schließen demnach jede Konkurrenz des Anfechtungsgegners mit dem Einzelgläubiger auch bezüglich jener Forderungen aus, welche in keinem Zusammenhang mit dem angefochtenen Rechtsakt stehen.

Anm. 6.

Die „ungerechtfertigte Härte" des § 8 ergibt sich aus den von Jaeger Anm. 2 erwähnten Beispielen, welche u. a. auch von Riehl gebracht werden. Beispiele: I. Der Vater hat sein Anwesen im Werte von 50 000 um 40 000 Mk. an seinen Sohn verkauft. Ein Gläubiger des Vaters pfändet wegen einer Forderung von 90 000 Mk. zunächst den noch vorhandenen Kaufpreis von 40 000 Mk. und ficht darauf, da der Sohn den schwierigen Entlastungsbeweis des § 3 Nr. 2 nicht zu führen vermag, auch die Gutsübertragung erfolgreich an. So wird er voll befriedigt auf Kosten des Sohnes, ohne daß diesem eine condictio sine causa wider den Gläubiger erwachsen würde, da sich dessen Erwerb nicht ohne rechtlichen Grund, sondern kraft des Anf.Ges. (§ 3 Nr. 2, §§ 7, 8) vollzieht. Der Sohn mag sich an den Vater halten und verliert daher, wenn dessen Mittel erschöpft sind, abgesehen von den Kosten des Erwerbs und der Rückgewähr seine ganze Gegenleistung, gleichsam zur Strafe dafür, daß er sich in das anfechtbare Geschäft eingelassen hat. Daß die noch beschlagbar im Schuldnervermögen vorhandene Gegenleistung für ihren Bereich die Anfechtung ausschließt, ist ein schwacher Trost, wenn die Forderung des Gläubigers den Gegenwert übersteigt. II. Der Sohn hat 40 000 Mk., der dritte Gläubiger 50 000 Mk. vom Vater zu fordern. Der Vater übereignet dem Sohne das Anwesen im Werte von 50 000 Mk. an Erfüllungs Statt. Der dritte Gläubiger erwirkt auf Grund des § 3 Nr. 2 die Rückgewähr und verschafft sich so unter Abschüttelung der Konkurrenz des Sohnes Vollbefriedigung. Der Sohn geht, zur Strafe für die anfechtbare Leistung, leer aus. Diese Beispiele sind von Jaeger und Riehl gebracht.

Anm. 7.

Diese befremdliche ungerechtfertigte Härte, welche die Motive als Folge einer angeblichen Unredlichkeit des Anfechtungsgegners zu rechtfertigen versuchen, geht aber weit über die selbst bei unerlaubten Handlungen festgelegte Schadloshaltung hinaus; dabei kann von einer unerlaubten Handlung des Anfechtungsgegners, wie Anm. 64, 65 zu § 1 erörtert, nicht die Rede sein. Um die Bedeutung des § 8 zu verstehen, muß man den § 8 im Zusammenhang mit § 7 und mit dem aus dem Anf.Ges., insbesondere aber § 7 sich ergebenden allgemeinen Grundsätzen über die Rückgewährverbindlichkeit betrachten. Man kommt dann mit Riehl S. 162 ff. (vgl. abw. Hartmann-Meikel S. 265, 270—273; Jaeger Anm. 3, 4) zu einem befriedigenden und die Ansicht der Motive mildernden Ergebnis. So muß dem Anfechtungsgegner das Recht zugebilligt werden, sich wegen der Forderungen, welche mit der anfechtbaren Rechtshandlung in keinem Zusammenhange stehen, in Konkurrenz mit dem anfechtenden Einzelgläubiger an den Gegenstand der Rückgewähr zu halten. Das Reichsgericht führt in der Entscheidung Band 20 S. 157 ff. aus: „Das Reichsgericht hat bereits wiederholt ausgesprochen, daß den Motiven und den Verhandlungen bei Beratung von Gesetzen nur dann entscheidend Bedeutung beigelegt werden kann, wenn den dabei zutage getretenen Intentionen im Gesetze selbst erkennbarer Ausdruck verliehen ist. Das hätte um so deutlicher geschehen müssen, wenn die Absicht des Gesetzgebers dahin gegangen wäre, im § 8 eine schroffe Abweichung von den im § 7 sanktionierten Grundsätzen anzuordnen. Ist der Empfänger also nach dem das ganze Anfechtungsgesetz beherrschenden und im § 7 zum Ausdruck gebrachten Grundsatze nur verpflichtet, die Sache so, wie sie sich vor der Anfechtung im Vermögen des Schuldners befand, behufs der Zwangsvollstreckung zurückzugewähren, und stand ihm dem Schuldner gegenüber ein Pfandrecht an der Sache zu, so schließt der § 8 nicht aus, daß er dieses Recht, wie gegen den Schuldner, so auch gegen den Anfechtungskläger geltend machen kann.“ Der erste hier abgedruckte Satz der Entscheidung ist unstreitig zutreffend und für alle Gesetze zu beachten. Die Streitfrage ist, ob den dabei zutage getretenen Intentionen im Gesetz selbst erkennbarer Ausdruck verliehen ist. Die zitierte Entscheidung wird oft in ganz kurzem Auszuge zitiert (so z. B. auch von Sydow-Busch-Krieg) und gibt dann Veranlassung zu unrichtiger Auslegung. Für die Annahme, daß § 8 eine Abweichung von den Grundsätzen des § 7 anordnen wollte, fehlt es an einem genügenden Anhalt im Wortlaute des Gesetzes. Es läßt sich nicht verkennen, daß durch § 8 jedes Recht des Empfängers, die Sache wegen seiner Gegenansprüche an den Schuldner zurückzuhalten, dem Anfechtungskläger gegenüber beseitigt ist.

Der Anfechtungsgegner kann mit seinem ihm gegen den Schuldner zustehenden Anspruche nicht gegenüber dem Anfechtungsgläubiger aufrechnen. Die Worte „nur an den Schuldner" haben den Sinn, daß der Empfänger die Befriedigung wegen seiner Ansprüche an den Schuldner nur aus dessen Vermögen suchen darf, aber aus diesem mit allem ihm gegen den Schuldner und dessen Vermögen zustehenden Rechten. Da der Empfänger nach dem im § 7 zum Ausdrucke gebrachten Grundsatze nur verpflichtet ist, die Sache so, wie sie sich vor der anfechtbaren und angefochtenen Rechtshandlung im Vermögen des Schuldners befand, behufs der Zwangsvollstreckung zurückzugewähren, so schließt § 8, wenn dem Gegner schon vor der angefochtenen Rechtshandlung dem Schuldner gegenüber ein unanfechtbares Pfandrecht an der Sache zustand, nicht aus, daß er dieses Recht, wie gegen den Schuldner, so auch gegen den Anfechtungskläger geltend machen kann. Hätte statt des Anfechtungsgegners irgendein Dritter an der Sache ein unanfechtbares Recht, z. B. ein Pfandrecht, so würde dieses auch dem Anfechtungskläger gegenüber wirksam bleiben. Weshalb sollte der Anfechtungsgegner, welcher an dem Gegenstande auch ein unanfechtbares und unangefochtenes Recht hat, anders behandelt werden? (Vgl. dazu JW. 1902 S. 95 Nr. 27). Legt man den § 8 in diesem Sinne im Zusammenhang mit § 7 aus, so kommt man mit Riehl zu einem befriedigenden Ergebnis.

Anm. 8.

Da der Anfechtungsgegner nur das, was er auf Grund der angefochtenen Rechtshandlung aus dem Vermögen des Schuldners erhalten hat, zurückzugewähren braucht, kann der Anfechtungsgegner alle Werterhöhungen, soweit sie sich ohne Schaden entfernen lassen, entfernen und, soweit sie sich nicht entfernen lassen, den Wert erstattet verlangen; das Mehr würde sonst der Anfechtungskläger ohne rechtlichen Grund auf Kosten des Anfechtungsgegners erhalten. Der Anfechtungsgegner kann Vorwegbefriedigung aus dem Erlöse der Sache wegen der Wertverbesserung verlangen (Gruch. 40, 1153). Wegen der Verwendungen hat der Gegner auch ein Zurückbehaltungsrecht gegenüber dem Anfechtungskläger.

Anm. 9.

Weiter hat der Anfechtungsgegner die Möglichkeit zu bestreiten, daß der Zugriffsmasse eine Benachteiligung in derjenigen Höhe erwachsen sei, wie der Anfechtungsgläubiger behauptet. Darin liegt, wie Riehl ausführt, ein motiviertes Leugnen des Klagegrundes, nicht die Geltendmachung eines selbständigen Gegenanspruchs. Wir kommen auf diese Weise zu dem annehmbaren Ergebnis, daß in dem von Jaeger erwähnten Beispiele der Gläubiger im ganzen nicht mehr als 50 000 Mk. vollstrecken kann, da der Vater vor der angefochtenen Rechtshandlung nur eine Besitzung von 50 000 Mk. hatte. Durch die anfechtbare Rechtshandlung ist das Vermögen des Vaters nicht um 50 000 Mk., sondern nur um 10 000 Mk. verkürzt.

Anm. 10.

Jaeger (Anm. 4) ist der Ansicht, der Anfechtungsgegner müsse, wenn er den Nachteilen des § 8 entgehen wolle, schleunigst die Eröffnung des Konkursverfahrens beantragen; er habe dann die Rechte aus §§ 38, 39 KO. Doch müssen dann immer die Voraussetzungen der KO. für die Eröffnung vorliegen. Erleichterungen, wie sie das alte österreichische Anfechtungsrecht von 1884 im § 36 Satz 2 vorsah (in der neuen Anfechtungsordnung — vgl. Anhang — im § 15 übrigens fortgefallen), kennt das deutsche Anf.Ges. nicht.

Verhältnis des Anfechtungsgegners zum Schuldner.

Anm. 11.

§ 8 bestimmt nur, daß der Anfechtungsgegner sich nicht an einen anderen, sondern nur an den Schuldner halten kann. Ob, unter welchen Bedingungen und in welchem Umfange er sich im einzelnen Falle an den Schuldner halten kann, ist nicht angegeben. Aus der Fassung des § 8 ergibt sich aber, daß ein Erstattungsanspruch des Anfechtungsgegners gegen den Schuldner stillschweigend für zulässig erklärt ist. Hätte der Gesetzgeber grundsätzlich jede Haftung des Schuldners für die Gegenleistung ausschließen wollen, weil der Anfechtungsgegner sich an einer unerlaubten Handlung beteiligt habe, so wäre sicherlich eine andere Fassung des Textes gewählt worden. Die Beantwortung der Frage, ob und inwieweit Ersatzansprüche stattfinden, ist dem einschlagenden bürgerlichen Recht überlassen; nach diesem ist insbesondere die Frage zu entscheiden, ob und in welchem Umfang das Veräußerungsgeschäft unter den Parteien, hier Anfechtungsgegner und Schuldner, gültig oder ungültig ist (vgl. RG. JW. 1884 S. 89). Es fragt sich nur, welche Vorschriften des BGB. einschlägig sind. Im § 8 sind zwei Fälle unterschieden: „wegen Erstattung einer Gegenleistung" oder „im Fall einer anfechtbaren Leistung wegen der Forderung".

Anm. 12.

„Wegen Erstattung einer Gegenleistung . . . kann der Empfänger sich nur an den Schuldner halten". Damit ist ein Erstattungsanspruch des Gegners gegen den Schuldner grundsätzlich anerkannt, wenn das angefochtene Grundgeschäft ein gegenseitiger Vertrag ist. Das angefochtene Geschäft ist unwirksam nur gegenüber dem Anfechtungsgläubiger, bleibt aber wirksam im Verhältnis der Vertragschließenden. Die Rechte des Anfechtungsgegners gegen den Schuldner bestimmen sich nach der Art und dem Inhalt des Vertrages. Bei einem Kauf oder Tausch oder bei einem kaufähnlichen Veräußerungsgeschäfte hat der Anfechtungsgegner einen Anspruch auf Gewährleistung wegen eines Rechtsmangels, da der Verkäufer (Schuldner) den Gegenstand frei von Rechten zu verschaffen hat, welche Dritte gegen den Käufer geltend machen können (vgl. §§ 434, 445, 515 BGB.; Jaeger Anm. 7; Hartmann-Meikel S. 267, 268). Wenn aber, wie es meist der Fall sein wird, der Käufer (Anfechtungsgegner) bei dem Abschluß des Kaufes die Anfechtbarkeit gekannt hat, dann hat der Verkäufer (Schuldner) den Mangel in Recht gemäß § 439 nicht zu vertreten. Unter Umständen hat der Anfechtungsgegner auch einen Anspruch gegen den Schuldner aus ungerechtfertigter Bereicherung gemäß § 812 Abs. 1 BGB., und zwar auch dann, wenn der Anfechtungsgegner bei dem Kaufabschluß die Anfechtbarkeit des Kaufes gekannt hat. Wenn die vom Anfechtungsgegner gewährte Gegenleistung im Vermögen des Schuldners verbleiben würde, nachdem der Anfechtungsgegner Rückgewähr geleistet hat, dann wäre der Schuldner ohne rechtlichen Grund bereichert.

Anm. 13.

In der älteren Literatur (z. B. Petersen-Kleinfeller, vgl. Hartmann-Meikel S. 267) ist dem Anfechtungsgegner ein Erstattungsanspruch gemäß § 309 BGB. zugebilligt, da der Vertrag gegen ein zugunsten der Gläubiger erlassenes gesetzliches Verbot im Sinne des § 134 BGB. verstoße. Die Empfangnahme einer anfechtbaren Leistung verstößt aber weder gegen die guten Sitten noch gegen ein gesetzliches Verbot (vgl. Anm. 00 zu § 1). Daher kommt weder § 309 BGB. noch § 817 BGB. zur Anwendung.

Anm. 14.

Für die Ansicht, § 8 finde nur in den Fällen des § 3 Nr. 1 und 2 Anwendung, ist im Gesetz kein Anhaltspunkt gegeben. In den Fällen der Schenkungsanfechtung (§ 3 Nr. 3 und 4; § 3a) ist ein Erstattungsanspruch des zur Rückgewähr verpflichteten Anfechtungsgegners gegenüber dem Schenker (Schuldner) zwar regelmäßig ausgeschlossen; aber ausnahmsweise kann gemäß § 523 BGB. eine Haftung des Schenkers begründet sein. Ein Geschäft kann der Schenkungsanfechtung unterliegen, obgleich der beschenkte Anfechtungsgegner dem Schenker (Schuldner) oder auf seine Anweisung einem Dritten eine Leistung gemacht hat, die nach erfolgreicher Anfechtung erstattet werden muß, so bei Schenkungen unter einer Auflage (ebenso Hartmann-Meikel S. 269, Jaeger Anm. 9).

Anm. 15.

Schließlich ist noch zu erwähnen, in welchem Umfange der Schuldner die Gegenleistung zu erstatten hat. Auch dafür ist das BGB. maßgebend. Der Schuldner haftet dem Anfechtungsgegner auch für die durch den Erwerb und die Rückgewähr entstehenden Vermögensnachteile, Gebühren der Beurkundung und Verbuchung, Stempelkosten, Kosten des Anfechtungsprozesses, Erstattung des Wertes der rückgewährten Früchte, Erstattung des Mehrwertes des Anfechtungsgegenstandes zur Zeit der Rückgewähr gegenüber dem Werte zur Zeit des Erwerbes; der Anfechtungsgegner kann sogar Ersatz des entgangenen Gewinnes gemäß § 252 BGB. verlangen. Doch wird, falls der Anfechtungsgegner zur Erwerbszeit die Benachteiligungsabsicht des Schuldners kannte, ein Entschädigungsanspruch nicht zuzubilligen sein, weil in diesem Falle der Anfechtungsgegner von vornherein mit der Rückgewähr rechnen mußte (vgl. Hartmann-Meikel S. 268, Jaeger Anm. 8).

Anm. 16.

Im Falle einer anfechtbaren Leistung wegen seiner Forderung kann der Empfänger sich nur an den Schuldner halten. Die Frage, ob und inwieweit in diesem Falle die Forderung des Anfechtungsgegners gegen den Schuldner auflebt, ist wiederum nach dem bürgerlichen Rechte zu entscheiden (vgl. Anm. 5). Es stehen sich zwei Ansichten gegenüber. Nach der einen Ansicht lebt die alte Schuld im Augenblick der Rückgewähr wieder auf, nach der anderen entsteht nur ein Bereicherungsanspruch gegen den Schuldner. Gleich bemerkt sei, daß hier der zweiten Ansicht beigetreten wird; die Gründe ergeben sich aus der folgenden Anmerkung.

Die erste Ansicht wird in der Literatur hauptsächlich von Jaeger (Anm. 12) vertreten; in der Praxis folgt ihr das Reichsgericht in einer alten Entscheidung vom 10. 3. 1888 (Bd. 20, 161). Jaeger führt aus, der Bereicherungsanspruch würde einen zwecklosen Umweg darstellen und den Anfechtungsgegner nur unvollkommen restituieren. Daraus, daß der § 39 KO. für den Fall der konkursmäßigen Rückgewähr die anfechtbar getilgte Forderung von selbst wieder aufleben läßt, folgert Jaeger, dies sei unverkennbar auch der Sinn des § 8 Anf.Ges.; der Ausdruck „wegen seiner Forderung" sei nur erklärlich, wenn das Wiederaufleben der Forderung vorausgesetzt werde; sonst hätte wie von der Erstattung einer Gegenleistung von der Wiederherstellung der Forderung oder einem Ersatz ihres Verlustes die Rede sein müssen; auch der Zusammenhang mit § 39 KO. dränge zu dieser Annahme. Jaeger weist dann noch auf das alte österreichische Anfechtungsgesetz hin, wo es im § 36 Satz 1 in engster Anlehnung an unseren § 8 hieß: „Wegen Erstattung einer Gegenleistung oder wegen einer infolge der Anfechtung wieder auflebenden Forderung kann der Anfechtungsgegner sich nur an den Schuldner halten". Der § 15 der jetzt gültigen österreichischen Anfechtungsordnung hat denselben Wortlaut (vgl. Abdruck im Anhang). Jaeger weist dann noch auf den Art. 291 Abs. 2 des schweizerischen Schuldbetreibungsgesetzes hin: „Bestand die anfechtbare Rechtshandlung in der Tilgung einer Forderung, so tritt dieselbe mit der Rückerstattung des Empfangenen wieder in Kraft". Nach Jaeger lebt die Forderung nur dann und nur insoweit auf, als der Anfechtungsgegner das Empfangene zurückgewährt. Die von Petersen-Kleinfeller vertretene Ansicht, die Forderung lebe durch die Anfechtung wieder auf, findet keine Stütze und wird auch von Jaeger nicht gebilligt. Jaeger (Anm. 13) vertritt weiter die Ansicht (ebenso RG. 20, 157), daß mit der Forderung auch die Nebenrechte, insbesondere zwischenzeitliche Zinsansprüche, Pfandrechte und Bürgschaften von selbst und ex tunc wieder aufleben.

Anm. 17.

Der Ansicht von Jaeger und dem Reichsgericht kann nicht zugestimmt werden. Richtig ist, daß es, wie Jaeger auch ausführt, einerlei ist, ob die angefochtene Leistung die geschuldete oder eine datio in solutum („Leistung an Erfüllungs Statt" § 364 Abs. 1 BGB.), ob sie freiwillig oder im Vollstreckungswege erfolgte, desgleichen, ob die Rückgewähr erzwungen ward oder nicht. Jaegers Ansicht steht mit einem wichtigen, aus § 1 Anf.Ges. sich ergebenden Grundsatze in Widerspruch. Nach § 1 sind die angefochtenen Rechtshandlungen nur gegenüber dem anfechtenden Gläubiger unwirksam. Daraus folgt, daß die Zahlung einer Forderung dem Schuldner gegenüber auch im Falle erfolgreicher Anfechtung voll wirksam bleibt (vgl. ebenso Hartmann-Meikel S. 265 und die dort angeführte ältere Literatur). Hätte der Gesetzgeber eine Abweichung von diesem Grundsatz für zweckmäßig gehalten, dann hätte er sicherlich dem § 8 eine dem § 39 KO. entsprechende Fassung gegeben. Aus den Worten „wegen seiner Forderung", welche sich unmittelbar an die Worte „im Fall einer anfechtbaren Leistung" anschließen und von diesen Worten nicht zu trennen sind, kann ein Wiederaufleben der Forderung nicht geschlossen werden. Deshalb verdient die Auffassung von Hartmann-Meikel (S. 265) den Vorzug. Nicht die ein für allemal getilgte Forderung, sondern lediglich ein nach dem bürgerlichen Rechte zu beurteilender Ersatzanspruch steht dem Anfechtungsgegner — gegenüber dem Schuldner — zu.

Weitere Folgen.

Anm. 18.

Aus den Anm. 11—17 ergibt sich, daß der Anfechtungsgegner im Falle seines Unterliegens einen Rückgriffsanspruch (Regreßanspruch) gegen den Schuldner hat. Dem Anfechtungsgegner steht daher in seinem Rechtsstreit mit dem Anfechtungsgläubiger auch das Recht zur Streitverkündung gemäß §§ 72 ff. ZPO. zu. Dies ist die herrschende Ansicht (vgl. Jaeger Anm. 15; Hartmann-Meikel S. 269). Ebenso ist dem Schuldner unter Umständen das Recht der Nebenintervention gemäß §§ 66—68, 70, 71 ZPO. zuzubilligen; er hat ein rechtliches — nicht bloß persönliches — Interesse an dem Obsiegen des Anfechtungsgegners, wenn ihm z. B. persönliche Einwendungen nach § 767 Abs. 2 ZPO. gegen den vollstreckbaren Schuldtitel zustehen (vgl. Hartmann-Meikel S. 269).

Anm. 19.

Wird über das Vermögen des Schuldners das Konkursverfahren eröffnet, bevor der Anfechtungsgegner das Empfangene zurückgewährt hat, dann kommt § 13 in Betracht. Wird der Konkurs eröffnet nach der Rückgewähr, so kann der Anfechtungsgegner seine Erstattungsansprüche gegen den Schuldner nur als Konkursforderung anmelden. Dabei ist unerheblich, welcher von den beiden in den Anm. 16, 17 erwähnten Ansichten beigetreten wird.

Ist der Einzelgläubiger nicht Konkursgläubiger und hat er während des Schuldnerkonkurses die Anfechtungsklage durchgeführt, dann kommt § 8 auch in Betracht. Hat der Anfechtungsgegner an den Einzelgläubiger nach der Eröffnung des Schuldnerkonkurses das Empfangene zurückgewährt, dann hat er jedoch keinen Anspruch auf eine Gegenleistung an den Gemeinschuldner, und zwar weder als Massegläubiger noch als Konkursgläubiger; denn einerseits entsteht der Erstattungsanspruch erst nach Konkursbeginn, wenn auch die angefochtene Rechtshandlung schon vorher erfolgte; andererseits wird durch die Rückgewähr an den Anfechtungsgläubiger die Masse nicht rechtlos bereichert (ebenso Jaeger Anm. 11).

§ 9

Erfolgt die Anfechtung im Wege der Klage, so hat der Klageantrag bestimmt zu bezeichnen, in welchem Umfange und in welcher Weise die Rückgewähr seitens des Empfängers bewirkt werden soll.

Allgemeines.

Anm. 1.

Der § 9 ist unverändert in der ursprünglichen Fassung (§ 8 des Entwurfs). Materialien: Begründung S. 25 ff.; Protokolle S. 2269. In der KO. findet sich eine entsprechende Bestimmung nicht.

Anm. 2.

Die Vorschrift des § 9 gilt dem Wortlaute nach nur, wenn die Anfechtung im Wege der Klage erfolgt. Sie gilt aber in gleicher Weise für die Widerklage; auch sie ist eine Klage im Sinne der ZPO. Daß die Vorschrift aber nicht gilt, wenn der Anfechtungsgläubiger einen gegen ihn erhobenen Anspruch durch Anfechtungseinwendung oder Gegeneinwendung abwehrt, ergibt die Natur der Sache. Denn mit der Einrede kommt es dem Anfechtungsgläubiger nur darauf an, die Abweisung der gegen ihn gerichteten Klage zu erzielen; bei der Gegeneinrede handelt es sich nur darum, durch die Anfechtung eine vom Beklagten vorgebrachte Einrede zu entkräften (vgl. Hartmann-Meikel S. 280; Jaeger Anm. 6).

Bestimmte Bezeichnung des Klageantrages.

Anm. 3.

Im § 7 ist materiellrechtlich bestimmt, was der Anfechtungsgläubiger beanspruchen kann. Im § 9 ist formellrechtlich angegeben, wie der Klageantrag zu lauten hat.

Anm. 4.

Die Anfechtungsklage hat den Zweck, daß der durch eine anfechtbare Handlung des Schuldners verkürzte Gläubigerzugriff in das Vermögen des Schuldners wieder ermöglicht wird. Die Gläubigerbenachteiligung ist so mannigfach, daß, wie Jaeger Anm. 1 ausführt, jede kasuistische Ordnung der Rückgewährfälle lückenhaft bleiben würde. Um aber eine Vollstreckung des Urteils im Anfechtungsprozesse durchführen zu können, muß im Urteilstenor genau bestimmt werden, in welchem Umfange und in welcher Weise die Rückgewähr seitens des Empfängers bewirkt werden soll. Das Urteil muß sich in den Grenzen der Parteianträge halten (§ 308 ZPO.). Wenn auch das Gericht einer Partei nicht mehr als beantragt zubilligen darf, so ist es keineswegs gehindert, für die Bewirkung der Rückgewähr eine andere Art und Weise, als die in dem Klageantrage bezeichnete, vorzuschreiben. So hat z. B. das Reichsgericht (RG. 9, 73), statt die Beklagte für schuldig zu erkennen, die fragliche Geldsumme zum Zwecke der Pfändung durch die Klägerin bei sich bereit zu stellen, dieselbe zur sofortigen Zahlung verurteilt. Doch ist es empfehlenswert, gemäß §§ 139, 502 ZPO. eine zweckentsprechende Berichtigung des Klageantrages zu verlangen; eine Klageänderung darf aber dadurch nicht entstehen (§ 268 Nr. 2 ZPO.). Vgl. Anm. 27.

Anm. 5.

Eine Vorschrift darüber, wie der Urteilsspruch zu fassen ist, gibt das Anfechtungsgesetz nicht, sondern nur darüber, wie der Klageantrag zu fassen ist. Selbstverständlich ist, daß an den Urteilstenor die gleichen Anforderungen gestellt werden müssen, wie an den Klageantrag. Ein Urteil, das den Vorschriften des § 9 nicht genügt, unterliegt der Aufhebung (RG. JurW. 1903 S. 128 Nr. 15).

Anm. 6.

Der Klageantrag ist bestimmt zu bezeichnen. Schon nach der allgemeinen Vorschrift über den Inhalt einer Klageschrift muß ein bestimmter Antrag angegeben werden (§ 253 Abs. 2 Nr. 2 ZPO.). § 9 Anf.Ges. ist in gewisser Weise eine Ergänzung des § 253 ZPO. Richtiger spricht man wohl von einer Abweichung von der Regel des § 253; denn es besteht ein erheblicher Unterschied. Die Erfordernisse des § 253 ZPO. sind zwar wesentlich, aber gemäß § 295 ZPO. verzichtbar. Auf die Beobachtung der Vorschrift des § 9 Anf.Ges. kann dagegen nicht verzichtet werden. Ein Mangel in dieser Hinsicht ist von Amts wegen zu berücksichtigen und der Kläger darauf hinzuweisen (RG. 23, 6; 57, 104; JurW. 1903 S. 128 Nr. 15). Die Vorschrift des § 9 ist zwingender Natur. Genügt die Klage ihr nicht, so muß die Abweisung erfolgen, wenn der Mangel nicht gemäß § 268 ZPO. ohne Klageänderung behoben wird (vgl. auch JurW. 1916 S. 845 Nr. 17). Da eine solche Klage ohne Sachwürdigung als unzulässig abzuweisen ist, ist eine neue Klage mit berichtigtem Antrage zulässig, die aber noch innerhalb der im Gesetze vorgeschriebenen Fristen erhoben sein muß (ebenso Jaeger Anm. 2).

Ausschluß der Feststellungsklage.

Anm. 7.

Da der Klageantrag bestimmt zu bezeichnen hat, in welchem Umfange und in welcher Weise die Rückgewähr bewirkt worden ist, folgt daraus zunächst, daß eine Feststellungsklage unzulässig ist, da durch eine Feststellungsklage diesen Erfordernissen nicht genügt werden kann (RG. JurW. 1902, S. 610 Nr. 10). Durch die Anfechtungsklage soll nicht nur festgestellt werden, daß eine bestimmte Rechtshandlung rechtsunwirksam ist, sondern zugleich auch, in welchem Umfange sie rechtsunwirksam ist. Wer alsbald auf Leistung klagen kann, hat kein rechtliches Interesse an einer Feststellungsklage, der eine Leistungsklage sofort folgen müßte. Mit der Feststellungsklage würde das von dem Anfechtungskläger erstrebte Ziel, seinen Zugriff auf einen entzogenen Gegenstand wieder zu ermöglichen, nicht erreicht werden. Die Zulassung der Feststellungsklage würde leicht zu einer unnötigen Verdoppelung der Prozesse und Belästigung des Anfechtungsgegners mißbraucht werden. Auch wenn die Voraussetzungen des § 2 Anf.Ges. noch nicht vorliegen, ist eine Feststellungsklage unzulässig. Es fehlt dann das nach § 2 erforderliche Rechtsschutzinteresse für eine Anfechtungsklage und auch das zur Erhebung der Feststellungsklage gemäß § 256 ZPO. erforderliche rechtliche Interesse. Eine Klage auf Feststellung, daß der Kläger für den späteren Fall der Titelerlangung und Zugriffsunzulänglichkeit des Schuldnervermögens anfechtungsberechtigt sei, würde sich beim Ausbleiben dieser Voraussetzungen als eine bedenkliche Gefährdung der Verkehrssicherheit darstellen (RG. 57, 102; JurW. 1904 S. 216 Nr. 36; vgl. Jaeger Anm. 3).

Anm. 8.

Wenn auch der Anfechtungsgläubiger weder im Wege der Klage noch im Wege der Widerklage eine Feststellungsklage erheben kann, so verbietet § 9 doch dem Anfechtungsgegner nicht die Erhebung einer negativen Feststellungsklage. Die Voraussetzungen hierfür ergeben sich aus § 256 ZPO. Der Hauptfall für eine solche Klage ist folgender: Jemand erläßt eine Anfechtungsankündigung gemäß § 4. Da das Gesetz niemand das Recht gibt, durch eine Anfechtungsankündigung beliebig in den Rechtsfrieden eines Dritten einzugreifen, kann dem Empfänger der Ankündigung grundsätzlich nicht verwehrt werden, alsbald eine Feststellung darüber herbeizuführen, daß das von dem Ankündigenden behauptete Rechtsverhältnis nicht besteht. Ob der Dritte im einzelnen Falle ein rechtliches Interesse an der alsbaldigen Feststellung hat, ist aus einer Würdigung der ganzen Sachlage zu entnehmen (vgl. RG. 77, 65). Auch gelegentlich eines anderen Prozesses zwischen dem Anfechtungsgläubiger und dem Gegner kann der Gegner ein rechtliches Feststellungsinteresse haben und dann eine Feststellungswiderklage erheben.

Leistungsklage.

Anm. 9.

Der Begriff „Leistungsklage" steht dem Begriff „Feststellungsklage" gegenüber. Eine „Leistungsklage" in diesem Sinne liegt auch dann vor, wenn der Klageantrag (wie sich aus dem Folgenden ergibt, sehr häufig) auf Duldung der Zwangsvollstreckung und nicht auf eine positive Leistung gerichtet ist (vgl. RG. Recht 1918 Nr. 126).

Anm. 10.

Der Klageantrag muß bestimmt lauten (vgl. Anm. 3—6). Ein Antrag auf Rückgewähr, soweit diese zur Befriedigung des Gläubigers erforderlich ist, genügt nicht. Zum Schutze des Gegners gegen Mißbrauch muß der Umfang der verlangten Rückgewähr genau bezeichnet werden. Daher ist der Geldanspruch des Gläubigers, wegen dessen die Anfechtung erfolgt, nicht nur gelegentlich unter den tatsächlichen Klagebehauptungen, sondern auch im Klageantrage selbst nach Kapital, Zinsen und Kosten genau zu bezeichnen; der Antrag auf Duldung der Zwangsvollstreckung „bis zur Befriedigung des Gläubigers" würde nicht genügen (RG. in JurW. 1898 S. 360 Nr. 35; 1903, S. 128 Nr. 15); dies gilt auch, wenn die Rückgewährverbindlichkeit auf Zahlung einer Geldsumme geht. Vertauschung der zunächst angegebenen Forderung mit einer anderen, ist Klageänderung (RG. 39, 3). Auch der Gegenstand, welcher zurückgewährt werden soll, muß bestimmt bezeichnet sein. Ist Rückgewähr des anfechtbar erworbenen Gegenstandes verlangt, obwohl bereits vor der Klage die betreffende Sache von dem Ersterwerber veräußert und dies auch dem Anfechtenden bekannt war, so liegt unzulässige Klageänderung vor, wenn später Zahlung des Wertes beansprucht wird (JurW. 98 S. 262 Nr. 19).

Anm. 11.

Ferner ist im Klageantrage bestimmt zu bezeichnen, in welcher Weise die Rückgewähr seitens des Empfängers bewirkt werden soll. Dabei ist nicht gedacht an die Art und Weise der Zwangsvollstreckung. Die Maßnahmen der Zwangsvollstreckung sind nicht im Anfechtungsprozesse, sondern im Vollstreckungsverfahren zu beantragen, anzuordnen und durchzuführen (JurW. 1902 S. 221 Nr. 30; Gruchot 46, 1016). Grundsätzlich wird der Anfechtungskläger Rückgewähr des anfechtbar erworbenen Gegenstandes in Natur verlangen, so daß dem Kläger der Zugriff wieder ermöglicht ist. Dabei wird im allgemeinen eine bestimmte positive Tätigkeit des Gegners nicht notwendig sein; es genügt, wenn er die Zwangsvollstreckung in den Anfechtungsgegenstand duldet. In diesen Fällen genügt ein Klageantrag, daß der Beklagte verurteilt wird, die Zwangsvollstreckung in den genau zu bezeichnenden Gegenstand zu dulden (RG. 59, 195; Warneyers Rechtspr. 1912 Nr. 66). Bisweilen wird dies aber nicht genügen und noch eine Auskunft des Gegners über den Verbleib der Sache, die Rückschaffung der Sache und die Beseitigung von Zugriffshindernissen vom Gegner zu verlangen sein; dies ist dann im Klageantrage genau zu bezeichnen. Doch kann vom Anfechtungsgegner keine Auskunft darüber verlangt werden, ob er vom Schuldner anfechtbar irgendeine Sache erlangt hat, sondern nur darüber, wo das anfechtbar Erworbene geblieben ist (vgl. dazu OLG. 28, 59).

Anm. 12.

Ist der Klageantrag, erforderlichenfalls nach Ausübung des richterlichen Fragerechts, sachgemäß gestellt, so entspricht ihm die Urteilsformel. In diese gehört nicht ein Ausspruch darüber, daß die angefochtene Rechtshandlung dem Anfechtungsgläubiger gegenüber unwirksam ist (RG. 71, 176); dies gehört vielmehr in die Begründung des Urteils. Ein Zwischenurteil über den Grund des Anfechtungsanspruches gemäß § 304 ZPO. ist im allgemeinen unzulässig (RG. 73, 426). Voraussetzung für ein Zwischenurteil ist ein nach Grund und Betrag streitiger Anspruch. Im allgemeinen handelt es sich um einen Individualanspruch, nämlich Rückgewähr einer bestimmten Sache. Die Höhe der Forderung des Anfechtenden begrenzt allerdings den Klageanspruch, ändert aber seine Natur nicht und verwandelt ihn insbesondere nicht in einen Gattungsanspruch. Dem Betrage nach streitig kann aber nur ein Anspruch auf Zahlung einer Geldsumme oder auf Lieferung vertretbarer Sachen sein (RG. 60, 368).

Beispiele.

Anm. 13.

In der Praxis wird es nur selten zwei Anfechtungsprozesse geben, in welchen gleichlautende Anträge zu stellen sein werden. Die Forderung, zu deren Gunsten die Rückgewähr erfolgen soll, und die Art und Weise der Rückgewähr sind außerordentlich mannigfach. Aus der in Anm. 23 zu § 1 gebrachten kurzen Übersicht (vgl. auch die Anm. 24 ff. zu § 1) ergibt sich, in wie vielfältiger Art und Weise Vermögensgegenstände aus dem Vermögen des Schuldners in das Vermögen des Anfechtungsgegners gelangen können; dementsprechend ist die zu fordernde Rückgewähr sehr verschieden. Ein bestimmtes allgemein gültiges Schema läßt sich daher nicht feststellen. Doch sollen die in der Rechtsprechung erwähnten hauptsächlichsten Fälle erwähnt werden. Weitere Beispiele ergeben sich aus den Anmerkungen zu §§ 1, 3, 3a, 7.

Anm. 14.

Zunächst ist die Forderung nach Kapital, Zinsen und Kosten genau zu bezeichnen, etwa: „Es wird beantragt, den Beklagten zu verurteilen, wegen der in dem Urteil des Amtsgerichts Berlin vom 20. 2. 1930 (26. C. 125/30) in der Sache des Klägers gegen (den Schuldner) N. N. rechtskräftig dem Kläger zugebilligten, fälligen Darlehnsforderung von 500 RM. nebst 4% Zinsen seit dem 1. 1. 1930 sowie wegen der durch den Kostenfestsetzungsbeschluß desselben Gerichts vom 15. 3. 1930 für den Kläger festgesetzten Kosten von 50 RM. die Zwangsvollstreckung . . . zu dulden". Die Angabe der Forderung des Anfechtungsgläubigers ist auch dann notwendig, wenn die Rückgewährverbindlichkeit auf Zahlung einer Geldsumme an den Kläger gerichtet ist. In den späteren Beispielen wird der Einfachheit halber die Forderung nur mit den Worten „wegen Forderung" erwähnt werden.

Anm. 15.

Der Schuldner ist verurteilt, eine Rente zu zahlen und dafür zu sorgen, daß diese Rente in das Grundbuch seines Grundstücks eingetragen werde. Er hat das Grundstück inzwischen an seinen Sohn überlassen, von dem Befriedigung nicht zu erwarten ist. In diesem vom RG. am 29. 10. 29 entschiedenen Falle (Höchstrichterl. Rechtspr. 1930 Nr. 248) hatte die Gläubigerin beantragt, den Sohn zu verurteilen, a) eine jährliche Rente zu zahlen, b) zu bewilligen, daß diese Rente in das Grundbuch eingetragen werde, hilfsweise den Sohn zu verurteilen, entweder 1. das Grundstück an seinen Vater zurückzuübertragen oder 2. das Grundstück zum Zwecke der Eintragung der Rente an seinen Vater zurückzuübertragen oder 3. zu dulden, daß die Rente in das Grundbuch eingetragen werde. Der Antrag zu a) ist in der Revisionsinstanz nicht gestellt. Das RG. führt aus: „Wegen des gegen den Vater bestehenden Anspruchs, für die Eintragung der Rente zu sorgen, konnte die Anfechtung nicht betrieben werden. Sie war nur wegen des der Klägerin zuerkannten Anspruchs auf Zahlung der Rente zulässig. Auch insoweit konnte mit der Anfechtungsklage aber niemals die Bewilligung der grundbuchlichen Eintragung der Rente auf dem veräußerten Grundstück vom Beklagten gefordert werden, sondern nur die Rückgewähr des der Klägerin anfechtbar entzogenen Vermögensstückes, also des Grundstücks in den für die Befriedigung der Klägerin erforderlichen Grenzen (§§ 7, 9 Anf.Ges.). Sie hätte im Falle des Erfolges der Anfechtung in der Weise zu geschehen, daß der Beklagte der Klägerin das Grundstück zum Zwecke der Zwangsvollstreckung wegen des Rentenanspruches ebenso zur Verfügung stellte, als wenn es noch seinem Vater, dem Schuldner der Klägerin, gehörte. Dies bedeutete, daß der Beklagte, wenn die Anfechtung gegen ihn begründet war, die Zwangsvollstreckung der Klägerin wegen des Anspruches auf Zahlung der Rente zu dulden hätte, enthält aber nicht die positive Pflicht, die Eintragung der Rente zu bewilligen. Ob nur das erste, nicht aber die Eintragungsbewilligung mit der relativen Wirkung der Anfechtbarkeit vereinbar ist, mag Bedenken haben. Aber daß die Verpflichtung zur Bewilligung der Eintragung der Rente mehr enthält als die Duldung der Zwangsvollstreckung in das Grundstück wegen der im Vorprozeß der Klägerin zugesprochenen Rente, die sich, abgesehen von der Zwangsvollstreckung oder Zwangsverwaltung des Grundstückes, nur auf die Eintragung einer Sicherungshypothek beschränken würde (§ 866, 867 ZPO.), ist ohne Zweifel. Schon aus diesem Grunde unterlag auch der Hauptantrag zu b), insoweit er auf die Anfechtung gestützt wird, der Abweisung. Auch die Hilfsanträge waren aus dem vorangeführten Grunde aus der Anfechtung nicht gerechtfertigt. Denn auch sie sind nicht dem angepaßt, was nach §§ 7, 9 von dem Anfechtungsgläubiger verlangt werden kann. Das Verlangen, den Beklagten zu verurteilen, das veräußerte Grundstück an seinen Vater zurückzugeben, geht zu weit, weil eine uneingeschränkte Gewähr des Grundstücks der relativen Unwirksamkeit der Anfechtungshandlung nicht Rechnung tragen würde. Aber auch die anderen beiden Hilfsanträge halten sich nicht im Rahmen der §§ 7, 9. Sie sind beide von der Vorstellung beherrscht, als wenn die Anfechtung wegen des Anspruches auf Eintragung der Rente und nicht wegen des Anspruches auf deren Zahlung betrieben wird und betrieben werden kann. Der Hilfsantrag zu 2. geht aber auch insofern über das Ziel der Anfechtung hinaus, als die Rückgewähr an den Schuldner, wenn auch nur zu einem bestimmten Zweck, dem Anfechtungsbeklagten mehr zumutet, als er dem Anfechtenden zu leisten braucht. Denn er muß sich nur so behandeln lassen, als wenn der durch die anfechtbare Handlung aus dem Vermögen des Schuldners herausgegebene Vermögensstand noch diesem gehörte, er braucht aber dem Schuldner nichts zurückzugeben, weil er dann auch in Beziehungen zu diesem treten würde, die ihn vielleicht selber gefährden könnten. Der Hilfsantrag zu 3. kann zur Rückgewähr überhaupt nicht dienen, denn wenn der Beklagte verurteilt wird, zu dulden, daß die Rente in das Grundbuch eingetragen werde, so bleibt offen, auf welchem Wege die Eintragung herbeigeführt werden soll. Im Vorprozeß ist zwar der Vater des Beklagten verurteilt, für die Eintragung der Rente auf dem Grundstück Sorge zu tragen. Seine Erklärungen würden indes als Grundlage für die Eintragung nicht in Betracht kommen können. Damit würde auch die Pflicht des Beklagten, die Eintragung zu dulden, ins Leere fallen. Im Sinne der Duldung der Zwangsvollstreckung in das Grundstück wegen der der Klägerin zugesprochenen Rente kann der Antrag nicht verstanden werden.

Beispiele von Klageanträgen, wenn der Anfechtungsgläubiger vom Schuldner Eigentum, andere dingliche Rechte oder Forderungen erworben hat.

Anm. 16.

Hat der Anfechtungsgegner vom Schuldner anfechtbar Eigentum erworben, so ist zu unterscheiden, ob es sich um eine bewegliche Sache oder um ein Grundstück handelt. Bei einer beweglichen Sache hat der Klageantrag zu lauten, daß der Gegner verurteilt werde, zur Befriedigung wegen Forderung die Zwangsvollstreckung in die genau zu bezeichnende Sache zu dulden. Der Antrag kann auch Bereitstellung der Sache zum Zwecke der Zwangsvollstreckung wegen der Forderung verlangen. Nicht notwendig und sogar sachwidrig wäre ein Antrag dahin, daß der Gegner die Sache an einen vom Anfechtungsgläubiger zu beauftragenden Gerichtsvollzieher herausgeben solle. Eine tatsächliche Rückgewähr zum Vermögen des Schuldners würde in der Regel ein unnötiger Umweg sein. Die Zwangsvollstreckung in Sachen des Schuldners kann auch bei einem Dritten, bei dem sich die Sache befindet, erfolgen, wenn dieser Dritte die Zwangsvollstreckung gestattet oder, wie in Anfechtungsprozessen, zur Duldung der Zwangsvollstreckung verurteilt ist. Der Anfechtungsgläubiger hat auch keinen Anspruch darauf, daß ihm die angefochtene Sache herausgegeben wird (vgl. u. a. RG. 47, 216; 56, 195; 60, 425; 64, 341; 71, 176; JW. 1903 S. 159 Nr. 24; Recht 1912 Nr. 651; Warn. Rspr. 1920, 206). Doch kann, wenn die Sache an einen entfernten bei der Vollstreckung nur mit Mühe und Kosten erreichbaren Ort gebracht ist, der Anfechtungsgläubiger auch verlangen, daß die Sache dahin gebracht wird, wo sie sich vor der angefochtenen Veräußerung befunden hat, im allgemeinen also in den unmittelbaren Besitz des Schuldners. Der Anfechtungsgläubiger kann aber nicht verlangen, daß die Sache an einen anderen ihm bequemen Ort gebracht wird; durch die Anfechtungsklage kann der Anfechtungsgläubiger nicht besser gestellt werden, als er ohne die anfechtbare Handlung stehen würde. Sind eine Reihe von Gegenständen anfechtbar veräußert, z. B. das Warenlager eines Geschäftsmannes, so sind die einzelnen Gegenstände, in welche vollstreckt werden soll, genau zu bezeichnen, da ein Warenlager als solches nicht Gegenstand der Zwangsvollstreckung sein kann (vgl. RG. 67, 422; JurW. 1908 S. 458 Nr. 29). Wenn durch die angefochtene Rechtshandlung mehrere Vermögensobjekte seitens des Schuldners einheitlich veräußert worden sind, kann sich der Rückgewähranspruch und damit auch der Klageantrag auf einzelne Gegenstände beschränken (JurW. 1888 S. 344 Nr. 12; 1898 S. 51 Nr. 22). Hat der Anfechtungsgegner den anfechtbar erworbenen Gegenstand weiter veräußert, so ist er zum Werterſatz verpflichtet; der Klageantrag geht auf Geldzahlung (vgl. RG. Recht 1918 Nr. 596).

Bei Anfechtung der Übertragung von Außenständen müssen im Klageantrage die Außenstände genau bezeichnet werden (RG. 28. 5. 29 in Konk. Treuh. 29, 106).

Anm. 17.

Bei einem anfechtbar erworbenen Grundstück hat der Anfechtungsgläubiger die Wahl zwischen Erwirkung einer Zwangshypothek, der Zwangsversteigerung und Zwangsverwaltung (vgl. RG. 29. 10. 29 in Höchstrichterl. Rechtspr. 1930 Nr. 248). Ist das Grundstück zurückzugewähren, so ist nicht auf Rückauflassung, sondern auf Duldung der Zwangsvollstreckung in das Grundstück und Herausgabe desselben zu diesem Zwecke mit den dinglichen Belastungen im Zeitpunkte der Vornahme der angefochtenen Rechtshandlung zu klagen (RG. 50, 124; 56, 144; 57, 27; 64, 341; 67, 22, 40; JurW. 1902 S. 175 Nr. 44; Gruch. 59, 151). Die Zwangshypothek gewährt zwar zunächst nur Sicherung, stellt aber die künftige Befriedigung in einer vielleicht durch das Interesse aller Beteiligten gebotenen Weise sicher (vgl. Jaeger Anm. 9; jedoch streitig). Die Zwangsversteigerung darf nach § 17 ZVG. nur angeordnet werden, wenn der Schuldner eingetragener Eigentümer oder Erbe desselben ist (für die Zwangsverwaltung vgl. §§ 146, 147 ZVG.). Wenn der Anfechtungsgläubiger mit seinem Rückgewähranspruch durchdringt, dann hat der Anfechtungsgegner die Zwangsvollstreckung so zu dulden, als ob nicht er, sondern noch der Schuldner der eingetragene Eigentümer wäre. Nicht erforderlich ist, daß zuvor der Schuldner wieder als Eigentümer eingetragen wird. Dies ist auch dann der Fall, wenn der Schuldner niemals eingetragener Eigentümer gewesen ist, sondern das Grundstück durch einen Dritten, von dem er es zu beanspruchen hatte, direkt dem Anfechtungsgegner hatte übereignen lassen (RG. 43, 83).

Anm. 18.

Handelt es sich nur um einen Miteigentumsanteil, auch dann ist Rückauflassung des Bruchteils nicht erforderlich. Der Klageantrag ist dahin zu stellen, daß die Zwangsvollstreckung in den anfechtbar erworbenen Bruchteil des Grundstücks zu dulden ist, als ob dieser Bruchteil noch Vermögen des Schuldners wäre. Dies gilt auch dann, wenn der Schuldner seinen Anteil an den anderen Miteigentümer veräußert hat, so daß dieser Alleineigentümer geworden ist. Der Anfechtungsgläubiger kann nicht etwa Zwangsvollstreckung in das ganze Grundstück verlangen, auch nicht mit der Maßgabe, daß der auf den früheren Anteil des Schuldners entfallende Erlös zur Befriedigung des Gläubigers dient; er kann auch nicht verlangen, daß ihm bis zur Höhe seiner Forderung der Wert des anfechtbar veräußerten Miteigentums zu ersetzen ist (vgl. OLG. 42, 38). Hat ein Miterbe seinen Anteil am Nachlaß an einen anderen Miterben anfechtbar übertragen (vgl. § 2033 BGB.; § 859 ZPO.; vgl. Anm. 34 und 35 des § 1), so geht der Klageantrag dahin, daß der Anfechtungsgegner (der andere Miterbe) die Zwangsvollstreckung in den vom Schuldner hinzuerworbenen Erbteil so zu dulden hat, als ob er noch dem Schuldner gehörte (Recht 1904 S. 389 Nr. 1747). Bei Gemeinschaft zur gesamten Hand sind pfändbare Anteile an den einzelnen Gegenständen der Gemeinschaft nicht vorhanden. In einem Urteil vom 13. 7. 28 (JurW. 1929 S. 788 Nr. 2), in dem es sich um die Anfechtung eines Erbauseinandersetzungsvertrages (Beklagter und Schuldner waren Miterben) handelt, führt das Kammergericht aus, dem mit der auf § 3 Ziffer 2, 3 gestützten Klage geltend gemachten Anspruche stehe der § 864 Abs. 2 ZPO. entgegen. Beantragt war, den Beklagten zu verurteilen, die Zwangsvollstreckung wegen Forderung in die ideelle Hälfte des Grundstücks zu dulden. Gemäß § 864 Abs. 2 sei, so heißt es im Urteile, die Vollstreckung in den Bruchteil eines Grundstücks nur zulässig, wenn der Bruchteil in dem Anteil eines Miteigentümers bestehe; da es sich hier jedoch um eine Erbengemeinschaft, also um eine Gemeinschaft zur gesamten Hand handele, so lägen die Voraussetzungen des § 864 Abs. 2 nicht vor, und die selbständige Vollstreckung in den Anteil des einzelnen sei unzulässig; der Kläger hätte also auch vor der Auseinandersetzung zwischen dem Beklagten und dem Schuldner nicht in den Anteil des Schuldners vollstrecken können, um seine vermeintlichen Ansprüche zu verwirklichen; damit entfalle ohne weiteres auch die Möglichkeit der Anfechtung. Wenn auch diese Entscheidung im Regelfall, wenn der Nachlaß aus mehreren Grundstücken oder Gegenständen besteht, zutrifft, so muß sie dann, wenn andere Nachlaßgegenstände nicht vorhanden sind, doch als bedenklich bezeichnet werden. Zutreffend wird das Urteil in einer Anmerkung dazu von Mayr kritisiert; er hält es mit Recht für bedenklich, wenn das Urteil aus der Auffassung, der Kläger habe auch schon vor der Auseinandersetzung zwischen dem Beklagten und dem Schuldner nicht in den Anteil des Schuldners vollstrecken können, die Folge zieht, damit entfalle ohne weiteres auch die Möglichkeit der Anfechtung; die Vorschrift des § 864 Abs. 2 erklärt sich aus dem in das BGB. übernommenen deutschrechtlichen System der gesamten Hand, wonach dem einzelnen Teilhaber während des Bestehens der Gemeinschaft ein bestimmter Anteil an den einzelnen Vermögensstücken nicht zusteht, sondern nur ein Anteil am ganzen Vermögen. Deshalb unterliegt auch der Anteil am ganzen Vermögen dem Zugriff des Gläubigers (§ 859 Abs. 2). Wenn demnach, wie Mayr weiter ausführt, der Gläubiger auch nicht in den Anteil am Grundstück vollstrecken darf, so kann er doch zur Befriedigung seiner Ansprüche kommen, wenn er durch Pfändung des Anteils am ganzen Nachlaß, der, soweit aus dem a. a. O. wiedergegebenen

Tatbestand entnehmbar, nur aus dem fraglichen Grundstücke bestand, die Auseinandersetzung betreibt. Auf diese Weise hätte dem Schuldner unmöglich gemacht werden können, durch eine vorzeitige Auseinandersetzung, die ihn gänzlich vermögenslos macht, den Gläubiger zu benachteiligen.

Anm. 19.

Hat der Schuldner eine Hypothek, eine Grundschuld oder eine zur Eigentümergrundschuld gewordene Fremdhypothek (vgl. OLG. 35, 266) oder eine Forderung abgetreten und wird diese Abtretung angefochten, so kann von dem Anfechtungsgegner (Zessionar) nur Duldung der Zwangsvollstreckung in die Hypothek (Forderung), nicht Abtretung an den Kläger verlangt werden (RG. 71, 177). In dieser Entscheidung wird auch ausgeführt, daß bei einer Hypothekenabtretung die Beischreibung eines Vermerks im Grundbuch, daß die Abtretung dem Abtretenden gegenüber unwirksam sei, vom Anfechtungsgläubiger nicht verlangt werden kann. Ebensowenig kann die Eintragung einer Vormerkung zur Sicherung des Anspruchs auf Anfechtung der Hypothekenabtretung verlangt werden (KGJ. 29 A 167).

Anm. 20.

Hat der Anfechtungsgegner vom Schuldner andere Rechte, welche bisher dem Schuldner zustanden, erworben, z. B. Grunddienstbarkeiten, Reallasten, Altenteilsrechte, Pfandrechte, soweit solche Rechte überhaupt pfändbar sind (vgl. Anm. 46 zu § 1), so ist der Antrag zu richten auf Duldung der Zwangsvollstreckung in das im einzelnen näher zu bezeichnende Recht.

Anm. 21.

Hat der Anfechtungsgegner eine ihm abgetretene Geldforderung, die inzwischen fällig geworden ist, eingezogen, so würde die Wiederherstellung der Forderung (durch Rückgabe des empfangenen Geldes) ein „zweck- und sinnloser Umweg" sein. Richtig und dem Sinne des Gesetzes nicht widersprechend ist ein Klageantrag unmittelbar auf Zahlung des bestimmten Geldbetrages, der die Forderung des Gläubigers nicht übersteigen darf (nicht etwa der vom Anfechtungsgegner erhaltenen ganzen Summe) (vgl. RG. 48, 149). Ist eine anfechtbar erworbene Forderung durch eine unanfechtbare Aufrechnung getilgt oder ist eine Aufrechnung angefochten, so kann in beiden Fällen unmittelbar Zahlung des Geldbetrages gefordert werden. Dies ist auch vom RG. (Bd. 58, 107; vgl. Bolze Bd. 5 Nr. 343) für zulässig erklärt mit der Begründung, „da die Geldforderung des Schuldners fällig und unbedingt war, so daß mit dem Antrag auf Rückgewähr dieser Forderung zum Zwecke der Pfändung ein nutzloser Umweg eingeschlagen würde, so daß aber auch, weil die Forderung des Schuldners des Anfechtungsklägers gegen den Beklagten vor Anstellung der Klage für den Kläger gepfändet und ihm zur Einziehung überwiesen war". Den Geldanspruch behält der Anfechtungskläger gegen den Anfechtungsgegner auch dann, wenn dieser die anfechtbar erworbene Forderung durch einen Beauftragten hatte einziehen lassen, der Beauftragte den eingezogenen Betrag aber unterschlagen hatte (vgl. Bolze 5 Nr. 377 b; 10 Nr. 263; Jaeger Anm. 10).

Anm. 22.

Beispiele von Klageanträgen, wenn der Anfechtungsgegner durch die angefochtene Handlung an den im Eigentum des Schuldners verbleibenden Sachen beschränkte Rechte, Hypotheken usw., auch Pfändungspfandrechte erworben hat.

Anm. 23.

Ist eine Hypothekenbestellung angefochten, so kann der Anfechtungsgläubiger nicht Abtretung an sich selbst und Umschreibung im Grundbuch (Einwilligung in die Berichtigung des Grundbuchs gemäß § 894 BGB.) verlangen; es kann auch nicht auf Herausgabe des Hypothekenbriefs geklagt werden, sondern nur auf Duldung der Zwangsvollstreckung in die Hypothek (vgl. JurW. 1898 S. 223 Nr. 17). Ist für den Anfechtungsgläubiger selbst eine nachstehende Hypothek eingetragen, dann kann der Anfechtungsgläubiger auch beantragen, daß der Anfechtungsgegner verurteilt wird, wegen der bestimmten Forderung des Gläubigers der bestimmt zu bezeichnenden Hypothek des Gläubigers den Vorrang vor der bestimmt zu bezeichnenden Hypothek des Anfechtungsgegners einzuräumen (vgl. RG. 86, 101; KGJ. 49, 202).

Anm. 24.

Besteht die anfechtbare Rechtshandlung in der Verschaffung einer Forderung (vollstreckbaren Urkunde) und in einer daraufhin (im kollusiven Einverständnis zwischen Schuldner und Anfechtungsgegner, vgl. Anm. 32 zu § 1) bewirkten Pfändung und Versteigerung, so kann der Anfechtungskläger unmittelbar Herausgabe des Erlöses bis zur Höhe seiner Forderung verlangen (vgl. JurW. 1898 S. 395 Nr. 35; OLG. 27, 178). Hat der Anfechtungsgegner die Gegenstände selbst ersteigert, so ist der Klageantrag auf Duldung der Zwangsvollstreckung in die Gegenstände zu richten (vgl. die eben genannte Entscheidung aus JurW. 1898).

Anm. 25.

Bietet ein Verteilungsverfahren Anlaß zur Anfechtung einer Pfandbestellung oder eines Pfändungspfandrechtes, so ist in dem Antrage anzugeben, nach welchen Grundsätzen, abweichend von dem Verteilungsplan, die Auszahlung der Masse oder ein anderweitiges Verteilungsverfahren angeordnet werden solle (vgl. RG. 14, 81; 52, 334; 91, 370; OLG. 27, 178; JurW. 1899 S. 831 Nr. 13). Da die Anfechtung durch den einen Gläubiger ein Aufrücken der nicht anfechtenden übrigen Gläubiger nicht bewirkt, so hat der Klageantrag regelmäßig dahin zu lauten, daß der Anfechtungsgegner eine ihm vorgehende Berücksichtigung des Anfechtungsgläubigers dulde (vgl. Jaeger Anm. 11).

Anm. 26.

Beispiele für Klageanträge, wenn der Anfechtungsgegner von seinen dem Schuldner des Anfechtungsgläubigers geschuldeten Verbindlichkeiten persönlicher oder dinglicher Art befreit wird.

Die Begründung S. 22 f. führt aus, sofern die Vermögensverringerung noch in den Grenzen bloß obligatorischer Beziehung geblieben sei, seien für die Rückgewähr die Formen einer Zwangsvollstreckung unanwendbar. Die Motive nennen dabei als Beispiel den anfechtbaren Erlaß einer Forderung und betonen, hier bewende es im Verhältnisse des Anfechtenden zum Drittschuldner (Anfechtungsgegner) „bei der Wirkungslosigkeit des Erlasses“. Ungenau ist es, wenn im Anschluß an die Motive ausgeführt wird, bei Anfechtung eines Schulderlasses sei in allen Fällen der Rückgewährantrag auf Geldzahlung zu richten. Hartmann-Meikel (S. 277) betont, lediglich der Erlaß der Forderung bilde den Gegenstand der Anfechtung; die Folge der Unwirksamkeitserklärung sei lediglich die Rückgewähr des Schuldnexus zwischen dem Anfechtungsgegner und dem Schuldner und damit die Existenz einer pfändbaren Forderung, bezüglich welcher alle Modalitäten vollkommen unverändert bleiben; er führt dabei ein Urteil des OLG. Karlsruhe vom 15. 2. 1883 an. Jaeger (Anm. 6 zu § 7 und Anm. 10 zu § 9) führt zutreffend aus, der Drittschuldner habe als Anfechtungsgegner die Pfändung der Forderung so zu ermöglichen, als ob sie ihm nicht erlassen wäre. Mit einem bloßen Dulden der Zwangsvollstreckung wird in vielen Fällen die Rückgewährverbindlichkeit nicht zu erfüllen sein. Insbesondere kann es, wie Jaeger a. a. O. weiter zutreffend ausführt, der Wiederherstellung einer Schuldurkunde, z. B. eines Wechsels oder Schuldscheins oder eines Hypothekenbriefes bedürfen. Trug z. B. der Wechsel auch Unterschriften von Personen, die nicht Anfechtungsgegner sind, so ist die für den Zugriff erforderliche Wiederherstellung unmöglich. Die Rückgewährpflicht geht dann, wie in allen Fällen, in denen Rückgewähr in Natur nicht mehr möglich ist, auf Wertersatz und der Klageantrag ist auf Geldzahlung unmittelbar an den Anfechtungsgläubiger zu richten.

Klageänderung.

Anm. 27.

Beruft sich der Anfechtungskläger im Laufe des Rechtsstreits an Stelle des bisherigen vollstreckbaren Schuldtitels auf einen anderen, so erhebt er einen neuen Anfechtungsanspruch; darin liegt eine unzulässige Klageänderung (RG. 39, 3; Leipz. 1911, S. 772 Nr. 7, Jaeger Anm. 7).

Dabei ist aber zu berücksichtigen, daß eine an sich unzulässige Klageänderung dann zugelassen werden kann, wenn das Gericht sie für sachdienlich erachtet (§ 264 ZPO.). Mit dieser Einschränkung hat die in den Anm. 27 bis 29 erwähnte Rechtsprechung noch praktische Bedeutung.

Anm. 28.

Ob die Geltendmachung eines anderen Anfechtungsgrundes eine zulässige oder unzulässige Klageänderung darstellt, ist streitig. Diese Streitfrage gilt für die Einzelgläubigeranfechtung im wesentlichen ebenso wie für die Konkursanfechtung. Die Geltendmachung eines anderen Klagegrundes wird vereinzelt (z. B. Wilmowski) uneingeschränkt als unzulässige Klageänderung angesehen mit der Begründung, die verschiedenen Anfechtungsgründe seien auch verschiedene Klagegründe. Von anderen (z. B. Cosack) wird dies verneint, weil dadurch, daß der Grund der Anfechtung geändert werde, die Individualität des Anfechtungsanspruchs, welche immer auf Rückgewähr einer Vermögensminderung gerichtet sei, keine Änderung erleide. Die Wahrheit liegt dazwischen. (Im Ergebnis ebenso Hartmann-Meikel S. 279). Das Rechtsverhältnis ist in Wirklichkeit nicht in allen Anfechtungsfällen dasselbe, sondern, sowohl im Umfang der Rückgewährpflicht als auch in den Voraussetzungen, verschieden, je nachdem die Klage auf eine unentgeltliche Verfügung oder auf ein in Benachteiligungsabsicht geschlossenes Rechtsgeschäft handelt. Daher ist es regelmäßig eine unzulässige Klageänderung, wenn die anfechtbare Handlung zunächst als Schenkung, im Laufe des Prozesses aber als entgeltlicher Vertrag dargestellt wird oder umgekehrt. Im übrigen muß im einzelnen Falle geprüft werden, ob die angefochtenen Rechtsakte, welche im Laufe des Rechtsstreits vorgebracht werden, sich als Ausfluß eines und desselben Benachteiligungswillens des Schuldners darstellen (vgl. RG. 2, 251). Ist diese Frage zu bejahen, so liegt keine unzulässige Klageänderung vor. Ob der Anfechtungsgläubiger selbst in solchen Fällen im Laufe des Rechtsstreits aus demselben Tatbestande bald die eine, bald die andere rechtliche Folgerung gezogen hat, ist unwesentlich, da er nur das Tatsachenmaterial vorzutragen hat und seine Rechtsauffassung nicht vorzubringen braucht.

Anm. 29.

Wird zunächst Rückgewähr in Natur verlangt, später aber, nachdem die Unmöglichkeit dieser Rückgewähr festgestellt ist, Werterſatz durch Geldzahlung gefordert, dann liegt keine Klageänderung vor. Stand aber schon zur Zeit der Klageerhebung Unmöglichkeit der Rückgewähr in Natur fest, so daß der Kläger von vornherein Geldersatz hätte fordern können, dann wird regelmäßig unzulässige Klageänderung anzunehmen sein (§ 268 Ziffer 3 ZPO.). Das Reichsgericht (Bd. 52, 85) hat es für zulässig erachtet, daß, wenn ursprünglich Löschung der angefochtenen Hypothek verlangt war, nachträglich verlangt wird, den Anfechtungsgegner zu verurteilen, einzuwilligen, daß dem Gläubiger der aus der Zwangsversteigerung des Grundstücks auf die Hypothek entfallende Erlös zugeteilt wird.

§ 10

Liegt ein nur vorläufig vollstreckbarer Schuldtitel des Gläubigers oder ein unter Vorbehalt ergangenes Urteil (Zivilprozeßordnung §§ 540, 599) vor, so ist in dem den Anfechtungsanspruch für begründet erklärenden Urteile die Vollstreckung desselben davon abhängig zu machen, daß die gegen den Schuldner ergangene Entscheidung rechtskräftig oder vorbehaltslos wird.

Allgemeines.

Anm. 1.

Unveränderter § 10 in der ursprünglichen Fassung (§ 9 des Entwurfs). Materialien: Begründung S. 26 f.; Protokolle S. 2269. In der KO. keine entsprechende Bestimmung.

Voraussetzungen.

Anm. 2.

Die Vorschrift des § 10 gilt nur für den Fall, daß die Anfechtung im Wege der Klage oder Widerklage erfolgt. Nur in diesen Fällen kommt es zu einem den Anfechtungsanspruch für begründet erklärenden Urteile und zu einer Vollstreckung desselben.

Anm. 3.

§ 10 gilt nur, wenn der Anfechtungsanspruch für begründet erklärt wird. In Betracht kommen nur Leistungsurteile auf Rückgewähr; Feststellungsurteile und Zwischenurteile über den Grund des Anfechtungsanspruchs scheiden aus (vgl. Anm. 00 zu § 7; ferner Anm. 7 zu § 9). Wird die Anfechtungsklage als unbegründet oder als unzulässig (§ 2 Anf.Ges.) abgewiesen, dann ist für § 10 kein Raum. Dasselbe gilt auch für die Widerklage.

Anm. 4.

§ 10 setzt weiter voraus, daß in dem Vorprozeß des Anfechtungsgläubigers gegen den Schuldner ein nur vorläufig vollstreckbarer Schuldtitel des Gläubigers oder ein unter Vorbehalt ergangenes Urteil (ZPO. §§ 540, 599) vorliegt. Vorausgesetzt ist dabei, daß gegen den Schuldner eine Entscheidung ergangen ist; es muß also eine Verurteilung des Schuldners erfolgt sein. Ist der Anfechtungsgläubiger mit der Klage gegen den Schuldner abgewiesen, dann kommt § 10 nicht in Betracht, da die Voraussetzung für den Anfechtungsanspruch (Forderung § 2) nicht vorliegt. Über den Fall, daß in erster Instanz Verurteilung erfolgt war, in zweiter Instanz Abweisung erfolgt, vgl. Anm. 11. Ist das Urteil bereits rechtskräftig und vorbehaltlos, dann liegt zu der im § 10 vorgesehenen Maßnahme keine Veranlassung mehr vor. Auf andere Schuldtitel als Urteile bezieht sich § 10 nicht, insbesondere nicht auf Vergleiche oder vollstreckbare Urkunden (§ 794 Nr. 1, 2, 5 ZPO.). Das ergibt sich zwar nicht aus § 10, wohl aber daraus, daß die übrigen Voraussetzungen des § 2 in jedem Falle gegeben sein müssen; dazu gehört besonders die Fälligkeit und die Verfolgbarkeit. Ist aber auf Grund eines gerichtlichen Vergleichs oder einer gerichtlichen oder notariellen Urkunde die Forderung fällig und verfolgbar, dann liegt ein endgültiger vorbehaltloser Schuldtitel vor; für § 10 ist also kein Raum. Eintragungen in die Tabelle gelten rücksichtlich der festgestellten Forderung wie rechtskräftige Urteile (KO. §§ 145 Abs. 2, 164 Abs. 2, 194, 206 Abs. 2); der Zusatz aus § 10 Anf.Ges. verliert seine Bedeutung, wenn der Konkursverwalter gemäß § 13 Rückgewähr zur Masse verlangt. Vollstreckungsbefehle stehen den vorläufig vollstreckbaren Versäumnisurteilen gleich (§§ 700, 794 Nr. 4 ZPO.). Vorläufig vollstreckbar sind die Urteile gemäß §§ 704, 708 ff., 794 Nr. 4 ZPO. Unter Vorbehalt ergangene Leistungsurteile gibt es gemäß §§ 302 Abs. 4, 529 Abs. 3, 599 ZPO. Im § 10 sind erwähnt §§ 540, 599 ZPO. Das Vorbehaltsurteil aus § 540 ZPO. ist fortgefallen (ZPO. in der Fassung vom 13. 5. 1924).

Das Vorbehaltsurteil aus § 302 ZPO. ist im § 10 noch nicht erwähnt, da es erst durch die ZPO.-Novelle von 1898 hinzugekommen ist; die Erwähnung des § 302 ist bei der Neufassung des Anf.Ges. 1898 offenbar vergessen worden; ebenso wie der Fortfall des § 540 im Jahre 1924 übersehen worden ist; es ist kein Grund vorhanden, das Vorbehaltsurteil aus § 302 auszuschließen.

Wirkung auf die Entscheidung des Gerichts.

Anm. 5.

In dem Urteile ist die Vollstreckung davon abhängig zu machen, daß die gegen den Schuldner ergangene Entscheidung rechtskräftig oder vorbehaltlos wird. Aus der Fassung des § 10 ergibt sich einwandfrei, daß eine Verurteilung des Anfechtungsgegners erfolgen kann. Nicht die Verurteilung, sondern nur die Vollstreckung wird durch den Zusatz aus § 10 bedingt (vgl. RG. 68, 141). Bedingte Verurteilung erfolgt gemäß §§ 460 ff. ZPO. durch bedingtes Endurteil, das der Läuterung bedarf. In den Anfechtungsprozessen ist aber, wenn die Voraussetzungen des § 10 vorliegen, die Verurteilung sogar im Kostenpunkte unbedingt. Bedingte Endurteile können, wenn die Voraussetzungen der §§ 460 ff. ZPO. gegeben sind, auch in Anfechtungsprozessen ergehen. Möglich ist daher auch ein bedingtes Endurteil, in dem für den Fall der Verurteilung des Anfechtungsgegners (nicht für den Fall der Abweisung des Anfechtungsanspruchs) die Vollstreckung des Urteils von dem Zusatz aus § 10 abhängig gemacht wird. Vertreten wird auch die Ansicht, daß ein Urteil den Anfechtungsanspruch bedingungsweise in dem Sinne für begründet erklärt, daß für den Fall der Aufhebung des Urteils im Vorprozesse die Anfechtungsklage abgewiesen werden würde. Ein solches Urteil ist, wie Hartmann-Meikel S. 282 zutreffend ausführt, ausgeschlossen und steht nicht nur mit dem Wortlaut des § 10, sondern auch mit dem System der Zivilprozeßordnung im Widerspruch. Die ZPO. kennt lediglich eine bedingte Entscheidung, nämlich ein bedingtes Endurteil, welches die definitive Entscheidung von der Eidesleistung abhängig macht. Die Entscheidung über den Anfechtungsanspruch muß in der Hauptsache und im Kostenpunkte eine unbedingt positive sein.

Anm. 6.

Der Ausspruch aus § 10 muß im Urteil von Amts wegen erfolgen, und zwar nicht nur in Urteilen nach streitiger Verhandlung, sondern auch in Anerkenntnis- und Versäumnisurteilen (vgl. Jaeger Anm. 4). Der Ausspruch in der Urteilsformel hat zu lauten: „Die Vollstreckung dieses Urteils hängt davon ab, daß die (genau zu bezeichnende) Entscheidung rechtskräftig (vorbehaltlos) wird". Dieser Zusatz gehört ans Ende der Urteilsformel; hinter die Entscheidung in der Hauptsache, und hinter die Kostenentscheidung, da auch die Vollstreckung wegen der Kosten von der Rechtskraft und dem Fortfall des Vorbehalts im Vorprozeß abhängig ist. Kostenfestsetzung kann alsbald erfolgen; in den Kostenfestsetzungsbeschluß ist aber der Zusatz auch aufzunehmen (vgl. Jaeger Anm. 5; RG. JW. 1891, S. 310).

Anm. 7.

Streitig ist, ob für den Fall, daß der Anspruch in der Urteilsformel unterblieben ist, auf Antrag das Urteil durch nachträgliche Entscheidung gemäß § 321 ZPO. zu ergänzen ist. Nach der u. a. von Jaeger Anm. 4 vertretenen Ansicht ist ein Ergänzungsurteil zulässig; der zum Schutze des nur subsidiär haftenden Anfechtungsgegners verordnete Zusatz korrespondiere mit dem Vorbehalte, der nach den §§ 302 Abs. 2, 540 Abs. 2, 599 Abs. 2 ZPO. einer Verurteilung des primär haftenden Schuldners beizufügen sei. Die andere herrschende Ansicht (u. a. von Hartmann-Meikel S. 281 vertreten) hält ein Ergänzungsurteil für unzulässig. Diese Ansicht verdient den Vorzug. Wenn im § 10 die §§ 540, 599 ZPO. zitiert werden, so ergibt sich aus der Fassung des § 10, daß nur näher angegeben werden sollte, welche Vorbehaltsurteile in Frage kommen. Damit sind aber die Urteile mit dem aus § 10 sich ergebenden Zusatze noch nicht in ihren Wirkungen den Vorbehaltsurteilen gleichgestellt. Unbestritten kann eine Ergänzung des Urteils im Rechtsmittelwege erwirkt werden.

Anm. 8.

Eine weitere Streitfrage ist, ob das Gericht statt einer Verurteilung mit dem Zusatz aus § 10 Anf.Ges. den Anfechtungsprozeß bis zum Eintritt der Rechtskraft oder Vorbehaltslosigkeit des Urteils des Vorprozesses nach § 148 ZPO. auszusetzen befugt ist. Die Frage wird in der älteren Literatur, u. a. von Cosack S. 227 und Korn S. 14, uneingeschränkt verneint, da durch die Anwendung des § 148 ZPO. der § 10 Anf.Ges. gegenstandslos werden würde. Sie wird dagegen u. a. von Hartmann-Meikel S. 283 bejaht, auch dann, wenn ein entsprechender Antrag des Anfechtungsberechtigten nicht vorliegt, ja selbst dann, wenn dieser dagegen protestiert. Hartmann-Meikel führt aus, durch die Anwendung des § 148 ZPO. werde § 10 Anf.Ges. keineswegs gegenstandslos; § 10 finde nach den Motiven seine Begründung in dem Umstande, daß das Anfechtungsrecht illusorisch werden würde, falls die Entscheidung des Anfechtungsstreites bis zur Erledigung des

Vorprozesses verzögert werden müßte. Im wesentlichen ist Jaeger Anm. 6 derselben Ansicht. Er führt aus, daß die Wahrheit in der Mitte liege. § 10 schreibt dem Gericht nicht vor, daß es entscheidet, sondern lediglich daß, wenn es entscheidet, die Vollstreckung aufzuschieben und dies im Urteil auszusprechen ist. Nach dem allgemeinen Grundsatze des § 300 Abs. 1 ZPO. hat aber das Gericht das Endurteil zu erlassen, wenn der Rechtsstreit zur Endentscheidung reif ist. Jaeger führt weiter aus, Aussetzung sei namentlich dann unzulässig, wenn der Anfechtungsbeklagte den Bestand der Hauptforderung trotz der Vorläufigkeit des Titels nicht bestreite (insbesondere im Säumnisfall) oder den Anfechtungsanspruch anerkenne; eine Aussetzung des Anfechtungsprozesses und Hinauszögerung der Verurteilung des Anfechtungsgegners würde gegen den Zweck des § 10 verstoßen. Dieser Ansicht von Jaeger ist beizutreten. Doch ist noch folgendes zu berücksichtigen. Mit einem Urteile, welches den Zusatz aus § 10 Anf.Ges. hat, kann der Anfechtungsgläubiger zunächst noch nichts anfangen; er kann nicht einmal wegen der Kosten vollstrecken; ein derartiges Urteil ist zwar formell eine Endentscheidung, aber materiell noch in der Schwebe. Ergeht im Anfechtungsprozeß ein Urteil mit dem Zusatz aus § 10, tritt eine Beschleunigung insofern ein, als ein solches Urteil schon vollstreckbar wird, sobald die Entscheidung im Vorprozeß rechtskräftig und vorbehaltlos ist. Bei einer Aussetzung des Anfechtungsprozesses müßte nach Rechtskraft des Vorprozesses noch verhandelt und entschieden und die Vollstreckbarkeit des Anfechtungsprozesses abgewartet werden. In einer großen Reihe von Fällen wird ohne jeden Nachteil die Entscheidung des Anfechtungsprozesses ausgesetzt werden können. Hartmann-Meikel S. 283 gibt dafür einige Beispiele: Den Fall der Anfechtung einer Abtretung, wenn die abgetretene Forderung erst in ferner Zeit fällig wird, ferner den Fall der Anfechtung einer Quittung, eines Pfandrechts im Verlauf eines gerichtlichen Verteilungsverfahrens, welches vor der Vollstreckungsreife des Anfechtungsurteils doch nicht zum Abschluß gelangen könnte.

Wirkung auf die Vollstreckung.

Anm. 9.

Die Vollstreckung des Urteils im Anfechtungsprozeß wird bis zur Rechtskraft und Vorbehaltslosigkeit des Urteils im Vorprozeß aufgeschoben. Will sich der Anfechtungsgläubiger die künftige Rückgewähr schon alsbald sichern, dann kann er einen Arrest oder eine einstweilige Verfügung erwirken. Zur Glaubhaftmachung des Rückgewähranspruchs genügt die Bezugnahme auf das mit dem Zusatz aus § 10 erlassene Urteil.

Der Zusatz im Urteil des Anfechtungsprozesses verhindert nicht die Rechtskraft des Urteils; auch nach der Rechtskraft ist das Urteil noch nicht vollstreckbar. Dies ist eine Ausnahme von der Regel, daß grundsätzlich jedes Urteil vollstreckbar ist. Die Vollstreckbarkeit hängt von dem durch den Anfechtungsgläubiger zu beweisenden Eintritt der Rechtskraft oder Vorbehaltslosigkeit des Urteils im Vorprozeß ab; der Beweis ist durch öffentliche oder öffentlich beglaubigte Urkunde zu führen (§ 726 Abs. 1 ZPO.); vorzulegen ist zu diesem Zwecke die mit der Rechtskraftbescheinigung versehene Ausfertigung des Vorprozeßurteils; handelt es sich um ein Urteil desselben Gerichts, dann genügt es, wenn der Anfechtungsgläubiger auf die Akten des Vorprozesses verweist. Die vollstreckbare Ausfertigung darf von dem Urkundsbeamten der Geschäftsstelle nur auf Anordnung des Vorsitzenden (des Amtsrichters) erteilt werden (§ 730 ZPO.). Ist das Vorprozeßurteil nur teilweise rechtskräftig und vorbehaltlos, so muß die Vollstreckungsklausel entsprechend beschränkt werden.

Rechte des Anfechtungsgegners.

Anm. 10.

Der Anfechtungsgegner hat ein rechtliches Interesse daran, daß der Schuldner in dem Vorprozesse obsiegt oder daß das im ersten Rechtszug gegen den Schuldner ergangene vorläufig vollstreckbare Urteil im folgenden Rechtszug aufgehoben wird, damit dem Anfechtungsprozesse die Grundlage entzogen wird. Daher muß ihm das Recht der Nebenintervention zugebilligt werden (vgl. u. a. Jaeger Anm. 11; Hartmann-Meikel S. 284).

Anm. 11.

Der § 10 ordnet nur den Fall, daß in dem Vorprozeß das Urteil rechtskräftig und vorbehaltlos wird, im übrigen unverändert den Schuldner verurteilt. Nicht geregelt ist der Fall, wenn in der Berufungsinstanz oder in dem Nachverfahren das erste Urteil aufgehoben und der Anfechtungsgläubiger mit der Klage gegen den Schuldner abgewiesen wird. Dann tritt der Fall ein, daß das Urteil im Anfechtungsprozeß seinen Zusatz aus § 10 nicht verlieren kann und in der Hauptsache wie im Kostenpunkt ein für allemal unerzwingbar bleibt. Da der Anfechtungsgegner ein rechtliches Interesse an der Feststellung hat, ob er trotz des gegen ihn im Anfechtungsprozeß ergangenen Urteils über den angefochtenen Erwerb den Rückgewährgegenstand, verfügen kann, hat er das Recht, eine Feststellungsklage (§ 256 ZPO.) zu erheben. Einen Anspruch auf Erstattung der Kosten des Anfechtungsprozesses wird er lediglich wegen Wegfalls der Vollstreckbarkeitsbedingung dabei nicht stellen können; Schadensersatzansprüche stehen ihm nach den allgemeinen Grundsätzen zu, z. B. wegen ungerechtfertigter Bereicherung und aus unerlaubter Handlung des Anfechtungsgläubigers (vgl. Jaeger Anm. 11).

Anm. 12.

Hartmann-Meikel S. 284 gibt dem Anfechtungsgegner noch die Restitutionsklage aus § 580 Ziffer 7 ZPO. und die Vollstreckungsgegenklage aus § 767 ZPO. Die Restitutionsklage findet statt, wenn die Partei a) ein in derselben Sache erlassenes, früher rechtskräftig gewordenes Urteil, oder b) eine andere Urkunde auffindet oder zu benutzen in den Stand gesetzt wird, welche eine ihr günstigere Entscheidung herbeigeführt haben würde. Der Fall a) liegt nicht vor, da es sich nicht um ein in derselben Sache erlassenes Urteil handelt. Wohl aber trifft Fall b) zu. Das Urteil in dem Vorprozeß ist „eine andere Urkunde". Der Begriff „andere Urkunde" steht dem „in derselben Sache erlassenen Urteil" gegenüber, schließt aber Urteile in anderen Sachen nicht aus; der Prozeß zwischen Gläubiger und Schuldner ist aber eine andere Sache als der Prozeß zwischen Gläubiger und Anfechtungsgegner. Restitutionsklage ist daher gemäß § 580 Ziffer 7b zulässig. Auch die Voraussetzungen für die Vollstreckungsgegenklage sind gegeben.

Anm. 13.

Weiter ist noch folgender Fall zu berücksichtigen. In dem Prozeß zwischen Gläubiger und Schuldner ist das Urteil rechtskräftig und vorbehaltlos geworden. Darauf ist auf Grund des Urteils im Anfechtungsprozeß — nach Erteilung der Vollstreckungsklausel — vollstreckt worden. Ebenso zu behandeln ist eine freiwillige Rückgewähr nach Erlangung der Vollstreckungsklausel. Später ist im Wiederaufnahmeverfahren (§§ 578 ZPO.) das Urteil gegen den Schuldner aufgehoben und die Klage des Gläubigers abgewiesen worden. Damit ist eine Voraussetzung für den Anfechtungsanspruch fortgefallen. Der Anfechtungsgegner kann dann die Restitutionsklage gemäß § 580 Nr. 7b erheben (vgl. Anm. 12; ebenso Hartmann-Meikel S. 284, dagegen Jaeger Anm. 15); er kann aber nicht mehr die Vollstreckungsgegenklage aus § 767 ZPO. erheben, da es sich nicht um die Unzulässigkeit der Erzwingung des Anfechtungsurteils, sondern um einen Anspruch auf Erstattung der bereits vollzogenen Leistung handelt (ebenso Jaeger Anm. 15, dagegen Hartmann-Meikel S. 284). Außerdem ist eine Klage aus unerlaubter Handlung, falls im einzelnen Falle die Voraussetzungen dazu vorliegen, zulässig. Aus dem Umstand, daß das rechtskräftige Urteil im Prozeß gegen den Schuldner später aufgehoben ist, kann ohne weiteres noch nicht auf Verschulden oder gar auf unerlaubte Handlung des Anfechtungsgläubigers geschlossen werden. Die Bereicherungsklage kann auf § 812 Abs. 1 Satz 2 BGB. gestützt werden, da die nachträgliche Aufhebung des die Vollstreckbarkeit des Anfechtungsurteils bedingenden Schuldtitels „späterer Wegfall des rechtlichen Grundes" der Rückgewährleistung ist (vgl. u. a. Hartmann-Meikel S. 284, Jaeger Anm. 15).

§ 11

Die gegen den Erblasser begründete Anfechtung findet gegen den Erben statt.

Gegen einen anderen Rechtsnachfolger desjenigen, welchem gegenüber die anfechtbare Handlung vorgenommen ist, findet die gegen den letzteren begründete Anfechtung statt:

1. **wenn ihm zur Zeit seines Erwerbes die Umstände, welche die Anfechtbarkeit des Erwerbes seines Rechtsvorgängers begründen, bekannt waren;**
2. **wenn er zu den im § 3 Nr. 2 genannten Personen gehört, es sei denn, daß ihm zur Zeit seines Erwerbes die Umstände, welche die Anfechtbarkeit des Erwerbes seines Rechtsvorgängers begründen, unbekannt waren;**
3. **wenn ihm das Erlangte unentgeltlich zugewendet worden ist.**

Im Falle des Abs. 2 Nr. 3 findet auf die Haftung des Rechtsnachfolgers die Vorschrift des § 7 Abs. 2 Anwendung.

Zur Erstreckung der Fristen in Gemäßheit des § 4 genügt die Zustellung des Schriftsatzes an den Rechtsnachfolger, gegen welchen die Anfechtung erfolgen soll.

Allgemeines.

Anm. 1.

Der § 11 hatte vor der Novelle vom 17. 5. 1898 folgende Fassung:

„Die gegen den Erblasser begründete Anfechtung findet gegen den Erben statt.

Gegen einen anderen Rechtsnachfolger desjenigen, welchem gegenüber die anfechtbare Handlung vorgenommen ist, findet die gegen den letzteren begründete Anfechtung statt:

1. wenn ihm zur Zeit seines Erwerbes bekannt war, daß der Schuldner die Rechtshandlung in der Absicht vorgenommen hatte, seine Gläubiger zu benachteiligen;
2. wenn er zu den im § 3 Nr. 2 genannten Personen gehört und nicht beweist, daß er zur Zeit seines Erwerbes von den Umständen, welche die Anfechtung gegen den Rechtsvorgänger begründen, keine Kenntnis hatte.

Zur Erstreckung der Fristen in Gemäßheit des § 4 genügt die Zustellung des Schriftsatzes an den Rechtsnachfolger, gegen welchen der Anfechtungsanspruch erhoben wird."

Anm. 2.

Materialien: Begründung S. 27 (§ 10 des Entwurfs); Protokolle S. 2269; Begründung der Novelle S. 61, 34 ff.

Anm. 3.

Der Vergleich der alten mit der neuen Fassung ergibt:

a) Neu sind Nr. 3 des Abs. 2 und der jetzige dritte Absatz.
b) Die Änderung im jetzigen Abs. 4 (bisher Abs. 3) beruht auf derselben Erwägung wie in den §§ 3 und 4.
c) Die Ziffer 1 war bisher auf den Fall der Absichtsanfechtung beschränkt und ist jetzt auf alle Anfechtungsgründe erstreckt.
d) Auf Grund der Neufassung der Ziffern 1 und 2 ist der mittelbare Rechtsnachfolger vor einer Anfechtung sicher, wenn auch nur einer seiner Vormänner anfechtungsfrei erworben hat.

Anm. 4.

Dem § 11 Abs. 1—3 entspricht § 40 KO. nur mit folgenden Abweichungen:

a) In Abs. 2 Ziffer 2 heißt es statt § 3 Nr. 2 „§ 31 Nr. 2".
b) Im Abs. 3 heißt es statt § 7 Abs. 2 „§ 37 Abs. 2".

Der Abs. 4 im § 11 ist eine Ergänzung des § 4 Anf.Ges. und hat ebenso wie dieser in der KO. nichts Analoges.

Anm. 5.

§ 11 regelt die Anfechtung gegenüber Rechtsnachfolgern des Ersterwerbers. In den Erläuterungen zu den übrigen Paragraphen ist der Ersterwerber stets Anfechtungsgegner genannt; diese Bezeichnung soll auch hier beibehalten werden. Anfechtungsgegner ist derjenige, welchem gegenüber die anfechtbare Handlung vorgenommen ist (im Anf.Ges. auch „Empfänger" genannt). § 11 redet nur von den Rechtsnachfolgern des Anfechtungsgegners. Nicht hierher gehört der Fall, daß derjenige stirbt, welcher die anfechtbare Handlung vorgenommen hat (im Anf.Ges. „Schuldner" genannt). Zu unterscheiden sind unter diesen die „Erben" (Abs. 1) und die „anderen Rechtsnachfolger" (Abs. 2 und 3). § 11 bestimmt für diese verschiedenen Arten der Rechtsnachfolger die verschiedenen Voraussetzungen der Anfechtung. In allen Fällen ist Gegenstand der Anfechtung die Rechtshandlung des Schuldners, durch welche etwas aus dem Vermögen des Schuldners veräußert, weggeben oder aufgegeben ist. Der Abs. 4 gilt für alle Rechtsnachfolger und behandelt die Wirksamkeit einer Anfechtungsankündigung im Sinne des § 4 gegen den Rechtsnachfolger.

Anfechtung gegenüber den Erben.

Anm. 6.

Gegen den „Erben" (vgl. Anm. 7, 8) des Anfechtungsgegners findet die Anfechtung ohne weiteres statt. Voraussetzung ist nur, daß die Anfechtung gegen den Erblasser begründet wäre, wenn dieser noch leben würde. Ob dies der Fall ist, ist nach den übrigen Bestimmungen des Anf.Ges. insbesondere gemäß §§ 1—3a zu beurteilen. Die Rückgewährverbindlichkeit des Erblassers wird zur Nachlaßverbindlichkeit im Sinne des § 1967 BGB. und geht so auf den Erben über, wie sie in der Person des Erblassers entstanden ist. Ist die Anfechtung gegen den Erblasser unbegründet, so ist sie gegen die Erben auch dann ausgeschlossen, wenn diese von solchen Tatsachen Kenntnis haben, welche die Anfechtbarkeit gegenüber dem Erblasser begründet hätten, wenn er von diesen Tatsachen Kenntnis gehabt hätte. Redlichkeit oder Unredlichkeit des Erben spielt keine Rolle. Der gutgläubige Erbe kann sich auch nicht auf § 7 Abs. 2 (mildere Haftung) berufen, wenn der Erblasser bösgläubig war. War der Erblasser gutgläubig, kommt aber der Erbe in bösen Glauben, so trifft den Erben von dem Zeitpunkt an, in welchem er in bösen Glauben kommt, die gesteigerte Haftung. Für den Umfang der Erbenhaftung, beschränkt oder unbeschränkt, geteilt oder ungeteilt, sind die allgemeinen Grundsätze des Erbrechts maßgebend (§§ 1975 ff., 2058 BGB.). Für die Zwangsvollstreckung gelten die Vorschriften der §§ 778 ff. ZPO. Der Erbe muß im Prozeß den Vorbehalt der beschränkten Erbenhaftung einredeweise vorbringen, damit der Vorbehalt im Urteil berücksichtigt wird (§ 780 ZPO.) oder nach dem Prozeß einen Übergriff in sein Vermögen mit der Vollstreckungsgegenklage gemäß §§ 781, 785 ZPO. abwehren.

Anm. 7.

Erben im Sinne des § 11 sind zunächst die Erben im Sinne des BGB. §§ 1922 ff. Miterben haften gemäß §§ 2058 ff. Vor der Annahme der Erbschaft (§ 1958 in Vbdg. mit § 1943) kann der Anfechtungsanspruch nicht gegen den Erben gerichtlich geltend gemacht werden. Hatte der Erblasser (Anfechtungsgegner) einen Nacherben eingesetzt, so ist Erbe im Sinne des Abs. 1 bis zum Eintritt der Nacherbfolge der Vorerbe, von da ab der Nacherbe (§ 2139 BGB.). Haftet der Nacherbe nur beschränkt, der Vorerbe aber unbeschränkt, dann kann der Vorerbe auch nach dem Eintritt der Nacherbfolge noch insoweit in Anspruch genommen werden, als der Anfechtungsanspruch dem Nacherben gegenüber nicht durchgreift. Da der bedrängte Schuldner in der Regel seine Vermögensstücke an die nächsten Angehörigen (Ehegatten, Kinder) verschiebt, wird der Fall, daß der Schuldner selbst den Anfechtungsgegner beerbt, nicht selten sein. Wir unterscheiden zunächst, ob der Schuldner Alleinerbe oder einer der Miterben ist, ferner ob der Erbe unbeschränkt haftet oder gemäß § 1975 ff. BGB. beschränkt. Ist der Schuldner Alleinerbe und haftet er unbeschränkt, dann ist rechtlich das ererbte und das eigene Vermögen des Schuldners derart miteinander verschmolzen, daß beide Vermögen eine ungetrennte Haftungsmasse bilden und für die Anfechtung kein Raum mehr ist. Bei beschränkter Erbenhaftung liegen zwei gesonderte Vermögensmassen vor, besonders bei Nachlaßkonkurs, Nachlaßverwaltung; Anfechtung ist zulässig. Ebenso liegen mehrere gesonderte Vermögensmassen vor, solange mehrere Miterben den Nachlaß nicht geteilt haben, neben dem einzelnen Vermögen jedes Miterben der Nachlaß als Sondervermögen aller Erben zusammen; Anfechtung ist zulässig. Ist der Nachlaß verteilt, so ist eine Anfechtung dann gegenstandslos, wenn dem Schuldner als Erben der Anfechtungsgegenstand übereignet ist. Soweit der Rechtsstreit, welcher vor dem Erbfall erhoben ist, dadurch in der Hauptsache gegenstandslos geworden ist, daß der Schuldner unbeschränkter Erbe des Anfechtungsgegenstandes geworden ist, ist er nur noch im Kostenpunkt zu entscheiden.

Anm. 8.

Der Abs. 1 spricht zwar nur vom Erben, doch ist der Begriff „Erbe“ weit auszulegen und auszudehnen auf solche Personen, welche wie Erben haften, anders ausgedrückt auf welche die für die Haftung der Erben geltenden Vorschriften entsprechende Anwendung finden, auf Universalrechtsnachfolger. Das gilt insbesondere z. B., wenn dem Fiskus das Vermögen eines Vereins (§§ 45, 46 BGB.) oder einer Stiftung (§§ 88, 46 BGB.) anfällt; das gilt ferner in den Fällen der Vermögensübernahme (§ 419 BGB.) und des Erbschaftskaufes (§§ 2371 ff., 2382, 2033 ff. BGB.), beim Eintritt ehelicher Gütergemeinschaft §§ 1438, 1459 ff., 1488 BGB. (vgl. Jaeger Anm. 5 und Hartmann-Meikel S. 288). Gleiches gilt für die Fortführung eines unter Lebenden erworbenen Handelsgeschäftes unter der bisherigen Firma nach § 25 HGB., bei Übernahme des Vermögens einer Aktiengesellschaft durch das Reich, einen Bundesstaat oder einen deutschen Kommunalverband (§ 304 HGB.), bei Fusionen von Aktiengesellschaften (§§ 305, 306 HGB.), bei Umwandlung von Aktiengesellschaften, Kommanditaktiengesellschaften, G. m. b. H., Genossenschaften (vgl. §§ 332, 333 HGB.; § 81 des G. m. b. H. G.), bei Vereinigung mehrerer Gemeinden zu einer Gemeinde unter Vereinigung des beiderseitigen Vermögens, bei Auflösung einer Versicherungsanstalt. In allen diesen Fällen der Universalnachfolge ist die Anfechtungsklage gegen den Universalrechtsnachfolger zu richten, wenn die Klage gegen den Rechtsvorgänger begründet ist; es gilt Abs. 1, nicht Abs. 2 und 3. Schließlich ist mit Jaeger Anm. 5 noch darauf hinzuweisen, daß unser BGB. auch eine Sondernachfolge in die Schuld (Schuldübernahme §§ 414 ff.) kennt und daß daher auch eine gesonderte Übernahme der Anfechtungsschuld denkbar ist. Der Schuldübernehmer rückt in die Schuld des bisherigen Schuldners ein.

Anfechtung gegen andere Rechtsnachfolger.

Anm. 9.

Die Erben und die in der Anm. 8 erwähnten Personen haften nicht, weil der Anfechtungsgegenstand auf sie übergegangen ist, sondern weil sie in die Schulden ihres Rechtsvorgängers (Erben) eingerückt sind. Da die Haftpflicht der „Erben" bereits aus den allgemeinen Grundsätzen des BGB. folgt, war die im § 11 Abs. 1 enthaltene Sonderbestimmung nicht unbedingt erforderlich. Anders steht es mit der Sonderbestimmung des Abs. 2. § 11 Abs. 2 gilt nicht für diejenigen Fälle, in denen der Schuldner einem Dritten mittelbar etwas zugewendet hat. Rechtsnachfolger und mittelbare Zuwendung schließen einander aus; Rechtsnachfolge setzt einen Zwischenerwerb kraft eigenen Rechts voraus; die Mittelsperson erwirbt aber nicht selbst, sondern übermittelt nur vom Schuldner auf einen Dritten; der Dritte ist als Ersterwerber gemäß § 1—3 in Anspruch zu nehmen (vgl. RG. Warn. 1908 Nr. 346; RG. 77, 49).

Anm. 10.

Eine Vorschrift, daß andere Rechtsnachfolger für obligatorische Verpflichtungen der Rechtsvorgänger haften, kennt das BGB. nicht. Nur für dingliche Belastungen haften die anderen Rechtsnachfolger. Wie bei § 1 schon ausgeführt, bildet die Anfechtbarkeit aber nicht eine dingliche Belastung des anfechtbar erworbenen Gegenstandes derart, daß dieser Gegenstand nur mit dem Mangel der Anfechtbarkeit behaftet auf die Rechtsnachfolger übergehen könnte (RG. 32, 24; 34, 62), sondern eine rein obligatorische Verpflichtung. Jaeger (Anm. 7) bezeichnet den Rechtsnachfolger des Abs. 1 als Nachfolger in ein Passivum (in die Anfechtungsschuld), den Rechtsnachfolger des Abs. 2 als Nachfolger in ein Aktivum (in den anfechtbaren Erwerb) und die Gegenüberstellung beider Fälle als technisch verfehlt und irreführend. Das Anf.Ges. mußte, um die Nachlaßgläubiger gegen Verschiebungen wirksam zu schützen, die Sonderbestimmung des Abs. 2 treffen. Die Anfechtung muß auch in den Fällen des Abs. 2 gegen den Rechtsvorgänger begründet sein, ebenso wie sie nach Abs. 1 gegen den Erblasser begründet sein muß. Im Interesse dieser Art Rechtsnachfolger ist aber die Anfechtung beschränkt auf die in den Ziffern 1--3 erwähnten Fälle. Der § 11 Abs. 2 gibt dem Anfechtungsgläubiger nicht etwa einen neuen Anfechtungsanspruch gegen den Rechtsnachfolger, sondern spricht davon, wann die gegen den Rechtsvorgänger begründete Anfechtung auch gegen den Rechtsnachfolger stattfindet (JW. 97 S. 346 Nr. 20). Hat der Rechtsnachfolger selbst ein den Gläubiger benachteiligendes Geschäft vorgenommen, dann kann der Gläubiger auf Grund der §§ 1—3 gegen ihn vorgehen, möglicherweise gleichzeitig mit der Klage gegen den Rechtsvorgänger. Die Teilnahme an der vom Schuldner beabsichtigten Benachteiligung der Gläubiger begründet gegen jeden Rechtsnachfolger die Anfechtungsbefugnis selbständig (JW. 91 S. 572 Nr. 4). Wird die Anfechtungsklage zunächst auf §§ 1—3 erhoben, dann aber im Laufe des Rechtsstreits der Anfechtungsbeklagte als Rechtsnachfolger gemäß § 11 Abs. 2 in Anspruch genommen, so liegt Klageänderung vor (RG. 21. 2. 28 in JW. 1928 S. 1143 Nr. 16).

Anm. 11.

Rechtsnachfolger im Sinne des § 11 „jeder Dritte, welchem gegenüber der Mitkontrahent des Schuldners oder ein folgender Mitkontrahent eine Rechtshandlung vorgenommen hat, auf Grund deren dieser Dritte an der veräußerten Sache ein die Befriedigung des Gläubigers verhinderndes Recht beansprucht" (RG. 9, 87; 15, 371). Rechtsnachfolger ist, wie es in der RG.-Entscheidung vom 5. 12. 1913 (JW. 1914 S. 304) heißt, diejenige Person, die den Erwerb von einem anderen herleitet. Für den Begriff der Rechtsnachfolge ist es belanglos, ob die Veräußerung freiwillig oder erzwungen ist (RG. 39, 12), und ebenso unerheblich, ob der Übertragende das übertragene Recht in Wirklichkeit selbst besaß oder nicht (JW. 14, 304). Auszuscheiden sind alle diejenigen, welche ihr Recht nicht von einem anderen herleiten, sondern originär erworben haben, z. B. durch Ersitzung, Aneignung, Fund, Verarbeitung, Zwangsenteignung (vgl. u. a. Riehl S. 227). Weiter kommen nach Abs. 2 diejenigen Rechtsnachfolger nicht in Betracht, welche unter den Begriff „Erben" im Sinne des Abs. 1 fallen, sondern nur die „anderen". Von diesen Einschränkungen abgesehen, ist der Begriff „Rechtsnachfolger" aber möglichst weit auszulegen. Unter Rechtsnachfolger sind nicht nur diejenigen zu verstehen, welche die Rechte des Vorgängers in demselben Umfange, wie sie dieser hatte, übernehmen, sondern auch alle diejenigen, welche von den gesamten Rechten des Vorgängers nur ein abgelöstes Rechtsteilchen erhalten.

Anm. 12.

Im Gegensatz zu den im Abs. 1 genannten „Erben" (Universalnachfolgern) handelt es sich im Abs. 2 um „Sondernachfolger" (vgl. RG. 103, 113). Dabei ist es gleichgültig, ob diese auf Grund einer rechtsgeschäftlichen Verfügung (z. B. Abtretung, Übereignung) oder kraft behördlicher Anordnung (z. B. Überweisung an Zahlungs Statt) oder unmittelbar auf Grund des Gesetzes erworben haben. Die „Erben" eines „anderen Rechtsnachfolgers" haften als Nachfolger in die Anfechtungsschuld gemäß Abs. 1 in demselben Umfange wie die nach Abs. 2 haftenden Rechtsnachfolger. Als Erwerber kraft Gesetzes sind in Literatur und Rechtssprechung erwähnt der Ersteher in der Zwangsversteigerung (vgl. RG. 40, 339), der Anweisungsempfänger, wenn die Anweisung zum Zwecke der Tilgung der Forderung gegen den Anweisenden erfolgt ist (RG. 45, 372), der Ehemann, welcher nach dem gesetzlichen Güterrecht den Ertrag eines an seine Ehefrau vom Schuldner veräußerten nutzbaren Gegenstandes, Früchte, Zinsen, Dividenden, für sich erwirbt (insoweit Rechtsnachfolger seiner Ehefrau vgl. RG. 80, 1). Ferner sind Rechtsnachfolger der Bürge, der den Gläubiger befriedigt (RG. v. 4. 7. 1911 in LeipzZ. S. 949 Nr. 13); der Gläubiger, der an der anfechtbaren veräußerten Sache oder Forderung ein Pfandrecht erworben hat (vgl. Jaeger Anm. 10); derjenige, dem von dem Erwerber eines Grundstücks des Schuldners eine Hypothek (dasselbe gilt für Grund- und Rentenschuld) bestellt worden ist, gleichviel ob die Bestellung für eine Schuld des Erwerbers oder für eine solche des veräußernden Schuldners bewirkt ist (RG. 9, 84; 15, 371; JW. 97 S. 346 Nr. 20); weiter derjenige, dem von dem Erwerber einer Hypothek an dem Grundstück des Schuldners ein Teilbetrag der Hypothek abgetreten ist (RG. 103, 113 ff.); derjenige, dem ein Altenteil bestellt ist (RG. 25, 412). Auch der gutgläubige Erwerber (§§ 892 ff., 932 ff., 1208 BGB.) ist Rechtsnachfolger im Sinne des § 11 Abs. 2. Der Indossatar eines Wechsels, der nach der WO. nicht Rechtsnachfolger, sondern weiterer Wechselgläubiger ist, ist als Rechtsnachfolger im Sinne des § 11 Anf.Ges. anzusehen, weil durch das Indossament alle Rechte aus dem Wechsel auf ihn übergehen (RG. 47, 66; LeipzZ. 1914 S. 586; Hartmann-Meikel S. 299; streitig vgl. JW. 88 S. 132 Nr. 29). Auch Mieter, Pächter, Entleiher, unmittelbare Besitznachfolger sind Rechtsnachfolger; sie können aber im Falle eines Prozesses den mittelbaren Besitzer gemäß § 76 ZPO. benennen und damit den Prozeß abwälzen. Schließlich ist auch der Vermächtnisnehmer, welchem der Erblasser den anfechtbar erworbenen Gegenstand zugewendet hat, Rechtsnachfolger im Sinne des § 11 Abs. 2. Wenn auch das Vermächtnis nach § 2174 BGB. nur einen Verschaffungsanspruch gegen den Beschwerten (Erben) begründet, so hat doch in Wahrheit der Erblasser seinen anfechtbaren Erwerb durch Vermittelung des Beschwerten auf den Vermächtnisnehmer übertragen; damit ist dem Sinne des Abs. 2 genügt (ebenso Jaeger Anm. 8, Hartmann-Meikel S. 290; letzterer in den früheren Aufl. a. A.).

Auch der Treuhänder kann Rechtsnachfolger des Anfechtungsgegners sein (RG. 24. 9. 29 in Warn. Rspr. 29 Nr. 189); über den Begriff des Treuhänders Anm. 26 zu § 1.

Anm. 13.

Im Sinne des § 11 Abs. 2 kann auch der Schuldner selbst Rechtsnachfolger desjenigen sein, welchem gegenüber die anfechtbare Handlung vorgenommen wurde. Beispiel: Der Schuldner verschenkt sein Gut seinem Sohne und läßt sich von diesem daran ein unpfändbares Leibgedinge (Altenteil) bestellen, das bei der Zwangsversteigerung des Gutes durch den Gläubiger des Vaters bestehen bleiben würde (RG. 25, 412)

Anm. 14.

§ 11 Abs. 2 kommt dagegen nicht in Betracht, wenn die Einbringung von Sachen in das Vermögen einer neugegründeten Aktiengesellschaft von einem Gläubiger des Einbringers (Gründers) angefochten wird; die A.-G. erscheint als erste Anfechtungsgegnerin, nicht etwa als Rechtsnachfolgerin der Gründergemeinschaft (RG. 24, 14 ff.). Dasselbe gilt bei Anfechtung einer Stammeinlage in eine G. m. b. H. (RG. 74, 18). Wenn der Schuldner in einem Vertrage ausbedungen hat, daß die Leistung des anderen Teils an einem Dritten (z. B. die Zahlung der Gehaltsforderung des Schuldners an seine Ehefrau) erfolgen soll, dann wird der andere Teil durch die Leistung an den Dritten nicht Rechtsnachfolger im Sinne des § 11 Abs. 2 (RG. 81, 41 ff.; vgl. Anm. 00 zu § 3). Auch der Gläubiger, welcher sich auf Grund einer außerkonkursmäßigen Anfechtung Deckung verschafft, ist nicht Rechtsnachfolger (vgl. Jaeger Anm. 10).

Anm. 15.

Die Anfechtung gegenüber dem Rechtsnachfolger hat zwei Voraussetzungen:

1. Die Anfechtung muß gegen denjenigen begründet sein, welchem gegenüber die anfechtbare

Handlung vorgenommen ist. Der Ersterwerb muß anfechtbar sein (RG. 71, 353; 74, 181; 103, 113—124). Die Anfechtung muß auch gegen sämtliche Zwischenerwerber begründet sein; die Anfechtungsgründe brauchen aber nicht die gleichen zu sein (RG. 103, 113 ff.). So kann z. B. die Anfechtungsklage gegen den Ersterwerber aus § 3 Nr. 1, gegen den Zwischenmann aus § 11 Abs. 2 Nr. 3, gegen den Dritterwerber aus § 11 Abs. 2 Nr. 2 begründet sein. Die Anfechtungsschuld der aufeinanderfolgenden Erwerber kann daher, worauf Jaeger Anm. 12 hinweist, von ganz verschiedener Art und von ganz verschiedenem Inhalte sein; die Haftung des Nachmannes kann milder, aber auch strenger sein als die des Vormannes; hieraus und aus der grundsätzlichen Fortdauer der Haftung des Vormanns folgt, wie Jaeger weiter ausführt, daß die Worte, „die gegen den letzteren (den Vormann)" begründete Anfechtung „finde gegen den Nachmann statt", nur besagen sollen: wenn eine Anfechtung gegen den Vormann begründet ist, findet unter bestimmten weiteren Voraussetzungen auch eine Anfechtung gegen den Nachmann statt; keineswegs will das Gesetz einen Übergang der Anfechtungsverbindlichkeit, wie sie in der Person des Vormannes entstanden war, vom Vormann auf den Nachmann verordnen. Wie in dem eben zitierten Urteil weiter ausgeführt wird, ist ein gegen den Ersterwerber ergangenes rechtskräftiges Urteil in dem späteren Prozeß gegen den Rechtsnachfolger nicht bindend; in dem späteren Rechtsstreit ist selbständig zu prüfen und zu entscheiden, ob die Anfechtung gegen den Ersterwerber begründet ist. Ist der Ersterwerb unanfechtbar, hat z. B. der Ersterwerber Sachen des Schuldners in gutem Glauben, ohne Kenntnis von der Benachteiligungsabsicht des Schuldners, gekauft, so sind die Sachen rechtsgültig und unwiderruflich aus dem Vermögen des Schuldners geschieden (Gruch. 55, 1103). Ist die Rechtsnachfolge erst nach Rechtshängigkeit des Anfechtungsprozesses gegen den Ersterwerber eingetreten, so finden die Vorschriften der §§ 265, 325, 727 ZPO. keine Anwendung (RG. 103, 113 ff.); denn der Anfechtungsanspruch ist ein schuldrechtlicher Erfüllungsanspruch auf Herausgabe des anfechtbaren Erwerbs oder auf Wertersatz; der herausverlangte Erwerb ist keine in Streit befangene Sache im Sinne des § 265 ZPO. Erfolgt die Anfechtung gegenüber dem Rechtsvorgänger im Wege der Einrede oder Gegeneinrede, so erwächst die Entscheidung, durch welche die Anfechtung für begründet oder unbegründet erklärt wird, überhaupt nicht in Rechtskraft (vgl. Hartmann-Meikel S. 293).

Die Frage, ob das rechtskräftige Urteil, das den Anfechtungsanspruch gegenüber dem Ersterwerber abweist, die Anfechtung gegenüber dem Rechtsnachfolger ausschließt, ist mit Jaeger Anm. 26 (vgl. Hartmann-Meikel S. 293; 300 f.) zu verneinen. In dem Anfechtungsprozeß gegen den Rechtsnachfolger ist die Begründetheit der Anfechtung gegen den Rechtsvorgänger selbständig zu prüfen und nachzuweisen. Doch kann das Beweisergebnis auch für die Entscheidung des zweiten Prozesses ausschlaggebende tatsächliche Bedeutung haben.

Anm. 16.

b) In der Person des Rechtsnachfolgers muß einer der Tatbestände der Nr. 1—3 verwirklicht sein. Nr. 1 und 2 gelten für alle Anfechtungsgründe der §§ 3, 3a Anf.Ges.; sie unterscheiden sich nur noch in der Beweislastverteilung über die Kenntnis des Rechtsnachfolgers von den Umständen, welche die Anfechtbarkeit des Erwerbes des Rechtsvorgängers begründen. Im Falle der Nr. 1 hat der Anfechtungsgläubiger diese Kenntnis zu beweisen, im Falle der Nr. 2 der Rechtsnachfolger. Maßgebend für die Kenntnis ist der Zeitpunkt des Erwerbes des Rechtsnachfolgers (RG. 74, 181; 88, 216; 103, 113 ff.), d. h. der Zeitpunkt, in dem sich sein Erwerb vollendet. Mala fides superveniens ist unschädlich.

Anm. 17.

Nr. 1 hat vor der Nov. von 1898 die aus Anm. 1 ersichtliche Fassung. Der § 40 KO. stimmt mit § 11 Anf.Ges. überein; daher können die Motive zur Konkursnovelle erwähnt werden, welche die Änderung folgendermaßen begründen:

„Es läßt sich nicht rechtfertigen, wenn zuungunsten der Gläubiger die Nr. 1, abweichend von der Nr. 2, die Anfechtung gegen den Rechtsnachfolger auf den Fall beschränkt, daß die Handlung von dem (Gemein-)Schuldner in der Absicht, seine Gläubiger zu benachteiligen, vorgenommen war, während die sonstigen Anfechtungsgründe . . . unberücksichtigt bleiben. Andererseits hat der Wortlaut der Nr. 1 zu der Auffassung Anlaß gegeben, daß der gutgläubige Erwerb eines Sondernachfolgers die Anfechtung gegen spätere Sondernachfolger nicht ausschließe. Die Möglichkeit einer derartigen Anfechtung widerspricht aber, sofern sie dem gutgläubigen Erwerber die Weiterveräußerung erschwert, den Anforderungen des Rechtsverkehrs und ist daher in anderen Gesetzgebungen (vgl. das österreichische Gesetz über die Anfechtung von Rechtshandlungen vom 16. März 1884 § 15) ausdrücklich beseitigt. Der Entwurf hat der Nr. 1 . . . eine Fassung gegeben, welche die hervorgehobenen Bedenken beseitigt."

Anm. 18.

Auf welchen Tatbestand (aus einem der Nr. des § 3 oder aus § 3a Anf.Ges.) die Anfechtbarkeit gegen den Ersterwerber gestützt wird, ist gleichgültig. § 11 Abs. 2 Nr. 1 u. 2 macht auch keinen Unterschied, ob der Rechtsnachfolger gegen Entgelt oder unentgeltlich erworben hat. Hat ein Zwischenmann unanfechtbar erworben, so kommt eine Anfechtung gegen den Rechtsnachfolger nicht mehr in Frage. Bei mehrfacher Rechtsnachfolge müssen alle Zwischenmänner anfechtbar erworben haben. Den Rechtsnachfolger schützt nicht der Glaube an die Gültigkeit und Unanfechtbarkeit des Erwerbs seines Rechtsvorgängers, auch nicht die Öffentlichkeit des Grundbuchs, ferner nicht die Bestimmungen der §§ 932 ff., 1208 BGB., §§ 366, 367 HGB., Art. 74 WO.

Anm. 19.

Wird die Anfechtung gegen den Ersterwerber auf § 3 Nr. 1 gestützt, dann hat der Anfechtungsgläubiger nachzuweisen, daß der Schuldner die Rechtshandlung in der Absicht, seine Gläubiger zu benachteiligen, vorgenommen hat, daß der Rechtsvorgänger diese Absicht gekannt hat und daß der Rechtsnachfolger diese beiden Umstände gekannt hat. Kenntnis ist positives Kennen. Kennenmüssen steht der Kenntnis nicht gleich, selbst wenn die Unkenntnis auf grober Fahrlässigkeit beruht.

Anm. 20.

Wird die Anfechtung gegen den Ersterwerber auf § 3 Nr. 2 gestützt, so hat der Anfechtungsgläubiger nur nachzuweisen, daß der Schuldner die Rechtshandlung in der Absicht der Gläubigerbenachteiligung vorgenommen hat, daß der Ersterwerber zum Schuldner in dem in § 3 Nr. 2 erwähnten Verwandtschafts- oder Schwägerschaftsverhältnis steht und daß der Rechtsnachfolger beides bei seinem Erwerb kannte. Dem Rechtsnachfolger liegt dagegen der Beweis ob, daß dem Ersterwerber zur Zeit des Vertragsabschlusses eine Absicht des Schuldners, die Gläubiger zu benachteiligen, nicht bekannt war (vgl. RG. 71, 354; 103, 113 ff.). In welchem Verwandtschafts- oder Schwägerschaftsverhältnis der Rechtsnachfolger zum Rechtsvorgänger oder zum Schuldner steht, ist in Nr. 1 des Abs. 2 des § 11 gleichgültig.

Anm. 21.

Wird die Anfechtbarkeit gegen den Ersterwerber auf § 3 Nr. 3, 4 (§ 3a) gestützt, so braucht dem Rechtsnachfolger nur Kenntnis vom unentgeltlichen Erwerbe des Ersterwerbers nachgewiesen zu werden; der Rechtsnachfolger ist gegen die Anfechtung nicht dadurch geschützt, daß er selbst gegen Entgelt erworben hat, er kann im Falle des § 3 Nr. 3 nur entgegenhalten, daß nur gebräuchliche Gelegenheitsgeschenke in Frage kommen (vgl. dazu RG. 71, 354; 74, 181; 103, 113 ff.).

Anm. 22.

Die Nr. 2 des Abs. 2 des § 11 unterscheidet sich von der Nr. 1 daselbst nur dadurch, daß der Rechtsnachfolger den Beweis der Unkenntnis zu führen hat, nachdem der Anfechtungsgläubiger dargetan hat, daß der Rechtsnachfolger zu den im § 3 Nr. 2 genannten Personen gehört (RG. 71, 354). Der Beweis des Rechtsnachfolgers, daß er die Kenntnis des ersten Erwerbes von der Benachteiligungsabsicht des Schuldners nicht gekannt habe, genügt nicht (RG. 45, 47; JW. 10, 951); der Rechtsnachfolger muß auch nachweisen, daß er selbst von der Benachteiligungsabsicht des Schuldners keine Kenntnis gehabt hat. Das Angehörigenverhältnis des Rechtsnachfolgers muß zum Schuldner, nicht zum Ersterwerber oder Zwischenmann bestehen und zur Zeit des Rechtserwerbs des Rechtsnachfolgers bestanden haben (RG. 19, 202; 103, 113). Die Anfechtbarkeit gegenüber dem Rechtsnachfolger ist aber nicht dadurch bedingt, daß die anfechtbare Handlung im letzten Jahre vor der gegen den Rechtsnachfolger gerichteten Anfechtung vorgenommen wurde; denn § 11 hat das Erfordernis der im § 3 Nr. 2 enthaltenen Fristbestimmung nicht wiederholt (RG. 45, 45).

Anm. 23.

Die Nr. 3 des Abs. 2 des § 11 (durch die Nov. 1898 eingefügt, vgl. Anm. 1 und 3) rechtfertigt sich, wie die Motive angeben, durch Rücksichten der Billigkeit und entspricht einem Grundsatze, der auch im BGB. (§ 816 Abs. 1 Satz 2, § 822) mehrfach Anwendung gefunden hat und betrifft den Fall, daß der Rechtsnachfolger unentgeltlich erworben hat. Der Anfechtungsgläubiger hat lediglich zu beweisen, daß die Anfechtung gegen den Rechtsvorgänger begründet ist und daß dem Rechtsnachfolger das Erlangte unentgeltlich zugewendet worden ist. Der Rechtsnachfolger haftet ohne Rücksicht auf die in Nr. 1 und 2 geforderte Kenntnis. Sein guter Glaube ist nicht für die Frage der Zulässigkeit der Anfechtung, sondern lediglich für den Umfang seiner Haftung von Bedeutung. Denn gemäß Abs. 3 des § 11 findet in diesem Falle auf die Haftung des Rechtsnachfolgers die Vorschrift des § 7 Abs. 2 Anwendung. Der gutgläubige Rechtsnachfolger hat das Empfangene nur so weit zurückzugewähren, als er dadurch bereichert ist. (Im übrigen vgl. die Anm. 25 zu § 7.) Ob der Rechtsvorgänger gutgläubig war, ist dabei unerheblich. Der Rechtsnachfolger muß nicht nur zur Zeit seines Erwerbes gutgläubig gewesen sein; sein guter Glaube muß bis zu dem Zeitpunkt fortdauern, in dem er die Möglichkeit verloren hat, die ganze Leistung zurückzuerstatten.

Fristerstreckung gegen den Rechtsnachfolger.

Anm. 24.

Der Abs. 4 des § 11 löst die Zweifelsfrage, wann im Falle der Rechtsnachfolge bei Anwendung des § 4 der Schriftsatz zuzustellen ist, dem Rechtsvorgänger, dem Rechtsnachfolger oder beiden zusammen. Der Abs. 4 löst die Frage dahin, daß zur Fristerstreckung gegenüber dem Rechtsnachfolger die Zustellung an den Rechtsnachfolger genügt. Die Zustellung an den Ersterwerber ist nicht erforderlich, wenn nur dem Rechtsnachfolger gegenüber angefochten wird, weil der Zweck der Anfechtungsankündigung — die Fristerstreckung — gegenüber dem Rechtsnachfolger durch die Zustellung an ihn erreicht wird. Beim Zusammenhalt des Abs. 4 mit der Vorschrift des § 4 ergibt sich, wie im RG. 103, 113 ff. ausgeführt wird, daß, wenn der Gläubiger, bevor er einen vollstreckbaren Titel erlangt hatte oder seine Forderung fällig war, eine Anfechtungsankündigung (nicht dem Rechtsnachfolger, sondern) dem Ersterwerber, dem gegenüber eine im § 3 Nr. 2—4 bezeichnete Rechtshandlung vorgenommen ist, zugestellt hat, die Fristen des § 3 Nr. 2—4 (nicht nur für die Anfechtungsklage gegen die Ersterwerber, sondern auch) für die Anfechtungsklage gegen den Rechtsnachfolger hinsichtlich der Voraussetzung, daß die Anfechtung gegen den Ersterwerber begründet ist, unter den in § 4 bestimmten Voraussetzungen weiter erstreckt werden. Ist aber danach, so heißt es in derselben Entscheidung weiter, hinsichtlich Wahrung der genannten Fristen für die Anfechtungsklage gegen den Rechtsnachfolger eine Anfechtungsankündigung gegenüber dem Ersterwerber gleichgestellt einer Anfechtungsankündigung gegenüber dem Rechtsnachfolger, so ist um so mehr als vom Gesetz gewollt anzusehen, daß die Fristen des § 3 Nr. 2—4 für die Anfechtung gegen den Rechtsnachfolger bezüglich der Voraussetzung, daß die Anfechtung gegen den Ersterwerber begründet ist, nicht nur durch rechtzeitige Erhebung der Anfechtungsklage gegen den Rechtsnachfolger, sondern auch durch eine innerhalb der Fristen erhobene Anfechtungsklage gegen den Ersterwerber gewahrt werden. (Vgl. hierüber auch Jaeger Anm. 30—32, Hartmann-Meikel S. 298.)

Verhältnis des Rechtsnachfolgers zum Ersterwerber.

Anm. 25.

Der § 11 behandelt nur die Voraussetzungen der Anfechtung gegen den Rechtsnachfolger. Dadurch, daß der Ersterwerber die anfechtbar erworbene Sache weiter veräußert, wird er nicht frei, abgesehen von dem aus § 7 Abs. 2 sich ergebenden Ausnahmefall, wenn der Erstbeschenkte die Sache unentgeltlich zu einer Zeit weitergibt, in welcher der gute Glaube des Erstbeschenkten noch fortdauert. Unter Umständen kann die Rückgewährpflicht des Rechtsnachfolgers größer als die des Ersterwerbers sein. Die Rückgewährverbindlichkeiten mehrerer aufeinander folgender Erwerber brauchen sich also nicht vollkommen zu decken. Soweit sie sich aber decken, sind die mehreren Anfechtungsschuldner Gesamtschuldner nach § 421 BGB., da jeder von ihnen zur Leistung des Ganzen verpflichtet ist, der Anfechtungsgläubiger aber nur einmal fordern kann. Daß die mehreren Verpflichtungen nacheinander entstanden und unmittelbar im Gesetz begründet sind, steht der Annahme des Gesamtschuldverhältnisses nicht entgegen (ebenso Jaeger Anm. 23, Hartmann-Meikel S. 302). Die Anfechtungsansprüche können gegen den Ersterwerber und alle Rechtsnachfolger gleichzeitig in einer Klage geltend gemacht werden (vgl. RG. in JW. 91 S. 572 Nr. 4; 93 S. 308 Nr. 14). Ersterwerber und Rechtsnachfolger sind nicht notwendige Streitgenossen im Sinne des § 62 ZPO., sondern einfache Streitgenossen im Sinne des § 61 ZPO., weil die Entscheidungen gegen sie nicht einheitlich ausfallen müssen. Will der Anfechtungsgläubiger nur von dem Rechtsnachfolger, der die Sache im Besitz hat, Rückgewähr haben, so ist eine vorherige oder gleichzeitige Klage gegen den Ersterwerber und die Zwischenmänner nicht erforderlich, aber zulässig (vgl. Riehl in Gruch. 53, S. 229).

Anm. 26.

Wegen Erstattung der seinem Rechtsvorgänger gewährten Gegenleistung, also nur in den Fällen der Nr. 1 und 2 (Fall 3 ist „unentgeltlich") kann der Rechtsnachfolger des Abs. 2 (nicht der „Erbe" des Abs. 1) sich nur an seinen Rechtsvorgänger halten, nicht an den Schuldner, da § 8 für das Verhältnis zwischen Erwerber und Rechtsnachfolger nicht in Betracht kommt, sondern nur für das Verhältnis des Ersterwerbers zum Schuldner (vgl. Jaeger Anm. 28).

§ 12

Die Anfechtung einer nach § 3 Nr. 1 anfechtbaren Handlung kann nur binnen zehn Jahren erfolgen. Auf den Lauf der Frist finden die für die Verjährung geltenden Vorschriften des § 203 Abs. 2 und der §§ 206, 207 des Bürgerlichen Gesetzbuches entsprechende Anwendung.

Die Frist beginnt mit dem Zeitpunkt, in welchem der Gläubiger den vollstreckbaren Schuldtitel erlangt hatte und seine Forderung fällig war, wenn aber die Rechtshandlung

nach diesem Zeitpunkte vorgenommen ist, mit der Vornahme der Handlung.

Die Anfechtung ist ausgeschlossen, wenn seit der Vornahme der Rechtshandlung 30 Jahre verstrichen sind.

Allgemeines.

Anm. 1.

Der § 12 hieß früher: „Das Anfechtungsrecht auf Grund des § 3 Nr. 1 verjährt in zehn Jahren seit dem Zeitpunkte, mit welchem der Gläubiger den vollstreckbaren Schuldtitel erlangt hatte und seine Forderung fällig war, wenn aber die Rechtshandlung nach diesem Zeitpunkte vorgenommen ist, erst seit der Vornahme der Handlung." Die Novelle vom 17. 5. 1898 hat die Fassung dem § 124 BGB. entsprechend verändert. Materialien: Begründung S. 18, 27, Protokolle S. 2269; Begr. d. Nov. S. 61 u. 35.

Die Neufassung des § 12 findet erst auf die seit dem 1. 1. 1900 vorgenommenen Rechtshandlungen Anwendung (Art. VIII, Art. 1 RG. z. KNov.). In der Praxis kommen die Handlungen aus der Zeit vor dem 1. 1. 1900 für neue Rechtsstreitigkeiten nicht mehr in Betracht.

Anm. 2.

Dem § 12 entspricht § 41 KO.:

„Die Anfechtung kann nur binnen Jahresfrist seit der Eröffnung des Verfahrens erfolgen. Auf den Lauf der Frist finden die für die Verjährung geltenden Vorschriften des § 203 Abs. 2 und des § 207 des Bürgerlichen Gesetzbuches entsprechende Anwendung. Die Anfechtung nach § 31 Nr. 1 ist ausgeschlossen, wenn seit der Vornahme der Handlung dreißig Jahre verstrichen sind.

Ist durch die anfechtbare Handlung eine Verpflichtung des Gemeinschuldners zu einer Leistung begründet, so kann der Konkursverwalter die Leistung verweigern, auch wenn die Anfechtung nach Abs. 1 ausgeschlossen ist."

Anm. 3.

Die im § 12 erwähnten §§ 203, 206, 207 BGB. lauten:

§ 203 BGB.: Die Verjährung ist gehemmt, solange der Berechtigte durch Stillstand der Rechtspflege innerhalb der letzten sechs Monate der Verjährungsfrist an der Rechtsverfolgung gehindert ist.

Das gleiche gilt, wenn eine solche Verhinderung in anderer Weise durch höhere Gewalt herbeigeführt wird.

§ 206 BGB.: Ist eine geschäftsunfähige oder in der Geschäftsfähigkeit beschränkte Person ohne gesetzlichen Vertreter, so wird die gegen sie laufende Verjährung nicht vor dem Ablaufe von sechs Monaten nach dem Zeitpunkte vollendet, in welchem die Person unbeschränkt geschäftsfähig wird. Ist die Verjährungsfrist kürzer als sechs Monate, so tritt der für die Verjährung bestimmte Zeitraum an die Stelle der sechs Monate.

Diese Vorschriften finden keine Anwendung, soweit eine in der Geschäftsfähigkeit beschränkte Person prozeßfähig ist.

§ 207 BGB.: Die Verjährung eines Anspruchs, der zu einem Nachlasse gehört oder sich gegen einen Nachlaß richtet, wird nicht vor dem Ablauf von sechs Monaten nach dem Zeitpunkte vollendet, in welchem die Erbschaft von dem Erben angenommen oder der Konkurs über den Nachlaß eröffnet wird oder von welchem an der Anspruch von einem Vertreter oder gegen einen Vertreter geltend gemacht werden kann. Ist die Verjährungsfrist kürzer als sechs Monate, so tritt der für die Verjährung bestimmte Zeitraum an die Stelle der sechs Monate.

Anm. 4.

Rechtliche Natur der Fristen des § 12.

Die Vorschrift des § 12 bezieht sich nur auf die Anfechtung nach § 3 Nr. 1 (Regelfall der Absichtsanfechtung); für die übrigen Fälle sind die im § 3 Nr. 2—4 bestimmten Fristen maßgebend. Die Fristen aus § 12 unterscheiden sich von denen des § 3 Nr. 2—4 in der Art der Berechnung des Fristenlaufs dadurch, daß nach § 12 die Fristen von einem bestimmten Ereignis vorwärts, nach § 3 Nr. 2—4 die Fristen (ein oder zwei Jahre) von der Anfechtung rückwärts gerechnet werden.

Anm. 5.

Nach der Anm. 1 erwähnten früheren Fassung des § 12 war streitig, ob die Frist eine Verjährungs- oder eine Ausschlußfrist sei. Unstreitig war aber, daß außer der im § 12 bestimmten Frist eine weitere Verjährungsfrist für den Anfechtungsanspruch nicht laufe (vgl. Hartmann-Meikel S. 305, Jaeger Anm. 2).

Anm. 6.

Durch die neue Fassung des § 12 ist außer Zweifel, daß die im § 12 bestimmten Fristen Ausschlußfristen sind (RG. JW. 1906 S. 104). Der Ablauf einer Verjährungsfrist berechtigt den Verpflichteten zur Verweigerung der Leistung (§§ 222 BGB.); die Verpflichtung zur Leistung bleibt bestehen (naturalis obligatio). Der Ablauf der Ausschlußfrist tilgt das Recht selbst. Das Gericht hat von Amts wegen festzustellen, ob der Anfechtungsanspruch infolge Fristablaufs nicht erloschen ist (ebenso u. a. Hartmann-Meikel S. 305. a. A. Jaeger Anm. 9, vgl. Anm. 14.

Anm. 7.

Von Jaeger Anm. 1 werden zwei verschiedene Arten zeitlicher Schranken unterschieden, die Entstehungs- und die Ausübungsfristen. „Erstere sind nach rückwärts abgesteckte Fristen, in denen die Handlung liegen muß, wenn ein Anfechtungsrecht entstehen soll; die letzteren sind Schranken für die Geltendmachung.“ Bei der Konkursanfechtung kann der Unterschied streng durchgeführt werden, da der Zeitpunkt der Eröffnung des Konkursverfahrens genau feststeht und die Fristen von diesem Zeitpunkt aus sich vor- und rückwärts genau bestimmen lassen. Bei der Einzelgläubigeranfechtung wird sich der Zeitpunkt der „Zahlungsunfähigkeit“ nur in seltenen Fällen genau festlegen lassen; die Scheidewand fehlt. Deshalb sind, wie Jaeger Anm. 1 ausführt, die zeitlichen Schranken der Einzelanfechtung zugleich Entstehungs- und Ausübungsfristen. Riehl bezeichnet es am Schluß seiner ausführlichen Erörterungen hierüber als ein Glück, daß die Fristen des § 12 zufolge ihrer langen Dauer in der Praxis wenig Bedeutung haben; alle Unklarheiten wären (vgl. Riehl) vermieden, wenn der Gesetzgeber, den begrifflichen Anforderungen Rechnung tragend, dem § 12 etwa folgende Fassung gegeben hätte: „Der Erwerb darf zur Zeit der fruchtlosen Zwangsvollstreckung nicht älter als 30 Jahre sein. Die Geltendmachung des Anfechtungsanspruchs ist ausgeschlossen, wenn seit der fruchtlosen Zwangsvollstreckung 10 Jahre verflossen sind.“

Fristen.

Anm. 8.

Die Ausschlußfristen des § 12 sind, worauf Jaeger Anm. 3 hinweist, unter sich wiederum wesentlich verschieden. „Die Zehnjahresfrist (Abs. 1 und 2) enthält eine relative, die Dreißigjahresfrist (Abs. 3) dagegen eine absolute Begrenzung des Anfechtungsrechtes.“ Der Ablauf der zehnjährigen Frist schließt nur die Anfechtung eines bestimmten Gläubigers aus, der Ablauf der dreißigjährigen Frist aber die Anfechtung aller Gläubiger. Die relative Frist läuft für jeden Anfechtungsgläubiger besonders; die absolute dagegen, wenn dieselbe anfechtbare Rechtshandlung in Frage kommt, gegen alle Anfechtungsgläubiger gleichmäßig. Sind mehrere Anfechtungsgegner vorhanden, so laufen die Fristen gegen jeden besonders.

Anm. 9.

Die absolute Frist des Abs. 3 rechnet von der Vornahme der anfechtbaren Rechtshandlung ab, „von der Vollendung des Benachteiligungsaktes". Die Vorschriften des BGB. über die Verjährung finden auf diese Frist keine Anwendung.

Anm. 10.

Der Beginn der relativen Frist des Abs. 1 wird im Abs. 2 bestimmt. Hier sind zwei verschiedene Zeitpunkte unterschieden:

a) der Zeitpunkt, in welchem der Gläubiger den vollstreckbaren Schuldtitel erlangt hatte und seine Forderung fällig war,

b) der Zeitpunkt der Vornahme der Handlung.

„Zahlungsunfähigkeit" des Schuldners im Sinne des § 2 braucht nicht vorzuliegen, damit die relative Frist beginnen kann. Der Zeitpunkt der Feststellung des Unvermögens des Schuldners ist für den Beginn der Frist ohne Einfluß. Die Frist beginnt daher schon, bevor die Möglichkeit einer Ausübung des Anfechtungsrechtes nach § 2 besteht. Entstehungs- und Ausübungsfristen können nicht unterschieden werden (vgl. Anm. 7). Maßgebend für die Berechnung der Fristen ist von den beiden zu a) und b) erwähnten Zeitpunkten derjenige, welcher zuletzt eingetreten ist. Es müssen alle drei Voraussetzungen, Vollstreckungstitel, Fälligkeit der Forderung und Benachteiligungsakt, gegeben sein. Die Reihenfolge des Eintritts der einzelnen Voraussetzungen ist unerheblich.

Der Benachteiligungsakt muß vollendet sein (vgl. Anm. 60 zu § 1).

Ein vollstreckbarer Schuldtitel ist erlangt

a) bei vorläufig vollstreckbaren Urteilen mit der Verkündung des Urteils,

b) bei nicht vorläufig vollstreckbar erklärten Urteilen:

1. wenn ein Rechtsmittel nicht zulässig ist, mit der Verkündung des Urteils; dazu gehören Urteile des Amtsgerichts bis 50 RM., Urteile des Landgerichts in der Berufungsinstanz (außer Versäumnisurteil), Urteile des Reichsgerichts und des bayr. Obersten Landesgerichts, Kostenurteile des Oberlandesgerichts;
2. wenn ein Rechtsmittel zulässig ist, mit dem Tage der Rechtskraft des Urteils (§§ 704, 705 ZPO.).

Die Fälligkeit geht dem Vollstreckungstitel in der Regel voran, folgt aber bei Verurteilung zu bedingter oder befristeter Leistung, häufig bei Prozeßvergleichen und vollstreckbaren Urkunden. Ein zweiter Vollstreckungstitel nach der Fälligkeit ist nicht erfordert und würde einen neuen Fristenlauf nicht begründen (RG. bei Bolze 4 Nr. 374, Jaeger Anm. 4).

Anm. 11.

Für die Fristenberechnung sind die Vorschriften der §§ 187 I, 188, 193 BGB. maßgebend, da die Zeitschranken materiellrechtlichen Charakter haben. Die Fristen sind keine Prozeßfristen; daher haben die Gerichtsferien keinen Einfluß (gegen § 223 ZPO.). Bei Berechnung der Fristen wird der Tag, an welchem der Gläubiger den vollstreckbaren Titel erlangt hat, an welchem die Forderung fällig wurde oder an welchem der Benachteiligungsakt vollendet wurde, nicht mitgerechnet. Die Frist endigt mit dem Ablaufe desjenigen Tages des letzten Monats, welcher durch seine Zahl dem Tage entspricht, in den das für den Fristenbeginn maßgebende Ereignis gefallen ist; fehlt in dem letzten Monate der für den Ablauf maßgebende Tag, so endigt die Frist mit dem Ablaufe des letzten Tages dieses Monats. Fällt der letzte Tag auf einen Sonn- oder Feiertag, so tritt an die Stelle des Sonn- oder Feiertags der nächstfolgende Werktag (ebenso Jaeger Anm. 6 und Hartmann-Meikel S. 307).

Anm. 12.

Die Vorschriften über die Hemmung und Unterbrechung der Verjährung (Jaeger Anm. 2) sind auf die Ausschlußfristen nicht anwendbar. Nach § 12 Abs. 1 finden aber die Vorschriften des § 203 Abs. 2 und der §§ 206, 207 BGB. entsprechende Anwendung auf den Lauf der relativen Frist, nicht aber auf den Lauf der absolten dreißigjährigen Frist. Wie Jaeger (Anm. 5) erwähnt, ist es unerfindlich, warum eine derartige Fristverlängerung nur für die Anfechtung des § 3 Nr. 1, nicht auch für die zeitlich noch viel enger begrenzte Anfechtung des § 3 Nr. 2—4 (§ 3a) gilt. Im übrigen wird auf den Inhalt der in Anm. 3 abgedruckten Paragraphen verwiesen. Der zweite Satz des Abs. 1 des § 206 eignet sich nicht zu entsprechender Anwendung, da eine Frist von zehn Jahren in Frage steht. Nach § 207 Satz 1 (Satz 2 paßt hier auch nicht) endet die relative Zehnjahresfrist für die Anfechtung des § 3 Nr. 1, falls der Anfechtungsgegner verstorben ist, nicht vor Ablauf von sechs Monaten nach dem Zeitpunkt, in dem die Erbschaft vom Erben angenommen, Nachlaßkonkurs eröffnet oder ein Vertreter bestellt ist, dem gegenüber die Anfechtung geltend gemacht werden kann (§§ 1958, 1960 ff., 1975, 2213 BGB.). Das gleiche gilt, wenn der Anfechtungsberechtigte gestorben ist, der Anfechtungsanspruch mit dem vererbten Gläubigerrecht zur Nachlaßmasse gehört. Über Hemmung des Laufs der relativen Ausschlußfrist zugunsten von Kriegsteilnehmern nach § 8 des Reichsgesetzes vom 4. 8. 1914 RG. 106, 138. Heute ist dies bedeutungslos, da seit Kriegsende mehr als 10 Jahre vergangen sind.

Folgen des Ablaufs der Ausschlußfrist.

Anm. 13.

Wird die Anfechtung vor Ablauf der Fristen gerichtlich durch Klage, Widerklage, Einrede oder Gegeneinrede geltend gemacht, so läuft nicht noch eine besondere Verjährungsfrist von 30 Jahren (vgl. Hartmann-Meikel S. 306). Eine solche Verjährungsfrist würde, wie Jaeger Anm. 2 hervorhebt, nicht nur eine Rechtsunsicherheit von unerträglicher Dauer bedeuten, sondern neben Abs. 3 des § 12 geradezu unverständlich sein. Dies ist auch nichts Besonderes. Auch nach § 864 BGB. erlöschen die in den §§ 861, 862 BGB. bezeichneten Ansprüche durch Fristenablauf und unterliegen nicht der Verjährung. Anderer Auffassung waren in der älteren Literatur diejenigen, welche mit den Motiven annahmen, daß der Anfechtungsanspruch durch die Anfechtung erst zur Entstehung gelange.

Anm. 14.

Ist die Ausschlußfrist abgelaufen, ohne daß die Anfechtung gerichtlich geltend gemacht ist, so hat der Anfechtungsgegner das Recht, die Rückgewähr zu verweigern. Der Ablauf der Frist hebt den Anfechtungsanspruch von selbst auf. Ergibt sich aus dem eigenen Vortrage des Anfechtungsgläubigers, daß die Frist bereits abgelaufen ist, so ist dies vom Gericht von Amts wegen zu beachten und die Anfechtungsklage gemäß § 331 Abs. 2 Halbs. 2 ZPO. abzuweisen. Daß der Anfechtungsgegner auf den Ablauf der Frist hinweisen kann, ist selbstverständlich (vgl. wegen Beweislast Anm. 16).

Anm. 15.

Hat ein Anfechtungsgläubiger die Klage zurückgenommen oder ist er mit der Klage rechtskräftig abgewiesen, so muß er eine neue Klage, soweit eine solche zulässig ist, noch innerhalb der im § 12 bestimmten Fristen erheben. § 212 BGB. bezieht sich nur auf Verjährungsfristen und findet keine Anwendung (vgl. OLG. Jena 29. 11. 11 in LeipzZ. 1912 S. 204). Bei mehreren Anfechtungsgegnern wahrt die Anfechtung gegenüber dem einen innerhalb der Anfechtungsfrist nicht auch die Frist gegenüber den anderen; andererseits kommt der Fristablauf gegenüber dem einen dem anderen nicht zugute.

Anm. 16.

Die Beweislast verteilt sich nach § 12 so, daß der Anfechtungsgläubiger die Wahrung der relativen Frist darzutun hat, da es sich dabei um klagebegründende Tatsache handelt. Den Ablauf der absoluten Frist (Abs. 3) hat dagegen der Anfechtungsgegner darzutun.

§ 13

Wird über das Vermögen des Schuldners das Konkursverfahren eröffnet, so steht die Verfolgung der von Konkursgläubigern erhobenen Anfechtungsansprüche dem Konkursverwalter zu. Aus dem Erstrittenen sind dem Gläubiger die Prozeßkosten vorweg zu erstatten.

Ist das Verfahren über den Anfechtungsanspruch noch rechtshängig, so wird dasselbe unterbrochen. Im Fall einer Verzögerung der Aufnahme kommen die Bestimmungen der Zivilprozeßordnung § 239 zur entsprechenden Anwendung. Der Konkursverwalter kann den Anspruch nach den Vorschriften der Konkursordnung §§ 37—39, 41 in Gemäßheit der §§ 268, 529 der Zivilprozeßordnung erweitern. Lehnt der Verwalter die Aufnahme des Rechtsstreits ab, so kann derselbe rücksichtlich der Prozeßkosten von jeder Partei aufgenommen werden. Durch die Ablehnung der Aufnahme wird die Befugnis des Verwalters, nach den Vorschriften der Konkursordnung das Anfechtungsrecht auszuüben, nicht ausgeschlossen.

Soweit der Gläubiger aus dem Zurückzugewährenden eine Sicherung oder Befriedigung erlangt hatte, finden auf die Anfechtung derselben die Vorschriften des § 30 Nr. 1 der Konkursordnung entsprechende Anwendung.

Nach der Beendigung des Konkursverfahrens können Anfechtungsrechte, deren Ausübung dem Konkursverwalter zustand, von den einzelnen Gläubigern nach Maßgabe dieses Gesetzes verfolgt werden, soweit nicht dem Anspruch entgegenstehende Einreden gegen den Verwalter erlangt sind. War die Anfechtung nicht schon zur Zeit der Eröffnung des Konkursverfahrens erfolgt, so wird die im § 3 Nr. 2—4 bestimmte Frist von diesem Zeitpunkte berechnet, sofern die Anfechtung bis zum Ablaufe eines Jahres seit der Beendigung des Konkursverfahrens erfolgt.

Rechtshandlungen, welche der Gemeinschuldner rücksichtlich seines nicht zur Konkursmasse gehörigen Vermögens vorgenommen hat, können von den Konkursgläubigern auch während des Konkursverfahrens nach Maßgabe dieses Gesetzes angefochten werden.

Allgemeines.

Anm. 1.

Der § 13 ist im wesentlichen unverändert in der ursprünglichen Fassung (§ 12 des Entwurfes); nur der Satz 2 im Abs. 4

ist durch die Novelle vom 17. 5. 1898 geändert; er lautete früher: „War der Anspruch nicht schon zur Zeit der Eröffnung des Konkursverfahrens rechtshängig, so wird die im § 3 Nr. 2—4 bestimmte Frist von diesem Zeitpunkte berechnet, sofern die Rechtshängigkeit bis zum Ablauf eines Jahres seit der Beendigung des Konkursverfahrens eintritt"; die Abänderung beruht darauf, daß das Anfechtungsrecht nicht als „Anspruch" im Sinne des BGB. aufgefaßt ist. Materialien: Begründung S. 28 ff., Protokolle S. 2269, Begründung der Novelle S. 61, 35. In der KO. findet sich keine entsprechende Vorschrift.

Anm. 2.

Der Text der im § 13 erwähnten Bestimmungen lautet:

§ 239 ZPO.: „Im Falle des Todes einer Partei tritt eine Unterbrechung des Verfahrens bis zu dessen Aufnahme durch die Rechtsnachfolger ein.

Wird die Aufnahme verzögert, so können die Rechtsnachfolger zur Aufnahme und zugleich zur Verhandlung der Hauptsache geladen werden.

Der die Ladung enthaltende Schriftsatz ist den Rechtsnachfolgern selbst zuzustellen. Die Ladungsfrist wird von dem Vorsitzenden bestimmt.

Erscheinen die Rechtsnachfolger in dem Termine nicht, so ist auf Antrag die behauptete Rechtsnachfolge als zugestanden anzunehmen und zur Hauptsache zu verhandeln.

Der Erbe ist vor der Annahme der Erbschaft zur Fortsetzung des Rechtsstreits nicht verpflichtet."

§ 37 KO.: „Was durch die anfechtbare Handlung aus dem Vermögen des Gemeinschuldners veräußert, weggegeben oder aufgegeben ist, muß zur Konkursmasse zurückgewährt werden.

Der gutgläubige Empfänger einer unentgeltlichen Leistung hat dieselbe nur so weit zurückzugewähren, als er durch sie bereichert ist."

§ 38 KO.: „Die Gegenleistung ist aus der Konkursmasse zu erstatten, soweit sie sich in derselben befindet, oder soweit die Masse um ihren Wert bereichert ist. Darüber hinaus kann ein Anspruch nur als Konkursforderung geltend gemacht werden."

§ 39 KO.: „Wenn der Empfänger einer anfechtbaren Leistung das Empfangene zurückgewährt, so tritt seine Forderung wieder in Kraft."

§ 41 KO.: „Die Anfechtung kann nur binnen Jahresfrist seit der Eröffnung des Verfahrens erfolgen. Auf den Lauf der Frist finden die für die Verjährung geltenden Vorschriften des § 203 Abs. 2 und des § 207 des Bürgerlichen Gesetzbuches entsprechende Anwendung. Die Anfechtung nach

§ 31 Nr. 1 ist ausgeschlossen, wenn seit der Vornahme der Handlung dreißig Jahre verstrichen sind.

Ist durch die anfechtbare Handlung eine Verpflichtung des Gemeinschuldners zu einer Leistung begründet, so kann der Konkursverwalter die Leistung verweigern, auch wenn die Anfechtung nach Abs. 1 ausgeschlossen ist."

§ 268 ZPO.: „Als eine Änderung der Klage ist es nicht anzusehen, wenn ohne Änderung des Klagegrundes

1. die tatsächlichen oder rechtlichen Anführungen ergänzt oder berichtigt werden;
2. der Klageantrag in der Hauptsache oder in bezug auf Nebenforderungen erweitert oder beschränkt wird;
3. statt des ursprünglich geforderten Gegenstandes wegen einer später eingetretenen Veränderung ein anderer Gegenstand oder das Interesse gefordert wird."

§ 529 ZPO.: „Die Parteien können Angriffs- und Verteidigungsmittel, welche in erster Instanz nicht geltend gemacht sind, insbesondere neue Tatsachen und Beweismittel vorbringen.

Angriffs- und Verteidigungsmittel sowie Beweismittel und Beweiseinreden, die in erster Instanz nicht geltend gemacht worden sind, können zurückgewiesen werden, wenn durch deren Zulassung die Erledigung des Rechtsstreits verzögert werden würde und nach der freien Überzeugung des Gerichts die Partei in der Absicht, den Prozeß zu verschleppen, oder aus grober Nachlässigkeit sie nicht früher vorgebracht hat. Das gleiche gilt von solchem Vorbringen, das in erster Instanz nach den §§ 279, 279a, 283 Abs. 2 zurückgewiesen worden ist.

Die Vorschrift des Abs. 2 findet entsprechende Anwendung, wenn der Berufungskläger ein neues Vorbringen, dessen Geltendmachung in der Berufungsinstanz zulässig ist, entgegen der Vorschrift des § 519 nicht in der Berufungsbegründung mitgeteilt hat.

Neue Ansprüche dürfen, abgesehen von den Fällen des § 268 Nr. 2, 3, nur mit Einwilligung des Gegners erhoben werden.

Macht der Beklagte die Aufrechnung einer Gegenforderung geltend, so ist die hierauf gegründete Einwendung zurückzuweisen, wenn nicht der Kläger in die Geltendmachung einwilligt oder der Beklagte glaubhaft macht, daß er ohne sein Verschulden außerstande gewesen ist, die Aufrechnung in erster Instanz geltend zu machen."

Anm. 3.

Der § 13 regelt den Einfluß, den der Konkurs des Schuldners auf das Anfechtungsrecht des Einzelgläubigers ausübt. Da das Konkursverfahren der gleichmäßigen Befriedigung aller Gläubiger nach Maßgabe der KO. dient, müssen insoweit die Sonderrechte der Einzelgläubiger dem Rechte der Konkursgemeinschaft weichen.

Anm. 4.

In den Motiven heißt es: „Die erhobenen Anfechtungsansprüche, welche darauf abzielen, daß dem Zwecke der Befriedigung der persönlichen Gläubiger die früher veräußerten Gegenstände als noch zum Vermögen des Schuldners gehörig gelten sollen, können mit der Eröffnung des Konkursverfahrens nicht mehr Sonderrechte der einzelnen Gläubiger sein. Weder die Erhebung des Anfechtungsanspruchs, noch ein erstrittenes, noch ein rechtskräftiges Urteil gewährt dem anfechtenden Gläubiger ein dingliches oder ein Vorzugsrecht an dem zurückzugewährenden Gegenstande. Sofern er nicht schon vor der Konkurseröffnung aus demselben seine Befriedigung oder an demselben durch Pfändung ein Absonderungsrecht erlangt hat, ist er Konkursgläubiger und kann als solcher den erhobenen Anfechtungsanspruch nicht mehr verfolgen (KO. §§ 12, 14, 15). Wohl aber ist dazu der Konkursverwalter befugt, er hat alles, was zur Konkursmasse gehört, herbeizuschaffen und zur Befriedigung aller Gläubiger zu verwenden, er allein übt für alle Konkursgläubiger das Anfechtungsrecht aus (KO. §§ 6, 29, 36). Spricht dies die KO. im § 36 zwar nur für zu erhebende Anfechtungsansprüche aus, so muß ein gleiches für die vorher von einzelnen Konkursgläubigern erhobenen Ansprüche bestimmt werden; das Zurückgewährende — sei es schon vorläufig oder rechtskräftig erstritten oder noch erstreitbar — gehört zur Konkursmasse; dahin gehören auch die in einem anhängigen Anfechtungsstreite prozessualisch erworbenen Rechte; auch sie dürfen für die Konkursmasse nicht verloren gehen. Es muß dies selbst für den Fall gelten, daß der Anfechtungsanspruch auf Grund des § 3 Nr. 2, 3 oder 4 erhoben ist und bei Verfolgung des gleichartigen Anfechtungsgrundes durch den Konkursverwalter in einem neuen Prozesse die nur von der Konkurseröffnung zurückzurechnende Frist (KO. §§ 31, 32 Nr. 1, 2) bereits abgelaufen sein würde. Denn abgesehen davon, daß dieser Unterschied in den Fristen ein nur äußerer, den Inhalt des Anfechtungsanspruchs nicht berührender ist, auch abgesehen davon, daß es wenig zweckmäßig wäre, solchen Unterschied aufrecht zu erhalten, weil aus der Verhandlung und Beweisaufnahme leicht die ohne Fristbeschränkung geltend zu machende Kenntnis einer betrüglichen Absicht des Schuldners (KO. § 31 Nr. 1, Entwurf § 3 Nr. 1) hervortreten kann, gehört auch in dem gegebenen Falle das infolge des erhobenen Anfechtungsanspruchs Zurückzugewährende ohne Absonderungsrecht des anfechtenden Gläubigers zur Konkursmasse."

Voraussetzungen.

Anm. 5.

§ 13 nennt im Abs. 1 drei Voraussetzungen. Die Vorschriften des § 13 gelten nur, wenn über das Vermögen des Schuldners das Konkursverfahren eröffnet ist. Zweitens muß der Anfechtungsgläubiger „Konkursgläubiger" im Sinne der KO. sein. Drittens muß die Anfechtungsklage schon erhoben sein. Eine vierte Voraussetzung ergibt sich aus der Natur des Anfechtungsrechtes: Der vom Anfechtungsgegner zurückzugewährende Gegenstand muß zur Konkursmasse gehören (vgl. Anm. 6).

Anm. 6.

Der Schuldner ist im Anfechtungsprozeß nicht Partei (vgl. Anm. 78 zu § 1). Wird über sein Vermögen der Konkurs eröffnet, so trifft § 240 ZPO. über die Unterbrechung des Anfechtungsprozesses nicht zu. Greift der Anfechtungsanspruch durch, dann ist als noch zum Vermögen des Schuldners gehörig etwas zurückzugewähren, was nach dem allgemeinen Grundsatze der KO. über die gleichmäßige Befriedigung aller Konkursgläubiger nicht dem Zugriff eines Einzelgläubigers überlassen bleiben darf, sondern im Interesse aller Konkursgläubiger verwertet werden muß. Um diesen Erfolg zu erreichen, mußte das Anf.Ges. eine entsprechende Regelung treffen. § 13 ist daher als Ergänzung des § 240 ZPO. für einen Sonderfall anzusehen.

Anm. 7.

Ist über das Vermögen einer der beiden Parteien des Anfechtungsprozesses das Konkursverfahren eröffnet, dann wird gemäß § 240 ZPO. das Verfahren unterbrochen. Im Konkurs des Anfechtungsgläubigers ist der Anfechtungsanspruch kraft seiner akzessorischen Natur (Anm. 1 zu § 1) zusammen mit dem Anspruch aus dem Vollstreckungstitel ein Aktivum der Konkursmasse (§ 10 KO.). Im Konkurs des Anfechtungsgegners ist er dagegen ein Passivum. § 11 KO. kommt nicht in Betracht, da der Anfechtungsanspruch nicht auf Aussonderung eines Gegenstandes aus der Konkursmasse oder auf abgesonderte Befriedigung gerichtet ist und auch nicht einen Anspruch betrifft, welcher als Masseschuld zu erachten ist; das Verfahren richtet sich vielmehr nach §§ 12, 144, 146 KO.

Anm. 8.

Der Anfechtungsgläubiger muß durch die Eröffnung des Konkurses über das Vermögen des Schuldners die Eigenschaft eines Konkursgläubigers erlangt haben. So muß der Abs. 1 des § 13 ausgelegt werden. Hartmann-Meikel (S. 310) weist zutreffend darauf hin, daß es nicht ganz genau sei, wenn von einer „Verfolgung der von Konkursgläubigern erhobenen Anfechtungsansprüche" gesprochen werde, da ja der Anfechtungsprozeß bereits vor der Konkurseröffnung, zu einer Zeit, wo von Konkursgläubigern noch keine Rede sei, geschwebt habe. Der vom Gesetzgeber gewählte Ausdruck ist eine Abkürzung, wie sie ähnlich auch im § 30 KO. gebraucht wird. Der Anfechtungsanspruch ist kein selbständiges Recht, insbesondere kein Vermögensrecht, sondern hängt kraft seiner akzessorischen Natur eng mit dem Forderungsrechte des Gläubigers zusammen. Wird die Forderung infolge des Konkursverfahrens über das Vermögen des Schuldners eine Konkursforderung, so folgt auch hier der Anfechtungsanspruch. Träger des Anfechtungsrechtes ist weder der Gemeinschuldner noch der Konkursverwalter. Zu prüfen ist daher, ob die Forderung des Anfechtungsgläubigers eine Konkursforderung, ob der Gläubiger Konkursgläubiger geworden ist. Konkursgläubiger sind nach § 3 Abs. 1 KO. alle persönlichen Gläubiger, welche einen zur Zeit der Eröffnung des Konkursverfahrens begründeten Vermögensanspruch an den Gemeinschuldner haben. Dabei ist unerheblich, ob sie ihre Ansprüche im Konkursverfahren angemeldet haben oder nicht und ob sie eine einfache oder bevorrechtigte Konkursforderung haben (vgl. Jaeger Anm. 5, Hartmann-Meikel S. 310). Zählen die Anfechtungsgläubiger zu den Nichtkonkursgläubigern, weil ihre Forderungen erst nach der Konkurseröffnung entstanden (Unterhaltsrenten vgl. § 3 Abs. 2 KO.) oder gemäß §§ 5 Abs. 2, 63 KO. unanmeldbar sind und ist gemäß § 37 KO. der angefochtene Erwerb zur Konkursmasse zurückzugewähren, so ist der Anfechtungsprozeß gegenstandslos geworden. Solche Anfechtungsgläubiger haben nach der Konkurseröffnung noch weniger Anspruch auf einen der Masse gebührenden Gegenstand als der Konkursgläubiger (vgl. Jaeger Anm. 5). Auf Absonderungsberechtigte findet § 13 keine Anwendung; die abgesonderte Befriedigung erfolgt unabhängig vom Konkurse nach § 4 KO. (RG. 32, 102; JW. 1899 S. 492). Ein Massegläubiger kann der Anfechtungsgläubiger nicht sein, da er gegen den Gemeinschuldner bereits zur Zeit der Konkurseröffnung einen vollstreckbaren Schuldtitel hat (vgl. §§ 58 ff. KO.). Aussonderungsberechtigte kommen nicht in Betracht (vgl. Anm. 19 zu § 1).

Das Absonderungsrecht ist für die Anfechtung nur insofern von Bedeutung, als von ihm die Befugnis des Gläubigers abhängt, seinen Anfechtungsanspruch noch während des Konkurses des Schuldners selbständig geltend zu machen (RG. 27. 5. 27 im Recht 27 Nr. 2044).

Anm. 9.

§ 13 kommt nur in Betracht, wenn die Anfechtungsklage zur Zeit der Konkurseröffnung bereits erhoben ist; gleichgültig ist, ob die Anfechtung im Wege der Klage oder Widerklage geltend gemacht ist. Wird dagegen die Anfechtung im Wege der Einrede oder Gegeneinrede geltend gemacht, so tritt eine Unterbrechung des Anfechtungsprozesses nicht ein (vgl. RG. v. 23. 4. 20 Seuff. Arch. 75 S. 271). Dies ergibt sich zwar nicht aus der Fassung des § 13; der Anfechtungsanspruch kann auch im Wege der Einrede erhoben werden (vgl. auch Anm. 75 zu § 1, ferner § 5), doch ist dies zu folgern aus dem Wesen des Anfechtungsanspruchs und der Rückgewährpflicht in Verbindung mit den Bestimmungen der KO. Mit der Einrede oder Gegeneinrede verlangt der Anfechtungsgläubiger nicht Rückgewähr eines Gegenstandes in das Vermögen seines Schuldners, sondern wehrt sich gegen einen Dritten, der, durch Erhebung der Interventionsklage, ihm die durch Pfändung des Gegenstandes bereits daran erworbenen Rechte streitig machen will; der Anfechtungsgläubiger verteidigt ein Realrecht (vgl. im Ergebnis ebenso Jaeger Anm. 6 und Hartmann-Meikel S. 313). Ist der Anfechtungsprozeß noch nicht erhoben, so kommt § 13 nicht in Betracht; der Konkursverwalter kann zugunsten der Konkursmasse die Anfechtungsklage erheben. Ist der Anfechtungsprozeß zur Zeit der Konkurseröffnung rechtskräftig oder vorläufig vollstreckbar zugunsten des Gläubigers entschieden, so kann der Konkursverwalter gemäß §§ 727, 730 ZPO. eine vollstreckbare Ausfertigung verlangen und die Zwangsvollstreckung zugunsten der Konkursmasse betreiben (vgl. dazu Motive S. 66; RG. 30, 67; 32, 104); der angefochtene Erwerb ist nicht mehr an den Schuldner, sondern an die Konkursmasse zurückzugewähren. Der Konkursverwalter kann, um dieses Ziel zu erreichen, aber auch eine neue Anfechtungsklage erheben (vgl. RG. 32, 104; a. M. Jaeger Anm. 31). Selbstverständlich ist, daß der Konkursverwalter, falls der Anfechtungsgläubiger nur Zurückgewährung eines (— zu seiner Befriedigung ausreichenden —) Teils des angefochtenen Erwerbs verlangt und erwirkt hatte, Rückgewähr auch des Restes in einer neuen Klage verlangen kann, falls der Anfechtungsprozeß bereits rechtskräftig beendet und der Anfechtungsgläubiger bereits im Wege der Zwangsvollstreckung gesichert oder befriedigt ist (vgl. Anm. 25 ff.).

Anm. 10.

Schließlich setzt § 13 Abs. 1—4 voraus, daß die angefochtene Handlung ein zur Konkursmasse gehöriges Vermögensstück betrifft (vgl. dazu §§ 1—4 KO.). Ist dies nicht der Fall, handelt es sich um konkursfreies Vermögen, um einen nicht gemäß § 37 KO. zur Konkursmasse zurückzugewährenden Gegenstand, so hat das Konkursverfahren keinen Einfluß. Gemäß Abs. 5 kann die Anfechtung auch während des Konkursverfahrens erfolgen; es ist dies eine Ausnahme von der im § 14 KO. gegebenen Vorschrift, wonach grundsätzlich während der Dauer des Konkursverfahrens Zwangsvollstreckungen zugunsten einzelner Konkursgläubiger weder in das zur Konkursmasse gehörige noch in das sonstige Vermögen des Gemeinschuldners stattfinden.

Wirkungen der Konkurseröffnung auf schwebende Einzelprozesse.

Anm. 11.

Zu unterscheiden sind nach § 13 dreierlei Wirkungen:
1. Unterbrechung des Anfechtungsprozesses (Abs. 2 Satz 1);
2. Wahlrecht des Konkursverwalters (Abs. 2 Satz 2, 3, 5);
3. Kostenerstattung (Abs. 1 Satz 2 und Abs. 2 Satz 4).

Anm. 12.

Der vor der Konkurseröffnung erhobene und zur Zeit der Konkurseröffnung noch nicht abgeschlossene Anfechtungsprozeß eines nunmehrigen Konkursgläubigers wird im Zeitpunkt der Konkurseröffnung (§ 108 KO.) unterbrochen. Nach der Beendigung des Konkursverfahrens vgl. Abs. 4 und Anm. 30 ff. Die Folgen der Prozeßunterbrechung ergeben sich aus der ZPO. in Verbindung mit der KO. und sind folgende: Alle Fristen einschl. der Notfristen im Zeitpunkt der Konkurseröffnung hören auf; die vollen Fristen beginnen nach Beendigung der Unterbrechung von neuem zu laufen. Die von einer Partei während der Unterbrechung in Ansehung der Hauptsache vorgenommenen Prozeßhandlungen sind der anderen Partei gegenüber ohne rechtliche Wirkung (§ 249 Abs. 1 und 2 ZPO.). Durch die nach dem Schlusse der mündlichen Verhandlung eintretende Unterbrechung wird die Verkündung der auf Grund dieser Verhandlung zu erlassenden Entscheidung nicht gehindert (§ 249 Abs. 3). Ist also die letzte mündliche Verhandlung in dem Anfechtungsprozesse vor der Konkurseröffnung gewesen, so kann ein Urteil noch nach der Konkurseröffnung verkündet werden; das Urteil ist nur durch den im Einzelfall zulässigen Rechtsbehelf (Rechtsmittel, Einspruch oder Nichtigkeitsklage) anzugreifen (vgl. RG. 45, 326: 64, 361). Andere Richterakte können während der Unterbrechung nicht erfolgen und sind anfechtbar, weil der Mangel darin besteht, daß einer Partei gegenüber gehandelt worden ist, die entweder unvertreten war oder doch, was dem gleichsteht, am Handeln verhindert war, sei es auch nur dadurch, daß sie infolge der Unterbrechung des Prozeßverfahrens ihr Handeln für unnötig ansehen mußte. Die Wirkungen treten ein, ohne Rücksicht darauf, ob eine Partei oder der Richter etwas von der Konkurseröffnung wußte oder nicht. Ist trotz der Konkurseröffnung weiter verhandelt und ein Urteil erlassen worden, so kann die unterlegene Partei das Urteil mit dem nach der Sachlage gegebenen Rechtsmittel anfechten und die Unwirksamkeit des Verfahrens geltend machen (OLG. 27, 66). Die Unterbrechung des Anfechtungsprozesses dauert solange, bis er wieder aufgenommen wird. Zur Wiederaufnahme ist berechtigt der Konkursverwalter oder eine der Parteien (vgl. darüber die folgenden Anmerkungen).

Anm. 13.

Der Konkursverwalter hat das Wahlrecht, ob er den Anfechtungsprozeß an Stelle des anfechtenden Gläubigers aufnehmen oder die Aufnahme ablehnen oder einen neuen Anfechtungsprozeß anstrengen will. In seiner Entscheidung ist er nur insofern beschränkt, als er gemäß §§ 133 Ziff. 2, 135, 136 KO. für die Ablehnung der Aufnahme oder für die Neuerhebung einer Klage bei Wertgegenständen über 300 RM. die Genehmigung des etwa vorhandenen Gläubigerausschusses einholen muß. Im übrigen ist er in seiner Entscheidung nicht gebunden; er haftet aber für den Schaden, welcher durch eine von ihm getroffene Maßnahme entstanden ist, gemäß § 82 KO., wenn ihm ein Verschulden im Sinne des § 276 BGB. zur Last fällt (RG. 78, 187; 89, 238).

Anm. 14.

Das Wahlrecht ist ohne Verzögerung auszuüben. Dies ist nicht direkt ausgesprochen, ergibt sich aber aus dem 2. Satze des 2. Absatz; dort sind die Folgen der Verzögerung der Aufnahme des Prozesses erwähnt. Die Bestimmungen des in Anm. 2 abgedruckten § 239 ZPO. finden entsprechende Anwendung. Der Anfechtungsgegner darf den zögernden Konkursverwalter zur Aufnahme und zugleich zur Verhandlung der Hauptsache laden; dem Anfechtungsgläubiger steht ein solches Recht nicht zu; eine analoge Anwendung des § 239 kommt nicht in Betracht.

Anm. 15.

Der Konkursverwalter kann nicht gezwungen werden, an Stelle des anfechtenden Gläubigers in den Rechtsstreit einzutreten. Nimmt er den Rechtsstreit aber auf, so übernimmt er ihn in der prozessualen Lage, in welcher er sich zur Zeit der Konkurseröffnung befunden hat. Die Aufnahme erfolgt durch Zustellung eines Schriftsatzes an den Anfechtungsgegner mit Ladung zur weiteren mündlichen Verhandlung oder durch mündliche Erklärung in der mündlichen Verhandlung vor dem Gericht (RG. 51, 97; 52, 347). Der Anfechtungsgläubiger scheidet als Partei aus; er kann als Zeuge vernommen werden, wobei § 393 Ziffer 4 ZPO. zu beachten ist.

Anm. 16.

Durch § 13 Abs. 2 Satz 3 erhält aber der Konkursverwalter — im Verhältnis zu anderen Rechtsnachfolgern im Sinne der §§ 265, 266 ZPO. — eine Ausnahmestellung; er kann (nicht muß) in Gemäßheit der §§ 268, 529 ZPO. den Anspruch nach den Vorschriften der KO. §§ 37—39, 41 erweitern. (Der Wortlaut der zitierten Paragraphen ist in Anm. 2 abgedruckt.) Die Erweiterung ist gemäß § 41 KO. zeitlich beschränkt und kann nur binnen Jahresfrist seit Konkurseröffnung erfolgen (vgl. Anm. 18), während für die Aufnahme des Prozesses ohne Erweiterung eine zeitliche Schranke nicht gezogen ist. Der den Klagegrund bildende Tatbestand darf nicht geändert werden. Neue Klagegründe sind stets in neuer Klage geltend zu machen. Der Klageantrag wird stets, auch ohne Erweiterung des Anspruchs, wie sich aus der Natur des Rückgewähranspruchs ergibt, dahin geändert werden müssen, daß Rückgewähr des angefochtenen Erwerbes nicht mehr an einen Einzelgläubiger, sondern an die Konkursmasse zu erfolgen hat. Der Einzelgläubiger kann Rückgewähr nur so weit verlangen, als zu seiner Befriedigung erforderlich ist; der Konkursverwalter kann dagegen, erweiternd, Rückgewähr des ganzen Erwerbes verlangen, da wohl kaum jemals die Rückgewähr eines Teils zur Befriedigung aller Konkursgläubiger ausreichen wird. Im übrigen bleiben für die Voraussetzungen des Anspruchs die Vorschriften des Anf.Ges. maßgebend.

Die Aufnahme kann noch in der Revisionsinstanz erfolgen, die Erweiterung dagegen nicht mehr in der Revisionsinstanz; dies ergibt sich aus dem Zweck der Revision (§§ 549 ff. ZPO.); die Erweiterung kann aber noch in der Berufungsinstanz geschehen, worauf § 13 durch die Bezugnahme auf § 529 ZPO. selbst noch besonders hinweist. Die Erhebung einer Widerklage ist in der Berufungsinstanz nur mit Einwilligung des Gegners zulässig (§ 529 Abs. 2 ZPO.). Eine Erweiterung kommt nicht in Frage, wenn der Einzelgläubiger bereits Rückgewähr des durch die anfechtbare Rechtshandlung vom Anfechtungsgegner Erworbenen in vollem Umfange verlangt hatte.

Anm. 17.

Aus der Zulässigkeit der Erweiterung ergeben sich für die sachliche Zuständigkeit einige Besonderheiten. Der

Rechtsstreit des Anfechtungsgläubigers schwebte in erster Instanz beim Amtsgericht mit einem Streitwert von 400 RM. Durch die Erweiterung wird der Streitwert auf mehr als 500 RM. erhöht. Gemäß § 506 ZPO. hat das Amtsgericht, sofern eine Partei vor weiterer Verhandlung zur Hauptsache darauf anträgt, durch Beschluß sich für unzuständig zu erklären und den Rechtsstreit an das Landgericht zu verweisen. Erweitert der Konkursverwalter den Klageantrag erst vor dem Landgericht als Berufungsinstanz, so ist streitig, ob die Berufungskammer auf Antrag die Verweisung an die die erstinstanzlichen Sachen bearbeitende Zivilkammer desselben Landgerichts auszusprechen hat. Jaeger Anm. 15 ist der Ansicht, es müsse wohl eine dem § 506 ZPO. entsprechende Verweisung an das Landgericht als erste Instanz erfolgen. Hartmann-Meikel hat sich in der 6. Auflage S. 315 dieser Ansicht angeschlossen. Es fehlt aber an jeglichem Anhaltspunkte im Gesetze für diese Anschauung. Die Verweisung wegen einer erst in der Berufungsinstanz neu eingetreten Erweiterung ist nicht möglich; denn das Amtsgericht war bis zum Urteil zuständig und die nachträgliche Erweiterung in der Berufungsinstanz kann keinen Grund zur Abänderung des Urteils des Amtsgerichts abgeben. Das Landgericht als Berufungsinstanz bleibt aber für den bei ihm erhobenen Anspruch zuständig (vgl. dazu Stein zu § 506 ZPO.). Der Konkursverwalter hat dadurch übrigens auch keinen Nachteil zu erwarten. Befürchtet er tatsächlich einen Nachteil, so hat er ja, wie noch zu erörtern, das Recht, die Aufnahme des Anfechtungsprozesses des Einzelgläubigers abzulehnen und einen neuen Prozeß zu erheben. Wie die Motive S. 29 ausführen, „geschieht auch der Rechtsverteidigung des Anfechtungsgegners in keiner Weise Abbruch". „Derselbe hatte bereits durch den Einzelangriff des Gläubigers Veranlassung, alles vorzubringen, was er in betreff der Anfechtbarkeit der Rechtshandlung zu seinen Gunsten geltend zu machen vermochte, und er kann auch jetzt noch das Versäumte nachholen."

Anm. 18.

Der Konkursverwalter kann die Prozeßaufnahme ausdrücklich gegenüber dem Anfechtungsgegner oder auch gegenüber dem Anfechtungsgläubiger ablehnen oder stillschweigend durch seine Handlungsweise zu erkennen geben. Damit verzichtet er nicht auf das Anfechtungsrecht, sondern nur auf Fortführung des vom Anfechtungsgläubiger begonnenen Rechtsstreits (vgl. Hartmann-Meikel S. 318). Der Konkursverwalter kann eine neue Anfechtungsklage erheben (Abs. 2 letzter Satz). Für diese neue Klage sind aber die Vorschriften der KO. maßgebend. Insbesondere müssen die in der KO. §§ 29 ff. bestimmten Fristen beachtet werden. Die Einzelanfechtung ist dabei bedeutungslos. Ist eine Wahrung der Fristen nicht mehr möglich, dann bleibt dem Konkursverwalter, wenn er nicht auf den Anfechtungsanspruch verzichten will, nichts anderes übrig, als in den Rechtsstreit des Einzelgläubigers einzutreten. Verlangten mehrere Einzelgläubiger Rückgewähr desselben Erwerbs, so hat der Konkursverwalter die Wahl, welchen Prozeß er übernehmen will. Das Erweiterungsrecht steht ihm, wie auch bei den Beratungen über das Anf.Ges. in der Kommission zum Ausdruck gebracht wurde, jederzeit zu, auch wenn die Anfechtungsfristen bereits abgelaufen sind, jedoch muß der Erweiterungsanspruch innerhalb eines Jahres seit Konkurseröffnung geltend gemacht werden (§ 13 Abs. 2 Satz 3 Anf.-Ges. in Verbindung mit § 41 KO.; vgl. Anm. 16).

Anm. 19.

Für die Frage der Prozeßkosten im Rechtsstreit des Einzelgläubigers sind bei Aufnahme oder Ablehnung des Rechtsstreits durch den Konkursverwalter besondere Bestimmungen im § 13 Abs. 1 Satz 2 und Abs. 2 Satz 4 getroffen.

Anm. 20.

Nimmt der Konkursverwalter den Rechtsstreit eines Einzelgläubigers auf, so sind dem Gläubiger aus dem Erstrittenen die Prozeßkosten vorweg zu erstatten (Abs. 1 Satz 2). In dem Urteil ist ein dahingehender Satz nicht aufzunehmen. Es heißt vielmehr nur, daß der Beklagte (Anfechtungsgegner) die Kosten des Rechtsstreits zu tragen habe. Die Bestimmung des Abs. 1 Satz 2 gilt nur für das Innenverhältnis zwischen dem Einzelgläubiger und der Konkursmasse. Offensichtlich geht das Anf.Ges. davon aus, daß der Konkursverwalter den Rechtsstreit des Einzelgläubigers nur dann aufnehmen wird, wenn der Rechtsstreit gewonnen wird. Die dem Einzelgläubiger vorweg zu erstattenden Prozeßkosten sind nicht Massekosten im Sinne des § 58 KO.; sie sind nicht aus der Konkursmasse vorweg zu entrichten (§ 57 KO.), sondern nur „aus dem Erstrittenen". Jaeger (Anm. 17) faßt die Erstattungsverbindlichkeit als bedingte Masseschuld im Sinne des § 59 Nr. 3 KO. auf, mit der Besonderheit gegenüber § 60 KO., daß diese Masseschuld vor anderen Masseschulden aus dem Erstrittenen zu decken ist. Die Konkursmasse würde rechtlos zum Nachteil des anfechtenden Einzelgläubigers bereichert sein, wenn die Prozeßkosten nicht zu erstatten wären. Über die Verteilung der Prozeßkosten für den Fall des Unterliegens ist keine besondere Bestimmung getroffen. In dem Urteil heißt es nur, daß die klagende Konkursmasse die Prozeßkosten zu tragen hat; das gilt für das Verhältnis der Konkursmasse zu dem obsiegenden Anfechtungsgegner. Dem Einzelgläubiger steht ein Erstattungsanspruch gegen die Konkursmasse nicht zu. Hätte er den Rechtsstreit bis zum Ende selbst durchgeführt, so würde ihm, da er den Prozeß verloren hat, gegen den Schuldner (Gemeinschuldner) auch kein Erstattungsanspruch zustehen. Andererseits kann aber auch die Konkursmasse die Prozeßkosten nicht von dem Einzelgläubiger erstattet verlangen. Der Konkursverwalter hatte ja das Recht, die Übernahme des Prozesses des Einzelgläubigers abzulehnen; verliert er den Prozeß, so fallen die Kosten der Masse als Massekosten zur Last (§ 58 Nr. 1 KO.). Daher sind die Kosten, soweit sie durch den Einzelprozeß entstanden sind, von dem Einzelgläubiger, im übrigen von der Konkursmasse zu tragen.

Anm. 21.

Lehnt der Konkursverwalter (vgl. Anm. 18) die Aufnahme des Einzelprozesses ab, so bleibt die Konkursmasse bei der Kostenfrage außer Betracht. Die Kostenfrage ist in dem Rechtsstreit zwischen dem Einzelgläubiger und dem Anfechtungsgegner zu entscheiden. Zu diesem Zwecke kann der Prozeß von jeder Partei übernommen werden, und zwar noch während des Konkursverfahrens. Will der Einzelgläubiger den Rechtsstreit auch wegen der Hauptsache aufnehmen, dann muß er bis nach Beendigung des Konkursverfahrens warten (vgl. Anm. 29 ff.). Während des Konkursverfahrens ist eine Wiederaufnahme nur wegen der Kosten zulässig. Die Kosten hat zu tragen, wer bei Durchführung des Rechtsstreits unterlegen sein würde (§ 91 ZPO.). Eine Verhandlung und Entscheidung über den Kostenpunkt würde demnach mittelbar eine Entscheidung in der Hauptsache sein. Da der Konkursverwalter das Recht hat, auf Grund desselben Tatbestandes selbst eine neue Anfechtungsklage zu erheben, können zwei Prozesse nebeneinander hergehen, der nur noch im Kostenpunkt zu erledigende Rechtsstreit des Einzelgläubigers und der Anfechtungsprozeß des Konkursverwalters. Die Folge kann sein, daß bei gleichem Tatbestande zwei widersprechende Entscheidungen ergehen. Um dies zu vermeiden, erscheint es zweckmäßig, in dem Kostenprozeß von der Befugnis des § 148 ZPO. Gebrauch zu machen. Da die Entscheidung des Rechtsstreits des Einzelgläubigers von dem Bestehen oder Nichtbestehen eines Rechtsverhältnisses abhängt, welches den Gegenstand eines anderen anhängigen Rechtsstreits bildet, kann das Gericht anordnen, daß die Verhandlung bis zur Erledigung des anderen Rechtsstreits auszusetzen sei (ebenso Jaeger Anm. 11; Hartmann-Meikel S. 319). Im allgemeinen wird in ähnlichen Fällen allerdings der zuerst erhobene Prozeß, in welchem vielleicht schon Beweisaufnahme erfolgt ist, weiter fortgeführt und der spätere Prozeß ausgesetzt. Dies wäre aber hier nicht empfehlenswert, da als der wichtigere und eiligere Prozeß der des Konkursverwalters anzusehen ist, während der Einzelgläubigerprozeß ja nur noch im Kostenpunkte praktische Bedeutung hat. Ist der Kostenprozeß ausgesetzt, so kann er nach rechtskräftiger Beendigung des Rechtsstreits des Konkursverwalters, auch wenn das Konkursverfahren selbst noch schwebt, wieder aufgenommen werden. Hat der Konkursverwalter einen neuen Prozeß nicht anhängig gemacht, so liegt kein Grund zur Aussetzung des Einzelgläubigerprozesses vor; dieser ist auch während des Konkurses fortzusetzen. Der Einzelgläubigerprozeß schwebt wegen des Kostenpunktes weiter zwischen den alten Parteien; der Konkursverwalter hat damit nichts zu tun; er ist nicht etwa Rechtsnachfolger des Einzelgläubigers; die mittelbare Entscheidung über den Anfechtungsanspruch ist nicht zu vermeiden.

Möglich ist schließlich noch, daß der Rechtsstreit des Konkursverwalters wegen Ablaufs der Anfechtungsfristen abgewiesen wird. Ist der Einzelgläubigerprozeß rechtzeitig erhoben, so wird dort die Beweisaufnahme notwendig. Ob das Gericht, das in dem Kostenprozeß zu entscheiden hat, noch Aussetzung beschließt, wenn es den Fristenablauf in dem Prozeß des Konkursverwalters sofort feststellen kann, hängt vom Ermessen des Gerichts ab; eine Aussetzung ist in diesem Falle nicht zweckentsprechend. Jedenfalls kann, wie Jaeger Anm. 11 ausführt, aus diesem Einzelfalle eine allgemeine Unzulässigkeit der Aussetzung nicht gefolgert werden.

Wirkung der Konkurseröffnung auf abgeschlossene Einzelprozesse.

Anm. 22.

Bisher ist die Wirkung auf noch schwebende Prozesse erörtert. Ein Einzelgläubigerprozeß kann wie jeder andere Rechtsstreit seine Erledigung durch Prozeßvergleich oder durch Urteil finden. Ist das Urteil nur vorläufig vollstreckbar, so kann der Konkursverwalter den Rechtsstreit aufnehmen und das zulässige Rechtsmittel einlegen. Er kann aber das vorläufig vollstreckbare Urteil nicht für die Masse ausnutzen und dabei die Übernahme des Rechtsstreits ablehnen. Zur Ausnutzung eines vorläufig vollstreckbaren Urteils ist er nur befugt, nachdem er den Rechtsstreit aufgenommen hat. Will er das vom Einzelgläubiger Erstrittene für die Masse ohne Aufnahme verwerten, muß er die Rechtskraft des Urteils abwarten (vgl. Anm. 9).

Anm. 23.

Der Prozeßvergleich im Einzelprozeß wirkt nur zwischen dem Einzelgläubiger und dem Anfechtungsgegner. Der Konkursverwalter ist nicht daran gebunden und kann eine neue Anfechtungsklage erheben; eintreten in den Einzelprozeß kann er allerdings nicht mehr, da dieser beendet ist. Über den Fall, daß der Einzelgläubiger auf Grund des Vergleichs bereits ganz oder teilweise befriedigt ist, vgl. Anm. 25 ff.

Anm. 24.

Ist der Rechtsstreit des Einzelgläubigers rechtskräftig entschieden, so sind 2 Fälle zu unterscheiden. Hat der Einzelgläubiger den Rechtsstreit verloren, so hindert dies den Konkursverwalter nicht, eine neue Anfechtungsklage zu erheben, und zwar nach den Vorschriften der KO. (vgl. § 13 Abs. 2 letzter Satz). In dem neuen Anfechtungsprozeß könnte der Gegner nicht die Einrede der rechtskräftig entschiedenen Sache vorbringen; denn der Anfechtungskläger ist eine andere Person. Eine Sondervorschrift wie Abs. 4 Satz 1 gibt es in diesem Falle nicht (vgl. Anm. 33).

Anm. 25.

Ist aber der Einzelgläubiger mit seinem Anspruch rechtskräftig durchgedrungen, so sind wiederum zwei Fälle zu unterscheiden.

a) Der Einzelgläubiger hat nur das Urteil, aber noch keine Sicherung oder Befriedigung erlangt. Vereinzelt ist in der älteren Literatur eine neue Klage des Konkursverwalters für notwendig erklärt, weil das Urteil zugunsten des Einzelgläubigers einen nach § 14 KO. nicht mehr erzwingbaren Inhalt habe und der Verwalter nicht Rechtsnachfolger des Einzelgläubigers sei. Heute herrscht, soweit bekannt, in Literatur und Rechtsprechung wohl kein Streit mehr (vgl. u. a. RG. 30, 70; 32, 104; Jaeger Anm. 21). Der Einzelgläubiger erhält durch sein obsiegendes Urteil allein noch keinen Vorrang vor den übrigen Gläubigern; er bleibt weiter Gläubiger und ist nicht dinglich Berechtigter geworden. Ist er durch die Konkurseröffnung Konkursgläubiger geworden, so steht die weitere Verfolgung des Anspruchs dem Konkursverwalter zu (Abs. 1 Satz 1). Der Verwalter kann den Anspruch naturgemäß nicht mehr erweitern und müßte, um Rückgewähr des noch dem Anfechtungsgegner verbleibenden Restes des angefochtenen Erwerbes zu erlangen, nach den Vorschriften der KO. (nicht des Anf.Ges.) eine neue Klage erheben (vgl. Abs. 2 Satz 5 und Anm. 18 ff.). Jaeger weist in Anm. 21 noch darauf hin, daß es keinen Sinn haben würde, der Gläubigergesamtheit die Weiterverfolgung einer noch schwebenden Einzelklage zu gestatten, ihr aber die Ausbeutung des siegreich durchgeführten Prozesses zu verwehren; alle Beteiligten würden dadurch geschädigt; der Konkursverwalter müßte einen neuen Prozeß gegen den Anfechtungsgegner führen, und der Einzelgläubiger könnte das Urteil nicht vollstrecken und verlöre sein Recht auf Erstattung der Prozeßkosten aus § 13 Abs. 1 Satz 2. Der Konkursverwalter braucht nur die Umschreibung der Vollstreckungsklausel zugunsten der Konkursmasse gemäß §§ 727, 730 ZPO. in Verbindung mit § 73 KO. zu erwirken, damit die Rückgewähr des angefochtenen Erwerbs „zur Konkursmasse" erzwungen werden kann.

Anm. 26.

b) Der Einzelgläubiger hat aus dem Zurückzugewährenden bereits eine Sicherung oder Befriedigung erhalten. In der Regel wird ein obsiegendes Urteil des Einzelgläubigers bereits ergangen sein und der Einzelgläubiger seinen Anspruch im Wege der Zwangsvollstreckung befriedigt oder gesichert haben. Ob die Sicherung oder Befriedigung auf Grund eines rechtskräftigen oder eines nur vorläufig vollstreckbaren Urteils erlangt ist, ist hierbei gleichgültig. Der Absatz 3 des § 13 trifft aber nicht nur diesen Regelfall, sondern umfaßt auch die Fälle, in denen der Anfechtungsgegner freiwillig vor, während oder nach dem Anfechtungsprozesse oder auf Grund eines Prozeßvergleichs oder auf Grund eines außergerichtlichen Vergleichs den Einzelgläubiger ganz oder teilweise befriedigt oder gesichert hat. In allen diesen Fällen finden auf die Anfechtung der erlangten Sicherung oder Befriedigung die Vorschriften des § 30 Nr. 1 der Konkursordnung entsprechende Anwendung. Daraus ergibt sich mittelbar, daß die Befriedigung oder Sicherung des Einzelgläubigers grundsätzlich wirksam und nur unter bestimmten Voraussetzungen anfechtbar ist. Es ist eine neue Anfechtungsklage erforderlich, welche der Verwalter gegen den Empfänger der Befriedigung oder Sicherung — den früheren Anfechtungsgläubiger — zu richten hat. Der Einzelgläubiger des früheren Anfechtungsprozesses wird zum Anfechtungsgegner in dem Prozeß des Verwalters. Die Voraussetzungen für diesen Anfechtungsprozeß ergeben sich gemäß § 13 Abs. 3 Anf.Ges. aus KO. § 30 Nr. 1, dessen Wortlaut bei § 3 abgedruckt ist. Von vornherein scheidet hier der im ersten Satz des § 30 Nr. 1 erwähnte Fall aus, da ein Rechtsgeschäft des Gemeinschuldners bei dieser Befriedigung oder Sicherung des Einzelgläubigers nicht in Frage kommt. Der zweite Satz berücksichtigt alle Rechtshandlungen, welche einem Konkursgläubiger Sicherung oder Befriedigung gewähren, gleichviel von wem die Rechtshandlungen ausgehen. Der Begriff „Rechtshandlung" im § 30 KO. ist derselbe wie im § 1 Anf.Ges. (vgl. Anm. 22 zu § 1). Der Anfechtungsgegner des Einzelgläubigers ist in dem Prozeß des Verwalters nicht Gegner. Die weitere Voraussetzung ist: Die Rechtshandlung (Befriedigung oder Sicherung des Einzelgläubigers) muß nach der Zahlungseinstellung oder nach dem Konkurseröffnungsantrage erfolgt sein. Schließlich muß der Konkursverwalter behaupten und im Streitfalle beweisen, daß dem Einzelgläubiger zu der Zeit, als die Handlung (Befriedigung oder Sicherung) erfolgte, die Zahlungseinstellung oder der Eröffnungsantrag bekannt war (vgl. JW. 1893 S. 308 Nr. 13; 1894 S. 122 Nr. 17). Eine Anfechtung aus §§ 31, 32 KO. kann nicht erfolgen, da es sich dabei um Rechtshandlungen (Verträge, Verfügungen) des Schuldners handelt. § 30 Ziffer 2 beschränkt die Anfechtbarkeit zwar nicht auf Rechtshandlungen des Schuldners, wird jedoch in § 13 Abs. 3 nicht erwähnt, so daß der Konkursverwalter nur auf die Anfechtung aus § 30 Nr. 1 Satz 2 beschränkt ist. Auf § 40 Abs. 2 KO. kann der Konkursverwalter seine Anfechtungsklage gegen den Einzelgläubiger nicht stützen, da auf diesen Paragraphen im § 13 Abs. 3 nicht Bezug genommen ist (vgl. RG. 39, 84). Ist aber der Einzelgläubiger verstorben, oder hat er das Erworbene weiterveräußert, so kann der Verwalter gemäß § 40 KO. gegen den Erben oder anderen Rechtsnachfolger klagen. Der Klageantrag des Verwalters geht dahin, daß der Einzelgläubiger das, was er „aus dem Zurückzugewährenden" als „Sicherung oder Befriedigung erlangt" hatte, zur Konkursmasse zurückzugewähren hat. Kann der Verwalter gegen den Einzelgläubiger eine Anfechtungsklage nicht erheben, weil die Voraussetzungen dafür nicht vorliegen, so kann er unter Umständen — falls dafür die Voraussetzungen vorliegen — gegen den Einzelgläubiger die Bereicherungsklage aus § 812 BGB. erheben, weil der Einzelgläubiger durch den Empfang der „Rückgewähr" im Verhältnis zu den übrigen Konkursgläubigern ungerechtfertigt bereichert ist.

Anm. 27.

Ob der Einzelgläubiger volle oder nur teilweise Befriedigung oder Sicherung erhalten hat, ist nur insofern von Bedeutung, als der Anspruch des Konkursverwalters gegen den Einzelgläubiger dadurch begrenzt wird. Unter Umständen muß also der Konkursverwalter, um das durch eine einzige anfechtbare Rechtshandlung des Gemeinschuldners an eine Person (Anfechtungsgegner) verschobene Vermögensobjekt — z. B. 60 Tonnen Getreide — zur Konkursmasse heranziehen zu können, drei verschiedene Wege einschlagen:

1. Wegen der 10 Tonnen, die der Einzelgläubiger zu seiner teilweisen Befriedigung von seinem Anfechtungsgegner bereits erhalten hat, muß der Verwalter gegen den Einzelgläubiger eine neue Anfechtungsklage erheben (§ 13 Abs. 3).
2. Wegen der 20 weiteren Tonnen, über welche im Anfechtungsprozeß des Einzelgläubigers bereits zugunsten des Einzelgläubigers entschieden ist, für welche der Einzel-

gläubiger aber noch keine Befriedigung oder Sicherung erlangt hat, muß der Konkursverwalter die Vollstreckungsklausel umschreiben lassen und die weitere Verfolgung gemäß § 13 Abs. 1 Satz 1 übernehmen.

3. Wegen der letzten 30 Tonnen, deren Rückgewähr der Einzelgläubiger nicht verlangt hatte, muß der Konkursverwalter eine neue Anfechtungsklage nach den Vorschriften der KO. gegen den Anfechtungsgegner (nicht gegen den Einzelgläubiger) erheben.

Anm. 28.

„Befriedigung" im Sinne des § 13 Abs. 3 ist jede Erfüllung der Rückgewährverbindlichkeit, auch die Hinterlegung zum Zwecke der Erfüllung (§§ 372 ff. BGB.). Hauptfälle der „Sicherung" sind die Verpfändung, die Hinterlegung zum Zwecke der Sicherheitsleistung (§§ 232 ff. BGB.), die Bewilligung einer Vormerkung (§§ 883, 884 BGB.), die Erteilung einer vollstreckbaren Urkunde. Erwirkung einer einstweiligen Verfügung oder eines Arrestes ist keine Sicherung im Sinne des Abs. 3; erst die Vollziehung des Arrestes, die Eintragung einer Sicherungshypothek oder Vormerkung auf Grund der einstweiligen Verfügung ist Sicherung.

Der Einzelgläubiger, welcher das Erstrittene gemäß § 13 Abs. 3 herausgeben muß, hat Gegenansprüche gemäß §§ 38, 39 KO.; die Prozeßkosten aus seinem Anfechtungsprozeß sind dem Einzelgläubiger aus dem Erstrittenen vorweg zu erstatten (Abs. 1 Satz 2).

Wirkung der Beendigung des Konkursverfahrens.

Anm. 29.

Im Absatz 4 Satz 1 wird behandelt, welche Rechte dem Einzelgläubiger nach Beendigung des Konkursverfahrens zustehen. Dazu gibt der Satz 2 eine Sonderbestimmung für den Fristenlauf. Schließlich sind auch die Einreden des Anfechtungsgegners im Abs. 4 Satz 1 Halbsatz 2 erwähnt.

Anm. 30.

Die KO. kennt den Begriff „Beendigung des Konkursverfahrens" nicht, sondern nur „Aufhebung" (§§ 163, 164, 190 KO.) und „Einstellung" (§§ 202—206 KO.). In diesen Fällen ist vorausgesetzt, daß der Eröffnungsbeschluß rechtskräftig geworden war. Der Begriff „Beendigung" umfaßt „Aufhebung" und „Einstellung". Ist auf Antrag eines Gläubigers das Konkursverfahren eröffnet, der Eröffnungsbeschluß aber auf die sofortige Beschwerde des Gemeinschuldners (§§ 109, 74 KO.) aufgehoben worden, so treten die mit der Konkurseröffnung verbundenen Rechtsfolgen rückwirkend außer Kraft;

jedoch bleiben die in der Zwischenzeit vom Konkursverwalter vorgenommenen Rechtsgeschäfte rechtswirksam (RG. 36, 94). Da in der Praxis zwischen Konkurseröffnungsbeschluß und Entscheidung auf die sofortige Beschwerde nur verhältnismäßig kurze Zeit liegt, wird eine Entscheidung des Konkursverwalters über die Einleitung oder Übernahme von Anfechtungsprozessen wohl kaum jemals vorliegen. Gemäß §§ 161 bis 163 KO. erfolgt die Aufhebung des Konkursverfahrens erst, sobald die Verwertung der Masse beendigt und die Schlußverteilung erfolgt ist; in der Regel werden die Anfechtungsprozesse bei Aufhebung des Konkurses rechtskräftig beendet sein.

Anm. 31.

In Betracht kommen Anfechtungsrechte, deren Ausübung dem Konkursverwalter zustand; ob er sie ausgeübt hat oder nicht, ist gleichgültig. Welche Anfechtungsrechte der Konkursverwalter gegen den Anfechtungsgegner ausüben kann, ergibt sich aus den Anm. 8 und 10. Unerheblich ist, ob der Einzelgläubiger vor der Konkurseröffnung (vgl. RG. 30, 77) oder der Konkursverwalter schon eine Anfechtungsklage erhoben hatte oder nicht. Unerheblich ist weiter auch, wie weit der Anfechtungsprozeß zur Zeit der Beendigung des Konkursverfahrens bereits gediehen ist. Das Anwendungsgebiet des Abs. 4 ist also wesentlich weiter als das der vorausgehenden Absätze, welche zur Voraussetzung hatten, daß der Einzelgläubiger vor der Konkurseröffnung einen Anfechtungsanspruch erhoben hat. Zu den Einzelgläubigern im Sinne des Abs. 4 gehören außer den einzelnen bisherigen Konkursgläubigern auch solche persönlichen Gläubiger, deren Forderungen im Konkurse nicht geltend gemacht werden konnten (vgl. Anm. 17 zu § 1); Absonderungsberechtigte kommen nicht in Frage (RG. 16, 36; 25, 63). Die Anfechtungsrechte können nunmehr von den einzelnen Gläubigern verfolgt werden. Die von dem Konkursverwalter eingeleiteten oder aufgenommenen Prozesse werden von den Einzelgläubigern nicht „aufgenommen" (vgl. Jaeger Anm. 34; Hartmann-Meikel S. 322). Der Einzelgläubiger kann einen unbeendigten Anfechtungsprozeß des Verwalters auch in den Grenzen des Abs. 4 nur fortsetzen, wenn der Verwalter den Einzelprozeß gerade dieses Gläubigers aufgenommen hatte. Einer besonderen „Aufnahme" dieses Prozesses durch den Einzelgläubiger bedarf es nicht, da eine Unterbrechung bei Konkursbeendigung nicht stattfindet. Hat der Konkursverwalter die Aufnahme des Einzelprozesses abgelehnt und ist daraufhin der Einzelprozeß wegen der Kosten fortgeführt worden (Abs. 2 Satz 4), so kann, wenn der Kostenprozeß noch nicht rechtskräftig entschieden ist, die Verhandlung nach der Konkursbeendigung unter den Voraussetzungen des Abs. 4 auch auf die Hauptsache erstreckt werden.

Anm. 32.

Die Einzelanfechtung kann nur nach Maßgabe des Anf.Ges. geschehen, Rückgewähr nur in den Grenzen des § 7 gefordert werden. Die Voraussetzungen für die Geltendmachung der Anfechtungsrechte finden bezüglich der Berechnung der im § 3 Nr. 2—4 bestimmten Frist die im Satz 2 des 4. Absatzes erwähnte Ergänzung, aber nur für den Fall, daß die Anfechtung nicht schon zur Zeit der Eröffnung des Konkursverfahrens erfolgt war. Gleichgültig ist aber, ob der Konkursverwalter vor Beendigung des Konkursverfahrens seinerseits angefochten hat oder nicht (RG. 91, 90). Die Verlängerungsfrist von einem Jahr ist eine Ausschlußfrist. Ob die Fristerstreckung, welche für den Fall des § 3 Nr. 1 nicht gilt, zweckmäßig ist oder besser in einem späteren Gesetze zu beseitigen wäre, soll hier nicht untersucht werden.

Anm. 33.

Der Anfechtungsgegner kann dem Anspruch entgegenstehende Einreden geltend machen. Außer den Einreden, welche ihm gegen den Anfechtungsgläubiger zustehen, kann er auch solche Einreden geltend machen, welche er gegen den Konkursverwalter erlangt hat. Dadurch wird vermieden, daß der Anfechtungsgegner zweimal — dem Verwalter und dem Einzelgläubiger — zur Rückgewähr verpflichtet ist. Aus der Fassung des § 13 Abs. 4 Satz 1 („soweit nicht . . .") ergibt sich, daß die Einwendungstatbestände vom Anfechtungsgegner zu behaupten und zu beweisen sind. Hat der Konkursverwalter Rückgewähr erlangt oder Ersatz an Erfüllungs Statt (§ 364 BGB.) angenommen, so ist damit die Einzelanfechtung gegenstandslos geworden. Auch der Vergleich, Verzicht, Erlaß des Konkursverwalters wirken gegen den Einzelgläubiger. Eine vom Verwalter in dieser Beziehung abgegebene Erklärung könnte, falls sie auf Irrtum, Täuschung oder Drohung beruht, nur vom Verwalter selbst gemäß §§ 119, 123, 142 BGB., nicht vom Einzelgläubiger angefochten werden. Der Anfechtungsgegner kann im Einzelprozesse den Einwand der Rechtskraft geltend machen, wenn der Verwalter mit einem Anfechtungsanspruch abgewiesen ist und der Einzelgläubiger seinen Prozeß nach Konkursbeendigung auf dieselben Tatsachen stützt wie der Konkursverwalter. Der Einzelgläubiger muß ein gegen den Verwalter ergangenes Urteil nur im Rahmen des § 13 Abs. 4 gegen sich gelten lassen, wenn es sich um denselben Anspruch — um dieselbe Rückgewähr — handelt; nur insoweit ist die Nichtanfechtbarkeit rechtskräftig festgestellt (JW. 1917 S. 476). Ist aber der Verwalter nur deshalb abgewiesen, weil er das Anfechtungsrecht nicht in der im § 41 KO. bestimmten, mit der Konkurseröffnung beginnenden einjährigen Ausschlußfrist ausgeübt hat, so ist das Anfechtungsrecht des Einzelgläubigers nach Beendigung des Konkurses nicht ausgeschlossen, wenn die Fristen von dem Einzelgläubiger gewahrt sind (RG. 91, 90; vgl. Hartmann-Meikel S. 323 f.). Dem Einzelgläubiger kann schließlich noch entgegengehalten werden, daß das Konkursverfahren durch Zwangsvergleich (§ 190 KO.) oder durch Einstellung gemäß §§ 202, 204 KO. erledigt sei. Der auf Rückgewähr zur Konkursmasse gerichtete Anfechtungsprozeß des Verwalters ist in der Hauptsache gegenstandslos geworden, und zwar ohne weiteres, ohne Richterspruch, weil die Trägerin des Anfechtungsanspruchs — die Konkursgläubigergemeinschaft — weggefallen ist (ebenso Jaeger Anm. 36).

§ 14

Dieses Gesetz tritt im ganzen Umfange des Reichs gleichzeitig mit der Konkursordnung in Kraft.

Dasselbe findet auch auf die vor diesem Zeitpunkte vorgenommenen Rechtshandlungen Anwendung, sofern sie nicht nach den Vorschriften der bisherigen Gesetze der Anfechtung entzogen oder in geringerem Umfange unterworfen sind.

Ist der Anfechtungsanspruch zur Zeit des Inkrafttretens dieses Gesetzes rechtshängig, so bleiben für die Entscheidung des Rechtsstreits die Vorschriften der bisherigen Gesetze maßgebend.

Allgemeines.

Anm. 1.

Materialien Begründung S. 33 ff. Protokolle S. 2269. Die Bekanntmachung des Reichskanzlers vom 20. 5. 1898 hat diesen Paragraphen weggelassen. Der Paragraph findet sich nur in der Fassung des Gesetzes vom 21. 7. 1879.

Übergang am 1. 10. 1879.

Anm. 2.

Die Konkursordnung, und damit das Anf.Ges., ist zugleich mit dem Gerichtsverfassungsgesetz in Kraft getreten (§ 1 EG. z. KO., § 1 RG. z. GVG.). Von praktischer Bedeutung sind die Übergangsvorschriften nicht mehr, vgl. darüber die Ausführungen bei Jaeger Anf.Ges. Anm. 1 zu § 14, vgl. auch § 12 und Anm. 1 dazu.

Anm. 3.

Übergang am 1. 1. 1900.

In dem Einführungsgesetz zu dem Gesetze, betreffend Änderungen der Konkursordnung vom 17. 5. 1898 sind im Art. VII die Änderungen des Anf.Ges. angegeben. Der § 14 wird darin nicht erwähnt. Er ist somit in Kraft geblieben, aber gegenstandslos geworden. Aus Art. I in Verbindung mit Art. 1 EGBGB. ergibt sich mithin, daß die Abänderungen des Anf.-Ges. am 1. 1. 1900 in Kraft getreten sind. Nach Art. VIII des genannten Einführungsgesetzes finden die Vorschriften des das Anf.Ges. abändernden Art. VII auf die vor dem 1. 1. 1900 vorgenommenen Rechtshandlungen keine Anwendung. Ein Rechtserwerb bleibt unanfechtbar, wenn er sich unter der Herrschaft eines Gesetzes vollendet hat, das seine Anfechtung nicht zuläßt (vgl. dazu § 12 Abs. 3 und die Anm. 9).

Anm. 4.

Übergang am 1. 10. 1927.

Im § 98 der Vergleichsordnung vom 5. Juli 1927 hat der § 3 des Anf.Ges. einen zweiten Absatz erhalten. Die Vergleichsordnung und damit der genannte 2. Absatz des § 3 ist am 1. 10. 1927 in Kraft getreten (§ 101 VerglO.). Diese Vorschrift wird auch jetzt noch häufig zu berücksichtigen sein bei Berechnung der in dem Anf.Ges. bestimmten Fristen (§§ 3, 12, 13).

Österreich

Anfechtungsordnung

(Kaiserl. VO. vom 10. 12. 1914)

§ 1. Anfechtungsrecht

Rechtshandlungen, die das Vermögen eines Schuldners betreffen, können außerhalb des Konkurses nach den folgenden Bestimmungen zum Zwecke der Befriedigung eines Gläubigers angefochten und diesem gegenüber als unwirksam erklärt werden.

§ 2. Anfechtung

a) wegen Benachteiligungsabsicht.

Anfechtbar sind:

1. Alle Rechtshandlungen, die der Schuldner in der dem anderen Teile bekannten Absicht, seine Gläubiger zu benachteiligen, in den letzten zehn Jahren vor der Anfechtung vorgenommen hat;

2. alle Rechtshandlungen, durch welche die Gläubiger des Schuldners benachteiligt werden und die er in den letzten zwei Jahren vor der Anfechtung vorgenommen hat, wenn dem anderen Teile die Benachteiligungsabsicht bekannt sein mußte;

3. alle Rechtshandlungen, durch welche die Gläubiger des Schuldners benachteiligt werden und die er in den letzten zwei Jahren vor der Anfechtung gegenüber seinem Ehegatten — vor oder während der Ehe — oder gegenüber anderen nahen Angehörigen oder zugunsten der genannten Personen vorgenommen hat, es sei denn, daß dem anderen Teile zur Zeit der Vornahme der Rechtshandlung eine Benachteiligungsabsicht des Schuldners weder bekannt war noch bekannt sein mußte;

b) wegen Vermögensverschleuderung:

4. die im letzten Jahre vor der Anfechtung vom Schuldner eingegangenen Kauf-, Tausch- und Lieferungsverträge, sofern der andere Teil in dem Geschäfte eine die Gläubiger benachteiligende Vermögensverschleuderung erkannte oder erkennen mußte.

§ 3. Anfechtung unentgeltlicher und ihnen gleichgestellter Verfügungen.

Anfechtbar sind folgende, in den letzten zwei Jahren vor der Anfechtung vorgenommene Rechtshandlungen:

1. unentgeltliche Verfügungen des Schuldners, soweit es sich nicht um die Erfüllung einer gesetzlichen Verpflichtung, um gebräuchliche Gelegenheitsgeschenke oder um Verfügungen in angemessener Höhe handelt, die zu gemeinnützigen Zwecken gemacht wurden oder durch die einer sittlichen Pflicht oder Rücksichten des Anstandes entsprochen worden ist;

2. der Erwerb von Sachen des Schuldners zufolge obrigkeitlicher Verfügung, wenn das Entgelt aus den Mitteln des Schuldners geleistet worden ist. Sind diese Sachen von nahen Angehörigen des Schuldners erworben worden, so wird vermutet, daß das Entgelt aus den Mitteln des Schuldners geleistet worden ist;

3. die Sicherstellung oder Rückstellung des Heiratsgutes, soweit der Schuldner dazu weder durch einen bei Eingehung der Ehe oder bei Bestellung des Heiratsgutes geschlossenen Vertrag noch im Falle der Beendigung der ehelichen Gemeinschaft durch das Gesetz verpflichtet war, ferner die Sicherstellung oder Ausfolgung der Widerlage oder des Witwengehaltes.

§ 4. Nahe Angehörige

Als nahe Angehörige sind der Ehegatte und Personen anzusehen, die mit dem Schuldner oder dessen Ehegatten in gerader Linie oder bis zum vierten Grade der Seitenlinie verwandt oder verschwägert sind, ferner Wahl- und Pflegekinder sowie Personen, die mit dem Schuldner in außerehelicher Gemeinschaft leben. Außereheliche Verwandtschaft ist der ehelichen gleichzustellen.

§ 5. Einzelverkäufe

Leistungen auf Grund von Einzelverkäufen beweglicher Sachen im gewerbemäßigen Betriebe des Schuldners können nur unter den Voraussetzungen des § 2, Z. 1 bis 3, angefochten werden.

§ 6. Exekution und Anfechtung

Die Anfechtung wird dadurch nicht ausgeschlossen, daß für die anzufechtende Handlung ein Exekutionstitel erworben oder daß sie durch Exekution bewirkt worden ist. Wird die Rechtshandlung für unwirksam erklärt, so erlischt dem Gläubiger gegenüber auch die Wirksamkeit des Exekutionstitels.

§ 7. Anfechtung von Unterlassungen

Als Rechtshandlungen sind auch Unterlassungen des Schuldners anzusehen, durch die er ein Recht verliert oder durch die gegen ihn vermögensrechtliche Ansprüche begründet erhalten oder gesichert werden. Das gleiche gilt für die Unterlassung der Antretung einer Erbschaft.

§ 8. Anfechtungsbefugnis

Zur Anfechtung ist jeder Gläubiger, dessen Forderung vollstreckbar ist, ohne Rücksicht auf die Zeit ihrer Entstehung befugt, sofern die Exekution in das Vermögen des Schuldners zu einer vollständigen Befriedigung des Gläubigers nicht geführt hat oder anzunehmen ist, daß sie zu einem solchen nicht führen würde.

Die Anfechtung kann durch Klage oder Einrede geltend gemacht werden.

§ 9. Verlängerung der Anfechtungsfrist

Hat der Gläubiger, bevor seine Forderung vollstreckbar geworden ist oder bevor sich herausstellt, daß die Zwangsvollstreckung in das Vermögen des Schuldners zu seiner vollständigen Befriedigung nicht geführt hat oder nicht führen werde, denjenigen, demgegenüber eine anfechtbare Rechtshandlung vorgenommen worden ist, oder dessen Erben von seiner Absicht, die Handlung anzufechten, durch gerichtliche oder notarielle Zustellung eines Schriftsatzes in Kenntnis gesetzt, so wird die Anfechtungsfrist von der Zeit der Zustellung zurückgerechnet, sofern anzunehmen ist, daß die Zwangsvollstreckung in das Vermögen des Schuldners schon zur Zeit dieser Zustellung zur vollständigen Befriedigung des Gläubigers nicht geführt hätte, und die Anfechtung bis zum Ablaufe von zwei Jahren seit dieser Zeit stattgefunden hat.

§ 10. Anfechtung vor Vollstreckbarkeit

Die Anfechtung kann mittels Einrede ausgeübt werden, bevor die Forderung des Gläubigers vollstreckbar geworden ist. Ebenso kann die Anfechtung im Verfahren zur Verteilung eines im Wege der Zwangsvollstreckung erzielten Erlöses auch stattfinden, bevor die Forderung des anfechtenden Gläubigers vollstreckbar geworden ist.

§ 11. Anfechtungsgegner

Die gegen den Erblasser begründete Anfechtung ist auch gegen den Erben zulässig.

Gegen einen anderen Rechtsnachfolger oder Rechtsnehmer ist die gegen seinen Rechtsvorgänger begründete Anfechtung nur zulässig:

1. wenn ihm zur Zeit seines Erwerbes Umstände bekannt waren oder bekannt sein mußten, welche das Anfechtungsrecht gegen seinen Vorgänger begründen;
2. wenn sein Erwerb auf einer unentgeltlichen Verfügung seines Vorgängers beruht;
3. wenn er ein naher Angehöriger des Schuldners ist, es sei denn, daß ihm zur Zeit seines Erwerbes die Umstände, die das Anfechtungsrecht gegen seinen Vorgänger begründen, weder bekannt waren noch bekannt sein mußten.

Zur Erstreckung der Fristen nach § 9 genügt die Zustellung des Schriftsatzes an denjenigen, gegen den die Anfechtung stattfinden soll.

§ 12. Anfechtungsklage

Findet eine Anfechtung mittels Klage statt, so ist in der Klage anzugeben, in welchem Umfange und in welcher Weise der Beklagte zum Zwecke der Befriedigung des Gläubigers etwas leisten oder dulden soll.

§ 13. Inhalt des Anfechtungsanspruches

Was durch die anfechtbare Handlung dem Vermögen des Schuldners entgangen oder daraus veräußert oder aufgegeben worden ist, kann der Gläubiger soweit für sich beanspruchen, als es zu seiner Befriedigung erforderlich ist; ist dies nicht tunlich, so ist Ersatz zu leisten.

Der zur Leistung Verpflichtete ist als unredlicher Besitzer anzusehen, dessen Erbe jedoch nur dann, wenn ihm die Umstände, die das Anfechtungsrecht gegen den Erblasser begründen, bekannt waren oder bekannt sein mußten.

Der gutgläubige Empfänger einer unentgeltlichen Leistung hat diese nur soweit zu erstatten, als er durch sie bereichert ist, es sei denn, daß sein Erwerb auch als entgeltlicher anfechtbar wäre.

§ 14.

Haben dritte Personen an Sachen, die zurückzustellen sind, unanfechtbare Rechte erworben, so ist derjenige, während dessen Besitz die Belastung stattgefunden hat, zum Ersatze des Schadens an den Gläubiger verpflichtet, wenn sein Erwerb anfechtbar war. Die Bestimmung des § 13, Absatz 3, findet Anwendung.

§ 15. Ansprüche des Anfechtungsgegners

Wegen Erstattung einer Gegenleistung oder wegen einer infolge der Anfechtung wieder auflebenden Forderung kann sich der Anfechtungsgegner nur an den Schuldner halten.

§ 16. Unzulässigkeit der Aufrechnung

Gegen den Anfechtungsanspruch kann eine Gegenforderung an den Schuldner nicht aufgerechnet werden.

§ 17. Befreiung des Anfechtungsgegners

Der Anfechtungsgegner kann sich von dem Anfechtungsanspruch dadurch befreien, daß er die dem anfechtenden Gläubiger gegen den Schuldner zustehende Forderung befriedigt.

§ 18. Mehrfache Anfechtung

Der Umstand, daß dieselbe Rechtshandlung von mehreren Gläubigern angefochten wird, kann in keinen Falle zur Folge haben, daß die den Anfechtungsgegner treffenden Verbindlichkeiten das durch die §§ 13 und 14 bestimmte Maß überschreiten.

§ 19. Anfechtbarkeit bei Konkurseröffnung

Inwiefern Anfechtungsansprüche, die von Konkursgläubigern erhoben worden sind, nach der Konkurseröffnung weiter geltend gemacht werden können, bestimmt § 37 KO.

Eine Befriedigung oder Sicherstellung, die ein Gläubiger infolge einer Anfechtung vor der Konkurseröffnung erlangt hat, kann, wenn über das Vermögen des Schuldners der

Konkurs eröffnet wird, nach den Bestimmungen der Konkursordnung angefochten werden.

§ 20. Anmerkung der Anfechtungsklage

Wird die Anfechtung mittels Klage geltend gemacht, so kann der Anfechtungsberechtigte beim Prozeßgericht um die Anmerkung der Klage bei den bücherlichen Einlagen ansuchen, bei denen die Durchführung des Anfechtungsanspruches Eintragungen erfordert.

Diese Anmerkung hat zur Folge, daß das Urteil über die Anfechtungsklage auch gegen Personen wirkt, die nach der Anmerkung bücherliche Rechte erworben haben.

Sachregister.

(Die römischen Ziffern bedeuten den Paragraphen, die arabischen die Anmerkung. E = Einleitung).

FSC
www.fsc.org
MIX
Papier | Fördert
gute Waldnutzung
FSC® C083411

Kolibri 360 GmbH
Ferdinand-Jühlke-Straße 7
99095 Erfurt, Deutschland
produktsicherheit@kolibri360.de